高等职业教育“十三五”创新型规划教材

河南旅游资源概况

王秀红　主编

北京理工大学出版社
BEIJING INSTITUTE OF TECHNOLOGY PRESS

内 容 简 介

本教材以河南特色旅游资源为主线，以河南旅游资源的成因入手，介绍了河南特色旅游资源的形成、地文景观类旅游资源、水域风光类旅游资源、生物景观及气象气候类旅游资源、遗址遗迹类旅游资源、建筑与设施类旅游资源、商品类旅游资源、人文活动类旅游资源八大项目模块，并以知识目标为线条，组织了项目任务知识和训练编写。每一学习项目包含教学目标（含知识目标和能力目标）、导入、任务内容、小结、训练、讲解示例等，对项目学习考核等提供指导性的内容，以期启发教师和学生加强有关理论、技能的教、学、做，真正培养学生的旅游基础知识和能力。本教材适宜于高职院校旅游管理专业，同时也可作为导游人员、旅游企业人员自学或企业培训用书。

图书在版编目（CIP）数据

河南旅游资源概况/王秀红主编．—北京：北京理工大学出版社，2018.4
ISBN 978－7－5682－4605－7

Ⅰ.①河…　Ⅱ.①王…　Ⅲ.①旅游资源－概况－河南　Ⅳ.①F592.761

中国版本图书馆 CIP 数据核字（2017）第 197703 号

出版发行／北京理工大学出版社有限责任公司
社　　址／北京市海淀区中关村南大街 5 号
邮　　编／100081
电　　话／（010）68914775（总编室）
　　　　　（010）82562903（教材售后服务热线）
　　　　　（010）68948351（其他图书服务热线）
网　　址／http：//www.bitpress.com.cn
经　　销／全国各地新华书店
印　　刷／山东临沂新华印刷物流集团有限责任公司
开　　本／787 毫米×1092 毫米　1/16
印　　张／16
字　　数／373 千字
版　　次／2018 年 4 月第 1 版　2018 年 4 月第 1 次印刷
定　　价／39.80 元

责任编辑／王晓莉
文案编辑／韩　泽
责任校对／周瑞红
责任印制／李志强

图书出现印装质量问题，请拨打售后服务热线，本社负责调换

本书编写人员

主　编： 王秀红（河南农业职业学院）
副主编： 张淑萍（河南农业职业学院）
　　　　　裴凤琴（河南农业职业学院）
　　　　　史慧俊（河南农业职业学院）
参　编： 王秀红（河南农业职业学院）
　　　　　裴凤琴（河南农业职业学院）
　　　　　张淑萍（河南农业职业学院）
　　　　　史慧俊（河南农业职业学院）
　　　　　李翠娟（河南农业职业学院）

前言

根据我国高等职业教育的特点和要求，结合骨干院校建设项目的实际，编者按照旅游管理专业的培养目标，根据专业实际，从培养高素质技能型专门人才的角度出发，以理论必需、够用为原则，充分体现教育改革的最新成果，吸收了国内旅游资源类教材的最新理论和实践成果，编写了这本河南特色旅游校企开发教材。

本教材突出高职教育特点，紧密结合实现专业人才培养目标，以旅游实用知识及其应用技能为核心，校企合作共同开发，将工学结合的理念贯彻始终，从内容选材、项目设计、实训安排等方面突出职业素质培养的特点，对职业岗位所需知识和能力结构进行恰当的设计安排，在知识的实用性、综合性上坚持理论联系实际的原则，加强操作与实训，把学生应用能力培养融于教材之中，并贯穿始终。

本书采用资源导向、旅游特色驱动的编写体系，将每个章节分为六个模块：教学目标、导入、任务分配、小结、训练、讲解示例。教学目标、导入可以启发学生的自主学习思维，激发学生的学习动力；在任务分配中，给予了背景知识的支持，拓宽了学生的认知思路；在小结中，对知识点做了概括；训练模块可以检验学生学习过程中获得自我认知和进行自我探索的能力，具有较强的实践性、操作性和较大的应用价值；讲解示例意在抛砖引玉，培养学生的知识运用能力。

本书由河南农业职业学院王秀红任主编，张淑萍、裴凤琴和史慧俊任副主编。张淑萍编写第一、四章；史慧俊编写第二章和第七章前半部分；王秀红编写第三、八章；裴凤琴编写第五、六章；李翠娟编写第七章后半部分。全书由王秀红负责制定书稿编写思路、编写体例、写作大纲，以及最后的统稿和总体审定工作。前人对河南旅游资源的研究成果，使我们在编写过程中受益匪浅，在此表示诚挚的谢意。

由于编者水平有限，时间仓促，不妥之处在所难免，祈盼专家学者以及广大读者不吝赐教，多提宝贵意见。

编　者

2018 年 3 月 20 日

目录

第一章

河南旅游资源概述

教学目标

知识目标：

1. 熟悉河南旅游资源的形成背景；
2. 熟悉河南自然旅游资源的形成因素；
3. 熟悉河南人文旅游资源的形成因素。

能力目标：

1. 能够全面掌握河南旅游资源的分布特点；
2. 能够编写河南省旅游概况的导游讲解词；
3. 对河南省的旅游资源概况能够进行流利的导游讲解。

导　入

河南省位于黄河中下游，因大部分地区位于黄河以南，故名河南。远古时期，黄河中下游地区河流纵横、森林茂密、野象众多，河南又被形象地描述为人牵象之地，这就是河南也称“豫”的由来。全省土地总面积16.7万平方千米，占全国总面积的1.73%，整个省域的轮廓犹如一条热带鱼，南北纵跨530千米，东西横亘580千米，下辖17个省辖市，1个省直管市，省会为郑州市。

河南省文化积淀丰厚，自然条件优越，是中华民族和华夏文明的重要发祥地。这里文化灿烂，历史悠久；这里人杰地灵，名人辈出；这里望北向南，承东启西；这里十省通衢，区位优越；这里资源丰富，物产多样；这里地形多样，景观荟萃；这里山川雄秀，风光旖旎。古人云：得中原者得天下。今人曰：游中原者知中华。河南已成为旅游者钟爱的旅游活动目的地。

第一节　河南旅游资源背景简述

河南，一块神秘古老的土地，自然资源类型齐全、各具特色；人文资源积淀深厚，历史悠久。这里是十省通衢，自古为兵家必争之地，又是中原崛起的砥柱力量，区位优势十分显著。

一、区位交通——天地之中

河南位于中国的中东部，华北大平原的南部，秦岭山系余脉的东端，介于北纬31°23′~36°22′和东经110°21′~116°39′，东接安徽、山东，北界河北、山西，西连陕西，南临湖北。河南区位优势十分明显，古时即为驿道、漕运必经之地，商贾云集之所。今天，河南地处沿海开放地区与中西部地区的接合部，是我国经济由东向西推进梯次发展的中间地带，是全国承东启西、连南贯北的重要交通枢纽，拥有铁路、公路、航空、水运、管道等相结合的综合交通运输体系。

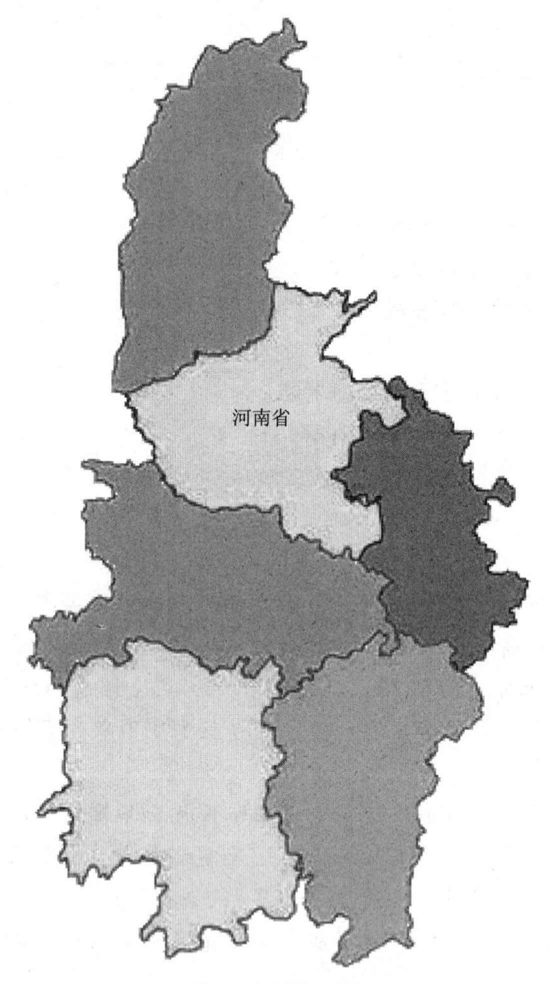

河南省所在区域

河南地处全国路网中心，铁路运输优势极为突出。境内京广、京九、焦柳与陇海、汤濮、新菏、漯阜、宁西在境内交汇，形成"三纵五横"的铁路网，四通八达。郑州北站是亚洲最大的编组站，郑州火车站是全国八大客运站之一，郑州东站是中部地区最大的高铁站。郑州东站是全国最大的零担货物中转站，货物中转量占全国的十分之一，郑州海棠寺车站被批准为全国铁路一类口岸。河南在全国铁路网中具有举足轻重的地位。截至2016年年底，河南省高速公路总里程达到6 448.54千米，实现所有县（市）20分钟上高速。全省实现了行政村村村通公路，省会到市、市到县、县到乡公路客运网络初步形成。

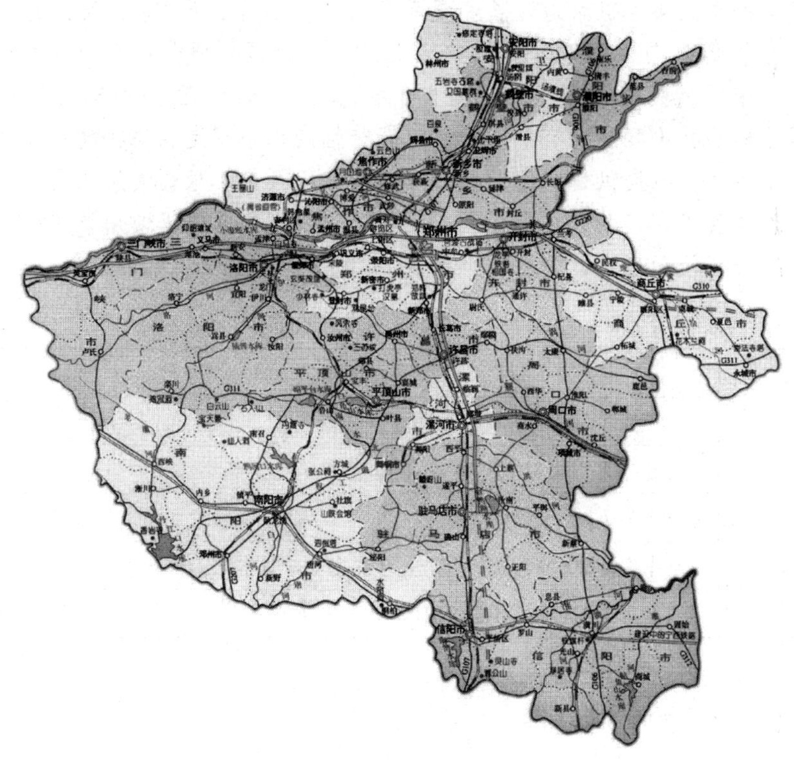

河南省交通地图

河南的航空运输快速发展。省内拥有新郑国际机场、洛阳机场和南阳机场三个民用机场。其中郑州新郑国际机场位于郑州市东南，1997 年建成通航。飞行区等级现为 4F，是国内干线运输机场和国家一类航空口岸；2008 年，被国家民航局确定为全国八大区域性枢纽，为河南省的空中门户和国内重要的航空港之一，空中航线贯穿东、西、南、北，是中原地区空中交通枢纽，承担着河南省的大部分航空运输任务，运输规模占全省民航运输的 96% 以上。2016 年 12 月，突破 2 000 万人次，在千万级机场序列中排全国第 15 位。管道运输和水运加快发展，“西气东输”一线主管道有 306 千米途经河南，沙颍河实现了季节性通航。

河南独特的区位优势、便利的交通，对促进中部崛起、加快中原经济区建设必将发挥更大的作用。

知识链接

机场等级

机场等级实质上是由飞行区等级来确定的。机场飞行区为飞机地面活动及停放提供适应飞机特性要求和保证运行安全的构筑物的统称，包括：跑道及升降带、滑行道、停机坪、地面标志、灯光助航设施及排水系统。

我国机场最常见的 4E 级飞行区常常用来起降国内航班最常见的 4C 级飞机（如空中客车 A320、波音 737 等），飞机一般使用跑道长度一半以下（约 1 500 米）即可离地起飞或使用联络道即可快速脱离跑道。在天气与跑道长度允许的情况下偶尔可在低等级飞行区起降高等级飞机，例如我国大部分 4E 级机场均可以减载起降 4F 级的空中客车 A380 飞机，但这会造成跑道寿命降低，并需要在起降后人工检查跑道道面。

飞行区等级并不直接与机场跑道长度宽度等同，还与道面强度、道面摩擦力等相关，具体用道面等级序号 PCN 与飞机等级序号 ACN 指称。飞行区各项构筑物的技术要求和飞机的特性有关，我国采用《民用机场飞行区技术标准》加以规范。国际民航组织和中国民用航空局用飞行区等级指标Ⅰ和Ⅱ将有关飞行区机场特性的许多规定和飞机特性联系起来，从而对在该飞机场运行的飞机提供适合的设施。飞行区等级指标Ⅰ根据使用该飞行区的最大飞机的基准飞行场地长度确定，共分4个等级；飞行区等级指标Ⅱ根据使用该飞行区的最大飞机翼展和主起落架外轮间距确定，共分6个等级。

飞行区等级使用常见机型

飞行区等级	最大可起降飞机种类举例
4F	空中客车 A380 等四发远程宽体超大客机
4E	波音 747 全重、空中客车 A340 等四发远程宽体客机
4D	波音 767、波音 747 减重、空中客车 A300 等双发中程宽体客机
4C	空中客车 A320、波音 737 等双发中程窄体客机
3C	波音 733、ERJ、ARJ、CRJ 等中短程支线客机

二、自然景观——造化天然

河南自然景观荟萃，山川融南秀北雄于一体。这里有万山之祖嵩山、峡谷极品焦作云台山、道教天下第一洞天王屋山—黛眉山、恐龙化石遗迹地南阳伏牛山4处世界级地质公园，居全国第1位；有海河、卫河、徒骇河、沁河、黄河、伊洛河、洪汝河、沙颍河、淮河、白河等分属四大流域的水系网，既有北国山水的雄奇，又有高峡平湖的磅礴。河南省拥有安阳林虑山等7个国家地质公园，新乡凤凰山、焦作缝山等3个国家矿山公园，国家级恐龙蛋化石群自然保护区1个。全省共有国家级风景名胜区11处、省级风景名胜区23处，A级旅游景区213处、5A级以上景区11处。嵩山、白云山、鸡公山、王屋山、尧山、太行大峡谷、宝天曼、老界岭、云梦山、岈山、南湾湖等均属山水奇观。黄河自西向东流经河南700多千米，郑州至开封段由于泥沙淤积，河床平均高出两岸地面3~5米，可谓“河从屋顶过，船在空中行”，形成“地上悬河”的独特自然景观。“人工天河”红旗渠被誉为世界第八大奇迹。

三、历史文化——华夏文明的见证

河南是中华民族和华夏文明的重要发祥地，是一部进得去、看得见、摸得着的中国历史教科书。这里是人文始祖轩辕黄帝的诞生地，是华夏文明起源、文字发明、城市形成和国家建立的源起地，是中国姓氏的重要发源地。在5 000年的历史长河中，河南作为国家的政治、经济、文化中心长达3 000多年，先后有20多个朝代的200多个帝王在此建都、执政，中国的八大古都河南就有四个，即九朝古都洛阳、七朝古都开封、殷商古都安阳、商都郑州。中国古代四大发明均源自河南。河南文物古迹众多，地上文物全国第一，地下文物全国第二，全省现有全国重点文物保护单位189处（198项），世界文化遗产三处，以及洛阳、开封、安阳、南阳、商丘、郑州、浚县、濮阳等全国历史文化名城。

四、民俗风情——淳朴和谐

从距今四五十万年前的南召猿人，到8 000年前的裴李岗文化、五六千年前的仰韶文化、四五千年前的龙山文化，居住在这里的先民们，用他们的勤劳和智慧创造了光辉灿烂的民俗文化。从衣食住行到婚丧嫁娶，从民居建筑到节庆活动，再到游戏娱乐，无不体现出河南人特有的质朴、善良与直率，以及中原民俗文化的丰富多彩与独特魅力。

在河南这片神奇的土地上，人与自然和谐共生、交相辉映。从分布于河南省西部地区的天井窑院到豫商大院康百万庄园，从豫北太行山南麓的石板房到马氏庄园；从竹林七贤隐居地焦作云台山百家岩到孙登啸台、卢崖瀑布、洛阳香山寺白园等，无不体现出人与自然和谐共生的理念。

第二节　河南自然旅游环境简述

河南省位于黄河中下游，地势西高东低，处于第二阶梯向第三阶梯的过渡带上，北、西、南三面由太行山、伏牛山、桐柏山—大别山沿省界呈半环形分布，中、东部为黄淮海冲积平原，西南部为南阳盆地。山地、丘陵、平原和盆地分别占全省总面积的26.6%、17.7%、55.7%，河流、湖泊点缀其间，美不胜收。

一、岁月变迁——造山运动

巍然屹立，看似不动的山脉，是造山运动的结果。一次造山运动可持续数千万至上亿年。

吕梁运动期始成太行山雏形，海水在奥陶中期退出。晚古生代时，山体发生凹陷，海水侵入。中生代，南部上升，北部局部凹陷。燕山运动时，形成新华夏式褶皱带。喜马拉雅运动时，表现为强烈断裂，并伴随大幅度拗曲，形成复式单斜褶皱。太行山是古老的断块山，西坡和缓，东坡急陡，从华北平原西望，山势显得格外陡峻挺拔，山高林密，形势非常险要。构成太行山的岩石多为平缓的厚层石灰岩，所成的陡坡往往是悬崖和深谷。由黄土高原上奔流而下的暴流性河川众多，所以太行山被许多谷道截开。

豫北的南太行山脉，景观奇绝，神韵流动。这里有两处世界地质奇葩，其一为焦作云台山，其二为王屋山—黛眉山。这里发育着地球上特有的地貌类型——云台地貌。云台地貌即太行山地区寒武系—奥陶系地层中形成的以“之”形长崖、线形长崖、环形长崖、台阶状长崖和瓮谷、围谷、悬沟、深切障谷为特色的滨海—浅海相碳酸岩地貌，共有典型地质剖面、古生物景观、地质地貌景观、水体景观和地质灾害遗迹等五类，主要包括地层剖面、地层构造剖面、古生物化石、岩溶地貌、峡谷地貌、构造地貌、瀑布景观、湖泊景观、潭池景观、河流及地貌景观和崩塌遗迹11种基本类地质景观，是太行山风景资源的景观主体。

耸峙于中原的嵩山，可谓万山之祖。嵩山属伏牛山系，五岳之一，东西横卧，雄峙中原，海拔最低为350米，最高处为1 512米，主峰峻极峰海拔1 492米。环山地跨新密、登封、巩义、偃师、伊川等市县。据中外地质学家考察，在古老的太古宙时期，嵩山是一望无际的大海；在经历了23亿年前的“嵩阳运动”，8亿年前的“中岳运动”，五六亿年前的

“少林运动”，三次大的地壳运动之后，逐渐形成了山脉，结束了地质史上的元古代，进入古生代的寒武纪和奥陶纪；又经过约两亿年时间，此处地壳上升至海平面以上，因其受风化和剥蚀作用，形成了嵩山地区的含煤地层；两亿三千年前后，在中国的版图上，又发生了一次延续很长时间的地壳运动——“燕山运动”，嵩山地区受到南北方向的推挤，形成了今天的山势地貌。

可以说，地质的变迁造就了河南山势的脊梁。

知识链接

地质年代

地质年代（Geological Time）：地壳上不同时期的岩石和地层，时间表述单位：宙、代、纪、世、期、时；地层表述单位：宇、界、系、统、阶、带。

它包含两方面含义：其一是指各地质事件发生的先后顺序，称为相对地质年代；其二是指各地质事件发生的距今年龄，由于主要是运用同位素技术，称为同位素地质年龄（绝对地质年代）。这两方面结合，才构成对地质事件及地球、地壳演变时代的完整认识，地质年代表正是在此基础上建立起来的。

地质学家和古生物学家根据地层自然形成的先后顺序，将地层分为5代12纪。即早期的太古代和元古代（元古代在中国含有1个震旦纪），以后的古生代、中生代和新生代。古生代分为寒武纪、奥陶纪、志留纪、泥盆纪、石炭纪和二叠纪，共6个纪；中生代分为三叠纪、侏罗纪和白垩纪，共3个纪；新生代只有第三纪、第四纪两个纪。在各个不同时期的地层里，大都保存有古代动、植物的标准化石。各类动、植物化石出现的早晚是有一定顺序的，越是低等的出现得越早，越是高等的出现得越晚。绝对年龄是根据测出岩石中某种放射性元素及其蜕变产物的含量而计算出岩石生成后距今的实际年数。越是老的岩石，地层距今的年数越长。每个地质年代单位应为开始于距今多少年前，结束于距今多少年前，这样便可计算出共延续多少年。例如，中生代始于距今2.3亿年前，止于6 700万年前，延续1.2亿年。

按地层的年龄将地球的年龄划分成一些单位，这样便于人们进行地球和生命演化的表述。人们习惯于以生物的情况来划分，这样就把整个46亿年划成两个大的单元，那些看不到或者很难见到生物的时代被称作隐生宙，而将可看到一定量生命以后的时代称作显生宙。隐生宙的上限为地球的起源，其下限年代却不是一个绝对准确的数字，一般说来可推至6亿年前，也有推至5.7亿年前的。

二、时光雕刻——多样地貌

河南省地处第二阶梯向第三阶梯的过渡带上，地貌类型复杂多样。大致以京广铁路为界，东西部地区地势高低、地貌形态有着明显的差异。西部海拔高且起伏大，东部地势低而平坦。从宏观上看，河南省西部及西北部的伏牛山、外方山、熊耳山、崤山、太行山等中山，属于我国地势的第二级阶梯，东部的黄淮海平原及西南部的南阳盆地属于第三级阶梯。在省域西部中山与东部的平原之间广泛分布着大小不等的低山丘陵，构成两个阶梯之间的斜坡过渡带。另外，秦岭山脉自西向东延伸到河南境内以后，呈扇形铺开，并且前缘很不整齐。东部平原的西南镶嵌着南襄盆地，豫鄂交界处又分布着东西走向的桐柏山和大别山。概括起来，河南的地貌为“三山一原两盆地”。下面重点介绍一下河南的山地与平原。

（一）三大主要山系

三大山系主要是指位于豫西北的太行山系、豫西山系和豫南的桐柏—大别山系。

1. 豫晋界山——太行山

太行山以它的磅礴气势，雄踞在河北、河南和山西省之间，是中国东部地区的重要山脉和地理分界线，呈东北—西南走向。太行山北起拒马河谷，南至晋、豫边境黄河沿岸，绵延400余千米，平均海拔1 000米以上，西缓东陡，受河流切割，多横谷（陉），为东西交通孔道。“陉”就是横谷的意思，即横切太行山的谷地，成为沟通太行山东西的孔道。著名的有军都陉、薄阳陉、飞狐陉、井陉、滏口陉、白陉、太行陉、帜关陉等，古称太行八陉，为穿越太行山脉的8条通道。

太行山以其巍峨挺拔的姿态构成华北平原西侧的天然屏障。其西北和缓地与山西高原连接，东南翼以大断裂与豫北平原相接，海拔一般在1 200米左右，不少山峦海拔可达1 500米以上，发育有多级夷平面。从辉县西北部至济源沁河以东，山峰顶面较低，海拔多在1 000～1 300米，有很多横向的嶂谷和峡谷，山体比较破碎。由于石灰岩广泛裸露于地表，于是发育了典型的喀斯特地貌。济源沁河以西到省界，北峰顶面海拔大多在1 000～1 800米，成为河南境内太行山脉的最高地段，西北一处的鳌背山主峰海拔1 927米，是太行山在河南省的最高峰。

太行山自然景色雄伟、壮丽，古往今来，诗人们留下了很多赞美它的诗句。如陈毅的《过太行山书怀》：“太行山似海，波澜壮天地。山峡十九转，奇峰当面立。”生动地描绘了太行山的雄姿。

2. 地跨三域——豫西山地

豫西山地是河南省山地和丘陵分布面积最大的地区。它北起黄河，南抵南阳盆地北部边缘，西达豫陕边界，东至京广铁路，群山连绵，山岭交错。豫西山地的面积占河南省山地和丘陵总面积的一半以上。这里地质构造复杂，山体形态和高低起伏不一，地貌类型以中山和低山为主，也伴随分布着一些丘陵和河谷冲积平原。豫西山地是我国秦岭向东伸展的一部分，秦岭自省界进入河南以后，以多支余脉状向东北、东以及东南延伸，形似扇状铺展，山体显得松散。主要山脉有小秦岭、崤山、熊耳山、伏牛山及外方山，另外还有“中岳”嵩山。

小秦岭是秦岭向东进入豫西最北的一支余脉，是“西岳”华山的东延部分，到灵宝东部而止。山势高峻，岩层由花岗岩和片麻岩组成，形成许多断壁悬崖风景。平均海拔在1 500～2 000米，超过2 000米的山峰有7座，其中以老鸦岔为最高，海拔2 413.8米，是河南省最高峰。

崤山自灵宝和卢氏的西部边境向东延伸，其西南连接华山山脉，山势由西南向东北渐趋低缓。海拔高度均较低，一般为1 200～1 800米。岭脊狭窄且平缓，最高峰为千山，海拔1 902米。在崤山的东北部有一细长的分支，沿黄河南岸向东延伸，即为邙山。邙山海拔一般在500米左右，经流水切割冲刷，形成许多孤立浑圆状和长条形的岗状丘陵，表现为低缓岭丘形态，故又称为“邙岭”。

熊耳山位于洛河和伊河之间，构成两河的分水岭，大体起自卢氏西南，向东北延伸至宜阳县东部一带。山体主要由古老的变质岩、硅质灰岩和燕山期的花岗岩组成。南坡较为平缓，北坡较为陡峻，局部地段坡度大于80°，它们多是花岗岩风化侵蚀后形成的陡坡或断层形成的悬崖。熊耳山岭脊多呈锯齿状，山峰尖耸兀立。全包山和李岗寨为其最高峰，主峰全包山海拔2 094 米，李岗寨海拔1 975 米，两座山峰东西相对，形如两只竖起的熊耳，故取名熊耳山。

伏牛山是秦岭在豫西南端规模最大的一支山脉，山体呈西北—东南走向，西北与熊耳山相连，东南抵南阳盆地东北边缘，长达400 余千米，构成黄河、淮河与长江水系的分水岭，一向有“八百里①伏牛山”之称。该山脉自西北向东南渐次铺展，形如卧牛，故得名“伏牛山”。山岭多由燕山期的花岗岩组成，两侧为古老的变质岩层，局部地区有灰岩裸露。山势雄伟挺拔，奇峰突起且多悬崖峭壁。伏牛山海拔在1 000 ~2 000 米，多是风化侵蚀形成的花岗岩直立陡坡，也有断层造成的悬崖。伏牛山挺拔突兀，2 000 米以上的山峰有玉皇尖（2 057. 9 米）、老君山（2 192. 1 米）、玉皇顶（2 211. 6 米）、龙池墁（2 129 米）以及尧山（2 153. 1 米）等。峰顶常有云腾雾绕，初夏又多见风雪，故有河南省的屋瓴之称。伏牛山山势高峻，气候湿润，并且垂直变化明显，天然植被及野生动物种类繁多，一些原始次生林区域被国家或河南省定为自然保护区，许多珍贵的动物、植物得以繁衍。目前，伏牛山区已成为河南的重要旅游地。

嵩山和箕山位于河南中部，为褶皱块状山地。嵩山是著名的“五岳”之一的中岳，南隔颍河与箕山相对，西面和西北面环绕着伊河和伊洛河，北临黄河，西起偃师和伊川两县边境地带，向东延伸，一直到登封市区。嵩山海拔在600 ~800 米，主要由古老的变质岩组成。在地貌上多有东西向的断层出现，山体形态一般为单面山形态。嵩山主脉在登封境内，连绵60 多千米。嵩山中部以少林河为界，东为太室山，其最高峰海拔1 494 米，人称嵩顶，又叫峻极峰；西为少室山，又叫玉寨山，海拔1 512 米，为嵩山的最高峰。古人以太室为嵩山主山，太室少有奇峰，东西起伏如眠龙，故有“华山如立，中岳如卧”的说法。太室山、少室山两座高山层峦叠嶂，绵延起伏于黄河南岸。历代的帝王将相、墨客骚人、僧道隐士，根据这些山峰的形态为其命名，遂有七十二峰之说。箕山山脉沿汝州北侧自西向东延伸，西窄东宽，地势西高东低，西部海拔600 ~1 000 米，部分超过1 000 米，是汝河和颍河的分水岭。箕山主要由古老的变质岩构成，断层构造地貌明显，一般为单面山。

3. 江淮分水岭——桐柏—大别山

构成豫南山地的桐柏山和大别山是河南南部两条重要山脉，其绵延于河南、湖北两省的边境，山体大致呈西北—东南走向，进入安徽省境内称霍山，合称淮阳山地。河南境内的豫南山地北起淮河主流，南至省界，包括桐柏山东段大部及大别山西段北部。省界处山势较高，自南向北逐渐低缓，表现为低山和丘陵。豫南山地大致以武胜关为界，西为桐柏山，东为大别山。桐柏山与大别山首尾相连，西北与南阳盆地东北部岭丘接连，与西北的伏牛山对应。由于长期的风化侵蚀，山势较低，多为低山丘陵，其间广泛发育了山间河谷和小盆地，淮河南侧众多支流皆源于此。桐柏山山体比较低缓，一般海拔在400 ~900 米。大别山位于豫、鄂、皖三省交界处，西自武胜关起，向东延伸至安徽安庆西部，西段宽阔低缓，以低山、丘陵为主；东段山势较为雄伟高峻，山体也较为完整，海拔在800 米以上，有较多的山峰海拔超过1 000 米。商城东面的金刚台是省内大别山的最高峰，也是金刚台自然保护区所

---

① 1 里 =500 米。

在地，海拔1 584米。

此外，在河南境内，黄土低山面积较小，主要集中分布于灵宝东南部和渑池北部。灵宝东南的黄土低山，沿着崤山的北侧呈带状分布，海拔在700～800米，相对高度有350～500米，坡度为25°左右。大多为浅黄色黄土盖层，部分山段裸露有第三纪红色沙砾岩层和古老变质岩层。

（二）豫东大平原

河南省东部是豫东大平原，地势低平，辽阔坦荡，属于华北平原的西南部。豫东大平原西起豫西山地东麓和太行山边缘，大致沿200米等高线与山地接连；东部和北部一直抵达省界；南至大别山北麓，大致以120米等高线与丘陵分界。南北长达500多千米，东西宽约100～260千米，面积约占河南省总面积的45%左右。豫东平原主要包括北部的黄河冲积平原和南部的淮河冲积湖积平原。在流域的划分上，自北而南分别为海河流域、黄河流域和淮河流域。豫东平原又位于季风区，有利的地形、降水因素使这里发育了众多的河流，其中，黄河和淮河分别流经平原的北部和南部。

河南省复杂多样的地貌，为河南省全面发展山地旅游、农业观光游、乡村旅游提供了有利条件。

三、四季分明——气候温润

气候是指一地在太阳辐射、下垫面性质、大气环流和人类活动等因素长期作用下，在某一时段内大量天气过程的综合，是长时间内气象要素和天气现象的平均或统计状态，时间尺度为月、季、年、数年到数百年以上。气候以冷、暖、干、湿这些特征来衡量，通常由某一时期的平均值和离差值表征。气候的形成主要是由于热量的变化引起的。气候是自然地理环境的一个主要组成部分，也是一种重要的自然旅游资源。

河南省地处我国中东部的中纬度内陆地区，受太阳辐射、东亚季风环流、地理条件等因素的综合影响，气候为北亚热带向暖温带过渡的大陆性季风气候，兼有南北气候的特色。河南位于我国季风区的中心地带，气流南来北往，运动频繁，更替明显，季风现象尤为突出。其主要表现为：一是四季分明、季风盛行。河南四季风向更替明显，气温变化显著，且年降水量季节分配不均，降水的年际变率和季节变率较大。二是雨热同期。河南各地年内气温和降水的季节性变化趋势一致，高温期与多雨期吻合。这种雨热同期的气候特点对农业生产较为有利，提高了水热资源的利用率。三是过渡性明显。这也是河南大陆性季风气候的显著特色。河南省南部因太阳辐射条件优越，受夏季风影响的程度大，具有亚热带气候的特色；而北部地面得到的太阳辐射量相对较少，受夏季风影响的程度小，气候具有暖温带气候的特点。亚热带气候与暖温带气候的分界大体在平舆—驻马店—桐柏—唐河—南召—西峡一带，以及伏牛山南坡800～1 000米等高线附近，此线以南为北亚热带气候，以北为暖温带气候。四是气象灾害频繁。在历史文献资料中有大量关于河南气象灾害灾情的记载，旱、涝、冰雹、大风、霜冻等都是经常出现的气象灾害。

从河南气候特点及其对旅游活动的影响看，应该说利远大于弊。温度适中、降水丰沛、光照充足、雨热同期是河南气候条件的巨大优势，对河南植物风景和水景的形成极为有利，并且有利于河南一年四季开展旅游活动。

四、天然织就——网状水体

河南地跨长江、淮河、黄河、海河四大流域，兼有南北特色的气候，西高东低的地表形态决定了河川径流及地下水资源的分布大势。境内大小河流共计 1 500 多条，大多发源于西部、西北部和东南部山区，流域面积 100 平方千米以上的河流有 493 条。这些河流沿着地势分别向东北、东、东南和南四个方向流出省界，形成扇状、羽状水系，分属于海河、黄河、淮河、长江四大流域。地表河流纵横，水系复杂，地下水贮存条件优越，埋藏丰富。河南省地下水埋藏深度不一，含水厚度各地变化也较大，薄的仅 3～5 米，局部厚的可达 40～50 米。其水量极为丰富，利用价值很高，有“地下海”之称。全省多年平均水资源量 404 亿立方米，约为全国总量的 1.47%，居全国第 19 位，人均水资源量约 400 立方米，相当于全国平均水平的 1/5。这些地表水、地下水为河南旅游业的发展提供了必要条件。

从河南的水资源条件看，它虽然不像南方诸省那样丰富，但也不像北方诸省那样贫乏，发展旅游的水资源条件良好。

五、多姿多彩——丰富生物

河南省地形复杂，气候兼有南北特色，土壤类型较多，生物种类比较丰富。据不完全统计，全省高等植物约有 199 科、1 107 属和 3 830 种，分别占全国总数的 63.5%、34.7% 和 14.1%。其中蕨类植物 29 科、73 属和 255 种，分别占全国总数的 55.7%、35.7% 和 9.8%；裸子植物 10 科、25 属和 75 种，分别占全国总数的 100%、73.5% 和 38.8%；被子植物 160 科、1 009 属和 3 500 种，分别占全国总数的 63.7%、34.2% 和 14.3%。在河南省植物组成中，草本植物所占的比重相当大，全省共有 139 科、602 属、1 369 种。繁多的植物为动物生存提供了较充裕的食物，因此河南省动物种类也较丰富。根据现有资料，河南省仅陆栖脊椎动物就有 400 余种，约占全国总数的 20%。其中哺乳类 60 种，占全国总数的 14.49%；鸟类 300 种，占全国总数的 25.53%；爬行类 35 种，占全国总数的 11.11%；两栖类 23 种，占全国总数的 11.73%。全省共有鱼类 10 目、17 科、63 属、105 种。再加上无脊椎动物等，其动物种类非常多。河南省土地面积为 16.7 万平方千米，占全国总面积的 1.74%，而生物种类所占比例远远超过了这个比例，这充分说明了河南省生物种类之丰富。

第三节　河南人文旅游环境简述

河南地处中原，文化灿烂，是中华民族和华夏文明的重要发祥地，是一部进得去、看得见、摸得着的中国历史教科书。厚重的文化底蕴是河南人文资源形成的根本所在。

一、丰富的自然环境

（一）豫北地区

豫北地区包括安阳、新乡、鹤壁、焦作、濮阳 5 个地级市及济源 1 个省直管市，西依太行山，北靠冀中南地区，南面黄河，东连鲁西北地区，京广铁路、京港高铁、南水北调中线纵贯南北，地理交通位置优越。面积 2.8 万平方千米，人口约 2 098 万，以新乡为经济、文化、交通中心，是河南省重要的工业基地和较发达区域。

1. 地理环境

豫北地区处于河南北部、太行山东南麓，与山西省毗邻，属暖温带大陆性季风气候，四季分明，冬寒夏热，秋凉春早。年平均气温 14 ℃，年平均降雨 650 毫米，夏秋降水较多，占全年降水的 72%，且多暴雨。无霜期 220 天，全年日照时间约 2 400 小时。因自然条件、土地耕作条件较好，是全国粮棉主产区、国家优质小麦生产基地和河南省畜牧生产加工基地。本区矿产资源丰富，为河南省重要的煤炭、水泥、花岗岩、钢铁生产基地。

豫北地处黄河、海河两大水系，黄河流经豫北 300 多千米，流域面积达 8 000 平方千米。目前水库容量 8 亿立方米。南水北调中线工程穿区而过。

豫北地区交通发达，拥有京广铁路、新荷铁路、新太铁路、京广高铁等，新乡站、新乡高铁东站、安阳站、焦作北站、月山站五个国家一等客、货运站；拥有 107 国道、106 国道、207 国道、大广高速、京珠高速、二广高速、济东高速、南林高速等。新乡被列为国家交通枢纽城市。

2. 人文环境

豫北地区，历史悠久、文化丰富、自然环境优美，拥有很多优势资源。安阳被列为中国七大古都之一、国家历史文化名城、甲骨文的故乡、岳飞的故里、周易的发祥地、红旗渠精神的诞生地；濮阳有绿色庄园；鹤壁有浚县名城、云梦山；焦作有山阳故城、云台山水、神农山、月山寺、陈式太极拳等；新乡有八里沟、万仙山、比干庙、璐简王陵、京华园等山水古迹。

（二）豫东地区

豫东地区包括商丘市、开封市、周口市三个省辖市，人口约 2 400 万，西接省会郑州，北依黄河，东连山东、安徽，京九铁路、陇海铁路、宁洛铁路、连霍高速纵贯南北东西，地理位置优越。面积 2.89 万平方千米，是河南省重要的历史文化区域和粮棉基地。

1. 地理环境

豫东地区处于河南省东部，与山东、安徽毗邻，主要为黄河冲积平原区。属暖温带大陆性季风气候，四季分明，温差较大，降水不均。年均气温为 14.6 ℃，年平均降雨 640 毫米，无霜期 211 天，日照充足。光、热、水资源比较丰富，有利于多种作物及林木生产，适合于农林牧渔各业的综合发展。

豫东地区分属黄河和淮河两大水系。境内水体资源丰富，流域面积在 1 000 平方千米以上的骨干河流有涡河、惠济河、沱河、黄河故道、浍河、沙颍河等。河流大多呈西北东南流向，大致平行相间分布，多属季节性雨源型。

豫东地区物华天宝、资源丰富，土壤多为黏土、壤土和沙土，适宜农作物种植，是河南省重要的农业种植区，主要有粮食作物、经济作物、蔬菜、瓜果及落叶乔木等，是全国著名的小麦、棉花、花生、大蒜、西瓜、泡桐以及玉米、林果、蔬菜、畜产品的生产和出口基地，也是中国重要的能源基地、煤化工基地和石油化工基地。

豫东地区是我国铁路、公路网密度高度发达的地区之一。其中商丘是我国重要的综合性交通枢纽，商丘铁路枢纽为我国第九大铁路枢纽。陇海铁路、京九铁路、宁洛铁路、徐兰客运专线、商杭客运专线以及连霍高速、济广高速、大广高速、商周高速、商济高速、漯阜高速、郑民高速、兰南高速、永登高速，国道 105、310、106、311 穿境而过，交通位置十分重要。

2. 人文环境

豫东地区历史悠久，属于黄河文明的发源地，伏羲就建都于周口淮阳并长眠于此，在母系社会时期，中国氏族联盟时代，伏羲女娲氏政权的第二十六任帝、大伏羲氏族栗陆氏执政的首位帝王栗陆氏伏安降生于夏邑并都于此。商祖的父亲帝喾建都于南亳（今商丘）。夏朝中期，少康定都纶邑（今商丘市夏邑县）。春秋时期，这里曾是诸子百家争鸣的地方。

豫东是我国黄淮大平原的组成部分，以其坦荡的平原文化和大量的文物古迹吸引着中外游客，如商丘古城、应天书院、燧皇陵、隋唐大运河遗址、归德府文庙、梁园遗址、张巡祠、文雅台、八关斋、微子祠、白云寺、伊尹墓、木兰祠、彭雪枫殉国纪念地、孔子还乡祠、孔子避雨处、汉高祖斩蛇碑、陈胜墓和梁孝王墓；龙亭公园、清明上河园、宋都御街、包公祠、大相国寺、开封铁塔、山陕甘会馆、禹王台公园、开封府、翰园碑林、朱仙镇岳飞庙；太昊陵、平粮台、太清宫等。

（三）豫南地区

豫南地区即指河南的南部地区，包括信阳、南阳、驻马店三市（按生活习惯和气候来划分，狭义的“豫南”单指河南最南端的信阳地区）。东邻安徽、南接湖北、西连陕西，为江淮河汉间的战略要地，总面积6.06万平方千米，人口约1984.48万。

1. 地理环境

豫南地区位于亚热带和暖温带的地理分界线上，属亚热带向暖温带过渡区，四季分明，春季天气多变，阴雨连绵，降雨量达250~380毫米，占全年降水量的26%~30%，夏季高温高湿气候明显，光照充足，降水量多，达400~600毫米，占全年的42%~46%。秋季凉爽，天气多晴，冬季气候干冷，降水量少。年平均气温15.2℃，无霜年均225天，空气湿润。豫南地区气候适宜，盛产茶叶、果蔬、林木、中药材。

豫南地区分属长江、淮河两大水系，水体资源丰富。淮河发源于桐柏山太白顶，支流密集，此区域内流程在百千米以上的河流有史河、灌河、浉河、白露河、潢河和竹竿河。南水北调中线工程的渠首就位于南阳市淅川境内的陶岔闸首。

豫南地理位置优越，处于河南、陕西、湖北、安徽的交通要道，交通便利。京广铁路、京九铁路、郑武西高铁、洛湛铁路（焦柳铁路）、宁西铁路在此通过；京港澳高速、沪陕高速、大广高速、二广高速、日南高速、许平南高速、内邓高速、焦桐高速、武西高速、和临三高速（临汾至三亚）等多条高速公路遍布本区。国道312、207、209、107、106等连接东西南北。南阳姜营机场为河南三大民用机场之一，信阳明港机场也与2009年12月11日开工建设。信阳有两大出海港口，分别是淮滨饮马港和固始望岗港，其中饮马港是河南第一大内陆港。

2. 人文环境

豫南地区山水秀丽，气候宜人，自古以来人杰地灵、英雄辈出，是中华文明重要的发祥地之一。境内有中国四大避暑胜地之一的鸡公山，“中原第一湖”南湾湖，国家地质公园金刚台，唐、明两朝国庙灵山寺等。南阳是国务院第二批命名的历史文化名城，西汉时为全国六大都会之一，东汉时期为光武帝刘秀的发迹之地，故有“南都”“帝乡”之称。南阳伏牛山被联合国教科文组织评为世界地质公园，内乡县衙、西峡灌河漂流、卧龙岗武侯祠、西峡恐龙遗迹园等被批准为国家4A级景区。驻马店是蔡氏、金氏、江氏家族的发祥地，是重阳节和中国“四大传奇”梁祝爱情故事的发源地之一，也是“盘古开天地”美丽神话传说的发祥地。

（四）豫西地区

豫西是指河南省内、省会郑州以西地区，包括洛阳、三门峡、平顶山三个城市，即洛、虢、鹰三市。西接陕西，东靠中原，北邻黄河，南接南阳盆地，位于亚欧大陆桥东段。总面积3.357 8万平方千米，总人口约1 419万。

1. 地理环境

豫西地区地处晋豫大峡谷以南，南阳盆地以北，西连陕西，东接河南省会。区内山川、丘陵、盆地交错，地形错综复杂，地势西高东低。位于暖温带南缘向北亚热带过渡地带，属暖温带大陆性季风气候和亚热带季风气候，四季分明，气候宜人。年平均气温约15 ℃，降雨量约630毫米，其中南部山区能达到1 200毫米以上。区内河渠密布，分属黄河、淮河、长江三大水系，黄河、洛河、伊河、清河、弘农涧河、沙河等10余条河流蜿蜒其间，水体资源丰富。农业结构因地制宜，突出特色，优质专用粮食、林果、中药材、烟叶、花卉苗木六大支柱产业格局初步形成，有珍贵的领椿木、铁杉、连香、银杏、山白芍等树种，天然化工原料植物漆树、油桐等，经济植物核桃、山楂、板栗、苹果、柿子等，是重要的药材产地，种类多达1 480余种。经济作物主要有棉花、烟叶、油料等。

豫西地区物产资源丰富，已探明有钼、铝、金、银、钨、煤、铁、锌、水晶、铅等甲类矿产资源26种，钼矿、金矿、银矿、铅矿储量居全国前列。其中洛阳是新中国重点建设的老工业基地，目前已形成装备制造、能源电力、石油化工、新材料、硅光伏及光电五大优势产业，拥有洛阳石化、中信重工、一拖集团、中铝洛铜、洛玻集团、中硅高科、万基控股、伊川电力等众多具有较强市场竞争力的大型企业。洛阳是国家创新型试点城市、全国科技进步先进市、国家知识产权示范城市，也是我国重要的科技研发基地和新材料产业国家高技术产业基地。现有各类科研机构600余家，其中国家级企业技术中心9个、国家级工程技术研究中心3个、国家重点实验室4个、国家工程实验室1个。

本区交通便捷，陇海、焦枝铁路、郑西高铁客运专线，连霍、二广、郑少洛高速、许平南高速公路与国道207、310、311、312纵横交错。洛阳机场是国内净空条件最好的二级机场之一，开辟有至北京、上海、广州、深圳、杭州、成都、大连、香港等十多条航线。

2. 人文环境

豫西地区在上古时期属裴李岗文化、仰韶文化和龙山文化。进入封建社会，曾是夏商周王朝统治的中心区域，其中洛阳是十三朝古都，是中国长期的政治经济文化中心。洛阳是国务院首批公布的历史文化名城、著名古都、华夏文明的重要发祥地、丝绸之路的东方起点。历史上先后有13个王朝在此建都，是我国建都最早、历时最长、朝代最多的都城。五大都城遗址、世界文化遗产龙门石窟、中国第一座官办寺院白马寺、武圣关羽的陵寝关林等名胜古迹星罗棋布。道学、佛学或渊源于此，或首传于此，或光大于此，以“河图洛书”为代表的河洛文化是海内外炎黄子孙的祖根文源。

洛阳是著名的优秀旅游城市。现有5A级景区4家、4A级景区11家、3A级景区11家，有龙门石窟、白马寺、黄河小浪底风景区、世界地质公园黛眉山、国家森林公园白云山、“北国第一溶洞”鸡冠洞、“北国水乡”重渡沟等。自1983年以来，已成功举办了31届中国洛阳牡丹文化节，牡丹成为洛阳最具代表性的城市名片。三门峡市是黄帝铸鼎原文化、虢国文化、道家思想文化、达摩创立的禅宗文化及古代崤函战争文化等的汇集地。平顶山有贾湖遗址、应国墓地、尧山、中原大佛、画眉谷、二郎山等不可多得的旅游资源。

（五）豫中地区

豫中地区是河南省的一级行政区划，主要包括河南省省会郑州市、许昌市、漯河市在内的广大地区，位于河南省中部偏北，黄河南岸，总面积1.51万平方千米，总人口约1 579万。

1. 地理环境

豫中地区属北温带大陆性季风气候，冷暖适中、四季分明，春季干旱少雨，夏季炎热多雨，秋季晴朗日照长，冬季寒冷少雨。年平均气温14.2℃。郑州年平均降雨量640.9毫米，无霜期220天，全年日照时间约2 400小时。

本区分属于黄河和淮河两大水系，有大小河流100余条，流域面积较大的河流有30余条，水资源总量较少，平均每平方千米每年的水资源总量为18万立方米，人均占有量为215立方米，相当于河南人均占有量的1/2。

豫中地区地势以丘陵、平原为主。盛产小麦、玉米、大豆、水稻、花生、棉花、经济林果等粮食作物和苹果、梨、红枣、柿饼、葡萄、西瓜、大蒜、金银花和黄河鲤鱼等农副土特产品。自然资源丰富，已探明矿藏有34种，主要有煤、铝矾土、耐火黏土、水泥灰岩、油石、硫铁矿和石英砂等。耐火黏土、铝土、天然油石、煤炭等储量居全省前列。

豫中地区是河南省交通较为发达的地区之一。区内拥有京广铁路、陇海铁路、京广高铁、漯阜铁路与漯宝铁路，规划中的郑徐高铁（郑州—徐州）、郑渝高铁（郑州—重庆）、郑杭高铁（郑州—杭州）穿越本区中部，拥有郑州站、郑州北站、郑州东站3个国家铁路特等站，许昌站、漯河站2个国家铁路一等站，107国道、310国道、311国道、220国道、京港澳高速、连霍高速、宁洛高速、许亳高速等高速公路遍布其间。郑州被列为国家级综合交通枢纽，是全国45个公路主枢纽城市之一。郑州新郑国际机场是国家民航总局定位的全国八大航空枢纽港之一，拥有1个内陆港口——漯河港。

2. 人文环境

豫中地区历史悠久，文化灿烂，旅游资源丰富，是夏、商两朝的腹地，是中华文明轴心区。轩辕黄帝故里、裴李岗文化遗址、大河村遗址、商城遗址等记载了其8 000多年的文明史，以黄河游览区、大河村遗址为主的中国特色文化旅游群和以少林寺、嵩山国家森林公园为主的嵩山风景名胜区给郑州增添了无穷的魅力。

本区的主要旅游资源有裴李岗遗址、大河村遗址、商城遗址、登封“天地之中”建筑群、河南博物院、巩义宋陵、康百万庄园、二七纪念塔、浮戏山雪花洞、黄河游览区、汉霸二王城、中原福塔、打虎亭汉墓、郑韩故城、春秋楼、许慎墓、小商桥、神垕镇钧瓷遗址、双汇产业园等。

二、厚重的历史文化

（一）石器时代的河南

考古学根据生产工具的变革，将人类古代的历史分为石器时代、青铜时代和铁器时代。在中国，这三个时代基本上是和社会发展的三个阶段——原始社会、奴隶社会、封建社会相一致的。石器时代又分为旧时器时代和新石器时代，人们使用打制石器进行生产的时代是旧石器时代，而使用磨制石器的时代则称为新石器时代。旧石器时代开始于距今300万年前，结束于距今1.1万~1.2万年前；新石器时代开始于距今1.1万年前，结束于距今四五千年前。旧石器时代为氏族公社时期，新石器时代包括了母系氏族社会和父系氏族社会两个阶段。新石器时代末期，氏族公社制开始向奴隶制过渡。

距今五六十万年前，南召元人已开始在河南境内劳动、生息和繁衍，这是中国旧石器时代早期人类之一。此外，在三门峡、洛阳、安阳、漯河等地也相继发现了旧石器时代遗存，表明河南地区是中国猿人生活的主要地区之一，扩大了我国旧石器分布的地域，成为认识和研究北方与南方旧石器文化关系的重要环节。到距今8 000年前，河南进入新时期时代，以新郑裴李岗文化为代表的新石器时代早期文化展示了母系氏族社会初期的景象；距今5 000~7 000年前的渑池仰韶的红陶、彩陶文化则代表了母系氏族社会繁荣的情况；到距今5 000年左右，中国进入父系氏族社会阶段，河南发现的大批龙山文化（因最早发现于山东章丘龙山镇而得名）遗址是这一时期河南社会发展的历史见证，传说中的“三皇五帝”就产生于这个时代。

（二）青铜时代的河南

公元前2070年，中国历史上第一个奴隶制王朝——夏在河南建立。传说夏朝的奠基者禹就诞生在河南，夏最早把都城建立在阳城（今登封告成镇），后来屡次迁徙，但黄河中下游的河南地区始终是夏朝活动的中心。以此为基础，逐渐形成了华夏民族的主体。洛阳堰师二里头文化反映了夏王朝的繁荣状况。

公元前16世纪，商朝在商丘崛起。公元前1600年商汤灭夏，建立商朝，都于亳（今堰师）。郑州二里岗的商城遗址被考古学界称为傲郡，代表了商代中晚期的政治、经济发展。由于频繁的战争和自然灾害等原因，商代都城也频繁迁徙。到公元前1300年，商王盘庚迁都殷（今安阳西北小屯村一带），在以后的250多年时间里，商朝政治稳定，经济发展，成为当时世界上为数不多的文明大国之一。在安阳殷墟发现的甲骨文是世界上最早的文字之一，因刻在龟甲和兽骨上而得名。甲骨文记载了当时的政治、经济、文化、军事、天文、历法和祭祀等各种活动，成为研究商代历史的珍贵资料。

公元前1046年，周武王灭掉商纣王，建立周朝，史称西周。西周建都丰镐（今西安市西南），但为了加强对东方的统治，周公又营建东都雒邑（即今洛阳）。西周在全国实行分封制，在河南境内也分封了许多小诸侯国，如陈（今淮阳）、宋（今商丘）、蔡（今上蔡）、许（今许昌）、卫（今安阳）、虢（今三门峡）、杞（今杞县）、郑（今新郑）等。

公元前770年，周平王迁都雒邑，东周纪年开始。这一时期，中原地区农业经济发达，青铜铸造、冶铁、建筑等手工业都达到很高的水平。商业也相当繁荣，涌现出了一批著名的工商业城市。洛阳成为全国的学术交流中心，儒、道、法、名、墨等学说及其代表人物云集洛阳，各抒己见，相互辩论，形成了“百家争鸣”的局面。

（三）铁器时代的河南

东周分为春秋和战国两个时期，公元前475年，中国历史进入战国时期。这时，铁制农具普遍使用，为生产力的提高创造了条件，封建社会开始了。此后，除秦、西汉外，东汉、曹魏、西晋、北魏、隋、唐、五代、北宋等王朝先后在洛阳、许昌、开封等地建都或作为陪都，使河南一直处于全国政治、经济、文化的中心地位。

这一时期，洛阳曾作为东周、东汉、曹魏、西晋、北魏、隋、唐、后梁、后唐等朝代的都城或陪都880多年，因而被称为“九朝名都”。东汉时期的洛阳“船车贾贩，周于四方；

废居积贮，满于都城。琦赂宝货，巨室不能容。马牛羊豕，山谷不能受”（《后汉书·仲长统传》）。北魏时洛阳“东西二十里，南北十五里”，拥有整齐的坊市制度，居人百万，佛寺林立，著名的龙门石窟便是在北魏大规模开凿的。隋炀帝和唐代武则天时期又对洛阳城进行了较大规模的改建和扩建，使它和长安一样成为当时世界上最大的政治和商业都市之一。隋炀帝时期还开凿了以洛阳为中心的大运河，使洛阳成为全国水路交通的枢纽，为隋唐时期洛阳的繁荣打下了坚实的基础。许昌曾是东汉末年曹魏兴起的根据地。

开封城市的发展史可以追溯到春秋时的“启封”城（在今朱仙镇古城村），其在历史上第一次成为都城是战国时期魏国迁都大梁时；大运河开通后，开封的政治、经济地位迅速提高，五代时期成为后梁、后晋、后汉、后周的都城；960 年以后，北宋又以开封为都 168 年，加上 12 世纪初金朝又在此短时建都，使开封继洛阳之后成为“七朝故都”。北宋开封繁华的景象在宋人孟元老的《东京梦华录》、张择端的《清明上河图》中都有精彩的描述，其中《东京梦华录》记载：“太平日久，人物繁阜……举目则青楼画阁，绣户珠帘。雕车竞驻于天街，宝马争驰于御路。金翠耀目，罗绮飘香。新声巧笑于柳陌花巷，按管调弦于茶坊酒肆。八荒争凑，万国咸通。”开封不仅是中国的中心，而且成为世界文化交流的中心。

12 世纪以后，中国又先后经历了封建社会中后期、半封建半殖民地社会、资本主义社会三个发展阶段，先后有南宋、元、明、清、“中华民国”等朝代。这一时期，中国的政治、经济、文化和人口中心逐渐向东南、东部或北部的沿海地区转移。河南在近千年之久的时间里，除了成为军事争夺的据点外，政治、经济和文化的变革对河南的影响力减小，资本主义萌芽、鸦片战争、洋务运动、五四运动等决定中国近现代社会历史命运的重大事变，与河南的关系非常微弱，造成了河南地区政治、经济地位的急剧下降和文化地位衰落。

1127 年，在徽、钦二帝被金兵北俘后，徽宗的另一个儿子赵构在南京（今商丘）称帝（即高宗），建立南宋。1129 年，金兵再次南犯，南宋被迫迁都临安（今杭州）。从此以后，中国的政治中心正式南移，后又北移北京，再也没有返回中原一带。

1214 年，金朝统治的末期，金宣宗迫于蒙古的压力，把都城迁到开封。到 1234 年，金被元灭，开封又做了 20 年的都城。但这时的开封已远不及昔日东京的繁华。1271 年，元朝建立以后，在河南设立河南江北行中书省，这是河南称省的开始。省府仍设在开封。明朝时，河南为藩王的分封地。清朝建立后，因循明制，设河南省，仍治开封府。洛阳在明清时期城墙残破，经济萧条，已经失去了古都的盛况，其政治、经济地位的下降趋势已十分明显。

1840 年鸦片战争后，洋务运动也波及河南，河南也举办了一些新政。同时，国外的经济势力也随着政治势力的扩张而逐渐向内地渗透，对河南社会发展影响最大的是在 1900 年前后以比、英、法等外资为主，相继修建京汉及陇海铁路的汴洛段，郑州成为铁路交通枢纽，给未来社会发展打下了基础。

1911 年，孙中山领导武昌起义。1912 年，“中华民国”建立，但辛亥革命的胜利果实很快被新军阀袁世凯窃取。此后，中国又进入军阀混战时期，奉系军阀吴佩孚、直系将领冯玉祥都曾以河南为据点，中原成了军阀混战的主战场。1930 年，国民党正式控制了河南地区。1937 年，抗日战争爆发，河南沦入日本的铁蹄之下。1945 年河南又成为解放战争的主战场。1948 年，洛阳、开封等相继解放，河南进入一个新的发展时期。

（四）今日的河南

截至2010年年底，河南省辖18个省辖市，其中地级市17个、省直管市1个，50个市辖区、20个县级市、88个县，下辖464个街道办事处、1 892个乡镇。2011年河南省在全国率先加大实施省财政直管县试点，省直管市扩大至11个，分别是济源市、巩义市、永城市、汝州市、邓州市、滑县、长垣县、固始县、鹿邑县、兰考县、新蔡县，其中济源市由河南省直辖，其余县市由所属地级市代管。户籍人口居全国第一位，常住人口9 402万人，居全国第三。

城市化战略格局形成，12个城市沿铁路干线铺开，即“一横”——陇海铁路城市带，有商丘、开封、郑州、洛阳、三门峡；“一纵”——京广铁路城市带，有安阳、鹤壁、新乡、郑州、许昌、漯河、驻马店、信阳。

河南省行政区划

郑州市	中原区、二七区、管城回族区、金水区、上街区、惠济区、中牟县、巩义市、荥阳市、新密市、新郑市、登封市
开封市	龙亭区、顺河回族区、鼓楼区、禹王台区、开封新区（金明区）、杞县、通许县、尉氏县、开封县、兰考县
洛阳市	老城区、西工区、瀍河回族区、涧西区、吉利区、洛龙区、孟津县、新安县、栾川县、嵩县、汝阳县、宜阳县、洛宁县、伊川县、偃师市
平顶山市	新华区、卫东区、石龙区、湛河区、宝丰县、叶县、鲁山县、郏县、舞钢市、汝州市
安阳市	文峰区、北关区、殷都区、龙安区、安阳县、汤阴县、滑县、内黄县、林州市
鹤壁市	鹤山区、山城区、淇滨区、浚县、淇县
新乡市	红旗区、卫滨区、牧野区、凤泉区、新乡县、获嘉县、原阳县、延津县、封丘县、长垣县、卫辉市、辉县市
焦作市	解放区、中站区、马村区、山阳区、修武县、博爱县、武陟县、温县、沁阳市、孟州市
濮阳市	华龙区、濮阳高新技术产业开发区（市政府派出机构）、清丰县、南乐县、范县、台前县、濮阳县
许昌市	魏都区、许昌县、鄢陵县、襄城县、禹州市、长葛市
漯河市	临颍县、舞阳县、郾城区、源汇区、召陵区、经济开发区
三门峡市	湖滨区、渑池县、陕县、卢氏县、义马市、灵宝市
南阳市	宛城区、卧龙区、南召县、方城县、西峡县、镇平县、内乡县、淅川县、社旗县、唐河县、新野县、桐柏县、邓州市
商丘市	梁园区、睢阳区、民权县、睢县、宁陵县、柘城县、虞城县、夏邑县、永城市
信阳市	浉河区、平桥区、罗山县、潢川县、固始县、息县、淮滨县、光山县、商城县、新县、潢川开发区、鸡公山管理区、上天梯管理区、羊山新区、南湾湖风景区、信阳工业城
周口市	川汇区、扶沟县、西华县、商水县、沈丘县、郸城县、淮阳县、太康县、鹿邑县、项城市
驻马店市	驿城区、西平县、上蔡县、平舆县、正阳县、确山县、泌阳县、汝南县、遂平县、新蔡县
济源市	邵原镇、下冶镇、王屋镇、思礼镇、大峪镇、坡头镇、承留镇、轵城镇、梨林镇、克井镇、五龙口镇、北海办事处、玉泉办事处、天坛办事处、沁园办事处、济水办事处

从自然地理位置、政区位置、交通位置来看，河南不失为中国之中，这给河南的旅游业发展和社会经济的腾飞插上了强有力的翅膀。正是河南全国居中的地理位置，才使这里成为人类活动的中心，才留下了全国数量最多的古迹、古都、古文物，为河南旅游业的发展提供了不可多得的旅游资源。

2012 年 11 月，国务院批复《中原经济区规划》。中原经济区是指以河南省为主体，包含山东、安徽、河北、山西等省部分地区的综合性经济区。范围包括河南 18 个地市及山东、安徽、河北、山西 12 个地市 3 个县区，总面积 28.9 万平方千米，总人口 1.5 亿人。中原经济区面积及人口居全国第一位，经济总量仅次于“长三角”“珠三角”及“京津冀”，列全国第四位。中原经济区是以全国主体功能区规划明确的重点开发区域为基础、中原城市群为支撑，涵盖河南全省，延及周边地区的经济区域。中原经济区地理位置重要，经济总量大，市场潜力巨大，文化底蕴深厚，在全国改革发展大局中具有重要战略地位。中原经济区作为国家层面重点开发区域，位于全国“两横三纵”城市化战略格局中陆桥通道横轴和京广通道纵轴的交会处，是沿海地区发展的重要支撑，是中部崛起的重要基地，是继“长三角”“珠三角”“京津冀”三大经济区之后，由豫鲁皖冀晋等 5 省 30 市 3 县（区）组成的经济区域。该区域定位为全国重要的高新技术产业、先进制造业和现代服务业基地，能源原材料基地，综合交通枢纽和物流中心，区域性的科技创新中心，中部地区人口和经济密集区，是支撑全国经济又好又快发展的新的经济增长板块。

小 结

本章从河南旅游资源的形成背景入手，介绍了河南省的旅游资源状况，以及自然旅游资源与人文旅游资源形成的背景因素，是后续章节的学习基础。

训 练

一、填空题

1. 河南省古称________，简称________，位于________中下游的________大平原的南部，全省土地总面积________平方千米，占全国总面积的 1.74%。

2. 河南省的地势从整体上看，呈西高东低的特点。其中山地有三大块，即豫西北的________，豫西山地和豫南的桐柏—大别山地。河南的最高峰是________，海拔 2 413.8 米。

3. 河南省境内大小河流共计________条，沿地势分别向东北、东、东南和南四个方向流出省界，分属于黄河、长江、海河、________四大流域。

二、简答题

1. 河南旅游资源形成的因素有哪些？

2. 历史上先后在洛阳、开封建都的朝代有哪些？

讲解示例

河南旅游概况

河南地处中原，这片沃土滋养了近一亿的华夏儿女。河南是中华文明的重要发祥地之一。在中华民族 5 000 年历史长河中，先后有 20 多个朝代 200 多位帝王建都或迁都于此，作为全国政治、经济、文化中心长达 3 000 年之久。中国八大古都河南有其四，即九朝古都洛阳、七朝古都开封、殷商古都安阳、商都郑州。洛阳龙门石窟、安阳殷墟、“天地之中”登封古建筑群被列入世界文化遗产名录。河南被称为“中国历史文化的博物馆”，地上文物和地下文物分别居全国第一位和第二位。河南是中华姓氏文化的发源地，中国百家姓中有70多个起源于河南。河南还是中国功夫的故乡，享誉海内外的少林武术和陈式太极拳均源于此。

河南省不仅有灿烂的历史文化，也有“北雄南秀”的自然景观。中华民族的母亲河——黄河，横贯全省东西，“人工天河”红旗渠被誉为世界第八大奇迹。中岳嵩山、云台山、伏牛山、王屋山—黛眉山被评为世界地质公园。百年避暑胜地鸡公山，是中国四大避暑胜地之一。尧山中原大佛景区集佛教文化、温泉疗养、观光旅游于一体，人文景观与自然景观荟萃，佛教文化与现代文明交融。

在河南一年四季都有展现其地方文化特色的各种节庆活动，洛阳牡丹花会、开封菊花会，已连续举办多届，吸引了络绎不绝的游客。

到了河南，您就感受到了中国文化的博大精深；到了河南，您就感受到了中原大地的勃勃生机，河南欢迎您！

（资料来源：http：//www. hnta. cn/lyzn/gaikuang. html）

第二章

地文景观类旅游资源

教学目标

知识目标：

1. 熟悉河南主要的山岳景观；

2. 了解嵩山、王屋山、云台山、林虑山、鸡公山的特点及主要人文活动概况；

3. 熟悉河南主要的峡谷景观；

4. 熟悉河南主要的洞穴景观。

能力目标：

1. 能够依据游客层次设计不同的地文景观导游讲解；

2. 能够从景观的审美角度出发，对河南省著名的山岳景观、峡谷景观、洞穴景观进行熟练的导游讲解。

导　入

地文景观是在长期地质作用和地理过程中形成并在地表面或浅地表存留下来的各种景观，如地质遗迹、山岳、峡谷、洞穴、化石等类型。

在河南省地质历史中，前后经历了9次大的地壳运动，形成了非常丰富的地文景观类资源，有存在于豫北、豫西、豫南三大山地河的断裂形迹遗址。其中豫北太行山东麓、豫中的嵩山地区和伏牛山南坡、豫南的桐柏和大别山区的南坡，有很多陡峭的山峰和陡崖；有被地质界誉为"五代同堂"标准层型地质剖面的嵩山地层。由于地质影响，河南省的地貌类型也多种多样、分布复杂。其中山地多分布在西部、西北部及豫鄂边界，主要有三大块，即豫西北的太行山、豫西的秦岭东缘山地和豫南的桐柏—大别山地。它们的形态特征及地质构造基础存在着较大的差异，有经历过多次沧海桑田的巨大变化，保存在地层中的各种古生物化石。在河南的地文景观类旅游资源中，既有南方山岭之奇秀，也有北方山河之雄壮，太行山巍峨挺拔，大别山风景秀丽，伏牛山雄伟壮观，中岳嵩山神奇深奥，瑰丽恢宏，引人入胜。

第一节　山岳景观

一、豫北山水

豫北地区包括安阳、新乡、鹤壁、焦作、濮阳5个地级市及济源1个省管县级市，面积

2.8 万平方千米，人口 2 000 万，是河南重要的工业基地和较发达区域。

豫北地区和冀中南地区、鲁西北地区共同构成了华北平原。三区地势中东部以平原为主，豫北西依太行山山脉，北靠冀中南地区，南面黄河环绕，东连鲁西北地区。三区域作为整体北靠燕山，西依太行山，南滨黄河，东临渤海，具有天然地理同源性。早在远古时期，三区同属冀州，位居九州之首。在隋唐时同属河北道、宋代同属河北路、元代同归中书省直辖，所以三区也具有很深厚的历史渊源。京广铁路、京港高铁、南水北调中线纵贯南北，地理交通位置优越。三区总面积约 15 万平方千米。

（一）国际滑翔基地——林虑山

林虑山位于林州市西部太行山的南段，南北长 74 千米，东西宽 29 千米，总面积 1 760 平方千米。林虑山奇峰林立，山势嵯峨，崖谷密布，瀑布高悬。共有大小山峰 7 658 座，大型幽谷 7 845 条。现存古长城遗址 1 处，古塔 9 座，洞窟 5 处，石刻造像 300 多尊，其中省级文物保护单位 9 处，县级文物保护单位 71 处。这里森林茂密、古树参天，水溪潭池、飞瀑银花，重岩叠嶂、姿态万千，构成了一幅幅变幻无穷的林虑山风景名胜图，自古有“景物雄奇，秀绝一群”之美称。

冰冰背在石板岩乡西北部的南谷洞水库西南半山腰海拔 1 500 米处。在冰冰背，有一处远近闻名的自然景观——太极山冰窟。太极山冰窟分南北两处，总面积 1 平方千米。盛夏酷暑季节，一走进这个区域，顿感洞窟来风，寒气逼人，石窟内结着冰凌和霜刺。而到了冬天，这里却是热气蒸腾，升起的雾柱直通云天，山桃花竞相开放，形成了林虑山太行大峡谷的又一道奇观——冬夏倒置冰冰背。

林虑山还是我国著名的航空运动中心，承担着全国跳伞、滑翔、热气球运员的训练及国内外比赛、表演等任务。经滑翔专家试飞，认定林虑山山峰属悬挂式、伞翼式滑翔赛的理想场地。

（二）禹贡名山——大伾山

大伾山位于河南省鹤壁市浚县城东，故又称东山。大伾山有中国最早、北方最大的大石佛。该石佛始建于北魏，依山开凿，总高 8 丈，藏于 7 丈高的楼内，素有“八丈佛爷七丈楼”之称，为世界佛屋景观之奇迹。2001 年 6 月被国务院公布为国家级保护文物，属国家 4A 级景区。

大伾山又名黎山，这里孤峰凌云，山势巍峨，松柏苍郁，秀丽幽静，气象峥嵘。山上寺庙洞阁棋布，摩崖碑刻林立，松柏夹道，曲径幽回，自古即为“河朔胜景”。帝王将相、文人学士登山览胜者代不乏人。大伾山与浮丘山东西对峙，相距 1 里有余，卫河环城傍绕，“城中有山，山上有城，山下有水，山水辉映”，构成独特的自然和人文景观。五代前佛道二教并存，道庙佛寺数量众多。五代后周下诏灭佛，现有后周显德六年（959 年）刻的“准敕不停废记碑”存于东麓天宁寺内，为山上现存最早的碑刻，是研究后周灭佛的重要资料。道教宫观现存吕祖祠、壶天道院、禹王庙等。另有大石佛像、唐代《大伾山铭》摩崖题记以及藏经阁、阳明书院、龙洞、丰泽庙等胜迹。

大伾山上现存道观佛寺建筑群 7 处，名亭 8 座，石窟 6 处，各式古建筑 138 间，摩崖碑刻 460 余处，各具特色。其中，始建于北魏的天宁寺，规模宏大，年代最早，寺内有藏经阁，原藏明代南藏经 6 053 卷，为宗教典籍珍品。宋代的天齐庙、太平兴国寺、丰泽庙，元代的观音岩，明清的阳明书院、吕祖祠、禹王庙、张仙洞等建筑，各有其妙，为大伾山增光添彩。

（三）中华第一古军校——云梦山

云梦山位于鹤壁市淇县西南的太行山东麓，为太行山余脉，距朝歌城 15 千米。云梦山由剑绣峰、桃园峰、龙王峰和玉帝峰等几个主峰组成，最高峰海拔 589 米。云梦山山谷中有一水帘洞，夏秋之际洞水溢出，汇流成溪，在日光照耀下谷中时时涌起山岚雾霭，朦胧缥缈，云蒸霞蔚，气象万千，故称"云梦山"。

云梦山几个主峰的九道山脊和山谷交会于中部，群山环拱，九龙聚会，形成一个小小的盆地。在剑绣峰相交的山阴绝壁上有一个天然溶洞，名曰鬼谷洞。沿盆地迤逦向西为五里鬼谷，山峦拔立，峰高天低。盆地内有两大巨泉：一曰龙泉，位于九道山谷的中心；二曰仙泉，位于鬼谷洞内。两大巨泉汇合形成一个小湖，名映瑞池。泉水经映瑞池流出，沿五里鬼谷流为清溪，注入清水。清溪由东向西流出，汇入清水后折向西南流入淇水，与淇水合流，环抱着朝歌古城。云梦山素有"云梦仙境"之称，明代何士琦曾赞道："横峪坊外，红尘隔断……俯瞰深谷，琪花瑶草，夹路喷奇；八盘九湾，曲曲幽异。"

"铜镠玉石之美，必有卓异幽隐之士。"战国时纵横家鼻祖鬼谷子曾在云梦山隐居，聚徒讲学，培养出的学生苏秦、张仪、孙膑、庞涓、毛遂、尉僚等，均为著名的军事家、外交家，成为当时七国争雄中呼风唤雨的人物。由此，云梦山被誉为"中华第一古军校"。

云梦山奇峰对峙，层峦叠嶂，泉涌涧飞，险奇秀幽，当初鬼谷子选址此地创办军校，可谓慧眼独具。如今仍保留的重要景点有鬼谷子隐居处水帘洞、鬼谷祠、王老圣母（鬼谷子之母）洞、孙膑洞、庞涓洞、五里鬼谷、孙膑墓、舍身台、太阳洞、南北桃园、《鬼谷子》十三篇 100 平方米巨型摩崖石刻等 20 余处。中国国防大学原副校长张霖将军题词"古军校址"，国防大学常务副校长王厚卿将军题词"武学之师，军校之母"。

鹤壁市淇县云梦山景区

对于云梦山的自然景观，历代撰诗文赞美者很多。明代府学训导曹安写诗赞叹"金鳌背上崎危峰，万壑千岩紫翠重"；元代大学者王恽描写水帘洞"夕阳倒影鲛绡薄，春雨添流瀑布宽"；明代诗人王琮描写五里鬼谷"月照山头天鉴窄，云山岫口水帘宽"。

鬼谷祠古朴典雅，垂檐凌空，斗拱替木，彩梁画栋，檐下画面为鬼谷子的传说。祠前嵌刻着我国著名书画家张重梅撰写的楹联："鬼谷三卷隐匡天下，兵家七国才出一门"。

鬼谷祠周围有白石栏杆相护，沿回廊可绕祠四隅。立于北侧俯视，映瑞门、鬼谷井、青龙背、鬼谷墟、舍身台、试心石、仙水泉、庞涓洞、玉皇殿、三清殿尽收眼底。在鬼谷亭的旁边，就是鬼谷洞。鬼谷洞亦称水帘洞，《淇县志》在介绍此洞时称“世传鬼谷子隐居处”。现今洞口仍刻有明代摩崖题记，其文为魏碑横书“水帘洞”3个盈尺大字，其右竖题“鬼谷先生隐处”6个行书小字。山上又有一座清代顺治年间何士琦撰写的《云梦山游记》碑刻。

鬼谷洞位于云梦山东段半山崖上，面北坐南，洞高10米，宽6米，进深80余米。洞顶钟乳变换着千姿百态的造型。水珠沿着倒垂的石笋滴滴落地，叮咚有声。洞内有一泉水，名曰“仙泉”。仙泉在洞内形成一个小潭，潭水清凉，深不可测。洞口上方有一天窗，阳光沿此窗深射洞中。窗口下一排水珠沿洞口滴落，恰似一个高悬的珠帘。洞右上方镌刻一副对联：“天开道眼，山透玄心。”地面上有两道深深的车辙和牛蹄印迹，从洞内一直延伸到洞外，相传鬼谷子经常乘牛车从此出入。泉水溢出，在洞前聚成映瑞池，泉水经过小湖与涧水汇成一道清溪，沿鬼谷流入清水河，流向辽阔的中原大地。正是：“乘云愿洒泉为雨，飞润阎浮四百州。”

王老圣母洞，位于水帘洞口右侧。王老圣母，即鬼谷子之母。相传该洞是鬼谷先生敬奉老母的地方。后人为褒彰王氏苦心教子之功德，于明代整修洞门，以洞为祠，敬其为圣母。此洞高2米，宽1.7米，进深15米。前5米为人工开凿，后10米是天然洞窟。从洞之隘口进入其内，豁然开朗。洞内可容20余人。光线从洞口折射洞底，虽无灯火，却不黯淡。洞门为青石雕造，门楣上书“别有天地”4个楷书大字。洞前是悬崖，由一座石桥和鬼谷洞相通，泉水桥下流过，潺潺有声。

孙膑洞，亦称洗尘洞，位于水帘洞东侧。该洞建于明代，依山凿就。面阔三间，洞口两侧矗立石雕旗杆两根，洞内石楹二排六柱，柱上分别镌刻楹联和戏剧人物故事。洞门以石砌成，洞内奉孙膑塑像。相传孙膑随鬼谷子学兵法，勤奋好学，才华出众，待人忠厚，颇为鬼谷先生所赏识。洞口楹联赞述孙膑：“道讲刑名勋垂渤海，胸罗兵甲气镇风云。”

在孙膑洞对面的北山半山腰有一个深约3米、高宽各近2米的小山洞。相传庞涓与孙膑同在云梦山随鬼谷先生学兵法，由于庞涓心胸狭窄，加害孙膑，后被乱箭射死于马陵道。庞涓死后阴魄不散，跑回鬼谷，选择了此处。现今庞涓洞外杂草荆棘丛生，极少有人光顾，更无香火供奉，足见人心如秤。后人有诗叹曰：“求学同窗手足情，贪心一动起纷争。纵使地府重言好，人间千古定骂名。”

毛遂洞在鬼谷祠左下方，是一个天然洞窟，约20平方米，洞顶钟乳石，状若云朵，千姿百态，颇为壮观。洞前有抱殿三楹，仿古卷棚歇山顶，雕梁画栋，剔透玲珑。抱殿外有石栏，站在这里可俯瞰北山庙区。洞内奉毛遂塑像一尊。云梦山有碑记载：“古迹之麓有毛老爷仙洞，洞总不宽敞，威灵显辉，泽被众生，求必有应焉。”相传毛遂是鬼谷先生的小弟子，有胆略，善言辩。

（四）影视基地——万仙山

万仙山景区位于河南省新乡辉县市西北部太行山腹地沙窑乡境内，距新乡市75千米，总面积64平方千米，最高海拔1 672米，年平均气温比山下低6 ℃。这里群峰竞秀，层峦叠嶂，沟壑纵横，飞瀑流泉，既有雄强而苍茫的石壁景观，又有妙曼而秀雅的山乡风韵，集雄壮奇幽俊为一体。

万仙山郭亮洞

景区由中华影视村——郭亮、清幽山乡——南坪、人间仙境——罗姐寨三个景区组成，被评为国家4A级旅游区、国家攀岩公园、国家地质公园、国家森林公园、河南最美景区之一，是著名的影视、写生、休闲避暑、户外运动基地。万仙山被誉为“太行明珠”“华夏奇观”。先后有《清凉寺钟声》《走出地平线》《倒霉大叔的婚事》《战争角落》《举起手来》《天高地厚》等40多部影视片在中华影视村——郭亮拍摄。万仙山景区以优美的自然风光、古朴的风俗民情吸引着众多的中外游客。景区主要景点有红岩绝壁大峡谷、影视村、绝壁长廊、天池、莲花盆、白龙洞、喊泉、日月星石、黑龙潭瀑布、五峰山林海、磨剑锋瀑布、七郎峰、蚂蚁山等。

（五）道教第一洞天——王屋山

王屋山位于河南省济源市西北40千米处，有谓“山中有洞，深不可入，洞中如王者之宫”，山以状名，故名王屋山。

目前开发的王屋山景区是国家级重点风景名胜区、国家4A级风景区，于2006年被列为世界地质公园，森林覆盖率达98%以上，珍稀动物繁多，具有很高的观赏和研究价值。整个景区总面积约265平方千米，分7个景区，有奇峰秀岭38座，神洞名泉26个，碧潭飞瀑十大景，洞天福地五奇观，125个景点。风景区内峰峦叠嶂、宫观林立、人文荟萃，“愚公移山”的故事就发生在这里。唐代司马承祯《天地宫府图·十大洞天》曰：“第一王屋山洞，周回万里，号曰小有清虚之天。”是中国九大古代名山，位列道教十大洞天之首。历史上这里曾经三里一观，五里一宫，相传常有高道羽化，仙人升天。道家上清派开山祖师魏华存、华存师王褒、司马承祯、燕萝子、李含光、玉真公主等都曾于此修仙。千百年来，王屋山不仅是道家人物修身、炼丹、成仙之所，还吸引了许多文人墨客来此寻幽探胜，陶冶情操。唐代大诗人李白、杜甫、白居易、李商隐、韩愈先后来王屋山游历，他们在此流连忘返，留下了许多不朽的名篇佳句。李白在《寄王屋山人孟大融》中写道：“愿随夫子天坛上，闲与仙人扫落花。”王维在《送张道士归山》中说：“先生何处去，王屋访茅居。别妇留丹决，驱鸡入白云。”刘禹锡在《奉送家兄归隐王屋》中写道：“阳落天坛上，依稀似玉京。夜分先见日，月静远闻望。云路将鸡犬，丹台有姓名。古来成道者，兄弟亦同行。”

王屋山景区有以下主要景点：

（1）阳台宫。为王屋山著名的“三宫”之一，是唐朝著名道士司马承祯奉命所修建。

五代时期，大部分殿宇毁于战火，唯大罗三境殿幸免，仍保留唐代原貌，现存其余殿宇多为明清时期建筑。阳台宫坐北朝南，依山而建，逐级递升，殿阁高低错落有致，整体布局沿中轴线依次为山门、大罗三境殿（三清大殿）、玉皇阁、长生殿（遗址），两侧有东西廊房、西王母殿等。现有建筑 8 座 35 间。阳台宫内苍松翠柏，郁郁葱葱，其中的一株七叶菩提树，树围近 3 米，高 14 米，传为唐代所留。

（2）“愚公移山”群雕。是中华民族千百年艰苦奋斗、坚忍不拔的精神象征，也是中华民族宝贵的精神财富。群雕形象地再现了老愚公吕三太率儿子、孙子及邻人寡妇共同挖山的场景，正面碑廊上有毛泽东、江泽民、李鹏、李先念、陈云等党和国家领导人的题词，是弘扬民族精神、进行爱国主义教育的理想场所。

（3）迎恩宫。分上下两进院落，位于垂珠峰脚下，依山顺势而建，紫微溪和滴水岩环抱于宫前，为二龙戏珠之风水宝地。迎恩宫创建于唐初，相传为迎接圣驾朝拜天坛而建，宋徽宗游王屋山华盖峰时，曾跗驻于此。现存有山门、财神殿、祖师殿、玉皇殿等。宫院有“中国植物活化石”之美称的千年菩提树一株，为西汉时期所植，距今已有 2 000 多年的历史。树高 45.7 米，树围 9.45 米，被当地人称作“七搂八拐棍”。树下有长年涓涓细流的“不老泉”，为王屋山著名的“灵泉”之一，久旱不竭，水流如注，清凉宜人。

（4）紫微宫。为王屋山道教三宫之首，位于天坛峰南麓的中岩台上，由司马承祯创建于武则天圣历二年（公元 699 年），历代均有修葺。依山顺势，层层筑台，三进院落，中轴线上依次有朝真门、天王殿、三清殿、通明殿等，现大部分成为遗址。朝真门和宫前台阶为近年新修。紫微宫院内有唐、宋、元、明、清各代碑 30 余通，其中唐碑《坐忘论》、元代《大朝圣旨碑》堪称国宝。

（5）天坛神路。总长 3 768 米，宽 1.5 米，总台阶 4 631 个，沿天坛神路石阶登山，大小庙宇如金丝串珠，经瘦龙岭，转十八盘，渡仙人桥，攀紫金崖，方可到达极顶。

（6）天坛索道。总投资 1 200 余万元，于 1999 年 5 月 1 日竣工。全长 1 500 米，共计 106 个吊篮，每个小时可输送游客 300 余人次，索道高低落差 660 米，全程约需 20 多分钟。

（7）王屋山主峰——天坛峰。海拔 1 715.5 米，有“天下砥柱”之称，是中华民族一统之圣地。天坛峰顶天坛阁分别建有轩辕殿、三清殿、王母殿、玉皇殿。山顶有一石坛，为黄帝祭天之所。《黄帝内传》云为琼林台，《天坛王屋山胜迹记》中有“黄帝王屋会王母”的记载，“黄帝于此告天，遂感九天玄女，西王母降授《九鼎神丹策》《阴符策》，遂克服蚩尤之党，自此天坛之始也”，故名天坛山。登顶四望，东有日精峰，西有月华峰，南有南天门，北有舍身崖，西崖下更有太乙池，是古时江、黄、淮、济四渎之一济水的源头。座座峰岭，或仰或立或坐，有如巨蛟凌空，有如万马奔腾，景色壮观。

除此之外，王屋山中天然的中草药遍布山野，真所谓“物华天宝妙心，人杰地灵风趣”。还有王屋山的红叶，每到中秋 10 月，层林尽染，红黄相间，美不胜收。

（六）峡谷极品——云台山

云台山位于河南省焦作市修武县以北 12 千米处，主峰是茱萸峰，海拔 1 304 米，因为山势突兀，好像一口大锅，覆盖在群峰之上，在古代被称为“覆釜山”。又因为它山势高耸，森林茂密，山间常有云雾缭绕，又被称为“云台山”。从地理学的观点看，云台山在地形上是属于南太行山地的一部分，故又称“太行云台山”。

云台山以独具特色的“北方岩溶地貌”“云台山水”被联合国教科文组织列入全球首批

世界地质公园名录，也是首批国家5A级旅游景区之一，景区面积240平方千米。云台山山险水秀，气候凉爽宜人。景区属暖温带大陆性季风性气候。四季分明，春季干燥多风，夏季高温多雨，秋季凉爽，冬季干寒。这里泉源丰富、植被茂盛，原始次生林覆盖了整个山峦，各种树木和奇花异草种类达400多种。中药材蕴藏丰富，除人参、灵芝外，还有闻名国内外的四大怀药（地黄、菊花、山药、牛膝），以及茱萸、连翘、天麻、当归等。云台山满山覆盖的原始森林、深邃幽静的沟谷溪潭、千姿百态的飞瀑流泉、如诗如画的奇峰异石，形成了其独特完美的自然景观。而且云气缭绕，仙风回荡，为道教重玄派妙真道士仙居之福地洞天，道教妙真祖庭。此外，还是汉献帝的避暑台和陵基，中国山水园林文化鼻祖“竹林七贤”的隐居地（至今有刘伶醒酒台、嵇康淬剑石等遗迹），还有唐代药王孙思邈的采药炼丹遗迹、玄帝宫、重阳阁等。让唐代大诗人王维写出“每逢佳节倍思亲”的千古绝唱的茱萸峰，以及众多名人墨客的碑刻、文物，形成了云台山丰富深蕴的文化内涵。

云台山主要景点有：

（1）地质地貌景观。云台山景区内群峡间列、峰谷交错、悬崖长墙、崖台梯叠的“云台地貌”景观，是以构造作用为主，与自然侵蚀共同作用形成的特殊景观，是地貌类型中的新类型，既具有美学观赏价值，又具有典型性地质学价值。云台山在远古时代乃是一片汪洋，随着时间的流逝和地壳的变动，逐渐形成了平原。在十几亿年前造山运动时期（奥陶纪和震旦纪），地貌景观发生了很大的变化。在燕山期，北部上升，形成高山；南部下降，形成平原。在喜马拉雅造山运动的影响下，山区激剧上升，河流迅速下切，形成了又深又陡的峡谷。特殊的构造部位和地层岩性条件，使公园内水体和水动力作用极为强烈，形成了瀑布、溪泉和河流钙华阶地、钙华瀑、钙华滩等，这代表了中国北方岩溶的特点，是一道美丽的风景线。尤其是新构造运动遗迹，遍布园区各处，十分典型。如早元古界表壳岩的底僻穹窿构造、盖层的超覆构造、韧性剪切带构造、韧—脆性变形构造、脆性断裂构造、单面山构造以及盖层中的垮塌构造、滑坡构造等。

（2）潭瀑峡。潭瀑峡也称小寨沟，是大自然的杰作。它三步一泉、五步一瀑、十步一潭，呈现出千变万化的飞瀑、走泉、彩潭和山石景观，故得雅号“潭瀑川”。潭瀑峡地处云台山北部略偏西，是主要河流子房河的一个源头。沟长1 270米，南北走向。沟东面峭壁耸翠，基岩裸体。沟西面，竞秀峰参差俏丽，峰群一字排列，峰峰直立，争奇斗异。

（3）泉瀑峡。又称老潭沟，相传是一位为解救豫北民间干旱之苦，不惜违抗玉帝旨意私自降雨，被贬下凡间的天河龙王的栖身之处。总长约3千米，两岸高峰耸立，气势恢宏。沟里高处群山如画屏，山中花木如锦绣，脚下清溪如云流。奇石、山泉、花香、飞瀑组成沟谷交响曲。沟的尽端是雄冠九州的瀑布——云台天瀑，瀑布落差314米，是亚洲目前发现的落差最大的瀑布。瀑布悠悠飘落，连绵不绝，飞花溅玉，朦胧奇幻。雨季更是气势磅礴，声震数里，近听如闷雷轰响，远听似古钟长鸣。

（4）茱萸峰。俗名小北顶，海拔1 308米，峰顶有真武大帝庙、天桥、云梯。据说，王维名诗《九月九日忆山东兄弟》“独在异乡为异客，每逢佳节倍思亲。遥知兄弟登高处，遍插茱萸少一人”，即于此峰有感而作。登上峰顶，极目远眺，可见黄河如银带；俯视脚下，群峰形似海浪涌。山顶气候多变，倏尔风起云生，白雾从山间涌出，红日隐去。山峰在云雾中出没，云腾山浮，有如仙界。峰腰有药王洞，深30米，直径10米，相传是唐代药王孙思邈采药炼丹的地方，药王洞口有古红豆杉一株，高约20米，树干要三人合抱，枝繁叶茂，树龄在千年左右，是国内罕见的名木。

（七）九州奇观——神农山

神农山风景名胜区位于河南省焦作市沁阳西北23千米处的太行山南麓，面积102平方千米，是国家5A级旅游景区、全球首批世界地质公园、世界自然基金组织A级优先保护区、国家级重点风景名胜区、国家级猕猴自然保护区、中国摄影家协会创作基地、儒道佛文化名山，在中国城市第一媒体旅游联盟举办的“首届中国旅游品牌景区”总评榜上当选为“2011年中国最具实力景区”。因神农氏在这里辨五谷、尝百草、设坛祭天，故而得名神农山。

神农山共有8大景区136个景点，占地总面积为96平方千米。主峰紫金顶海拔1 028米，矗立中天，气势雄浑；三大天门比泰山早154年。这里曾是道教创始人老子筑炉炼丹、成道仙升之所。古往今来，优美的自然风光吸引了不少帝王将相、文人墨客到此游览。唐明皇李隆基、韩愈、李商隐等都曾在此留下传世佳作。这里有雄奇险峻的紫金坛，更有天下一绝的白松岭。16 000余株白鹤松姿态万千、风情万种、婀娜多姿，生长于悬崖绝岭之巅，为世界五大美人松之首。神农山一年四季景色不同，春赏桃花烂漫，夏看流泉飞瀑，秋观满山红叶，冬览冰霜玉龙，游走其间，移步换景，恍若人间仙境，令人魄悸魂动，陡然升华。其山势之雄险奇绝，树型之屈曲优美，景层之深奥神秀，当推全国之最。

神农山神农氏雕塑

神农山还素有“天然植物园”的美称，有珍稀植物1 912种、中草药300余种、名贵中草药近百种，神农谷里至今还流传着“神农谷里走一遭，有病不治自己消”的俗语；有动物216种，其中仅国家级保护动物太行猕猴就有3 000余只，它们在这方乐土攀枝登崖，嬉戏逗玩，给景区平添了无限野趣。神农山景区是休闲度假、探险览胜、科学考察、回归自然的绝好去处。

二、豫西山水

豫西是指河南省内、省会郑州以西地区，包括洛阳、三门峡、平顶山三个城市，即洛、虢、鹰三市。西接陕西，东靠中原，北依太行，南邻黄河。

（一）万山之祖——中岳嵩山

嵩山，位于河南省中部，嵩山属伏牛山系，五岳之一，因位居中原大地之中，称为中岳。嵩山东西横卧，雄峙中原，海拔最低为350米，最高为1 512米，主峰峻极峰高1 492米。环山地跨新密、登封、巩义、偃师、伊川等市县，东西长约60千米，南北宽约20千米。山脉的主体部分包括太室山和少室山，主峰太室山横亘于登封市北郊，少室山位于登封市区的西部。嵩山即太室山、少室山以及其余几十座山地的总称。

2010 年 8 月 1 日第 34 届世界遗产大会将分布于嵩山地带的“天地之中”历史建筑群正式确立为世界文化遗产。“天地之中”建筑群包括少林寺建筑群（常住院、初祖庵、塔林）、东汉三阙（太室阙、少室阙、启母阙）和中岳庙、嵩岳寺塔、会善寺、嵩阳书院、观星台，8 处 11 项历史建筑，历经汉、魏、唐、宋、元、明、清，是中国时代跨度最长、建筑种类最多、文化内涵最丰富的古代建筑群。

中岳嵩山

嵩山之名，随历史变迁而不断改称。在尧舜时称方山；夏商时称崇山；春秋时称嵩高、岳山；公元前 770 年周平王迁都洛阳后，以“嵩位中央，左岱右华”，为“天地之中”，故定嵩山为“中岳”。汉武帝为求长生不老，登太室山祭太室。登山时，听到山上有呼“万岁”之声，便将此山称为“万岁峰”，并根据《诗经》中的“嵩高维岳，峻极于天”，改嵩高山为“嵩山”，这是嵩山名称的来由。公元 696 年，唐武则天封禅嵩山结束后，又改中岳为“神岳”。自北宋以来，人们一直称中岳嵩山，沿用至今。

整个嵩山山脉东西横贯 60 千米，无论古代或现代，人们总以“嵩山如卧”来描述它。如明代傅梅曾写诗“太室似龙卧，少室如凤舞，左右郁相望，维岳垂千古”，对嵩山形象进行了高度概括和生动写照。清代文人魏源更形象地描述道：“泰山如坐，嵩山如卧。”到了现代，又有电影《少林寺》片首的解说词说“嵩山，她像一个睡美人”，这是电影文学用艺术的语言，把嵩山形象化、人格化的结果。

嵩山自古就有“奥岳嵩山”和“嵩山天下奥”之称。嵩山的魅力，贵在一个“奥”字。“奥”即深奥之意。嵩山之奥，内涵丰富，主要有两条：首先是地形封闭，空间环境深奥，四周崖壁环列，通道狭窄，曲折出入，深奥如井；其次是嵩山文物古迹众多，其文化内涵十分深奥。如少林寺是佛教禅宗的发源地，嵩阳书院是理学发源地之一，中岳庙有“天中”，观景台能测出《授时历》等，都具有很深奥的文化内涵。正是由于这两方面的原因，才使嵩山既有大自然的鬼斧神工之美，又有中华民族的人文之美。

嵩山一直以“中岳”名冠全国，原因是什么？第一，历史上大禹治水后，分天下为九州，豫州居中，嵩山又位于豫州之中；第二，早在公元前 770 年周平王东迁洛阳后，以“嵩位中央，左岱右华”，为“天地之中”，故定嵩山为“中岳”；第三，嵩山不仅处在“左岱右华”之中，也处在“北恒南衡”之中，当然是“五岳之中”；第四，历史上东周曾把这里看成“天之心”“地之胆”，周公姬旦在嵩山利用“八尺①土圭”来“正日景，求地中”，求

① 1 尺 =33.33 厘米。

出了所谓的“天中”，留下了周公测景台遗址和“天心地胆”的传说；第五，中国古代深受道家五行学说的影响，按五行学说排列，在木、火、土、金、水五行中，中岳嵩山居于“土”的位置，土为黄色，黄色是最尊贵之色，故几千年来，皇帝的龙冠、龙袍，宫殿的房顶等都是黄色的，从这个意义上讲，嵩山应为五岳之宗。

正是上述各种因素的存在，才导致了“中国”“中华”“中州”“中原”“中央”等词汇的出现，才有了中州路、中原路、中州宾馆、中州肥皂、中原影剧院、中州评论等名称，才有了河南方言中的“中”和“不中”等词汇。“中”字的根就在河南，即登封的嵩山。

嵩山是天然的地质博物馆。嵩山是一部地球发展的史书，是中国最早形成的四大古陆（嵩山、泰山、鞍山、冀东）之一。早在30亿年以前，当中华故土还沉浸在汪洋大海深处时，嵩山便横空出世，巍然耸立于中原大地，它比泰山、鞍山等形成陆地约早5亿年，故嵩山是古老而神奇的山。多次剧烈的造山运动，使嵩山保留了褶皱、断层、岩浆活动等地壳运动的构造痕迹，形成了世界上罕见的“五世同堂”的地质现象，在该地区短距离内，太古代、元古代、古生代、中生代、新生代五个地质时代的地层汇聚一处，沉积岩、岩浆岩、变质岩类的岩石，年龄古老，构造复杂，出露良好，类型齐全。在这里旅游，一步可跨越亿万年，因而成为中外地质学家公认的天然地质博物馆和地质科学考察基地。嵩山经过30亿年的发展变化，才形成了今天的嵩山地貌特征。

嵩山也是一部华夏历史发展的史书。嵩山的文物古迹比比皆是，而且数量（有考证的文物古迹达到140多处）和质量都超过了其余四岳（泰山、华山、恒山、衡山）的。嵩山的每一个地方，都打上文化的烙印，有“三里一寺，五里一庵”和“抬脚踢到秦文化，伸手摸着汉砖瓦”的形象描述，足见嵩山文物古迹之多和文化底蕴之厚。

总之，嵩山的特点可以归纳为“卧”“奥”“中”三个字和“天然地质博物馆”“天然历史博物馆”两个词。此外，嵩山还是开展回归自然、探求历史、增长知识和登山健身游的好场所。

知识链接

“三山五岳”传奇

古代帝王附会五岳为群神所居，在诸山举行封禅、祭祀盛典。国人论风光必曰：“三山五岳”。“三山”者，“神仙”居住的地方。《史记·秦始皇本纪》载“齐人徐市等上书，言海中有三神山，名曰蓬莱、方丈、瀛洲”，是苏东坡所谓“东方云海空复空，群山出没空明中”的“仙迹”；而“五岳”则是我国五大名山的总称，即东岳泰山、西岳华山、北岳恒山、中岳嵩山、南岳衡山。它们是封建帝王仰天功之巍巍而封禅祭祀的地方，更是封建帝王受命于天，定鼎中原的象征。五岳劈地摩天，气冠群伦。由此可以看出五岳在古人心目中的地位。

五岳中“岳”意即高峻的山。中国古代认为高山“峻极于天”，把位于中原地区的东、南、西、北方和中央的五座高山定为“五岳”。魏晋南北朝时期，佛教和道教开始在五岳修建佛寺、道观，进行宗教活动，每个“岳”均尊奉一位“岳神”（或称“大帝”“神君”等）作为掌管该岳的最高神祇。这几座山上的天然风景也逐渐被开发，供朝山信徒游览。于是，五岳又成为中国以山岳自然景观之美而兼具佛、道人文景观之胜的风景名胜区。唐宋以前，五岳大抵是佛、道共尊，寺、观并存。宋以后，佛教和道教各自依靠政治背景和社会势力彼此展开争夺。到明清时期，南岳、北岳和中岳仍保持着佛、道共尊的局面，东岳和西岳则以道教势力为主，成为中国道教的中心。

论景观，五岳各具特色：泰山雄，衡山秀，华山险，恒山奇，嵩山奥。东岳泰山巍峨陡峻，气势磅礴。孟子说孔子“登泰山而小天下”，而唐代诗人杜甫则写下“会当凌绝顶，一览众山小”的豪言壮语。南岳衡山地临湘水之滨，林木苍郁，景色幽秀，享有“五岳独秀”的美名。西岳华山，险居五岳之首。“自古华山一条路”，登临犹比上天难，不吃豹子胆，只能望峰叹。北岳恒山则山势陡峭，沟谷深邃。交通不便，偏是深山藏宝，“悬空寺”便隐匿其中。中岳嵩山雄险有之，奇秀有之，突出一个“奥”字。在中岳嵩山，历代留下了覆盖经济、文化、艺术、宗教、科技各方面的博奥精深的“天地之中”文化遗产，佛、道、儒三教荟萃，天、地、人竞相生辉，山、寺、貌互补争艳。

（二）人间仙境——白云山

白云山位于河南省洛阳市嵩县南部伏牛山腹地原始林区，是世界地质公园、国家5A级旅游景区、国家级森林公园、国家级自然保护区、中国十佳休闲胜地。景区总面积168平方千米。现已开发白云峰、玉皇顶、鸡角曼（小黄山）、九龙瀑布、原始森林五大观光区和白云湖、高山森林氧吧、高山牡丹园、留侯祠、芦花谷五大休闲区。白云山景区地跨长江、黄河、淮河三大流域之水于一峰，集三河之灵于一山，为中原独有，堪称“中原山水大观”之绝品。

洛阳白云山风光

（1）险峰奇石景观。白云山是由花岗岩构成的断块山，是伏牛山系的山峰之一，因其海拔较高，常有白云缭绕，婀娜多姿，故名白云山。纵观此山，大有“薄雾蒙翠峰，碧纱罩玉容”的意境。境内海拔1 500米以上的山峰37座，其中玉皇顶海拔2 216米，为中原第一峰，是看日出观云海的最佳去处。黑云山与白云山翘首相望，两山一经乌云笼罩，必有倾盆大雨。当地民谣说“白云山白云飘，清风细雨润禾苗；黑云山黑云罩，狂风暴雨必来到”，此即农谚“有雨山戴帽，无雨云缠腰”之意。玉皇顶是伏牛山主峰，海拔2 212米，因峰插天宫，顶如皇冠，故名玉皇顶。它平分山泉入白河、伊河和汝河，是长江、黄河和淮河三大水系的分水岭。登上玉皇顶，可观周围六县风景，莽莽林海，尽收眼底。

（2）系列瀑潭景观。白云山区，水源丰富，受地形影响而千姿百态，系列瀑潭景观达数十处。其中最重要的有：黑龙潭，水呈黑色，落差不过一米，却深不可测；黄龙井，水呈黄色，出井为瀑，飞流入潭（盘龙潭），凉气袭人；珍珠潭，由一条涓涓细流将花岗岩山体雕琢成九曲六珠，晶莹剔透；白龙、青龙瀑布，两瀑布从高处跌落，如万花飞舞，在丽日照射下可有彩虹出现。尤其是九龙瀑布，高达100米，崖壁上天然形成许多岩纹，青光玉鳞，摇头摆尾，上喷银河连天碧，下泻雷霆万钧力。九龙瀑布之水呈莆团状往下跌落，初如银线菊盛开，再转化为“珍珠”，后呈烟雾。驼峰瀑布是该瀑布群中唯一的双峰单流，中下部二瀑分流处，岩石呈驼峰状，别具一格。驼峰瀑布以下，还有其他一些小的跌水瀑布，每个瀑布下面都有一个深潭，如黑龙潭、黄龙井、盘龙潭、珍珠潭等，近30个瀑潭沿着同一个长长的峡谷，自上而下，出现瀑、潭相间的分布现象，这么多成群分布的瀑潭景观实属罕见。

（3）原始次生森林景观。白云山国家森林公园地处暖温带和亚热带过渡地带，北方植物和南方植物分布在一山两坡，造成了北方植被景观和南方植被风光同存一山的格局。园区有连香树、红豆杉、金钱松等，植物种类多达1 991种。这里有唐代银杏400余株，高山杜鹃树漫山遍野，杜鹃花相当丰富。还有白桦林、红桦林、箭竹林以及日本落叶松林等。白云山的植被覆盖率达到90%，茂密的植物为动物栖息提供了理想环境，故白云山动物较多，有金钱豹、景鹳、香獐等动物204种，因其大多生于密林，鲜为人见。同时，白云山还有丰富珍贵的山林土特产，可供游人采购。

（三）道教圣地——老君山

洛阳老君山景区是国家5A级景区，1997年由国务院批准建立国家级自然保护区，是世界级地质公园、国家级地质公园。洛阳老君山位于洛阳市栾川县城南3千米处，原名景室山，是秦岭余脉八百里伏牛山的主峰，海拔2 200米。因西周守藏史李耳到此归隐修炼并被道教尊为太上老君，所以唐太宗将其易名为“老君山”，沿袭至今。

老君山历代香火旺盛，被尊为道教圣地、天下名山。老君山原貌保存良好，它记录着19亿年来华北古陆块南缘裂解、离散、增生、聚合、碰撞、造山等构造演化过程，具有极高的科学研究价值。

北魏至今，老君山从山门七里坪入口处起，有太清宫、十方院、灵官殿、淋醋殿、牧羊圈、救苦殿、传经楼、观音殿、三清殿、老君庙等庙宇16处，现存6处，以峰顶老君庙最为壮观，在中原众多庙宇中屈指可数。

老君山现已开发景观区6处，有景点179个。道教文化区内庙宇历史悠久，对于山顶老君庙，人们有“南有武当金顶，北有老君铁顶”之说，初一、十五朝拜老君庙的香客成群结队，四月八老君庙会人山人海。生态观光区内有追梦谷、明太子慈娘藏身洞。20世纪60年代野人壕曾发现野人足迹，原始林大部分区域至今未有人涉足，马鬃岭南侧有3 000余亩①的石林景观，被地质学者称为“北国石林”。老君山保护区现有国家级保护动植物102种，有中草药830种，被称为国家中草药基因库。

（四）山水相依——天池山

天池山地处嵩县西北部，原为王莽寨林场，距古都洛阳仅98千米，4万亩的景区内栖息着野生动物184种，生长着植物1 800余种，森林覆盖率高达98.57%，年平均降水量812毫米，年最高气温28 ℃，主峰王莽寨海拔1 859.6米。

天池山层峦叠嶂，峡谷深涧密布，森林茂盛，绿荫如盖，石洁如洗，水清如滤，有以天池、玉女溪、二郎沟、飞瀑为代表的瀑潭景观；以飞来石、石鹰、青石峡、群乳峰、玉兔峰为代表的险峰奇石景观；以原始森林、杜鹃、水杉、落叶松为代表的森林景观；以春杜鹃、夏牡丹、秋红叶、冬雾凇为代表的物候景观；以王莽撵刘秀时在此作战屯兵的大寨、小寨遗

---

① 1亩=666.67平方米。

址，唐朝佛寺以及春秋战国时期的韩王墓为代表的人文景观，更有丰富的民间传说和文人雅士的吟咏书瀚。游览天池山，如履世外桃源，神仙福地。

山顶天池海拔1 630米，面积11 000平方米，平均水深5米，且天池周围是茂密的水杉和日本落叶松林，富含活性氧和负离子，有强健体魄、陶冶情操、美容、养颜、提神等多种功能。飞来石海拔1 560米，高26米，环围80米，接触地面处不足10平方米，且向一方倾斜，摇摇欲俯，让人有“风吹又欲动，犹恐再升天”之感。另外飞来石周围还有石鹰石、玉兔石、石猴石、阴阳石、佩桃石、关圣思兄、鲤鱼跳龙门、时珍采药石、长城烽火台、锯齿峰、耙子山等景观，使人心旷神怡。

整个天池山景区分水、石、林、人文四条旅游线路，雄、险、奇、秀、幽交相辉映。天池山美丽的景色和神奇独特的景观被专家和游人誉为神仙休闲的地方，成为人们赏心悦目、休闲度假、避暑观光、涤烦解忧和强健身心的绝佳去处。

（五）世外仙苑——花果山

花果山地处古都洛阳西89千米，宜阳县穆册乡境内，总面积180平方千米。花果山主峰海拔1 831.8米，东峰岳顶海拔1 643米，森林覆盖率达92.4%，年平均气温14.4 ℃，夏季最高气温26 ℃，是中国北方难得的旅游避暑胜地。1991年被国家林业局批准为国家级森林公园。

花果山森林苍翠，遮天蔽日，奇峰林立，怪石密布，飞瀑高悬，烟云浩渺，素有“雄怀赛五岳，奇秀冠中原”之誉，古时与武当山、嵩山、江西庐山等并称为“七十二福地”，早在隋唐时期即为著名的旅游胜地。

花果山自然景观秀丽，内在底蕴丰厚，西游神化色彩浓郁。1991年，文化部外事司专家王东平教授带队的一行12人专家组对花果山进行了反复考证，综合多方面因素，得出结论，中国洛阳花果山就是吴承恩笔下《西游记》中的花果山，林业部遂批准成立“洛阳花果山国家森林公园”，同时，连云港花果山更名“云台山国家森林公园”。

洛阳花果山风景

花果山地处温带和亚热带气候的分界线上，四季分明，雨量充沛，森林植被郁郁葱葱，有白皮松、水曲柳、五角枫等珍稀树种1 840余种，还有党参、三七、灵芝、天麻、百合、天南星等药用植物470多种。森林还为珍禽异兽提供了良好的栖息繁衍场所。据有关部门初步考察，花果山的动物达1 000多种，其中脊椎动物200余种，属于国家保护动物的有金钱豹、香獐、金雕、银狐、大灵猫、小灵猫、猫头鹰、大鲵、石蛙等，一般动物有梅花鹿、羚羊、杜鹃、大山雀、山鸡等，为公园平添了无穷的野趣和生机。

花果山森林公园分为四个主要景区，200 多个自然景点。一是东线的岳顶风光区；二是花山觅胜区，位于花果山中部；三是七峪飞瀑区，位于花果山西部；四是石院墙自然保护区，位于花果山西南部。

花果山俏丽的山水风景和浓郁的文化底蕴为历代文人墨客所称颂，白居易、韩愈、刘禹锡、裴度、李贺、邵雍、张耒、元好问、唐伯虎等均有吟诵花果山的传世之作。如宋代著名诗人邵雍专为花果山所做的诗："西南有高山，山在杳冥间。神仙不可见，满目空云烟。千年女儿祠，门临洛水边。但闻霓裳曲，世人犹或传。"

（六）千年龙脉——邙山

邙山位于河南省洛阳市北、黄河南岸，是秦岭山脉的余脉、崤山支脉。广义的邙山起自洛阳市北，沿黄河南岸绵延至郑州市北的广武山，长 100 多千米。狭义的邙山仅指洛阳市以北的黄河与其支流洛河的分水岭。邙山海拔 300 米左右，为黄土丘陵地，是洛阳北面的一道天然屏障，也是军事上的战略要地。最高峰为翠云峰，在洛阳市区正北，山上有唐玄元皇帝庙。

相传老子曾在邙山炼丹，山上建有上清观以奉祀老子。附近还有道教寺观吕祖庵、武则天避暑行宫、中清宫、下清宫等古建筑。唐宋时期，每逢重阳佳节，上邙山游览者络绎不绝。唐朝诗人张籍诗云："人居朝市未解愁，请君暂向北邙游。""邙山晚眺"被誉为"洛阳八景"之一。邙山又是古代帝王理想中的埋骨处所，自古有"生在苏杭、死葬北邙"的谚语，白居易诗云："北邙冢墓高嵯峨。"古时树木森列，苍翠如云，为我国的历史名山之一。

邙山原名太白原，北魏郦道元《水经注・谷水》说："谷水东左会金谷水，水出太白原（这里的太白原就是邙山的原名），东南流，历金谷，谓之金谷水。东南流经晋卫尉卿石崇之故居。金谷水又东南流入于谷。谷水又东经金墉城北。"金谷是一条水的名称，今天的洛阳市还有金谷园路。

邙山的西端有仰韶文化遗址，这是新石器时期黄河中游地区人类文明的一个标志。

邙山陵墓群是目前中国面积较大的国家文物保护单位，也是世界上古代陵墓分布较为集中的地区之一。有东汉、曹魏、西晋、北魏四朝十几个帝王的陵墓及皇族、大臣的陪葬墓，总数在千座以上。邙山上大大小小的土包，就是历朝历代帝王将相、达官显贵的墓冢。现存有秦相吕不韦、汉光武帝刘秀、汉献帝、西晋司马氏、南朝陈后主、唐朝诗人杜甫、大书法家颜真卿及王铎、南唐李后主等历代名人之墓。现在建有中国第一座古墓博物馆——洛阳古墓博物馆。

东部曹魏、西晋帝陵依山为体，无封土；西部东汉、北魏陵区现存地面封土尚有 300 多座，呈覆斗形或圆锥形，最大者直径在 100 米以上，高 50 余米。已发掘的墓葬中，有的用大砖黄肠石垒砌而成，形制巨大；也有规模较小的土洞。出土的大量墓志，内容涉及当时社会的政治、经济、军事、文化、中外交往、民族关系等，为历史研究提供了重要的资料。

（七）中原独秀——尧山

尧山风景名胜区位于河南省平顶山市鲁山县西，地处鲁山、嵩县、南召三县交界处的鲁山县境、伏牛山东段，因尧孙刘累为祭祖立尧祠而得名。尧山景区是国家地质公园、国家级自然保护区、5A 级旅游景区、国家重点风景名胜区。这里先后多次被评为河南省"十佳风景名胜区""十佳旅游好去处"和"河南最美的地方"。

尧山也称大龙山，为天下刘姓发源地，又因山上众多石峰酷似人形，被称为石人垛、石人山。

尧山“天瑞大佛”石像

尧山风景名胜区大山壁立，异峰如塑，怪石纷呈，构成尧山自然风光的一大特色。站立于主峰玉皇顶上，千岩万壑，飞龙走凤，远近高低，景色迥异，构成了一幅幅美不胜收的图画。新华社原社长穆青曾两次登上尧山，并为尧山的秀色所陶醉，欣然留下了“中原独秀”的墨宝。尧山的奇峰怪石、山花、红叶、飞瀑、温泉、湖面、云海、原始森林、珍禽异兽及人文景观构成了完整的风景体系，现已命名的景观有240多处；60～200米高的瀑布17处，石柱40多处，石人、将军峰、千丈岩、和合峰、白牛城口、王母轿、通天河、九曲瀑布、鬼门关、南天门、报晓峰、猴子观音等景点遍布景区。黑龙潭、白龙潭、百尺潭等幽潭藏身于陡涧，隐形于山林。在众多瀑布中，九曲瀑布和白龙潭瀑布最为壮观。

王安石曾言：“夫夷以近则游者众，险以远，则至者寡。而天下奇伟瑰怪之观，常在于险远。”尧山深林野蔓，即使奇葩也深藏不传。36处名胜，72个景点，处处绮丽如画，每处都是一段动人的历史故事和奇妙的神话传说。

（八）蝴蝶王宫——甘山

三门峡甘山森林公园位于三门峡市陕县南部窑店林场境内，距离市区28千米，车程40分钟，属国家3A级旅游区（点）。景区总面积为3 800公顷①，最高峰海拔1 886.6米，公园内动植物资源十分丰富，植物种类达2 100多种，动物110余种，植被覆盖率达98%以上。自然风景具有奇、秀、艳、幽、静的特色，春夏秋冬景色各异、别具一格。主要景点有蝴蝶沟、铁瓦庙、祖师庙、钟楼、马武寨、崔氏洞等。正在开发的项目有：甘山别墅山庄、甘山会议中心、甘山民族民俗游乐场、甘山植物园、甘山养鹿场、射击场、人工湖。三门峡甘山森林公园是休闲度假、回归自然的好去处。

甘山历经沧桑，人文景观丰富，庙宇遍布，典故传说优美动人。有神秘莫测的崔氏洞，古树参天的望乡台，高耸入云的铁瓦庙，万仞如削的舍身崖，神奇的拉钟槽，挺拔突兀的马武寨，五彩缤纷的蝴蝶谷，景色秀丽的锦鸡岭等，真是“洞碑庙殿华宝地，峰崖寨岭神仙境”“四面有山皆花香，一年无时不鸟鸣”。

公园内1 500多种的植物中，最年长的要数“千年槲树”，虽历经千年沧桑，却依然枝繁叶茂，郁郁葱葱；500年树龄的河南巨杨，获河南小叶杨树之冠称号，最有趣的是掏空的树洞内可容4人打牌，既遮阳又挡风。园内的金钱豹、羚羊、梅花鹿等110多种野生动物，

① 1公顷＝10 000平方米。

不仅维持了生态平衡，而且为美丽的甘山增添了勃勃生机。

三、豫南山水

广义上来说，“豫南”即指河南的南部地区，包括信阳、漯河、南阳、平顶山、周口、商丘、许昌、驻马店八市，有“豫南八市”之称。按生活习惯和气候来划分，狭义的“豫南”单指河南最南端的信阳地区。

（一）中原盆景——嵖岈山

嵖岈山位于河南省驻马店市遂平县城西 25 千米处。嵖岈山又名嵯峨山，亦名玲珑山。所谓“嵖岈”，是形容山体轮廓或山体表面特征呈犬牙交错状；所谓“嵯峨”，是指山体坡度很陡且高峻；所谓“玲珑”，是说该山山体规模不大，却显得奇特、美妙、玲珑多姿。

整个嵖岈山由三个小山组成，自南而北，依次为蜜蜡山、南山和北山，高程分别为 304 米、402 米和 420 米，逐次升高，最高海拔为 512 米。嵖岈山风景区的范围不大，方圆约 52 平方千米，其精华部分南山景区面积还不到 4 平方千米。整个嵖岈山景区在华北大平原的包围与衬托之下，其景色显得十分小巧玲珑，奇秀多姿，远观酷似大平原上摆放的一处“天然盆景”。

嵖岈山属粗粒花岗岩低山丘陵地貌，极易被风化与侵蚀。因此，漫山遍野都是奇峰怪石、大小石柱和象形山石，它们或如人，或如物，形象逼真，栩栩如生。站在嵖岈山风景区大门内朝西看，南山上的“猴子”似乎正在机警地察看四周的动静，旁边的“唐僧”安详地依山休息，半山腰的“沙和尚”正在精心地放马和看管行李，而山麓地带的那肥头大耳、张嘴垂舌、挺着大肚子的“猪八戒”，好像又进入了呼呼鼾睡之中。这人物，这场景，直把我们带入电视剧《西游记》的回味中。

嵖岈山钢索软桥

南山是嵖岈山的中峰，由几个小山峰并立组成，远看很像莲花，故又有莲花峰之称。南山是嵖岈山自然景区中的精华所在。山虽不大，但景点密集。除了前面提到的《西游记》中的一些场景之外，还有主要景点石猴院、老君花园、飞来石、一线天、垒卵峰、水帘洞、鸽子楼、星星井、拾身台、观花台、和尚石、母鸡石、青蛙石、孔雀、鸽子、拿破仑帽、情人石、舞阳洞、桃花洞等，它们有的以险制胜，有的以奇称绝，有的以形象诱人。石猴院的石猴，体小而圆滑，头大而嘴尖，一屁股坐在石地上，神形兼备，栩栩如生，妙不可言。一线天为一巨大岩缝，又窄又深又长，瘦人可侧身横行而过，胖人则只能望而兴叹。垒卵峰是由几块巨石叠加而成的山峰，风吹石动，摇摇欲坠，惊险万状。嵖岈山上虽遍地是石头，土壤很少，但在一些石缝中却有“野榔榆”和“野桑”长出，这不但说明了适者生存的道理，同时也看清了植物对岩石的“反作用”。所有这些，可谓大自然鬼斧神工的具体表现。

当我们在八卦亭观景台向南回望时，可见蜜蜡山。该山有三个山峰，一线排开，形如笔架，既高又陡，且很光滑，无路可登。之所以叫作蜜蜡山，是由于花岗岩节理（裂缝）发育，雨泉从山北遍流而下，使山体表面受到物理的和化学的侵蚀，好像用蜂蜜涂在山崖上。

在蜜蜡山中间山头的左侧有一个青蛙石，头朝蓝天，青蛙石的右侧有一个海豚石，青蛙石的下面是蜗牛石，蜗牛石旁有一个蟒蛇石，蟒蛇石尾部左侧有一只大乌龟，右侧有一只小乌龟。蜜蜡山东坡有鳄鱼石，西坡有大象石，整个蜜蜡山虽不能说是天然的野生动物园，但的确是花岗岩造型地貌最典型、最集中的体现。

北山是嵖岈山的最高峰，天然小景点也很多，擎天柱、石笋林、虎口岩，巨龙吸水、石灶火等是附近的主要景点。石笋林是最吸引游客的景点。在北山东北侧，一个山包上，石柱林立，高低不齐，大小不一，粗细不等，顶峰略尖，从远处眺望，状如一丝破土而出的竹笋，生机盎然，又像是人工制作的一个石盆景，故有“天然盆景”之称。

（二）天下最中——天中山

天中山又名天台山，原是一座圆形小山，占地约540平方米，高3.6米，位于汝南县城北2千米处。据史载：“禹分天下为九州，豫为九州之中，汝又为豫州之中，故为天中。”另一说为古代无钟，白天的时辰只能用日影的变化来计算，《汝南旧志》记载：“自古测日影，以此为正，故筑土累石以记之。”所以称汝南为天中。“天中山，三尺三，来到天中山，一步可登天。”这是流传于汝南民间的歌谣。有点夸张，但很传神。“三尺三”，极言山小；“登天”，反映了天中山与天地通灵的神秘。的确，天中山不是真正意义上的“山”，它只是一个标志，一个象征，或者说一种图腾。

汝南名胜——天中山

由于此处地理位置特殊，周武王在此筑天中山一座，上置土圭，测日影考分数，以此为正。史载，唐德宗建中三年（782年），淮西节度使李希烈叛唐。建中四年（783年）朝廷派忠勇刚直、名重海内的三朝重臣颜真卿到许昌宣慰李希烈部，刚要宣旨，李希烈的亲兵养子千余人，手握钢刀，围着颜真卿，杀气腾腾，高声谩骂。颜真卿面不改色，不退半步。李希烈遂喝退众人，对颜以礼相待，许高官厚禄，共反朝廷，颜真卿至死不从。后又把他送到蔡州（今汝南城），现在天中山碑上的大字，就是颜真卿在汝南时所写的。淮西平定以后，人们为了纪念颜真卿，在汝南城内建立了“颜鲁公庙”。天中山由于颜真卿亲书“天中山”

碑文而名享天下，成为历代官吏和士大夫拜谒和游览的场所。唐代大诗人刘禹锡登天中山、游南海寺后有感而发，写下了不朽的名句：“山不在高，有仙则名；水不在深，有龙则灵。”一语道出了天中宝地的钟灵与神奇。

天中之地风景秀美，人杰地灵，自然资源和人文资源十分丰富。独特的地理位置，形成了天中独具魅力的生态旅游资源。

（三）避暑胜地——鸡公山

鸡公山位于河南省信阳市的南部，豫、鄂两省边界地区，介于西部的桐柏山和东部的大别山脉之间，如果把这两条山脉比喻成两条龙，鸡公山就是由二龙相拱的一颗明珠。鸡公山的战略地位重要，自古兵家必争，素有“中州锁钥，楚豫咽喉”之称。

鸡公山，又名鸡翅山，主峰突兀峥嵘，海拔 767.5 米。从东侧望去，酷似引颈长啼的雄鸡，故名鸡公山，又叫报晓峰；灵华山蜿蜒于主峰之西，长岭逶迤于主峰之东，宛如雄鸡之两翼，整个形象如雄鸡展翅，挺立于群峰之上，生动形象，故又名鸡翅山。

鸡公山是国家级重点风景名胜区之一，景区面积 27 平方千米，外围保护区约 68 平方千米，是以自然景观为主，人文景观为辅，兼有避暑、疗养、旅游观光、科研实习、自然生态保护价值的风景名胜区，历史上与庐山、北戴河、莫干山合称中国四大避暑胜地。早在 1 400年前的北魏时期就有文字记载，明清以来，更有许多文人骚客来山观赏，留下了大量的赞美诗篇。作为供人们避暑游览的风景区，鸡公山开发始于 20 世纪初，兴盛于二三十年代，建设发展历史逾百年。

佛光、云海、雾凇、雨凇、霞光、异国花草、无日不风、青分楚豫被称为鸡公山的八大自然景观，素以“山明水秀、泉清林翠、气候凉爽、风景幽奇、别有天地”驰名。鸡公山海拔不高，但位置独特，有高山气候，却无高山反应，特别适宜疗养避暑。景区是由奇峰怪石、泉溪瀑布、珍花异草、山村田园和风韵殊异的楼台亭榭等诸多因素构成的自然风景区，被誉为“中国避暑胜地，豫南云中公园”。鸡公山盛夏无暑，气候凉爽，夏季平均气温 24 ℃，“午前如春，午后如秋，夜如初冬”，享有“三伏炎蒸人欲死，清凉到此顿疑仙”之美传。不仅如此，由于地质构造运动，形成了鸡公山千姿百态的奇峰怪石，大者嶙峋耸峙，小者造化精灵，皆具怪、巧、奇、美的特点。

在 20 世纪初，先后有 24 个国家的近千名外交官和传教士以及国内的军阀巨贾来此，兴建了 300 幢风韵殊异的度假别墅和园林。这些多民族、多国别的建筑群落，依山作势，交相辉映，时有“万国建筑博览会”之称。其“环境优美、格调高雅、欧美风情、名流汇聚”的历史风采，在全国山岳型风景区中是数一数二的。鸡公山还是南亚热带与北暖温带的过渡地带，南北植物均可在这里安家落户，植被覆盖率高达 87%。景区有各类植物 2 000 多种，其中仅中草药就占 600 多种，被称为“天然植物园”“天然中草药园”。当年李时珍千里迢迢来鸡公山采药，为《本草纲目》增添了丰富的内容。20 世纪初，英美植物学家也曾在鸡公山研究培育植物，使鸡公山成为中国“池杉、落羽杉”的母林基地，可以说这里是生物工作者理想的科研、教学基地。古往今来，鸡公山以其雄伟秀丽的景色和特定的地理环境，还招徕了许多历史名人，有明太祖朱元璋、农民起义领袖李自成，这给鸡公山增添了动人的色彩。

避暑胜地越百年，金鸡腾飞唱盛世。鸡公山旅游度假四季皆宜：春天莺飞草长，幽兰飘香；夏季云雾缭绕，沁凉如水；入秋红叶满山，万木霜天；冬来瑞雪飘飞，冰清玉洁。

（四）神奇世界——灵山

灵山风景名胜区位于豫、鄂两省交界的大别山区。灵山古称霸山，又名八山。因其山脉走向、峰峦气势极似释迦牟尼成佛的印度天竺灵鹫山，又因史书记载灵山“有求必应，每云必雨，验之信然”，前来感受灵山道法的人，都能沾些灵气，因而被传颂为信阳灵山。灵山集国家级自然保护区、生态示范区、鸟类保护区、国家4A级旅游区于一体，人文名胜景观丰富，自然景观奇特。景区方圆61.5平方千米，包括六大景区、72洞天、108个景点，以“山秀、寺古、石奇、洞幽、水美、物华”享誉海内外。

灵山主峰海拔827.7米，据《魏书》记载：“灵山春秋战国时名冥山，汉时名霸山，魏时名石城山，因有求必应，每云必雨，验之，信然。”古代的一些帝王将相非常迷恋此处景色，对此曾赞不绝口。宋神宗时参政赵汴在《登灵山》诗中写道：“为爱名山好，登临尽日曛。”明代开国皇帝朱元璋也留下“美景一时观不尽，好将描入画图来”的诗句来赞美灵山。

灵山是我国著名的佛教圣地，佛教源远流长，风行甚广。山上共有七寺三庵，其中以灵山寺规模最大，名望最高。灵山寺位于灵山东麓，最初建于唐朝，相传是为唐玄宗李隆基之女——建宁公主在此修行而营建的，遂封为国庙。明太祖朱元璋三上灵山，开大明三百年基业，敕封灵山为“皇山”、灵山寺为“ 国庙”、住持僧陈大用为“金碧峰禅师”，御赐半副銮驾、金瓜、斧钺，亲笔御题“圣寿禅寺”匾额。清康熙五十一年，灵山寺住持杲英赴印度研究佛学，成为印度佛教界一代宗师。1962年，印度总理尼赫鲁专程拜谒灵山寺杲英墓。灵山现有大殿七座，分别为天王殿、祖师殿、大雄宝殿、法堂、念佛堂、祭仙宫、五星殿等。

灵山还是一块红色的土地。邓小平、李先念、刘伯承、贺龙、程子华等老一辈无产阶级革命家都曾在此留下革命的足迹。千年古刹灵山寺是新四军“灵山会议”旧址。灵山脚下的何家冲是红二十五军长征出发地，为中国革命立下了大功。

灵山年平均气温13 ℃～15 ℃，夏季山上山下日温差7 ℃，夜温差15 ℃。山中有丰富的自然资源，植物类有1 000多种。植被覆盖率达90%，共有植物7个类型组，122个群系，200多个群丛，高等植物1 879种，随季节而多彩，随山势而赋形，堪称“植物王国”。

灵山钟灵毓秀，有山、有水、有寺、有林、有泉、有鸟、有瀑布、有奇石怪洞。灵山水质清澈，秀色迷人，九里落雁湖碧波荡漾。灵山是鸟类的王国，蝴蝶的世界。与灵山紧紧相连的鸟类乐园——董寨国家级鸟类自然保护区，是全国仅有的两家鸟类自然保护区之一。灵山鸟类有245种，其中国家级重点保护鸟类39种，列入《中日候鸟保护协定名录》95种，占河南省的79%，占全国的20%，在同一纬度或同一经度保护区中是最多的；蝶类99个品种，色彩斑斓，群起群飞，是真正的蝴蝶谷。

第二节　峡谷景观

一、太行大峡谷

太行大峡谷是河南省林州市林滤山的一颗明珠，是旅游观光的胜地。它群山环绕，山峦重叠，青山流水，森林葱郁。景区的主要景点有：太行之魂王相岩、三九冰雪桃花开的桃花谷、三伏酷暑冰凌挂的冰冰背，还有太行平湖、国际滑翔基地等，令人流连忘返。

太行大峡谷绝壁上的栈道

王相岩景区太行岩是太行大峡谷中主要景点之一，坐落在大峡谷石板岩乡。相传在3 300多年前，也就是公元前11世纪，商王武丁和奴隶出身的宰相傅说，都曾在这里居住过。因此，人们就把这个王者相者居住过的地方，称为王相岩。站在王相岩口向东望去，首先映入眼帘的美丽俊秀的山峰叫朱雀峰，上方那高大的红巨石是朱雀冠，在阳光的照射下闪烁着耀眼的红光，恰似孔雀开屏。转过身再往后望去，左边山峰犹如一条青龙，翘首瞪目，腾空欲飞；右边好像猛虎昂首怒吼。堪舆学家称此地有“左青龙，右白虎，前朱雀，后玄武”之地利，是难得的风水宝地。同时，这里飞瀑高悬，森林覆盖，环境幽雅，令人陶醉。因此，吸引了历代众多达官贵人来此游览隐居。

桃花谷也是太行大峡谷的主要景区之一，从谷口的益伏口到谷底的桃花瀑潭止，全长7千米，最狭窄处仅有20米，是以山、谷、潭、洞为主要景观的自然景区。谷中有黄龙潭、飞龙峡、二龙戏珠瀑、九连瀑、桃花洞等主要景点。桃花洞位于桃花洞村1 000米的半山腰。洞上是万丈悬崖，与山西省平顺县羊老岩乡接壤。桃花洞分东西两洞。东洞较大，深30米，宽10米。西洞深16米，宽6米，洞内存石臼一个，保存完好。洞四周山崖上的桃树，每年寒冬腊月，常有小桃花迎雪怒放，有时是满树桃红，有时为一花独放，成一奇观。过桃花洞前行1 000米的西沟，就是桃花潭瀑布。瀑布高346米，势若银河倾泻，状如素绢垂悬，飞流直下，源自天际。汛期水大时，如白龙吐雾，乌云滚滚，水珠扑面，使人不能近前。水小时如一细涓，徐徐飘舞。

二、红石峡

位于河南省修武县云台山景区中的红石峡又名温盘峪，长约2 000米，深68米，最宽处30多米，最窄处仅有几米。由于峡谷幽深并且狭窄，所以形成了一种冬暖夏凉的小气候，人称“长春谷”。大自然的沧海桑田，十多亿年的地质变迁，无数次的造山运动，将这些含有石英砂的岩石抬升出地面，逐渐形成了今天的崖壁。由于岩石中铁质矿物的氧化，经年累月，崖壁被染成了红色。整个峡谷，由红岩绝壁构成，属于我国北方地区少有的丹霞地貌峡谷景观，崖壁通体为赤红色，故又称“红石峡”。峪内夏日凉爽宜人，隆冬苔卉莳草翠。集泉瀑溪潭涧诸景于一谷，融雄险奇幽诸美于一体，被风景园林专家称赞为“自然界山水的精品”。谷里分布着“九龙溪”“幽瀑”“穿石洞”“相吻石”“双狮汲水”“孔雀开屏”“棋盘石”等景观。谷口南端有一狭窄的峡谷，被称为“一线天”，且有高50余米的白龙瀑布。

红石峡景观

三、峰林峡

峰林峡（原名群英湖）风景区位于焦作市区北部25千米处，景区面积50平方千米，景区内自然风光特色独具，人文景观内涵丰富，是一处兼有南北山水特色的山岳型风景名胜区。

景区内河流、湖泊深秀，高山、峡谷险峻，悬崖、溶洞遍布，奇峰、怪石林立。主要景点有小孤山、天然毛主席像、大坝、老君滩、葫芦岛、天王岩、睡美人、三潭印月等，可谓“群英荟萃”。小孤山高10余米，长30余米，宽10米，相传玉帝命二郎神带领天兵担山填海，路过此地，脚下不适，乃脱鞋倒石，石子落在河中形成“小孤山”。天然毛主席像是1993年纪念毛泽东100周年诞辰时发现的纯天然侧面石像，高12米，轮廓清晰，形体逼真，堪称华夏一绝。峰林峡大坝高耸于“窄山”峡谷之中，大坝建造于1971年，坝高100.5米，为中国第一高砌石拱坝。整个大坝气势恢宏，线条流畅，似巨龙横卧，坝顶瀑布如白练下溅，击石拍岸，雾气迷漫，犹如长虹空架，神奇壮观。老君滩充满神话色彩，四周峰峦环抱，霞光倒映，幽深莫测，相传老君李耳曾在此修行，泛舟至此，恍入世外桃源。天王岩高数十丈，酷似一尊天王神像竖立，庄严雄伟。睡美人的形成实为山体的走势所致，由于蜿蜒起伏的山体酷似一美丽的少女，头枕太行，仰面蓝天，沐浴阳光，含情脉脉，所以人们给她起了一个非常动听的名字——睡美人。三潭印月集线瀑、帘瀑、潭水于一景，呈阶梯形分布，潭与潭之间瀑溪相连，美轮美奂。

四、青龙峡

青龙峡位于河南省焦作市修武县，是河南云台山世界地质公园的主要游览区之一，也是目前全省唯一的峡谷型省级风景名胜区，被誉为“中原第一峡”。2000年被确定为河南省风景名胜区，总面积108平方千米，由青龙峡、净影峡、影寺盆地、双庙、猕猴谷、马头山和大山脑七大游览区组成，主要景点100多处。

青龙峡气候独特、山清水秀、环境优美，是一处天然“氧吧”，是原始生态旅游的绝佳去处。青龙峡是集峰、崖、岭、巅、台、沟、涧、川、瀑、洞等地貌于一体的自然山水型景区。

鸟瞰青龙峡大坝

主峰青龙峰海拔高达 1 323 米，站在岭巅，大有“举目四观天下小”之感慨；波澜壮阔的望龙瀑、神奇独特的倒流泉、妙不可言的七彩潭、堪称一绝的“石上春秋”、独具特色的溶洞景观，再加上天然原始的植物群落，构成了一幅幅极富创意的山水画卷。

青龙峡“看谷不见谷，闻水不见水”。站在峡谷顶部俯瞰青龙峡，但见峡谷之上群峰对峙，错落有致，云萦雾绕，烟波浩渺，且能够听到悦耳的鸟鸣和涓涓的流水声，但无论站在哪个位置，都无法看清峡谷的全部，无法看到水流的方向，恍如梦境一般。

五、龙潭峡

龙潭峡是洛阳黛眉山世界地质公园的核心景区，是一个以典型的红岩嶂谷群地质地貌景观为主的峡谷景区。它位于河南省新安县西北部群山之中、黄河万山湖南畔，东距洛阳市 80 千米。龙潭峡是一条 V 型峡谷，全长 12 千米，谷内关峡相望，潭瀑联珠，壁立万仞，峡秀谷幽，经过 12 亿年的地质沉积和 260 万年的水流切割旋蚀所形成的高峡瓮谷、山崩地裂奇观，堪称世界一绝，人间少有。

龙潭峡享有“中国嶂谷第一峡”“古海洋天然博物馆”“峡谷绝品”和“黄河山水画廊”等美名。2009 年龙潭峡正式更名为“龙潭大峡谷”。

六、豫西大峡谷

豫西大峡谷风景区位于豫、陕、晋三省接合部的三门峡市卢氏县官道口镇境内。卢氏是一个具有 2 116 年历史的古县，是我国河洛文化发祥地的重要组成部分，文化灿烂，历史悠久。相传，秦末博士卢敖避战乱于熊耳，炼丹治病，扑灭瘟疫，死后百姓立庙祀之。至西汉武帝元鼎四年（前 113 年）建县，即以其姓氏命为县名。

豫西大峡谷呈东西走向，像一条由西向东延展的飘带，总长度 30 余千米，宽度 30 ~ 50 米，深度 50 ~ 200 米，两侧山峰最高海拔 1 372 米，最低 620 米。狭长而深邃的峡谷河流滩多水急，由大大小小 99 级瀑布及 300 多个潭池组成。每当汛期来临，潭上飞珠溅玉，雾气腾腾，声响如雷，气势磅礴；风和日丽时节，瀑布则如白练悬空，姣美绝伦。漫步风景区，只见青山如黛、幽谷叠翠、银练飞泻、野花丛生，宛如一幅山水画卷，给人以极好的视觉享受和心理享受。峡谷内几处悬崖绝壁势如刀削，两旁植被丰茂，满谷苍翠，石峰形态各异，峰峰相连如画卷，畅游期间，移步换景，别具风韵。每逢云蒸雾绕之时，山峰宛如空中楼阁，点缀于缥缈云海之间。

豫西大峡谷漂流，全长 3 千米，全程约 90 分钟，双人漂流船安全系数高，操作简单，虽有惊但无险，堪称中原第一勇士漂。漂流的最大特色是暗河漂流，穿越“飞龙洞”是必不可少的一段经历，进去时伸手不见五指、一片漆黑，出来时豁然开朗、柳暗花明。峡谷内飞瀑高悬，溪流淙淙，潭幽池清，乘橡皮舟挥桨击水，穿流于翠岭幽谷之间，尽享峡谷漂流激情。

七、三门峡

三门峡在陕县东北 40 千米，奔腾无羁的黄河东流至此，又顺山势峡谷折向东南。河道中的两个石岛，将河水一分为三，状若三门：南曰鬼门，中曰神门，北曰人门。鬼门水流湍急，人门水流缓慢。冬季枯水期，只有神门通流。人门北侧有一条航道叫“娘娘河”，又名“开元河”，即唐开元时期所开运河的遗迹。在三门下游，有砥柱石和梳妆台（娘娘山）。关于这座矗立于河正中的砥柱石，除了传说是大禹的虬龙宝剑所化以外，在当地还流传有一段十分悲壮的故事。相传，过去三门峡水流湍急，过往的船只过三门峡就像过“鬼门关”。有位老艄公为了让船只顺利闯过三门峡，便跃入河中试水情，高喊“朝我来”，为船只导航。后来，老艄公化为巨石，屹立河中，成了三门峡激流中的自然航标。船工们都知道，船过三门峡，必须顺水势直对砥柱石行驶，然后借河水的回旋力避开砥柱石。因此，船工们也称砥柱石为“朝我来”。三门峡河面宽约 200 米，两岸悬崖高约 50 米。大禹治水时留下的遗迹还有许多，如“神脚掌”“马蹄窝”等。现在，矗立在黄河岸边的高大的大禹治水塑像，反映了当地人民对大禹治水功绩的怀念。

三门峡大坝水利枢纽工程

1957 年，随着修建万里黄河第一坝的隆隆炮声，人门、神门、鬼门不复存在，滔滔黄河被一巨坝拦腰截断，在这座巍峨的大坝面前，就连当年大禹降服水妖的虬龙宝剑所化的砥柱石，也显得十分渺小。随着黄河第一坝的建设而诞生的三门峡市，以其优越的地理位置和便利的交通条件迅速发展着。它似一颗耀眼的明珠，点缀在黄河岸边，镶嵌在祖国的中原大地上。现在的三门峡市与陕西渭南和山西运城组成了黄河南三角经济协作区。三门峡市也是国家的能源基地重点开发区之一。这里丰富的温泉水，为全国少有的优质矿泉，饮用可健身，洗浴可治病。

三门峡的秀丽山川和众多的名胜古迹，构成了丰富的旅游资源。新开辟的“黄河游”最能让人陶醉，已经成为黄河中游饱览黄河风采的最佳旅游线路。

八、黄河三峡

黄河三峡位于济源市西南 30 千米，洛阳北 40 千米的黄河中下游交界处，西起八里胡同，东至黄河西滩，全长 54 千米。黄河三峡分为四个著名风景区：小浪底大坝景区、张岭半岛生态旅游度假区、黄河三峡景区、西滩黄河风情景区。四景区特色各异，东西相映，恰如镶嵌在母亲河上的四颗珍珠。

小浪底水库位于穿越中条山、王屋山的晋豫黄河峡谷中，库区全长 130 千米，总面积 278 平方千米。小浪底大坝截流后，晋豫黄河峡谷与库区的柏崖山、红崖山、黄鹿山等 20 多个风景点及雄伟的水库大坝交相辉映，形成湖光山色、千岛星布、“高峡出平湖”的自然景观，小浪底水库成为由山水自然风光和水利工程组成的大型旅游区。

小浪底水库内有大量的半岛、孤岛、险峰，近有曲折蜿蜒的河湾，远有烟波浩渺的湖面。从码头登舟，击水搏浪，出入高峡平湖，观赏沿岸山水风光，尽情领略母亲河的风采。小浪底水库以景观上的美、幽、奇、胜、典满足人们高尚的享受和回归自然的追求，在风格上既有田园风情的古朴典雅，又有现代时尚的豪华。

黄河三峡是小浪底与王屋山所孕育的精华，位于小浪底水库大坝上游 20 千米处，总面积 40 平方千米，是小浪底风景区的精华所在。八里胡同位于黄河中下游最窄处，两岸断壁如削，中间河水奔涌。三条峡谷各具风采：孤山峡鬼斧神工，千仞壁立；龙凤峡盘龙走蛇，曲折迂回；大峪峡开阔舒展，气象万千。特别是九蹬莲花栈，九蹬九级，次第升高，望之若莲花盛开，似出水芙蓉，号称“鲧山禹斧”。此外还有隋唐古栈道、陈谢大军黄河渡等多处文化胜迹。自然人文景点多达 60 余处，是我国北方少有的山水景观，完全可以和长江三峡媲美。

黄河三峡群峰竞秀、山水交融，三条峡谷各有千秋。孤山峡鬼斧神工、群峰竞秀；龙凤峡九曲十折、峡深谷幽；八里峡，峭壁如削、雄伟壮观，号称“万里黄河第一峡”。不仅山、水、崖、洞和谐交融，自然资源丰富，而且有鲧山禹斧、犀牛望月、孟良活地、京娘化凤、石人顶石山、章公背章婆等自然人文景观，景点达 80 余处。水绕青山山绕水，船在青山顶上行。景区山水交融、港湾交错、高峡平湖、奇峰林立，构成一幅北方少有的具有江南之美、水乡之秀的壮丽画卷。登上被称为“万里黄河第一楼”的大河楼，但见水天一色，满山挂翠，大河如带，游船穿梭，水鸟翻飞，美不胜收。

小浪底黄河三峡，峰峦雄崎，危崖耸立，似鬼斧神工；林海浩瀚，烟笼雾锁，如缥缈仙境；高峡平湖，山水一色，有漓江神韵。既有南国山水的柔媚与婉约，又不失北方山水的雄健与阳刚，集南北山水之大成。荡舟碧波上，仿佛进入了连绵不断的画卷，真是“舟行碧波上，人在画中游”。

风景区有 1 667 米长，体积达 5 185 万立方米的亚洲第一土石大坝，有世界上最大的地下厂房、进水塔、消力塘。在小浪底洞群调水调沙期间，六龙喷水，黄白两色交织，形成浪底云烟，惊涛拍岸，气势磅礴，彩虹高悬，不是瀑布胜似瀑布。

第三节　岩洞景观

一、鸡冠洞

鸡冠洞位于河南洛阳市栾川县城西 3 千米处鸡冠洞景区，洞深 5 600 米，上下分五层，落差138米，观赏面积23 000平方米。鸡冠洞是我国长江以北罕见的洞穴旅游景点，新华社原社长穆青称鸡冠洞为“北国第一洞”；中国地质学会洞穴研究会会长朱学稳教授赞其“景观壮丽，堪称北国第一洞府”。鸡冠洞位于一陡峭孤峰之中，峰若雄鸡引颈高啼，山以形名，洞以山名，故曰“鸡冠洞”。其所在景区山青、水秀、石奇、洞幽。春天，春花烂漫，十里飘香；盛夏，浓荫蔽日，飞瀑流泉；金秋，红叶满山，层林尽染；隆冬，冰挂银条，松柏凝翠。鸡冠洞共有景点168个。目前已开发的鸡冠洞分“玉柱潭”“溢彩殿”“叠帏宫”“洞天河”“聚仙宫”“瑶池宫”“藏秀阁”和“石林坊”八大景区。

据专家考证，鸡冠洞形成于早、中更新纪，诸多景观在六七万年前就已定形。早在清朝乾隆年间就有人冒险探幽，旧《栾川县志》称，“鸡冠洞，有四殿，如龙蛇之窟”“蝙蝠如织，险象四伏”“有樵者，操刀持棒，结伙秉烛而入”“深幽莫测，惧而返”。鸡冠洞中一年四季恒温18 ℃，严冬季节也暖意融融；盛夏酷暑，爽凉宜人。鸡冠洞内峰回路转，曲径通幽，景观布局疏密参差，钟乳石形象各异，姿态万千，在七彩灯光的映衬下，或银装素裹，或金碧辉煌，整个溶洞像一座玲珑剔透的雕塑艺术殿堂。鸡冠洞中的石花、石旗、石瀑、石幔、石钟乳、石笋密布。科考表明，较长石笋在18.4万年前就已形成，通过石笋的内部结构、层状结构以及沉淀下来的物质可考察出古气候、古环境、古地理等多方面的信息。另外，石盾、莲花盆等结构的成因及特征、形状世所罕见，具有极高的科考和观赏价值。

鸡冠洞中神态奇异、惟妙惟肖的钟乳石雕塑艺术精品，是造物主用神奇之手锲而不舍地精雕细琢了亿万年才呈现给世人的。尽管孕育美的过程孤寂漫长，历经沧海桑田，但它一露面便石破天惊，令世人叹服。

知识链接

喀斯特地貌

溶洞是地下喀斯特地貌，是可溶性岩石中因喀斯特作用所形成的地下空间。溶洞的形成是石灰岩地区地下水长期溶蚀的结果，石灰岩里不溶性的碳酸钙受水和二氧化碳的作用能转化为可溶性的碳酸氢钙。由于石灰岩层各部分含石灰质多少不同，被侵蚀的程度不同，所以逐渐被溶解分割成互不相依、千姿百态、陡峭秀丽的山峰和奇异景观的溶洞，由此形成的地貌一般称为喀斯特地貌。溶有碳酸氢钙的水，当从溶洞顶滴到洞底时，由于水分的蒸发或压强减少，以及温度的变化都会使二氧化碳溶解度减小而析出碳酸钙的沉淀。这些沉淀经过千百万年的积聚，渐渐形成了钟乳石、石笋等。洞顶的钟乳石与地面的石笋连接起来，就会形成奇特的石柱等岩石形态。

与地下溶洞相对应的还有地表喀斯特地貌。如溶沟和石芽地，表水沿岩石表面流动，由溶蚀、侵蚀形成的许多凹槽称为溶沟，溶沟之间的突出部分叫石芽。又如石林，这是一种高大的石芽，高达20～30米，密布如林，故称石林。它是由纯度高、厚度大、层面水平的石灰岩在热带多雨条件下形成的。又如峰丛、峰林和孤峰，峰丛和峰林是石灰岩遭受强烈溶蚀而形成的山峰集合体。其中峰丛是底部基座相连的石峰，峰林是由峰丛进一步向深处溶蚀、演化形成的。孤峰是岩溶区孤立的石灰岩山峰，多分布在岩溶盆地中。又如溶斗和溶蚀洼地。溶斗是岩溶区地表圆形或椭圆形的洼地，溶蚀洼地是由四周为低山、丘陵和峰林所包围的封闭洼地。若溶斗和溶蚀洼地底部的通道被堵塞，可积水成塘，大的可以形成岩溶湖。落水洞、干谷和盲谷落水洞是岩溶区地表水流向地下或地下溶洞的通道，它因岩溶垂直流水对裂隙不断溶蚀伴随坍塌而形成。

二、雪花洞

浮戏山雪花洞风景名胜区位于郑州市西南世界文化名人“诗圣”杜甫的故乡——巩义市新中镇。景区面积34.55平方千米，总体特色是山青、水秀、洞奇、寨古、庙幽。浮戏山雪花洞景区，集石英岩、喀斯特、黄土丘陵三种地貌景观于一体，荟萃北国江南风光于一区，绘成了“天集云色，地溶石花，山峰奇秀，潭泉生涯，石窍怪状，林色奇葩，庙宇星罗，胜迹幽雅”的古代八大名景，具有“小桂林”之誉。浮戏山地层完整，是我国主要的标准地层出露区，沿玉仙河谷溯源南下，依次可见到新生界、中生界、古生界、元古界、太古界，被专家称为“研究地质的博物馆”。这里有108座岩溶发育各具特色的岩溶洞穴，又被专家们誉为“中原洞穴之乡”。最著名的雪花洞宛如一座美丽的地下水晶宫，被中国地质岩溶学会会长朱学稳教授称为“天下第一雪花洞”。

雪花洞位于海拔854.5米的金龟探月峰下，全长1 110米，共分三厅一走廊，面积约4 000平方米，发育于5亿~7亿年前汪洋大海中碳酸盐岩层里面的一条地下暗河。雪花洞是一个奇妙的地下世界，它寂静、幽雅、深邃，洞内终年恒温，保持在15 ℃左右。内有以钟乳石、石笋、石柱、石花交相辉映，晶莹剔透，色彩斑斓的迎宾厅；有高46米，长55米，宽35米的通天厅，洞厅宽敞，“悬天瀑布”奔流直下；有长达173米的雪花长廊，长廊洞中布满了晶莹玉润、玲珑剔透的石花、石葡萄和石珊瑚等次生化学沉积物，其面积之大、形态之美，在国内外目前发现的洞穴中均属罕见。还有有着神话色彩的洞天福地厅。传说，道教鼻祖太上老君来到雪花洞中，被雪花洞的自然美景吸引，乐不思蜀。正迷恋于此间时，玉皇大帝召他回宫，他恋恋不舍，但又不能反抗玉帝，于是举起自己的龙头拐杖在石碑上面写下了洞、天、福、地四个字，然后飘然而去。

三、蝙蝠洞

蝙蝠洞位于河南省西峡县五里桥乡白河村境内，气势浩大，巍巍壮观，可谓天作地合。总面积约500平方米，洞内面积达2 800多平方米。因该洞内岩壁上布满云朵样花纹，似锦似缎，堂皇华丽，又因里面有无数蝙蝠栖息，故名“云华蝙蝠洞”。

蝙蝠洞洞长3 500米，能容纳千人大厅5处。洞内岩溶蜿蜒曲折，洞中钟乳石千姿万态。洞外森林茂密、鸟语花香。伫立洞口，群山一览无余，令人心旷神怡。远望层峦叠嶂，云缠雾绕，天上人间，旷世美景。近观重阳水库，烟波浩渺，风光旖旎，水鸟嬉戏，波澜不惊。蝙蝠洞是一处集自然观赏、洞中探奇、生态览胜、消夏避暑为一体的旅游景点，先后通过国际质量和环保管理体系认证，被省旅游局定为重点生态自然风景区。

据专家考证，该洞形成于中生代白垩纪，距今有6 500万年的历史。岩层在地质年代褶皱弯曲，加上水的冲刷溶蚀，形成众多线条明快、纹理清晰的天然岩画，似龙、如虾、像龟，似人似神，似兽似禽，形态各异，进洞观赏，犹如步入神圣的艺术殿堂。

蝙蝠洞由于终年温度恒定，湿度大，洞内蜿蜒曲折，地势起伏，洞身时宽时窄，地面的水在洞口处注入一深潭中。这种复杂的洞内结构，为蝙蝠制造了良好的栖息场所。开发前蝙蝠洞内光线极暗，幽深宁静，洞内地面上的蝙蝠粪层达一尺多厚，蝙蝠的数量可见一斑。2000年，中科院动物研究所研究员、世界自然保护联盟物种生存委员会委员、国际一流的蝙蝠研究专家张树义第一次考察云华蝙蝠洞时统计，洞内栖息着7个种类、不下10万只蝙蝠，“这是迄今为止中国发现的最大的蝙蝠群落”，属世界奇观。其中大白蝙蝠和小耳蝙蝠是新发现的珍稀品种，国内外罕见。有的蝙蝠展翅宽度可达58厘米，掠空飞翔，姿态优美。蝙蝠白天在洞中石壁上倒挂栖息，一遇惊动，转动头部，抖动双耳，发出鸣叫；出洞盘旋觅食时，持续数小时，场景壮观；黎明前，先在洞口盘旋片刻，然后疾速进洞，比出洞更为壮观。

四、老君洞

老君洞位于河南省西峡县老君洞的野人谷景区，是一个集道家文化、溶洞群、野人谷原始森林探险为一体的综合性景区。景区内老君洞溶洞群经史料记载和专家考证，被确定为老子隐居地、养生地、传经地。位于老君洞上部的野人谷森林探险区是人们寻幽探险、野外宿营、休闲避暑、拓展训练的理想之地。谷内自然资源丰富，森林覆盖率达98%，动植物资源丰富多样，仅药用植物就有1 100多种，野生动物300多种。夏季平均气温19 ℃～20 ℃，有“夏日里的深秋”“天然空调”之美誉，是河南省唯一一家不用戴遮阳帽旅游的景区。野人谷中大小瀑布20多处，潭瀑相连，瀑布交挂，最高落差120余米，瀑泻如注，轰鸣而下，气势雄伟，并有1 600余米长的旋天栈道蜿蜒镶嵌在悬崖峭壁之上，被称为“中原第一栈道”。加上20世纪六七十年代多人发现野人的踪迹，被专家誉为“中原神农架”。

春秋末年的时候，伟大的思想家老子在周王朝内乱时，曾经离开洛阳来到野人峰下的一个溶洞隐居、修炼、传经达120年之久。老子被后来的道教尊为太上老君，是道教最高尊神之一，后人就把这个溶洞称为老君洞。随着道教影响的不断扩大，老君洞逐渐成为野人峰周边区域的正式名称。

老君洞形成于距今7 200万年前的中生代白垩纪。老君洞洞内地形复杂，曲折幽深。洞高8米，宽9米，深百余米，是因多年的地质作用而形成的岩石奇洞。洞内设有供奉“三清”（元始天尊、道德天尊、灵宝天尊）的“正殿”；惟妙惟肖的太上老君“炼丹神钟”钟乳石；富含矿物质，据传可治眼疾的“眼药瓶”山泉；地势低洼，钟乳石遍布的“青牛洞”。此外，还有“老君布道”“恐龙入山”“观音听琴”等景观，千姿百态，流光溢彩。洞内地下暗河水质清澈，四季长流；洞外茂林修竹，小桥流水，环境优美。

五、天心洞

天心洞位于南阳市内乡县七里坪乡三道河村孤独垛的半山腰。独孤垛一山独立，山大势陡，地势险绝。该洞处于悬崖峭壁的中心地带，洞口对天直敞开，直插而下，犹如山之心腔，故称“天心洞”。天心洞在中原甚至在北方极为罕见，深不可测。据初步探测，洞深约280米，洞长约2 500米，大小支洞共11条。已探明可开发面积50 000平方米，已开发开放18 000平方米。它共有6个大的景区50多个景点。

天心洞的神奇是独特的。神就神在它的洞壁上自然形成的皆是各种花纹，线形的、块状的、云朵形的、各种物体状的应有尽有；奇就奇在它的钟乳石品种齐全，有各种各样石柱、石笋、石花、石盾。据有关专家考察，此洞的形成已有6 000多万年的历史。钟乳石是由岩壁上滴落的水珠中的矿物质凝结而成的，钟乳石每长一厘米，就需要数百年的时间。

天心洞洞口直径约3米，上由一座2层仿古式琉璃画亭遮盖，洞口向上自然形成椭圆形状，入洞需沿99级旋转阶梯直下28米方能到达洞底。螺旋纹组成了不同的图案，如同神来之笔，“画”满了洞口垂壁，如白马仰天长啸，似嫦娥奔月。在晴天傍晚时分，洞口会有一群群的蝙蝠或几个灰鸽出入其中；若遇阴雨，洞口则会升起袅袅的烟雾，犹若天宫。

“天宫”由两个大厅连接组合而成，高10～30米，面积约8 000平方米，恢宏宽阔，壮观辉煌。第一厅神奇魔幻，光怪陆离，七色缤纷，自然生成的壁画、石碧云海的波浪、高耸入云的石柱、嫩绿翠生的石笋、鲜艳盛开的石花、坚硬威严的石盾，琳琅满目、色彩缤纷的钟乳石上下纵横交错，似水如云，似物似兽，有“飘带彩云”“老猿守门”“观音指路”“睡狮憨酣”“寿翁教子”等绝妙景观。第二厅多幅壁画仿若天成，洞壁四周则被一根根一簇簇的钟乳石装扮得威武庄严，钟乳石上下不一，长短不齐，错落有致，形似“天女散花”，状如“金钟倒挂”。此外还有“百官朝拜”“双猿望天”“石门吊锁”“天门双塔”等景观，将一个个优美的神话仙景展示出来，栩栩如生。

海螺宫中一幅幅天然壁画甚为形象逼真，“七叠松塔”“巨手千佛”“水墨村庄”“神女飞天”“啸天神犬”“沐浴图”“龙飞凤舞”……让人浮想联翩，犹如人类隔着时空与自然在做心灵的交流，涌动着激情和灵性的智慧和思考。

天心洞之所以有如此惊艳不朽的天然彩纹壁画，是因为天心洞有许多含有石墨的大理岩。5亿多年前，这些岩石正好处于华北板块与扬子板块的缝合带上，两大板块强烈的水平运动，使溶洞的岩层受到强大的挤压，发生了压缩、拉伸、剪切、扭曲和褶皱等变质形态，又经过漫长的岁月，岩溶的侵蚀作用把岩石的各种构造变化充分揭露出来，在溶洞的不同角落形成了千姿百态的画卷。天心洞是我国中央造山系碰撞造山运动和宝天曼地质区域构造演化历史的见证。

六、神仙洞

神仙洞风景名胜区位于新密市西北部边缘地区、郑少高速新密西出入口（杨岗北5千米），与环翠峪风景名胜区毗邻（相距3千米），总面积约21平方千米，是浮戏山三大旅游景区之一，属省级风景名胜区。

神仙洞是天然石灰岩喀斯特溶洞，由地下暗河长期冲刷而成，约形成于8亿年前。全长约5 000米，总面积达15 000平方米，现已探明并开发3 000米。其洞悠长，状如龙蛇，洞洞相连，曲折幽深，高低起伏，纵横交错，移步换景，宛如地下迷宫。神仙洞分为7个大厅。最高处达20多米，最宽处约十七八米，最大的厅可容纳数千人，恰是一个天造地设、鬼斧神工的地下宫殿，令人向往。洞内自然景观以石钟乳和石笋为主，也有暗河、清泉和不少小洞，玲珑剔透，五彩缤纷。其中聚仙阁呈现了洞主广成子与八仙相聚的情景。由石钟乳形成仙童玉女、神仙、黄帝及宫殿、楼阁、宝塔、台榭，形象逼真，入者如身居仙境。

主要景点有惊心石、波纹山、神泉、倒挂金钟、韩湘玉笛、明月高悬、大雪压松、神龟探海、玉树屏风等。溶洞穿越海拔850米的“双乳峰”与“斗龙沟”峡谷相连，长达数千米的天然地下通道是神仙洞风景名胜区的一道独具魅力的奇观。

七、九龙洞

九龙洞位于三门峡市卢氏县西南60千米处双槐树乡境内。九龙洞所在景区占地约10平方千米，地处伏牛山南麓，西接秦岭，东与熊耳山主峰毗连，南与玉皇尖森林公园相望。景区地处长江流域，气候湿润，植被茂密，有大小72个溶洞相互贯连，形成了我国北方少有的溶洞群和地下暗河，与附近的仙家洞、老君洞等共同组成了一组极具特色的山、水、洞景区，是“卢氏玉皇山省级地质公园”的重要组成部分。

景区山体雄伟，植被茂密，有构造奇特的石灰岩溶洞群、种类繁多的史前化石、风光潋滟的日月碧潭、气势磅礴的九龙天瀑、北方仅有的柯楠奇树和中原最大的地下暗河。其文化底蕴深厚，历史遗迹众多，是集科学考察、休闲度假和旅游观光为一体的大型风景旅游区。景区内有九龙洞、九龙瀑、栈道、仙家洞、天井洞、神仙洞、滑道、九龙圣母庙等。

九龙洞位于石门水库上游东岸数十米处青峰脚下，是一组大型石灰岩溶洞，洞呈多层结构，其上层为洞中之洞，下层集水成潭为水中之洞，洞内别有洞天。洞口宽约 3 米，高 2 米，深约 5 米，称为“献殿”。前洞须躬行，数米后渐高敞。钟乳石、石柱、石笋、石瀑布等发育良好，有石钟、肝胆相照、断桥、莲花座、鹞子翻身、药盔等钟乳石景观。洞内极为幽深，藏有一条长 2. 7 千米的暗河，在北方较为罕见。

卢氏九龙洞内部景观

九龙洞下有一泉水奔涌而出，浪花飞溅，流量稳定，常年不涸，清澈甘甜，富含对人体有益的矿物质和微量元素，被誉为“九龙圣水”，因水从九龙洞下涌出，故名九龙泉。洞口一棵九龙树身似游蛇，距今已有 300 年历史。树高为 19 米，胸径 2. 2 米，冠幅 14 米，树身如蛇，树枝如龙爪，每枝九叶，故也称“九龙树”。此树年年花盛开，岁岁色不同，有浅紫、粉白、鹅黄等，为北方罕见树种——柯楠。此外，还有水域面积 7 万余平方米的九龙湖，容量达百万立方米，尽头湖水顺石门大坝倾泻而下，万马奔跑，气势磅礴。山、水、洞连为一体，风光潋滟，极富诗情画意。

八、五龙洞

五龙洞位于河南省北部林州市五龙镇境内的五龙洞国家森林公园，地处安阳林州、鹤壁淇县和新乡卫辉三县交界处，距离林州市区约 50 千米。公园东西长 7 千米，南北宽 6 千米，总面积 2 527 公顷。1995 年，五龙洞森林公园被国家林业局正式批准为国家级森林公园。

五龙洞国家森林公园所在地受第三纪末喜马拉雅山运动和第四纪燕山期断裂运动的影响，山势险峻，危岩耸立，峡谷幽洞遍布。构成山体的岩石主要为奥陶纪石灰岩，岩石形状极为独特。园区山势浑厚苍劲，怪石嶙峋，树木葱郁，溶洞幽穴星罗棋布，集山秀、洞古、石奇、林幽于一体。公园地处暖温带落叶阔叶林地带，动植物资源丰富。植物种类有 400 余种，如油松、侧柏、山桃、柿树、栎类等，林地面积 11.9 平方千米，森林覆盖率为 47. 1%；野生动物有野猪、金雕、红尾鸲、鹿、豺、猞猁、羚、羊、大鲵等。

公园以森林景观、岩石景观、溶洞景观闻名，主要分为五龙洞、四道庄、鸡冠山和驴驮沟四大景区。春天，各种迎春花草次第开放。夏季，林木葱郁，浓荫遮日，树下凉气袭人。秋天，万木争荣，树叶流丹，秋风阵阵，果香沁脉。冬天，到处银装素裹，玉树琼花。

五龙洞为天然石灰岩区型溶洞，其大厅面积1 100平方米，可容纳2 000余人，五龙洞最宽处60米，最高处44米，目前能开进深度为200余米。经地质学家考察，五龙洞早在两亿年前就已形成，其具大的规模、独特的自然景观在北方太行山区极为罕见，被誉为“太行山第一大溶洞”。五龙洞洞口高约14米，宽约10米。入则盘曲万状，洞中叠洞，下临无地，状如迷宫，奇绝难以言表。早在数百年前，《汉中府志》就以瑰玮迷人的笔触载称它：“洞门只容一人，进则宽广，深邃透露无光。洞后水势横流，莫知首尾。”洞内景致丰富，石瀑、石幕、石花、石柱等琳琅满目，鳞次栉比，形如泥牛入海、猴子捞月、乌龟爬行、玉兔入洞、山鹿扬蹄，使人流恋忘返。

第四节　生物化石

西峡恐龙蛋化石群位于南阳市西峡盆地，地层中含有丰富的恐龙蛋化石，它的发现被称为震惊世界的重大发现。西峡盆地及相邻的淅川、夏馆等盆地的化石埋藏点，拟作为省级文物保护单位，同时向联合国教科文组织申请，将该区列入世界文化遗产保护清单。

据专家透露，西峡盆地的恐龙蛋化石群有如下特点：一是分布面积大，在西峡县丹水镇、阳城乡，内乡县赤眉镇的近10平方千米的范围内，均能找到恐龙活动的踪迹。二是埋藏集中，从局部的发掘剖面上可观察到3个化石层，化石呈窝状分布，排列有序，每窝10~30枚不等。三是数量丰富，目前已发现的即达数千枚，估计全部埋藏量不下数万枚，丰富程度举世罕见。其小者如鸡蛋，直径4~6厘米；大者如饭碗，直径40~50厘米。以扁圆状居多，另有形如橄榄者，直径达50厘米以上。四是原始状态好，基本未遭后期扰乱和破坏，除少量蛋壳受岩层挤压表面略有凹陷外，大部分完整如初，世界上独一无二。

大量的恐龙蛋化石群的出现，为研究地球发展史、地球上动植物的演化和生态环境以及地球灾变等理论提供了极其珍贵的资料。尤其是大量的恐龙蛋未及孵化而变成化石，说明当时地壳有一次沉降运动，气候发生了巨大的变化，很可能从此恐龙就灭绝了。因此这些恐龙蛋化石的发现具有划时代的意义。

第五节　矿石矿脉

河南蕴藏着丰富的矿产资源，是全国矿产资源大省之一。已发现各类矿产126种（含亚矿种为157种）；探明储量的73种（含亚矿种为81种）；已开发利用的85种（含亚矿种为117种）。其中，能源矿产6种，金属矿产27种，非金属矿产38种。

在已探明储量的矿产资源中，居全国首位的有8种，居前3位的有19种，居前5位的有27种，居前10位的有44种。其中，钼、蓝晶石、红柱石、天然碱、伊利石黏土、水泥配用黏土、珍珠岩、霞石正长岩居第1位，铸型用砂岩、耐火黏土、蓝石棉、天然油石、玻璃用凝灰岩居第2位，镁、钨、铼、镓、铁矾土、水泥用大理岩居第3位，铝土矿、石墨、玻璃用石英岩居第4位，锂、铯、电石用灰岩、岩棉用玄武岩、玉石居第5位。河南还是重要的能源基地，石油保有储量居全国第 8 位，煤炭居第 10 位，天然气居第 11 位。

一、煤矿

河南省面积 167 000 平方千米，辖 17 个地（市）129 个市、县。交通以陆路为主，京广、陇海、焦枝、京九铁路干线贯穿南北东西，各主要煤矿区均有专线连接，交通便利。全省垂深 2 000 米以内浅含煤面积约有 18 900 平方千米，其中已探明面积约 3 800 平方千米。计有 19 个矿区（或煤田），主要分布于京广铁路以西地区。预计垂深 1 500 米以浅赋存煤炭储量 600. 69 亿吨，其中保有储量 237. 34 亿吨，预测储量 363. 35 亿吨（可靠级为 218. 72 亿吨）。河南省含煤地层主要为石炭二叠系，其中二叠系山西组所含之二，煤层约占全省煤炭储量的 80% 以上。寒武系、三叠系、侏罗系和第三系也含煤，其经济价值各异。

（1）寒武系。石煤产于卢氏、栾川、内乡及淅川一带下寒武统中，厚 5 ~ 30 米，煤质低劣。

（2）石炭系。全省均较发育，但含煤较好的主要在豫北及豫西。其中豫西、北和豫东属华北型，豫东南属华南型及过渡型。华北型煤层主要产于三门峡—鲁山—固始以北地区的上统太原组海陆交互相地层中，含一煤组计 2 ~ 19 层，一般 7 ~ 9 层，其中可采或局部可采者 1 ~ 2 层，可采平均厚度 1. 45 米，含煤系数 5. 2%，为本省石炭系的主要含煤地层。华南型有经济价值的煤层主要分布于新县、光山和商城一带，其下统岩性主要为石英砾岩、砂岩和粉砂质泥岩，包括花园墙、寒坡岭和杨山三个组，其中杨山组含煤 22 层，可采及局部可采者 5 层，煤层薄而不稳定，总厚 0 ~ 5. 66 米，一般 0. 6 ~ 1. 5 米；中上统百步岗群是以碎屑岩为主的海陆交互岩系，其中杨小庄组含煤 16 层，可采及局部可采者 4 层，双石头组含煤 24 层，局部可采者 7 层，两组岩性均为石英砂岩和板岩等；南阳淅州一带的石炭系主要为石灰岩，基本不含经济价值的煤层。

（3）二叠系。主要分布于三门峡—确山以北地区，岩性主要为中细粒砂岩、砂质泥岩和泥岩，下部颜色灰—深灰，上部有灰绿紫红等杂色。主要含煤地层为山西组，含二煤组，其中二 1 煤平均煤厚 5. 35 米，为全省分布最广，也是最重要的可采煤层；下石盒子组含三煤组，仅三 2 煤在永城可采；上石盒子组含六个煤组（四 ~ 九），共 3 ~ 51 层，一般为 5 ~ 18 层，但只有四个煤组有可采和局部可采煤层，平均煤层总厚 4. 57 米。

（4）三叠系。仅发育于豫西，岩性主要为砂岩、粉砂岩和泥岩，分上统延长群和中下统二马营群，延长群的谭庄组在义马地区含不稳定煤层 0 ~ 20 余层，仅 1 层局部可采，厚 0 ~ 1. 63 米，且极不稳定。另外在卢氏、南召一带有一套断陷湖沼碎屑沉积，属上三叠一下侏罗统，含局部可采煤层。

（5）侏罗系。分布于渑池、济源、商城一带，岩性为砂岩、泥岩、沙砾岩和火山碎屑岩，中下统义马组含煤 5 层，普遍可采者 2 层，局部可采者 3 层，可采平均总厚 21. 2 米。

（6）第三系。含煤的有项城组、东营组和馆陶组，主要岩性为泥岩、砂质泥岩和泥灰岩。在潭头、栾川一带的项城组并夹油页岩，含煤 4 层，一层煤已开采，厚 3. 6 米左右。东营组和馆陶组已见有 0. 5 ~ 3 米厚煤层（由于埋藏太深，情况不明）。

总体上讲，河南省含煤地层多，各时代煤层发育较好，从平面上看主要集中在中部及西北部，从时代上看主要是石炭二叠系，其中尤以二叠系含煤最好。其煤质特点是：煤种齐全，变质程度较高，以动力用煤和炼焦煤为主，煤质随成煤时代不同和各种地质因素的差异而变化。时代较新的第三纪为褐煤，侏罗纪为长焰煤，石炭二叠纪为气、肥、焦、瘦、贫煤，早寒武纪则只有石煤（变质程度为无烟煤）；在火成岩体和强烈的构造活动带附近，煤剧变成贫煤、无烟煤甚至天然焦。煤质指标，除部分褐煤和石煤具有高灰、高硫、低发热量的特点外，其他均属一般。

二、金矿

河南省采金历史悠久，据小秦岭矿区金硐岔东蹄子沟摩崖石刻记载，“景泰二年六月二十日起开硐三百余眼”，说明小秦岭地区的金矿远在1450年就进行了大规模开采，至今仍见老硐密布。抗战时期，在伊河、洛河、淇河、丹江流域也有一定规模的民采沙金，但由于本区山深林密，人烟稀少，至解放时，本区曾盛产黄金一事已湮没无闻。20世纪60年代初我省着手金矿地质勘探普查工作，1961年豫零八队在小秦岭地区找磷时发现了金异常，开始在小秦岭地区进行金矿找矿普查。经过近30年的大规模地质勘查，先后在省内小秦岭、熊耳山、桐柏山等地区发现了众多金矿床，使河南省成为我国重要的黄金产区之一。豫西小秦岭地区已成为我国第二大黄金生产基地。河南省黄金工业始于1975年，1989年全省黄金产量为3 548千克，居全国第5位，矿产金产量6 634千克，居全国第2位。全省年产金万两的县有灵宝、洛宁、栾川、桐柏4县，年产金万两以上的矿山有秦岭、文峪、东闯、抢马、安底、樊岔、桐沟、上宫、银洞坡9个。

河南省地跨华北地台与秦岭褶皱系两个大地构造单元，经历了长期、多期次的构造演变，地质构造复杂，地层出露齐全，变质岩系、岩浆岩十分发育，为金矿的形成提供了良好的条件。根据已勘探的黄金矿产分布规律及地质特征，大致可以划分为以下几个成矿区带：

（1）小秦岭—崤山金矿成矿区。包括小秦岭与崤山隆起，出露地层主要为太华群，以石英脉型金矿为主，现蚀变岩型金矿化。本区成矿条件极好，已发现数百条含金石英脉，而经过详细勘查的仅占十分之一。今后在大力加强石英脉型金矿勘查的同时，应注意深部找矿和蚀变岩型金矿找矿。

（2）熊耳山金矿成矿区。地跨嵩县、栾川、洛宁、宜阳四县，属豫西断隆一部分，为东西向构造与新华构造的交会部位，大面积出露太华群与熊耳群地层，岩浆活动强烈，断裂构造发育。区内以产于太华熊耳群不整合接触面附近的蚀变岩型金矿为主，找矿潜力较大，可望成为“第二个小秦岭”。

（3）伏牛山金矿成矿带。地处伏牛山南坡，出露地层主要为秦岭群、二郎坪群、毛堂群，北西向断裂发燕山期岩浆活动强烈。区内斑岩型与微细浸染型金矿化发育。

（4）桐柏金矿成矿区。属于大别山弧形断裂带西段，以产于火山岩中的破碎蚀变岩型金矿为主。

（5）大别山金矿成矿区。位于大别山北坡罗山、光山地区，出露地层以信阳群为主，矿化以金银共生为主。

另外，太行山地区目前仍属金矿空白区，但在地质条件和构造背景与之相同的河北及山西邻区，现已探明相当规模的金矿床，通过今后地质工作的开展，该区有望成为另一金矿远景区。

小　结

本章主要从山岳、峡谷、岩溶、化石和矿产五方面，介绍了河南省的主要地文景观旅游资源状况，以点连线，以线带面，为学生更好地了解河南地文景观奠定良好基础。

训　练

一、填空题

1. 天坛峰海拔________米，一直被看作________和________。
2. 唐代著名高道司马承祯把王屋山列为________。
3. 云台山位于河南________市，主峰________，海拔________米。
4. 鸡公山地区被称为________。
5. 嵩山有反映汉代建筑艺术的汉代三阙：________、少室阙、________。

二、单项选择题

1. 五岳之中，文物古迹的数量和质量最高的是（　　）。
   A. 泰山　　B. 恒山　　C. 嵩山　　D. 衡山
2. 王屋山是一处以（　　）文化为特色的（　　）圣地。
   A. 道教　道教　　B. 佛教　佛教　　C. 儒教　儒教　　D. 明教　明教
3. 有“景色雄奇，秀绝一群”美称的是（　　）。
   A. 熊耳山　　B. 林虑山　　C. 白云山　　D. 桐柏山
4. 白云山是（　　）的山峰之一。
   A. 太行山　　B. 大别山　　C. 伏牛山　　D. 崤山
5. 有“中州锁钥，楚豫咽喉”之称的是（　　）。
   A. 嵖岈山　　B. 灵山　　C. 嵩山　　D. 鸡公山

三、简答题

嵩山以“中岳”著称的原因是什么？

讲解示例

焦作云台山景区

大家好，今天我们要去参观游览的地方是被称为“北国名山胜水”的焦作云台山。

云台山位于修武县境内，属太行山系，因常年云雾缭绕而得名，是目前河南省唯一一家拥有国家地质公园、国家森林公园、国家自然遗产、首批国家5A级旅游区、国家重点风景名胜区、国家水利风景名胜区、国家级猕猴自然保护区七个国家级称号的景区。2004年被联合国教科文组织命名为“全球首批世界地质公园”。景区占地面积190平方千米。包含红石峡、子房湖、泉瀑峡、潭瀑峡、叠彩洞、百家岩、茱萸峰、万善寺等11大景区，是一处以丰富水景为特色，悠久的历史为内容，集科学价值和美学价值于一身的科普生态旅游精品区。

说话间，我们已经来到了华夏奇峡——红石峡，站在桥上俯瞰一下，红石峡犹如一条红色的彩带，悬挂在云台山碧绿的岩石之中。而峡底更是内藏锦绣，景区集泉、瀑、溪、潭于一谷，融秀、幽、雄、险于一体，红石峡一直以来被人们喻为缩小的山水世界，放大的盆景峡谷。在红石峡入口前，我们看到的这块正面刻有红石峡简介的岩石，为红石峡主题碑，这块碑最神奇的地方要数它的背面，是波痕石。大约在10亿~14亿年前，云台山乃至整个华北地区都是远古的浅海，海水里大量的石英砂沉淀，形成堆积物，海水波痕侵蚀软层，形成波痕，专家可以根据一些数据判断出当时水流的方向和走位。沿阶而下，我们慢慢进入红石峡里，红石峡又叫“温盘峪”，全长2千米，深68米，最宽处30多米，最窄处仅几米，因峪内空气不能与外界很好的交流，形成了冬暖夏凉的小气候，所以又叫长春谷。大自然无数次的造山运动，将这些含有石英砂的岩石抬升出地面，逐渐形成了今天的崖壁，由于岩石中所含铁质物质逐渐被氧化，经年累月，崖壁就形成了红色的。细心的朋友可以发现，这些岩石上下两层状态有些不同，这是因为每层岩石之间有相差约10亿年的沉积间断。顺着这条观景步道，约1.5小时就可以到达子房湖大坝乘车点，途中还可以欣赏到白龙潭、黑龙洞、一线天、龟背石、首龙瀑等景观。

从红石峡上来，映入大家眼帘的便是云台山唯一一处水域景观——子房湖。子房湖全长4 000米，最深处约65米。子房，是西汉名臣张良的字。秦朝末年，张良因刺杀秦王不成，遂在此隐居。子房湖和湖边的张良峰便因此而得名。2002年6月，湖内首次发现了被称为水中大熊猫的桃花水母群，它是地球上最原始、最低等的无脊椎动物，距今已有6.5亿年，比恐龙还要早几亿年。

俗话说：“游云台，赞云台，不到天瀑不算来。”泉瀑峡的云台天瀑是云台山最壮观的瀑布，它的单级落差达314米，是目前中国落差最大的瀑布。

有人说看山水分三个层次：起初，看山是山，看水是水；近而，看山不是山，看水不是水；最后，看山还是山，看水还是水。能够懂得云台山的人，要用心去和它对话、和它亲近。

（资料来源：根据相关材料整理而成。）

第三章

水域风光类旅游资源

教学目标

知识目标：

1. 了解河南省的水资源状况与分类；
2. 熟悉黄河流经河南的主要市、县名称；
3. 了解河南省著名的几大水库资源；
4. 熟悉中州四大名泉；
5. 了解河南省的主要瀑布景观和主要温泉。

能力目标：

1. 能够依据游客层次设计不同的水体景观导游讲解；
2. 能够从水域景观的审美要素出发，对河南省著名的河流、湖泊、温泉、瀑布等景观进行熟练深入的导游讲解。

导　入

水体景观是指具有旅游观赏意义的自然水体。水既是自然地理环境的重要组成要素，也是一种最重要的旅游景观。它既能够以自身的形象美、水影美、水声美、水色美和奇特现象美去吸引游人，也能够与山林生物、气候、建筑等相结合，构成综合性的风景。

河南横跨黄河、淮河、海河、长江四大水系，水月风光类旅游资源主要有河流、湖泊（含水库）、泉、瀑布等四种类型。万里母亲河黄河横贯中部，境内干流 711 千米，流域面积 3.62 万平方千米，约占全省面积的 1/5。省境中南部淮河，干流长 340 千米，流域面积 8.83 万平方千米，约占全省面积的 1/2。北部的卫河、漳河流入海河。西南部的丹江、湍河、唐白河注入汉水。河南境内 1 500 多条河流纵横交织，流域面积 100 平方千米以上的河流有 493 条。全省水资源总量 413 亿立方米，水资源人均占有量 440 立方米。全省修建水库 2 347座，总库容 270 亿立方米。各城市均傍水而建，如黄河、洛水、南阳白河、浉河、平西湖、南湾湖、鸭嘴湖、淇水、天泉湖等。

第一节 河 段

一、母亲河之黄河

黄河干流在灵宝市进入河南省境，流经三门峡、洛阳、郑州、焦作、新乡、开封、濮阳7个市中的24个县（市、区）。黄河干流孟津以西是一段峡谷，水流湍急，孟津以东进入平原，水流骤缓，泥沙大量沉积，河床逐年淤高，两岸设堤，堤距5~20千米，主流摆动不定，为游荡性河流。花园口以下，河床高出大堤背河地面4~8米，形成悬河，涨洪时期，威胁着下游广大地区人民生命财产的安全，成为防汛的心腹之患。干流流经兰考县三义寨后，转为东北行，基本上成为河南、山东的省界，至台前县张庄附近出省，横贯全省，长达711千米。黄河在省境内的主要支流有伊河、洛河、沁河、弘农涧、漭河、金堤河、天然文岩渠等。

黄河流经三门峡

（一）伊洛河水系

伊洛河是河南境内黄河最大的支流，由伊河和洛河构成，在偃师杨庄村汇合后始称伊洛河，北流切穿邙山，在巩义市神北村注入黄河。

伊河发源于熊耳山南麓的栾川县张家村，向东北流经嵩县、伊川、洛阳，至偃师杨庄村入洛河，长268千米，流域面积6 100平方千米。

洛河发源于陕西省蓝田县境，流经河南省的卢氏、洛宁、宜阳、洛阳、偃师，于巩义市神北村汇入黄河，总流域面积19 056平方千米，省内河长366千米，省内面积17 400平方千米。

伊河和洛河近于平行，汇合后向东北流，仅36.9千米就注入黄河。伊河、洛河为羽状水系，支流多，比降大，中上游地区多为石质山地，产流条件好，尤其是中游地区，河网密度大。丘陵地区多黄土地貌，地表覆盖差，河流含沙量大。平原区主要分布在两河下游，地势平坦，河道逐渐变宽，流速减缓。洛阳市区以下，伊、洛两河河滩连成一片，可以起到削减洪峰的作用。

（二）沁河水系

沁河发源于山西省平遥县黑城村，由济源市辛庄乡火滩村进入河南省境，经沁阳、博爱、温县至武陟县方陵汇入黄河。总流域面积 13 532 平方千米，省内面积 3 023 平方千米，省内河长 135 千米。沁河在济源五龙口以下进入冲积平原，河床淤积，高出堤外地面 2～4 米，形成悬河。主要支流丹河发源于山西省高平市丹珠岭，流经博爱、沁阳，汇入沁河。总流域面积 3 152 平方千米，全长 169 千米，省内面积 179 平方千米，省内河长 46.4 千米。

（三）弘农涧、漭河

弘农涧和漭河是直接入黄河的山丘性河流。弘农涧（也称西涧河）发源于灵宝市芋园西，河长 88 千米，流域面积 2 068 平方千米。漭河发源于山西省阳城县花野岭，在济源市西北的克井乡窟窿山入境，流经孟县①、温县在武陟城南汇入黄河，全长 130 千米，流域面积1 328平方千米。

（四）金堤河、天然文岩渠

金堤河、天然文岩渠均属平原坡水河道。金堤河发源于新乡县荆张村，上游先后为大沙河、西柳青河、红旗渠总干渠，自滑县耿庄起始为金堤河干流，流经濮阳、范县及山东莘县、阳谷，到台前县东张庄汇入黄河，干流长 159 千米，流域面积 5 047 平方千米。天然文岩渠源头分两支，南支称天然渠，北支称文岩渠，均发源于原阳县王禄南和王禄北，在长垣县大车集汇合后称天然文岩渠，于濮阳县渠村汇入黄河，流域面积 2 514 平方千米。由于黄河淤积，河床逐年抬高，仅在黄河小水时，天然文岩渠及金堤河的径流才有可能自然汇入，黄河洪水时常造成对两支流的顶托，排涝困难。

知识链接

河南省大黄河旅游区

黄河黄金旅游带是国家旅游局重点推出的三条品牌旅游线路之一。近年来，大黄河之旅作为国家面向全世界重点培育和推广的精品旅游线路，正日益成为广大游客认知和了解中国的窗口，成为全国旅游的名片。2011 年，《河南黄河黄金旅游带策划方案征求意见稿》已经出台，河南将把黄金旅游带建设成为绿色生态走廊、历史文化走廊、休闲度假走廊，成为荟萃华夏文明、凸显生态黄河的国际精品旅游带。

意见稿规划，该旅游带的战略定位为“华夏之源、民族之根”，在大黄河之旅国家精品线路的基础上，打造一条集世界文化遗产、中华古都群、黄河湿地生态于一体的黄金生态文化旅游带。总体布局为“一体、两翼、四组团”。“一体”即为现行黄河河道，着重开发打造 700 多千米长的黄河现行河道水上旅游，包括三门峡、小浪底和西霞院 3 个库区水上游及其以东黄河现行河道的水上游两部分。“两翼”区域范围是黄河河道往南 100 千米区域和往北 70 千米区域。开发重点为南边以连霍高速和陇海铁路为主干线，以郑汴洛“三点一线”为基础，整合提升三门峡、洛阳、郑州、开封、商丘等地区旅游资源和产品，带动伏牛山等旅游区发展；北边以晋济、济焦等高速公路为主干线，以济源、焦作、新乡、濮阳等城市为依托，带动和促进南太行山水游。“四组团”分别是峡谷水库段、中下游分界段、悬河大堤

① 今为孟州市。

段和黄河故道段。

意见稿提出，河南省将重点建设六大黄河旅游区，分别是三门峡豫晋陕金三角旅游区、黄河小浪底旅游区、郑州花园口黄河旅游区、开封黄河悬河旅游区、濮阳黄河金三角旅游区、商丘黄河故道旅游区。此外，还将重点开发黄河水上游、黄河高空游、黄河地上游、黄河地下游、黄河特色亲水游等产品，并推出古都文化游、功夫文化游、山水体验游、民俗文化游、红色文化游等线路。同时把少林功夫发源、传承和弘扬的基地登封市建成“世界功夫之都”，把太极拳发源地温县陈家沟打造成“国际太极圣地”，把中国杂技之乡濮阳市打造成世界知名文化旅游目的地。

此外，河南省还将大力培育新业态旅游项目，如建设黄河休闲庄园、黄河旅游村镇、黄河自驾车营地、黄河度假村等。

二、南北分界线之淮河

淮河是中国重要河流之一，发源于河南省桐柏山主峰太白顶，自西向东流经河南、安徽、江苏，注入洪泽湖，干流全长 1 000 千米，流域面积 26. 92 万平方千米。淮河在河南境内流经桐柏、信阳、罗山、息县、潢川、淮滨等县，在固始县三河尖乡的东陈村汇入安徽境内，省界以上河长 417 千米，流域面积 8. 83 万平方千米。大致在桐柏山、大别山以北，伏牛山、外方山以东，黄河南岸大堤以南的广大地区，占全流域总面积的 32%，占河南土地总面积的 52. 8%，因此淮河水系是河南最大的水系。淮河也是我国东部一条重要的河流，是暖温带与北亚热带、南方与北方的一条重要地理“分界线”。

（一）淮河干流及淮南支流

淮河干流水系包括淮河干流、淮南支流及洪河口以上淮北支流流域面积 21 730 平方千米。息县以下，两岸开始有堤，至淮滨，河长 99 千米，河床比降为 1/7 000，河宽 2 000 余米。由于淮河干流排水出路小，防洪除涝标准低，所以沿淮干和各支流下游平原洼地，经常容易发生洪涝灾害。南岸主要支流有：浉河、竹竿河、寨河、潢河、白露河、史河、灌河，均发源于大别山北麓，呈西南—东北流向，河短流急。

桐柏—淮河源头

（二）洪河水系

洪河发源于舞钢市龙头山，流经舞阳、西平、上蔡、平舆、新蔡，于淮滨县洪河口汇入淮河，全长 326 千米，班台以下有分洪道长 74 千米，流域面积 12 325 平方千米。流域形状上宽下窄，出流不畅，易成水灾。汝河是洪河的主要支流，发源于泌阳五峰山，流经遂平、汝南、正阳、平舆，在新蔡县班台村汇入洪河，全长 222 千米，流域面积 7 376 平方千米。臻头河为汝河的主要支流，发源于确山鸡冠山，于汝南汇入汝河，河长 121 千米，流域面积 1 841 平方千米。汝河另一主要支流北汝河，发源于西平县杨庄和遂平县嵖岈山，经上蔡、汝南汇入汝河，河长 60 千米，流域面积 1 273 平方千米。

（三）颍河水系

颍河水系，位于河南省腹地，是淮河流域最大的河系。在河南省境内，颍河水系也俗称沙颍河水系，以沙河为主干，周口以下至省境段也俗称沙河。颍河发源于嵩山南麓，流经登封、禹州、襄城、许昌、临颍、西华、周口、项城、沈丘，于界首汇入安徽省。省界以上河长 418 千米，流域面积 34 400 平方千米。颍河南岸支流有沙河、汾泉河，北岸支流有清漠河、贾鲁河、黑茨河。沙河是颍河的最大支流，发源于鲁山县石人山，流经宝丰、叶县、舞阳、漯河、周口，汇入颍河，河长 322 千米，流域面积 12 580 平方千米。其北岸支流北汝河，发源于嵩县跑马岭，流经汝阳、临汝、郏县，在襄城县简城汇入沙河，全长 250 千米，流域面积 6 080 平方千米。沙河南岸支流澧河发源于方城县四里店，流经叶县、舞阳，于漯河市西注入沙河，全长 163 千米，流域面积 2 787 平方千米。汾泉河发源于郾城县召陵岗，流经商水、项城、沈丘，于安徽省阜阳市三里湾汇入颍河，省界以上河长 158 千米，流域面积3 770平方千米。其支流黑河（泥河）发源于漯河市，流经上蔡、项城，于沈丘老城入汾河，河长 113 千米，流域面积 1 028 平方千米。清漠河发源于新郑，流经长葛、许昌、临颍、鄢陵，于西华县逍遥镇入颍河，河长 149 千米，流域面积 2 362 平方千米。贾鲁河发源于新密市圣水峪，流经中牟、尉氏、扶沟、西华，于周口市北汇入颍河，全长 276 千米，流域面积 5 896 平方千米。其主要支流双洎河发源于密县赵庙沟，流经新郑、长葛、尉氏、鄢陵，于扶沟县彭庄汇入贾鲁河，全长 171 千米，流域面积 1 758 平方千米。颍河其他支流尚有清流河、新蔡河、吴公渠等，流域面积 1 000 ~ 1 400 平方千米。黑茨河源于太康县姜庄，于郸城县张胖店汇入安徽，省境内河长 107 千米，流域面积 1 214 平方千米，原于阜阳市汇入颍河，现改流入茨淮新河，经怀洪新河流入洪泽湖。

（四）豫东平原水系

豫东平原水系主要有涡惠河、包河、浍河、沱河及黄河故道。涡惠河是豫东平原较大的河系。涡惠河发源于开封县郭厂，经尉氏、通许、杞县、睢县、太康、柘城、鹿邑汇入安徽省亳州，省境以上河长 179 千米，流域面积 4 226 平方千米。其主要支流惠济河发源于开封市济梁闸，流经开封、杞县、睢县、柘城、鹿邑，进入安徽亳县境，汇入涡河，省境以上河长 166 千米，流域面积 4 125 平方千米。包河、浍河、沱河属洪泽湖水系。浍河发源于夏邑县马头寺，经永城汇入安徽省，省内河长 58 千米，流域面积 1 341 平方千米，较大支流有包河，流域面积 785 平方千米。沱河发源于商丘市刘口集，经虞城、夏邑、永城进入安徽省，省内河长 126 千米，流域面积 2 358 平方千米，较大支流王引河和虬龙沟，流域面积分别为1 020平方千米和 710 平方千米。黄河故道是历史上黄河长期夺淮入海留下的黄泛故道，西起兰考县东坝头，沿民权、宁陵、商丘、虞城北部汇入安徽，省境以上河长 136 千米，流域面积1 520平方千米，两堤间距 6 ~ 7 千米，堤内地面高程高出堤外 6 ~ 8 米，主要支流有杨河、小堤河以及南四湖水系万福河的支流黄菜河、贺李河等。

三、豫西南长江水系

河南省长江流域汉江水系的河流有唐河、白河、丹江，各河发源于山丘地区，源短流急，汛期洪水骤至，河道宣泄不及，常在唐河、白河下游造成灾害。

（一）唐白河

唐白河由唐河和白河组成，是汉水流域中水量最大的支流之一。位于河南省西南部，唐河和白河在湖北两河口汇合后始称此名，在襄阳入汉江。唐白河水系略呈向心式扇状，支流多，水量丰富。流域面积在100平方千米以上的支流有51条，其中有22条汇入唐河，29条汇入白河。干支流在山区较短，上游主要流经久经风化的丘陵岗地，地表破碎，侵蚀较强，河水携沙较多。流入平原后，河曲发达，水流变缓，砾沙沉积，故有“白河沙多，唐河弯多”的说法。唐白河水量丰富，下游可以通航，有灌溉、航运之利，为南阳盆地的经济繁荣与发展提供了优越的条件。

唐河发源于方城县伏牛山南侧，流经方城、社旗、唐河诸县，至新野县向南流入湖北省境内，干流全长247千米，流域面积7 950平方千米。干流自北向南而流，左岸有泚水、泌阳河、三夹河、清水河、廖阳河等汇入，右岸有桐河、棉延河注入。流域范围内多丘陵岗地，在河南省境内唐河以下可以通航。唐河上游东支潘河、西支东赵河，均发源于方城，在社旗县合流后称唐河，经唐河、新野县后出省。省内干流长191千米，流域面积7 950平方千米。主要支流有泌阳河及三夹河。

白河发源于河南嵩县伏牛山脉中的玉皇顶，经南召、方城、南阳、新野向南流入湖北。省内河长302千米，流域面积12 142平方千米。该河的河道滩多，河漕不稳定，河水含沙量大。主要支流湍河发源于内乡县关山坡，流经邓州、新野，汇入白河，河长216千米，流域面积4 946平方千米。其他支流有赵河和刁河。

（二）丹江

丹江为汉水最长的一条支流，古称丹水。发源于陕西省境内商县秦岭的南麓，从淅川县荆紫关入河南省境内，经淅川老县城向南至王坡南进湖北省汇入汉江。全长384千米，流域面积147万平方千米。河南境内河道长117千米，流域面积7 278平方千米。丹江水流湍急，沿江峡谷与盆地相间分布，对修建水库十分有利，自丹江水库建成蓄水后，河南境内的丹江干流大致从大石桥以下均变为库区。丹江下游有不少支流，如淇河、老鹳河等，这些河流多来自高山峻岭，水量丰富，水力资源潜力很大。主要支流老灌河发源于栾川县伏牛山水庙岭，向南经西峡县至淅川老县城北入丹江，河长255千米，流域面积4 219平方千米。支流淇河发源于卢氏县童子沟，于淅川县荆紫关东南汇入丹江，河长147千米，流域面积1 498平方千米。

四、豫北海河水系

海河水系的主要河流有卫河干支流和徒骇河、马颊河。徒骇河、马颊河属平原坡水河道。卫河及其左岸支流峪河、沧河、淇河、汤河、安阳河源出太行山东麓，坡陡流急，下游进入平原，水流骤缓，宣泄能力低，洪水常沿共产主义渠、良相坡、长虹渠、白寺坡、小滩坡、任固坡等坡洼地行洪滞洪，并顶托卫河右岸平原支流汛内沟、杏圆沟、硝河、志节沟排涝，常造成较重的洪涝灾害。

（一）卫河

卫河是河南省海河流域最大的河流，发源于山西省陵川县夺火镇，流经河南省博爱、焦作、武陟、修武、获嘉、辉县、新乡、卫辉、浚县、滑县、汤阴、内黄、清丰、南乐，汇入河北省大名县，至山东省馆陶县秤钩湾与漳河相会后进入南运河。省境以上河长 286 千米，流域面积 12 911 平方千米。卫河的主要支流有：淇河是卫河最大支流，发源于山西省陵川县，经辉县、林州、鹤壁、淇县，在浚县刘庄入卫河，河长 162 千米，流域面积 2 142 平方千米；汤河发源于鹤壁市孙圣沟，经汤阴、安阳，于内黄县西元村汇入卫河，河长 73 千米，流域面积 1 287 平方千米；安阳河发源于林州黄花寺，经安阳县于内黄县汇入卫河，河长 160 千米，流域面积 1 953 平方千米。

卫河在新乡县以上叫大沙河，1958—1960 年开挖的引黄共产主义渠，1961 年停止引黄后，成为排水河道，该渠在新乡县西永康村与大沙河汇合，沿卫河左岸行，截卫河左岸支流沧河、思德河、淇河后下行至浚县老观嘴，复注入卫河。

（二）漳河

漳河有南北两支，南支浊漳河发源于山西省平顺县，为河南、河北两省界河，流经河南省林州、安阳，于观台和北支清漳河汇合，成为漳河，后从河南安阳北边界流过，向东进入河北，在河北馆陶县南秤钩湾与卫河相会，合流后至山东临清这一段称卫运河，然后进入南运河，为海河水系的五大河之一。漳河在河南境内仅一小段，主要在林州、安阳北部边缘，长 22 千米，流域面积 420 平方千米，林州红旗渠即以此河水为源，是安阳市的重要水源。

（三）马颊河、徒骇河

在卫河与黄河之间，还有两条由西南向东北流的平行河流——马颊河和徒骇河。两河都发源于河南境内，经河北、山东流入渤海，现已成为人工疏浚开挖的大型排水河道，不仅用于排出水涝，而且能引黄灌溉。马颊河源自濮阳县金堤闸，流经清丰、南乐，进入山东省，省界以上河长 62 千米，流域面积 1 034 平方千米。徒骇河发源于河南省清丰县东北部边境，流经南乐县东南部边境后入山东省，省界以上流域面积 731 平方千米。由于历史渊源，习惯上仍将它们归为海河水系。所以，海河水系流域面积为 1. 53 万平方千米，占全省土地面积的 9. 2% 。

第二节 湖泊与池沼

一、黄河小浪底水库

黄河小浪底水库风景区，位于洛阳市以北 40 千米的黄河干流上，孟津县小浪底村附近，是河南省“三点一线”旅游的重要景点。黄河小浪底水库两岸皆属山区丘陵，主要山脉有南岸秦岭山系的崤山、韶山和邙山，北岸中条山系、太行山系的王屋山，南岸有涧河、峪里河、畛河，北岸有亳清河、沇西河、西阳河、逢石河。黄河小浪底水库风景区，总面积 1 262平方千米（其中水面 296 平方千米），由小浪底大坝、荆紫山、八里峡、三门峡大坝 4 个片区、13 个景区、113 个景点组成，黄河小浪底水库下闸蓄水后，形成了“北方千岛湖”的壮观景象，是河南省以黄河中下游水利枢纽工程峡谷河流为主要特色，体现黄河历史文化和自然风光的大型山岳湖泊型风景区，是开展观光度假休闲旅游的最佳场所。

小浪底水库工程是景区最亮丽的风景线，它不光是中国治黄史上的丰碑，也是世界水利工程中的杰作，投资额420亿元，共创下3项世界纪录、6项中国之最。

黄河小浪底库区

小浪底水利枢纽是治理开发黄河的关键性工程，属国家“八五”重点项目，工程于1997年截流，2001年年底竣工。水库面积272.3平方千米，控制流域面积69.4万平方千米。小浪底水库区淹没涉及河南省三个市的五个县市和山西省的三个县，淹没面积207.87平方千米。大坝为斜心墙堆石坝，坝长1 317米，高154米，总库容126.5亿立方米。水库终期水位海拔275米，回水长128千米。与大坝相连的黄河北岸山头，已建成进水塔，在100米高的山壁上，分3层排列着16个洞口。最低层三条导流洞，长1 100多米，沿洞上20米再做3个洞，可保证导流洞长期过水。半山腰建有6个引水洞和3个排沙洞。发电洞口处还安装有拦污用的栅栏和高压水枪，可拦截和及时清除污物。山顶部有3个明流洞及泄洪渠，比最底层的导流洞高50米。山体内，还有各种辅助洞及施工支洞，加起来共有108个洞。为了保持山体稳固，采用喷铆等先进技术，把山体的断层固成一体。水库蓄水后，壮观的洞群进水口沉入水下，而在坝后出水口，黄河水加飞瀑般落入下方巨大的混凝土消力塘内，之后便缓缓地回归下游故道。河水穿山过，电厂在山中，建成后总装机容量为156万千瓦，年平均发电量为51亿千瓦时。泄洪发电洞群呈低位排沙，高位排污，中间引水发电的布局。

水库的功能是以防洪（防凌）减淤为主，兼顾供水、灌溉、发电。可使黄河下游堤防的防洪标准由目前的60年一遇，提高到千年一遇。小于千年一遇的洪水不再使用北金堤滞洪区，并基本解决下游凌汛威胁。水库可减缓黄河下游河道淤积29年，使花园口以上的河段大堤不再加高，使花园口以下河段大堤的加高任务减少三次，保护黄河洪灾威胁范围12万平方千米。每年可增加40亿立方米供水量。

黄河从黄土高原奔泻而下，穿过晋陕大峡谷，出龙门，又一头跌进群山夹峙的豫西大峡谷，越三门峡，闯过八里峡，挣脱了小浪底最后一段峡谷的束缚，奔向辽阔的华北大平原。

二、丹江口水库

丹江口水库，是亚洲第一大人工淡水湖，中国南水北调中线工程的水源地，国家一级水源保护区。水库总面积846平方千米，被称为汉江的天然水位调节器，有“亚洲天池”之美誉。丹江口水库来水90%源于汉江，10%来源于汉江支流——丹江。丹江口大坝加高后，水库总库容达到290.5亿立方米。

丹江口水库库区主要位于湖北省丹江口市和河南省淅川县，域跨鄂豫两省。库区水面最宽处在丹江口市凉水河镇和淅川县李官桥一带，东西宽为20多千米，被称为“小太平洋”，是旅游观光的好去处。最窄处在关防滩一带，两岸夹峙不足300米；库区水位最深处在湖北丹江口市与河南淅川县之间台子下的省界江心，深达80余米。

淅川丹江口水库

丹江水库的自然景色是旅游的最佳看点，江面上有四通八达的航线，库区内有自成体系的公路。从这里西上过荆紫关可通秦川，南下可达荆楚，东进可入中原大地。丹江水面碧波千顷，水天一色，山清水秀，美丽如画，奇山异石，独具姿彩。游艇渔舟荡漾在绿波之上，人绕水转，山随人移，人如画中行，山似水上漂，令人心旷神怡。水库的雁口一带有几十里①狭长的江面，夹岸奇峰耸峙，陡壁峭拔，野藤倒挂，山环水绕，这就是著名的丹江“小三峡”（云岭峡、太白峡、雁口峡）。

三、宿鸭湖

宿鸭湖水库建成于1958年，位于汝南县城西北部淮河支流洪汝河水系汝河干流上，控制流域面积4 498平方千米（包括板桥762平方千米，薄山580平方千米），占汝河流域面积的61%，流域内多年平均降雨量962毫米，多年平均径流12.92亿立方米，是一处以防洪为主，结合灌溉、养殖、发电等综合利用的平原水库。能浇灌下游近6.67万公顷土地，同时使下游25万公顷土地免受洪水威胁。宿鸭湖水库是按百年一遇洪水设计，千年一遇洪水校核进行除险加固，加固后总库容为16.56亿立方米，坝高达59.20米，设计洪水位57.57米，相应库容量12.72亿立方米。

水库枢纽工程主要由大坝、泄洪闸、电站及灌溉输水洞等组成。大坝为均质土坝，坝长34 201.6米，最大坝高16.2米，最大泄量6 260立方米/秒。湖堤长35千米，面积239平方千米，是我国堤坝最长、面积最大的平原水库，被誉为“人造洞庭”。

宿鸭湖水势浅，阳光足，水质肥，适宜各种淡水鱼生长，出产的鱼达30多种，其中产量最多的是鲤鱼。该湖利用水产资源喂养水貂，利用湖坡洼地种芦苇、植莲藕、栽杨柳，库区到处杨柳成行，荷花满塘，自然风光优美。宿鸭湖畔野鸭水鸟逐年增多，每入冬季，大雁、天鹅成群栖息这里，成为鸟的世界。

---

① 1里=0.5千米。

四、昭平湖

昭平湖是省级风景名胜区、国家水利风景区，同时也是华夏刘姓的发源地，位于平顶山市鲁山县城西部10千米处。昭平湖原名昭平台水库，因东汉光武帝刘秀在此拜始祖刘累后筑台招兵而得名。昭平台水库始建于1956年，1959年建成，水库控制流域1 430平方千米，蓄水量7.27亿立方米，是集防洪、灌溉、发电、养鱼、旅游为一体的一座大型人工湖。

昭平湖景区总面积40余平方千米，其中湖面面积38平方千米。由于昭平湖地处山区与平原接合部，丘陵起伏，沟壑纵横，形成了"一湖出平峡，万源聚山川"的绮丽自然美景。昭平湖由于秀丽的风景，深厚的历史文化内涵，于1995年被批准为省级风景名胜区，2002年被水利部命名为国家水利风景区。凡来过这里的人都说："庐山奇，峨眉秀，昭平湖美景看不够。"的确如此，昭平湖不但有雄浑苍郁之气概，而且兼南国水乡之柔美，是豫西不可多得的绝佳去处。

五、薄山湖

薄山湖风景名胜区，位于河南省驻马店市确山县城南18千米处，湖水库容量达6.5亿立方米，景区面积66平方千米，湖水面积25平方千米，森林覆盖率90%以上。薄山水库是在薄山与李岗山之间截断臻头河修筑大坝而成湖泊的。流入水库的臻头河，发源于桐柏山的青衣水，属淮河一条支流。以前每到汛期，洪水暴涨，泛滥成灾，给沿河两岸人民生命财产带来很大危害。薄山水库建成后，除了具有防洪、灌溉、发电和养殖等功能以外，它作为一项宝贵的旅游资源，是诗和画的高度融会，是大自然的造化与人类创造力的完美结合。

薄山湖大坝高48米，长545米，坝顶宽8米。大坝东边是薄山，古时属朗陵县，西汉高祖四年在此设县，至今已有2 000多年的历史。这里是桐柏山区和伏牛山区的结合部，西南是连绵起伏、巍峨雄壮的桐柏山，西北便是雄伟壮阔的伏牛山。

景区内群峰苍翠，碧水蓝天。朗陵景区、大坝景区、东大山景区、九子沟景区环绕在薄山湖的四周。其中著名景观有鲸鱼岛、灵龟岛、红枫岛、骆驼峰、虎啸峰、将军壁、猴儿崖、翠竹溪、龙女潭、卢王寨遗址、现代军事水上（下）训练中心等。薄山湖集古、幽、秀、奇于一体，有"中原漓江""百里画廊"之美誉。

六、南湾湖

南湾湖位于河南省南部，距离信阳市西南5千米，它以南湾湖为中心，以山林、岛屿为风景内涵，具有丰富的自然景观和人文景观，被誉为"中原第一湖""北国的江南，江南的北国"，是国家森林公园、国家水利风景区。自1991年开发建设以来，累计投入资金8 000余万元，现已开发建设了四大景区，包括水上景区的鸟岛、消夏岛、大圣岛，西山景区的水族馆、唐王游地府，大坝景区的仰天湖、钓鱼台、飞龙亭，码头景区的微型花园、新旅游码头等，形成了水上、水下4个景区，42个景点，6条旅游线。

每年前来观光旅游的游客达20万人次，旅游收入3 000万元。景区内水、电、道路、交通、通信等旅游基础设施完备，服务配套设施齐全，旅游区建设已具规模，基本形成集"吃、住、行、游、购、娱"为一体，较为完善的综合性旅游配套体系。南湾湖是河南省著名的省级风景区，四周群山环抱，层峦叠嶂，放眼望去，绿宝石般的岛屿星罗棋布，错落有致，湖光山色，水天相连。东有隐贤寺，西有蜈蚣岭，南有龙潭瀑布，北有渡口码头。

南湾湖浩瀚无垠，时而碧空如洗，“水光潋滟晴偏好”；时而细雨霏霏，“山色空蒙雨亦奇”；时而“水禽翔集，锦鳞游泳”；时而“湖光跃金，静影沉璧”；时而晚霞烧西天；时而大湖落日圆，真是“欲把南湖比西子，淡妆浓抹总相宜”。南湾湖水清澈诱人，掬手可饮。湖上游有黑龙潭、白龙潭。南湾湖内众多岛屿，大小不一，形态各异，错落有致地散布在清碧的湖中，犹如“大珠小珠落玉盘”，美不胜收。鸟岛处处见鸟影，时时闻鸟鸣，每年有10万只候鸟在此繁衍栖息。

南湾湖景区

南湾湖上游耸立着李先念战斗过的四望山，下游连着历史文化悠久的贤隐山。贤隐山上有距今1 400多年的“梁王垒”遗址；有与嵩山少林寺、洛阳白马寺、开封相国寺、南阳玄观庙齐名的贤隐寺；有奇异的仙人床、丈人石，动人神奇的平顶松传说。登此山，东可眺信阳城貌，西可观南湖烟波。湖面东西宽20千米，南北长50千米，水域面积70平方千米。湖的上游，便是荣获国家金奖的“信阳毛尖”的产地“五云”诸山。

南湾水极清、极纯，清纯透明，又带了些微绿。风平浪静之时，湖面倒映着蓝天白云，有船驶过时，船首犁开水面，船后则拖起一条前窄后宽的浪迹，不久又归于平静。有些小风，湖水便柔柔地涌将起来，阳光之下，波光泛金，辉煌灿烂。大风起时，掀起几尺高的浪花，浪花撞击船体，澎湃有声。倘是月夜，乘小船滑行于湖面，竟分不清哪是天，哪是水，悠然忘我，如同进了仙境。春天，南湾湖大小岛屿的杜鹃似兰花溢香，草木葱茏，春光无限；夏天，这里是极好的天然泳场；秋天，枫叶似火，天远水清，天地更加辽阔深远；冬天，湖的四周山舞银蛇，原驰蜡象，唯这湖水如鉴似镜，显示着生命和活力。

七、陆浑水库

陆浑水库位于河南省洛阳市嵩县田湖镇陆浑村附近，黄河二级支流伊河上，距洛阳市67千米，控制流域面积3 492平方千米，占伊河流域面积的57.9%。坝址处多年平均年径流量为10.25亿立方米（1951—1968年），多年平均流量32.5立方米/秒，多年平均年输沙量约300万吨，平均含沙量3.2千克/立方米，泥沙90%以上都集中在汛期7—10月，非汛期河水清澈见底。千年一遇洪峰流量12 400立方米/秒，万年一遇洪峰流量17 100立方米/秒，保坝洪水（万年一遇洪峰加20%）洪峰流量20 520立方米/秒。

工程于1959年12月开始兴建，1965年8月底建成。灌溉发电洞1972年2月开始增建，1974年7月建成。1976年开始水库保坝加固工程施工，1988年一期加固工程完成。共完成土石方705.61万立方米，混凝土14.86万立方米。工程共计投资1.68亿元。水库主要建筑物包括拦河坝（黏土斜墙砂壳坝）、输水洞、泄洪洞、灌溉发电洞、溢洪道和电站（输水洞电站装机3台，单机容量1 250千瓦；灌溉洞电站装机3台：1台3 000千瓦，1台3 200千瓦，1台500千瓦）。电站总装机1.045万千瓦。水库千年一遇洪水设计，万年一遇洪水校核，洪水位高程分别为327.5米（黄海高程系）和331.8米，正常水位高程319.5米，坝顶高程333米。

八、群英湖

群英湖风景名胜区地处太行山前沿，面积约25平方千米，跨越焦作市区、修武县、博爱县与山西省晋城市地界。群英湖风景区内景点集中，分布均匀。景区内各类风景自然交织，环境幽静，山清水秀，确是一处难得的旅游胜地。群英湖坝高100.5米，是我国最高的砌石坝。大坝耸立于高山峡谷之中，气势雄伟挺拔，造型美观，曾先后以图片的形式在国际大坝会议和广交会上介绍展出。我国正式出版的《中国大坝》《中国拱坝》图集，以及有关坝工建设的文献资料，都将群英湖大坝作为典型，成为我国坝工建设上的一枚奇葩。另有三潭印月景观，集线瀑、帘瀑、绿潭于一体，呈“7”字形梯状分布，天高云淡，四面环山，丛林茂密，溪流不断，是人们假日休闲的好去处。

第三节　瀑　布

一、云台天瀑

在河南省焦作市的云台山风景区，有一个亚洲落差最大的瀑布——云台天瀑，它坐落在云台山风景区泉瀑峡内，达到314米，是全国乃至亚洲最高的大瀑布。远远望去，瀑布上吻蓝天，下蹈石砑，犹如擎天玉柱，宛如白练当空。丝绦抖动，似银河倾泻，吼声震耳，地裂天崩，十多米宽的瀑面，拍石打浪，风驰电掣地落入碧水潭中，溅起千堆雪。潭下又有隐瀑，构成叠瀑，气势壮观恢宏。当来到这里时，你就会亲身领略到“飞流直下三千尺，疑是银河落九天”的意境，伟大诗人的想象在此没了夸张、比喻，有了实在的表现。云台天瀑，给予了人们惊天地、泣鬼神的恢宏气势。

二、卢崖瀑布

卢崖瀑布景区位于登封市区东北6千米的嵩山太室山悬练峰下。据说，唐玄宗年间，谏议大夫卢鸿乙不愿做官，来此隐居，他广招天下才子，在此讲学，因而人们称此崖为“卢崖”，称卢鸿乙隐居的地方为“草堂”。卢鸿乙死后，唐玄宗改“草堂”为“卢崖寺”。卢崖北峡谷内，有一股泉水，终年不断，平时泉水泻到崖下，好似千水珠帘挂长空，澎湃之声，如虎豹怒吼，如雷声轰鸣，太阳直射上面，奇光异彩，灿烂夺目。如果站在瀑布内的石庵下迎日观瀑，那水色、山色、绿林、飞瀑仿佛是一幅美丽的图画，五颜六色。水珠积流，形成水潭，潭上独出一个黛色圆石，明朝袁宏道在上面刻有“墨浪石”三个大字。水流其上，好似墨浪，人称此景为“卢崖瀑布墨浪流”，亦称“珍珠倒卷帘”。明高出《卢崖瀑布》诗云：“太室东来第几峰，孤崖侧削半芙蓉。为看飞瀑三千尺，直透春云一万重。”

卢崖瀑布是登封为数不多的自然山水的代表，嵩山古八大景之一。

三、大东沟瀑布

鸡公山大东沟瀑布有20多处，其中松林湾瀑布、高峰瀑布、大小滴水瀑布最有名，它们大都雄伟而妩媚，最有名的两个瀑布，一个是松林湾瀑布，一个是高峰瀑布。

进入东沟，仿佛进入了绿色的世界，天然的森林氧吧，山清水秀，林木茂密，空气清新，可以让人们尽情享受回归大自然的无穷乐趣。松林湾瀑布跌水16米，宽2米，坡度85°，潭深0.5米，潭面16平方米。这一带山形如椅，底如天井，磐石陡峭，古木攀藤，四周花枝竞秀，其乐无穷。高峰瀑布悬瀑30米，宽3米，坡度90°，瀑布从山上直泻而下，远观如身披轻纱的仙女。最壮观的大滴水瀑布，高差42米，宽3米，破陡90°。两山合抱，巨石并立，飞泉自高峡喷出，瀑布如玉带飘落，声势震耳，真是“飞流直下三千尺，疑是银河落九天”。如果是冬季来看此瀑布，滴水成冰，悬崖倒挂，有如银蛇又似蜡像，景象十分壮观。

此外，大东沟还有小滴水、三叠瀑布、龙宫瀑布等景观。

四、八里沟瀑布

八里沟大瀑布，因位于八里沟而得名，又因瀑布的豁口如龙口，又称龙口瀑布。瀑布落差157米，雨季宽20米左右，平时有5米左右，一年四季水流不断。一挂飞瀑，凌虚而下，咆哮奔腾，山鸣谷应，飞珠溅玉，异彩纷呈，磅礴多姿，气势恢宏，被誉为“华北第一瀑”。远望素帛缥缈，节节下泻；近看明珠闪烁，白帐飘落，身临瀑下，凉气袭人，有“赤日行空午不识，炎热酷暑汗自收”之感。该瀑布还有一个最大奇观。若天气晴朗，阳光直射（上午8时至下午2时），可以看到10余米高的彩虹，七彩俱全，十分壮观。正如清代大学士孙诠所说：“访其侧下悬崖坐，贪看飞泉不肯行。”瀑布下方的青龙潭，波涛泛起，似青龙出入水面。

八里沟龙口瀑布

观瀑前行，即到天梯，天梯挂于一线天两边，沿崖而上，陡峭险峻，但危而无险，游人呼叫之声，回音串串，身居山缝，其乐无穷。上了天梯便到八里沟，这里是瀑布之源，无数山泉喷涌而出，光洁平整的红石板，层层叠叠，瀑布横截面达50余米，游人多在此留影。

五、云露山瀑布

云露山位于内乡县马山口镇境内，距马山口镇15千米，海拔在1 600余米，景区有50平方千米。云露山以其峰高谷幽、层峦叠嶂、云蒸霞蔚、恍若仙境、登山如踏云路而得名。落差128米的宝塔瀑布被誉为“中原第一瀑”，近80个景点皆令人流连忘返。

宝塔瀑布是药王谷最大瀑布。来到瀑下，但见瀑流如一条白练从百米高的绝崖轰鸣而下，水流撞击着岩石，溅起朵朵水花，如飞珠碎玉般晶莹可爱，随风飘散，细细的水沫像雾、像雨、像风，落在人的身上凉爽极了。一阵风吹过，把瀑布的下半截高高飘起，碎成粒粒玉珠，向四方喷散，在阳光照射下，幻出道道彩虹，炫人眼目。从飞瀑中喷溅出来的小水珠细如烟尘，弥漫于空气之中，成了蒙蒙水雾，给山涧林木披上了一层薄薄的轻纱。瀑布低处，上面的水流自然落下，在奇异突兀的岩石上，形成壮观的瀑布群。夏季雨水大时，在数里之外，就能听到轰轰隆隆的声响，似千军呐喊，似万马奔腾，远眺瀑布如白练倒挂，悬空坠落。

第四节　泉

一、中州四大名泉

（一）百泉

百泉是中州四大名泉之一，又名“百门泉”，位于河南省辉县市中心西北2.5千米太行山支脉苏门山南麓，因湖底遍布泉眼，故名百泉，又因泉水自地穴迸出，累累如贯珠，又名珍珠泉。百泉处于太行山山前冲积扇前缘与平原交接地带，花山和杜家岭两断层交会处，石灰岩地层垂直溶洞和节理裂隙发育，有利于降水径流流入地下，地下水出露汇聚即成百泉湖。百泉早在3 000年前殷商即开凿，清乾隆十五年（1750年），为防泄水，绕岸砌石，成一长方形泉湖。湖水面积达3.4万平方米，最深处达3米，水温常年20 ℃左右，冬暖夏凉，湖水四季碧绿，清冽纯净。湖内鱼来蟹往，荇藻交横。湖畔亭台楼阁，星罗棋布，曲桥相接；湖周古柏参天，绿柳婆娑，山水楼台交相辉映，景色如画。百泉向有“中州明珠”“西湖缩影”之誉。

（二）珍珠泉

珍珠泉是中州四大名泉之一，位于安阳市西20千米的水冶镇。这里地势较高，树木蔽日，古柏参天，琼宇互映，浓荫环罩着一个偌大的泉池。泉水平地涌出，清澈见底，池中泉眼汩汩，并伴有阵阵气泡，犹如珍珠，故名珍珠泉。泉边有10余棵千年古柏，苍劲挺拔。其中有两株根部相邻，树身在离地面1米多处合为一体，自成“柏门”。门楣各出一树干，形成古隶“丫丫”字，奇景奇趣，十分妖娆。由于“柏门”位于泉中岛内，故称“柏门珠沼”，为安阳八景之一。

主泉由“宝剑泉”“马蹄泉”“卧龙泉”组成。水面面积为1.3万多平方米，平均水深2米。距主泉东南百米处，有个“心字泉”。东北百米处，也有“少白泉”等大大小小的泉眼。

珍珠泉

（三）西平龙泉

西平龙泉是中州四大名泉之一，又称龙渊。位于西平县城西南45千米处。楚王邀越欧冶子来楚铸剑，用龙泉水淬火，剑锋特利，能陆断牛马，水击鹄雁，当敌即斩。唐诗有“宁知草间人，腰下有龙泉”之句。

（四）马坊五泉

马坊五泉是中州四大名泉之一，位于修武县城东北10千米的马坊村。南北长390余米，东西宽130余米。据《修武县志》载，马坊泉在海蟾宫。海蟾宫在马坊村原真清观中，因邱长春书《海蟾宫入道歌》而得名。真清观已无存，现存的海蟾宫为明代建筑，清代复修。除此泉外，附近尚有圣井泉、海子泉、龙母泉、吴公泉与马坊泉，合称五泉。

二、温泉

（一）陕县温塘温泉

陕县温塘温泉位于三门峡市区西部15千米的陕县温塘村，交通便利，风景优美。该温泉属秦岭山系汾渭热矿水带弧形转折处，是一个具有优越隔热条件的径流区。区内发育有深达300多米的深大断裂，裂谷深部有较新的岩浆活动，巨大的侵入岩体成为本区的主热源和丰富矿物质的来源。

温泉分布面积4.1平方千米，日开采量达6 000吨，其流量之大、水质之佳、动态之稳定在国内外矿泉开发史上都是少有的。该温泉水质极佳，清澈透明，无菌、无污染，口味甘甜，清新爽口，水温高达61 ℃～65 ℃，偏硅酸含量达54.6～55.7毫克/升，锶含量达1.2～1.25毫克/升。除此之外，还含有锂、碘、锶、钡等34种有益人体健康的微量元素和其他成分。钙和镁的含量比值较佳，pH值为7.1，达到我国饮用天然矿泉水国家标准。经国家权威部门鉴定，确定为含偏硅酸和锶的重碳酸钙钠型优质矿泉水。常饮用此水或用此水洗浴，对胃病、心血管病、糖尿病及皮肤病等有明显的理疗保健作用，同时可增强人体的免疫功能，有延年益寿之功效。据调查，当地村民疾病甚少，长寿老人数量居多，这可能与长期饮用此水有一定关系。目前，这里已建成温泉游泳、疗养、健身等宾馆设施，其中的金泉宾馆、华源宾馆等拥有相对完善的疗养度假设施，服务项目齐全。

（二）鲁山汤泉

鲁山县温泉群展布在鲁山大断裂带上，位于外方山山间谷地中的大沙河两岸，出露上汤、中汤、下汤以及温汤、碱汤等多处，其中以上、中、下三汤温泉最为有名。郦道元《水经注》说："鲁阳温泉，可疗万疾。"明嘉靖《鲁山县志》上曾有这样的记载："温泉有三，其水热沸，俗称上汤、中汤、下汤，俱在县西，而下汤去县惟五十里，居民常引为沐浴地，疮疾濯之皆愈。"这里的温泉出水量大，温度高，一般都在 60 ℃以上，水中硅、镭等元素的含量都达到或接近医疗矿泉水标准，有一定的医疗价值，尤其对皮肤病有显著疗效。目前，"三汤"温泉已得到开发利用，成为旅游、游泳、休养胜地。

（三）商城温泉

汤泉池位于商城县西南 20 千米的雷山脚下，背依姑嫂峰，面临鲇鱼山水库，身后秀岭竞翠，眼前碧波万顷，湖光山色，美不胜收。温泉的 8 个泉眼分布在 500 平方米的范围内。清代诗人王佑有诗称赞汤泉池温泉，"郁浮地面拟蒸烟，乱石穿流别一天。气绕火云疑赤壁，风来暖玉起蓝田。杨柳灌顶休嫌热，吸水烹茶不费煎"。汤泉池水温高达 58 ℃，为无色无味的硫酸钠型泉，含有硫、硫化氢、锶、钡、氟、钛、硼、铬、钼等矿物质，洗过温泉，浑身肌肉舒展，关节放松，肌肤光滑细腻。常洗温泉，不仅对多种皮肤病、关节病、心血管病、妇科及消化等有很好的疗效，而且可以增进血液循环、恢复活力、润肺清心、护肤美容、促进睡眠、帮助消化、延年益寿，具有极好的保健价值。

汤泉池不仅水好，而且风光秀丽。山上，百里林海，重重叠叠，松涛阵阵；山下，万顷平湖，碧波荡漾，游艇如梭。春日，满山杜鹃绽放；盛夏，阵阵凉风袭人；仲秋，湖畔枫叶火红；隆冬，万亩松竹苍翠。距雷山西北 500 米处的姊妹峰，有击鼓石、跑马场、毛狗洞等多个景点。如此良辰美景，不是江南，赛过江南。

商城县的汤泉池温泉闻名遐迩，人人皆知，而寒泉也渐露峥嵘，显现神奇。两泉长流，一温一寒，相映成趣。寒泉位于商城县城关镇，四季长流，久旱不涸，民间称之为"流水井"。据县志记载，其质洁味爽，清冽无比，用之煮茶、酿酒，甘美醇厚。前人曾有诗赞曰："兰为王者香，凡卉无与伍，随处露好根，不乐尘土中。"以兰喻泉，可见非凡。经勘测认定，寒泉水是储存在地表深处大的花岗岩岩体之中，在岩体裂隙间循环 15 年以上才流出地面的矿泉水。水中锶和偏硅酸含量适中。此外，还含有锌、铜、锂、硒等 30 多种人体必需的微量元素。经常饮用寒泉水，能增加胃液分泌，对冠心病、高血压等病症有辅助疗效，并有抑制癌细胞的作用。

小　结

本章主要分山岳、峡谷、岩溶、化石和矿产五方面，介绍了河南省的主要地文景观旅游资源状况，以点连线，以线带面，为学生更好地了解河南地文景观奠定良好基础。

训　练

一、填空题

1. 济水被誉为"华夏风水河"，与________、________、________ 并称为四渎。

2. 黄河专线游主要以________和________为代表，河南段又以三门峡、________、郑州、________四个地段为代表；黄河精神的核心是________、无私奉献。

3. 河南境内最大的水系为________。

4. ________是亚洲第一大人工淡水湖，"中国第一大运河"，南水北调中线工程渠首位居淅川境内的________。

二、单项选择题

1. 河南境内黄河最大的支流是（　　）。
   A. 汴河　　B. 伊洛河　　C. 白河　　D. 贾鲁河
2. “北方三峡”“小三峡”“豫南明珠”“人造洞庭”分别指的是（　　）。
   A. 大泉湖、丹江口水库、南湾湖、宿鸭湖
   B. 宿鸭湖、南湾湖、丹江口水库、大泉湖
   C. 大泉湖、南湾湖、丹江口水库、宿鸭湖
   D. 宿鸭湖、丹江口水库、南湾湖、大泉湖
3. 目前我国江河上最大的一座土坝是（　　）。
   A. 小浪底大坝　　B. 葛洲坝　　C. 三峡大坝　　D. 昭平湖拦河大坝

三、简答题

简述黄河流经河南段各地的支流情况。

讲解示例

信阳南湾湖景区

南湾湖风景区位于河南省信阳市西南5千米，又称南湖，素有“中原第一湖”“豫南明珠”之美称，是国家4A级风景区、国家森林公园、国家水利风景区。景区由南湾湖和南湾国家森林公园组成。其中森林面积2 180公顷，水域面积约75平方千米。景区内河流港汊纵横，烟波浩渺，洲岛错落，湖中茶岛、鸟岛、猴岛等61座岛屿大小不一，形态各异，碧珠洒盘，美不胜收。岛上绿树成林，苍翠欲滴；湖中碧波荡漾，令人心旷神怡。诗人文换酒曾至此游览，写下七律“南湾湖水南湾山，山水楼台起青岚。半截飞梁烟波里，一双鸣凤浮云端。雨散方知松色好，霾深莫叹晴意难。若得佳人在怀抱，便作神仙也思凡”。风流佳话传唱至今。

南湾湖风景区分为五个游览区，即：南湾湖大坝浏览区、车云山浏览区、黄龙寺旅游区、仙石畈浏览区和谭家河浏览区。今天我们游览的是南湾湖大坝游览区。

各位朋友，我们现在登上了南湾湖大坝。南湾湖，又称南湾水库，因坝筑在南湾而得名。水库建于1952—1958年，是一座集防洪、发电、养殖、供水、航运于一体的综合性水库。水库大坝高38米，长835米，坝顶宽8米，底宽22.4米，湖区水面面积70平方千米，库容16.3亿立方米，流域面积1 100平方千米。比较有名的有鸟岛、猴岛、桂花岛、杜鹃岛等，每年有数十万游人来这里观光度假。独特的地理地貌造就了南湾湖的秀山丽水，本地悠久的历史留下了众多的名胜古迹和革命遗址，使它成为一个闻名中外的旅游胜地。

随着游艇的启动，我们的游程就要开始了。南湾湖地处我国南北气候过渡带，天然的湖光山色，朝霞晨雾，一日数变；一年四季，风光各异。

茶岛是以千亩茶园为基础，以信阳毛尖茶和南湾湖水资源有机结合为主线，截取一个茶文化历史的断面，打造一个活生生的文化平台；以适当的功能设施、雕塑景观、茶艺表演及茶歌茶舞等艺术显像，构建出一个以茶为主题，集观茶、采茶、炒茶、品茶、购茶和茶文化与游客互动等于一体的文化旅游景区。1915年信阳毛尖曾在巴拿马万国博览会上荣获金奖，1990年龙潭牌信阳毛尖在全国名茶评比中获国家金质奖。现代医学研究证明，茶叶具有清心明目、消食利尿、健脑提神、抗衰老等作用，到了这里，可不要忘了给自己，也给亲朋好

友捎几袋优质信阳毛尖茶叶哟！

最为神奇的是鸟岛，处处见鸟影，时时闻鸟鸣，以每年十万只鹭鸟繁衍栖身而闻名，除了鸟岛之外，近年来景区还开发了猴岛、“唐王游地府”、桂花岛等，吸引着无数的游客。湖中盛产南湾鱼，肉质细嫩，鲜美可口，是省内外知名的健康绿色食品。整个景区将湖光山色、森林瀑布、人文古迹融为一体，表现出“山、水、林、岛”和谐一致的自然风光。

（资料来源：根据相关材料整理而成。）

第四章

生物景观与天象气候类旅游资源

教学目标

知识目标：

1. 熟悉河南省生物旅游资源的状况和分类；
2. 熟悉河南省自然保护区的数量和国家级自然保护区的名称；
3. 熟悉河南省主要的古树名木；
4. 掌握牡丹、菊花的栽培历史、典故与赞美诗句及相关知识；
5. 掌握河南省在全国具有优势地位的动物种类及主要动物自然保护区；
6. 熟悉河南省的国家级保护动物；
7. 了解河南省的天象气候类旅游资源。

能力目标：

1. 能够依据游客层次设计不同的生物景观导游讲解；
2. 能够从生物旅游资源的审美要素出发，对河南省著名的生物旅游景观洛阳牡丹、开封菊花、鄢陵蜡梅、太行猕猴等进行深入的导游讲解。

导　入

生物是地球表面有生命物体的总称，按其性质可分为动物、植物和微生物。据统计，现今被发现、记载并定名的生物体约有200 万种，这使得自然界呈现出多姿多彩的生物景象。生物旅游资源景观，主要是指由具有旅游观赏功能的动、植物及其相关生存环境所构成的生命节律变化过程与现象，也是自然旅游资源中最具特色的类型，是活的有机体，是自然风景中最富有生机的景观。生物景观也是旅游地的一大特色，如我国黄山的“奇松”、千岛湖的鸟类、峨眉山的弹琴蛙、卧龙的大熊猫，都吸引着旅游者前来观赏猎奇。还可借助某种植物开展或举办旅游活动，如加拿大的“枫糖节”，我国大连的“槐花节”、深圳和从化的“荔枝节”、洛阳的牡丹花会、开封的菊花花会等。

第一节　生物旅游资源概述

河南省地形复杂，属北亚热带与暖温带过渡型气候，兼有南北特色，土壤类型多样，为多种生物提供了理想的栖息地，所以生物种类比较丰富。

据调查，河南省现已知的陆生野生动物443种，占全国总种数的20.4%。其中鸟类315种，占全国种类的26.6%；兽类72种，占全国的16.7%；两栖类19种，占全国的8%；爬行类37种，占全国的11.74%。在河南省分布的国家重点保护的珍稀、濒危野生动物有79种，其中列入国家一级保护的有金钱豹、金雕、鹤、鹳、鸨等11种，列入国家二级保护的有猕猴、林麝、金猫、灵猫、白冠长尾雉、红腹锦鸡、天鹅、鸳鸯、鹰、隼、猫头鹰等68种。河南省野生动物主要分布在大别山、桐柏山、伏牛山、太行山、黄河沿线及黄河故道区。由于河南地跨两大动物区，其区系成分复杂，动物类型较多。其中在全国具有优势地位的动物有三类，即主要分布于河南西北部的济源市王屋山南坡的猕猴、主要分布于伏牛山区的西峡、卢氏境内的国家二级保护两栖类动物大鲵和鸟类。鸟类资源在全省各地均有分布，但以南部地区较多。例如，位于罗山县西南大别山区的董寨鸟类自然保护区内，就栖息着鸟类17目42科200余种，其中白冠长尾雉、红腹锦雉、金雕、蓝翅八色鸫等属国家级保护鸟类。

据统计，河南省已知高等植物约有3 830种，约占全国总种数的14.1%，木本植物800多种，被列入国家级保护的珍稀濒危野生植物40种，占全国国家级保护植物总数的10.3%；被列入河南省重点保护的珍稀濒危野生植物45种，其中包括河南省特有的植物河南杜鹃、河南石斛、太行榆、河南猕猴桃、灵宝杜鹃和河南山胡椒6种植物。

河南省自然保护区名录（截至2011年年底）

序号	保护区名称	行政区域	面积/公顷	主要保护对象	类型	级别	始建时间	主管部门
豫01	郑州黄河湿地	巩义、荥阳、惠济、金水、中牟等市县	36 574	湿地生态系统及珍稀鸟类	内陆湿地	省级	2004.11	林业
豫02	开封柳园口	开封市金明区、龙亭区、开封县	16 148	湿地及冬候鸟	内陆湿地	省级	1994.06	林业
豫03	青要山	新安县	4 000	大鲵及其生境	野生动物	省级	1988.11	林业
豫04	栾川大鲵	栾川县	800	大鲵及其生境	野生动物	县级	1995.08	农业
豫05	嵩县大鲵	嵩县	600	大鲵及其生境	野生动物	县级	1996.06	农业
豫06	熊耳山	嵩县、洛宁县、宜阳县、栾川县	32 525	森林生态系统	森林生态	省级	2004.11	林业
豫07	白龟山湿地	平顶山市	6 600	湿地及野生动物	内陆湿地	省级	2007.11	林业
豫08	万宝山	林州市	8 667	森林及野生动植物	森林生态	省级	2004.02	林业
豫09	新乡黄河湿地鸟类	新乡市	22 780	天鹅、鹤类等珍禽及湿地生态系统	内陆湿地	国家级	1988.07	环保
豫10	濮阳黄河湿地	濮阳县	3 300	珍稀濒危鸟类等野生动植物及湿地	内陆湿地	省级	2007.11	林业
豫11	河南黄河湿地	三门峡、洛阳、焦作、济源等市	68 000	湿地生态、珍稀鸟类	内陆湿地	国家级	1995.08	林业

续表

序号	保护区名称	行政区域	面积/公顷	主要保护对象	类型	级别	始建时间	主管部门
豫 12	卢氏大鲵	卢氏县	1 000	大鲵及其生境	野生动物	省级	1982. 07	农业
豫 13	小秦岭	灵宝市	15 160	暖温带森林生态系统及珍稀动植物	森林生态	国家级	1982. 06	林业
豫 14	南阳恐龙蛋化石群	南阳市	78 015	恐龙蛋化石	古生物遗迹	国家级	1998. 01	国土
豫 15	伏牛山	西峡、内乡、南召等县	56 024	过渡带森林生态系统	森林生态	国家级	1982. 06	林业
豫 16	南阳恐龙蛋省级	西峡县	14 652	恐龙蛋化石	古生物遗迹	省级	2001. 20	国土
豫 17	西峡大鲵	西峡县	1 000	大鲵及其生境	野生动物	省级	1982. 07	农业
豫 18	宝天曼	内乡县	5 413	过渡带森林生态系统、珍稀动植物	森林生态	国家级	1980. 04	林业
豫 19	湍河湿地	内乡县	4 547	湿地生态系统	内陆湿地	省级	2001. 08	林业
豫 20	丹江湿地	淅川县	64 027	湿地生态系统	内陆湿地	国家级	2001. 08	林业
豫 21	高乐山	桐柏县	9 060	水源涵养林	森林生态	省级	2004. 02	林业
豫 22	太白顶	桐柏县	4 924	水源涵养林、珍稀动物	森林生态	省级	1982. 06	林业
豫 23	鸡公山	信阳市	2 917	森林生态系统、野生动物	森林生态	国家级	1982. 06	林业
豫 24	四望山	信阳市浉河区	14 000	森林生态系统	森林生态	省级	2004. 02	林业
豫 25	信阳天目山	信阳市平桥区	6 750	森林生态系统	森林生态	省级	2001. 12	林业
豫 26	董寨	罗山县	46 800	珍稀鸟类及其栖息地	野生动物	国家级	1982. 06	林业
豫 27	连康山	新县	10 580	常绿阔叶与落叶阔叶混交林	森林生态	国家级	1982. 06	林业
豫 28	信阳黄缘闭壳龟	新县	109 930	黄缘闭壳龟及其生境	野生动物	省级	2004. 02	水利
豫 29	金刚台	商城县	2 972	过渡带森林生态系统、珍稀动植物	森林生态	省级	1982. 06	林业
豫 30	鲇鱼山	商城县	5 805	湿地生态系统	内陆湿地	省级	2001. 12	林业
豫 31	固始淮河湿地	固始县	4 388	湿地生态系统	内陆湿地	省级	2007. 11	林业
豫 32	淮滨淮南湿地	淮滨县	3 400	湿地生态系统	内陆湿地	省级	2001. 12	林业

续表

序号	保护区名称	行政区域	面积/公顷	主要保护对象	类型	级别	始建时间	主管部门
豫 33	宿鸭湖湿地	汝南县	16 700	湿地生态系统	内陆湿地	省级	2001.06	林业
豫 34	太行山猕猴	济源市、焦作市、新乡市	56 600	猕猴及森林生态系统	野生动物	国家级	1982.06	林业

资料来源：http：//sts. mep. gov. cn/。

第二节　古树名木旅游资源

一、河南古树名木资源概况

根据国家林业局制定的《全国古树名木普查建档技术规定》中古树名木范畴，古树名木一般指在人类历史过程中保存下来的年代久远或具有重要科研、历史、文化价值的树木。古树指树龄在 100 年以上的树木；名木指在历史上或社会上有重大影响的中外历代名人、领袖人物所植或者具有极其重要的历史文化价值、纪念意义的树木。古树名木的分级及标准为：古树分为国家一、二、三级，国家一级古树树龄 500 年以上，国家二级古树 300 ~ 499 年，国家三级古树 100 ~ 299 年。国家级名木不受年龄限制，不分级。

河南省地处我国中部偏东的黄河中下游地区，属暖温带和北亚热带大陆性季风气候，是中华民族发祥地和经济开发较早的地区之一。自周至宋，10 多个朝代在这里建都，遗留的古树名木甚多。根据《全国古树名木普查建档技术规定》的标准划分，目前河南全省有古树名木 43 658 棵，其中散生古树名木 4 077 棵，古树群 69 群，共 39 581 棵。其中，国家一级古树 2 988 棵，国家二级古树 3 947 棵，名木 273 棵，国家三级古树 30 000 余棵，分属 28 科 36 属 90 多种，多为被子植物树种，蝶形花科、苏木科、银杏科、桑科、柏科、杨柳科、壳斗科、卫矛科。

二、河南的古树名木

（一）悠悠松柏

1. 渑池黛眉千年周柏

三门峡渑池南村乡黛眉山下的柏地庙中，长着一株树龄 3 000 余年、高约 29 米的古柏树。此树胸围 9.9 米，有“七搂八拐”之说，即七个老太太和八根拐杖连起来才能抱住古柏的树干。据《渑池县志》记载：“……池之南，古柏参天，如莲花状，二世以此地为莲花山，故气脉而尔也。”该柏为周朝时所植，故称“周柏”。古柏迄今仍苍劲挺拔，耸入云霄，如巨柱擎天，令人叹为观止，堪称“柏中之王”。

知识链接　**古树名木**

古树名木，据我国有关部门规定，一般树龄在百年以上的大树即为古树；而那些树种稀有、名贵或具有历史价值、纪念意义的树木则可称为名木。古树名木的分级：古树分为国家

一、二、三级。

一级古树：目前，不少地方规定，柏树类、白皮松、七叶树，胸径（距地面 1.2 米）在 60 厘米以上，油松胸径在 70 厘米以上，银杏、国槐、楸树、榆树等胸径在 100 厘米以上的古树，且树龄在 500 年以上的，定为一级古树。

二级古树：柏树类、白皮松、七叶树胸径在 30 厘米以上，油松胸径在 40 厘米以上的，银杏、楸树、榆树等胸径在 50 厘米以上的，树龄在 300～499 年的，定为二级古树。

三级古树：树龄在 100～299 年。

名贵树木：稀有名贵树木则是指樱花、大叶黄杨、椴、蜡梅、玉兰、柘树、木香等树种。树龄 20 年以上的，各类常绿树及银杏、水杉、银杉等胸径在 25 厘米以上的，外国朋友赠送的礼品树、友谊树，有纪念意义和具有科研价值的树木，不限规格一律保护。其中各国家元首亲自种植的定为一级保护，其他定为二级保护。

当然，不同的国家对古树树龄的规定差异较大。在西欧、北美一些国家，树龄在 50 年以上的就定为古树，100 年以上的古树就视为国宝了。

2. 画卦台上古歪柏

河南省淮阳县城关镇东龙湖内伏羲画卦台八卦亭旁有一棵古柏，文理拗聚、虬枝盘旋，人们称为“八卦柏”，又名神柏。古柏为圆柏，树高 12 米，胸围 1.85 米，树幅平均 5 米。

八卦柏树干向西南方向倾斜，又按逆时针方向旋转，将树冠倾向东北方向。树顶有六大侧枝，形成六团树冠，交错生长。站在百米外远观，无论从哪个方向看，树似乎总是向人站的方向倾斜，“南看南歪，北看北歪”，故被称为“歪柏树”。

淮阳古称宛丘，是太昊伏羲氏建都之地，画卦台则是“伏羲于蔡水得白龟八卦之坛”，他在此操练画卦，演绎天地，治世 160 年。画卦台台基大约 10 亩，环台皆水，唯西南边有一条小道可行人。台上庙宇建于何时已失考，经过历史风雨的剥蚀，如今，作为古陈州七台八景之一的画卦台上的庙宇已不存在，只有那棵传为伏羲栽的八卦柏依然挺立如故。当地群众都说它是人祖伏羲的化身，每逢农历初一、十五以及二月庙会，纷纷在这棵柏树下顶礼膜拜。这里还有一个美丽的传说：伏羲画卦泄露了天机，他害怕天帝知道了搜出八卦来，于是慌忙将八卦埋在画卦台中央，为了便于查找，他又从台东南角拔了一棵柏树重新栽上，作为记号，并左一脚、右一脚地夯实土，结果成了现在的南看南歪、北看北歪的样子。当然这只是传说，但古柏历经沧桑，仍枝叶繁茂，其奇特的歪感给人造成错觉，更是引来各地游人竞相前往一探究竟。“八卦柏”透露出的玄机妙理，是不是与伏羲的“八卦阵”有异曲同工之妙呢？这也许正是伏羲文化的精髓所在。

3. 嵩阳书院汉封将军柏

河南省郑州市登封市嵩阳书院的两棵柏树，是中国最古老的柏树，民间称之为“大将军”“二将军”。“大将军”柏树高 10 余米，胸径约 2.55 米。二将军柏树高 20 米，树干粗 4.19 米，虬枝挺拔，枝叶繁茂，生机盎然，是河南现存的稀世名木，号称“中州第一柏”。经林学专家鉴定，“二将军”柏为原始柏，树龄有 4 500 年，是我国现存最古最大的柏树。

知识链接

将军柏的由来

据说嵩阳书院内原有古柏三株，西汉元封六年（前 110 年），汉武帝刘彻游嵩岳时，见一柏树高大茂盛，高耸云天，感叹之余，赐封为“大将军”。封罢便在群臣簇拥下朝正院走去，却又遇比第一棵大几倍的柏树，汉武帝心中颇为懊恼，但金口玉言，不能更改，随后指着面前的大柏树说：“朕，封你为二将军。”当时随从官员自感皇上封得有悖常理，侧面向汉武帝提示这一株比上一株大，汉武帝固执己见地说：“先入为主嘛!”随从官员也不敢强辩。再往前走，来到藏书楼前，又见到第三棵柏树，比第二棵还大。汉武帝想有赐封在先，便很无奈地说：“你长得再高大，我也只能封你为‘三将军’了。”

嵩阳书院汉封将军柏

汉武帝封完以后就到别的地方游玩去了。而这三棵大柏树，虽都有了自己的封号，但因汉武帝封得不合理，心情也各不一样。“大将军”最小而封得最大，心中暗自感到羞愧，羞愧得低下了头，弯下了腰，成了现在的弯腰树。“二将军”自认为比“大将军”大，心中多有不服，气愤至极，竟把肚皮气炸了，变成了空腹树。而“三将军”是又气又恼，认为自己是最大的柏树而封号最小，心中气愤不公，一怒之下引火自焚（实际为明末焚毁于火灾）。后来游人留诗嘲讽此事：大封小来小封大，“先入为主”成笑话。“三将军”恼怒自焚死，“二将军”不服肚气炸，“大将军”羞愧低下头，“金口玉言”谁评价。

4. 汉光武帝陵侧柏林

汉光武帝陵位于洛阳市北20千米处的孟津县白鹤镇，俗称汉陵，又称原陵、汉陵。为东汉开国皇帝——世祖光武帝刘秀的陵园。始建于公元50年，占地6.6万平方米，由神道、陵园和祠院组成。光武帝陵南倚邙山，北临黄河，近山傍水。整个陵园为古柏（侧柏）所笼罩，陵内尚存隋唐植柏1 458株，距今已有1 300～1 400年。千年古柏，聚植一园，拔地通天，蓊然肃穆。

光武祠殿前甬道两侧原有巨柏28株（尚存16株），巍然挺立，排列整齐，各有名讳，象征辅佐刘秀打天下、定社稷的28位功臣，俗称“二十八宿柏”。古柏似有灵性，东侧柏树笔直挺拔，领袖潇洒，颇有文臣之风；西侧柏树枝杈满身，威武雄壮，颇具武将风度。正所谓“东文西武”，分列两旁。祠门外另有古柏四株，东西各两株，传说为刘秀手下的李通、卓茂、王常、窦融四位名将。

这些千年古柏树姿各异，有的龙腾凤舞，有的苍劲挺拔、碧翠妍秀，有的相依相偎、千姿百态。院内最大一棵古柏，树高23米，胸围4.54米，传说是刘秀母亲亲手栽植的，人们称其为“奶奶柏”。另有“鸟鸣柏”“苦恋柏”，也为柏中一绝。整座陵内有一种奇香，由满园翠柏发出，在雨过天晴时，这种余香更浓，风过之处，古柏清香可传10里之遥。汉陵古柏殊异，是国内仅有的乔木树种，这种柏树质坚性柔，剖面色美，香味浓郁。因它木色金黄，柏体杏黄，又称“杏柏”“血柏”，千百年来为人称奇。

整个陵园在郁郁葱葱的、千姿百态的古柏装扮下，形态森然，远望正气凛凛，威不容犯；近闻碧涛波鸣，心惊魂撼。阳春之际，清明前后，逢天朗气清、晨曦初现之时，古柏枝隙间紫烟弥漫，笼罩陵园，状若轻烟，飘似浮云，烟凝云聚，滚腾滴坠。置身园中，如登凌霄，似游仙界，隐隐如有仙乐贯耳，习习宛如春风拂面。“汉陵晓烟”被称为孟津县的“八景”之一，当地百姓视此景为丰年吉兆。因此，每到阳春三月，清明节将临之时，周围百姓近者朝朝注目汉陵，远者夕夕探听，祈祷晓烟奇景出现。

5. 关林翠柏

关林翠柏位于洛阳市老城南的关林庙内，这些古柏苍翠葱郁，古朴壮观，品种繁多，历史悠久，独具特色，为洛阳八小景之一。据庙内碑文记载，明万历二十四年（1596 年）修庙以后就种了很多柏树，到清嘉庆二十五年（1820 年）重修庙宇时，曾伐柏树做大梁。到光绪二十九年（1903 年），庙内还有柏树 600 余株。后人又不断增补。1975 年，洛阳博物馆专门派人对关林翠柏进行统计，共有柏树 800 余株，直径在 20 厘米以上的有 400 余株。

关林中许多柏树形体奇特，妙趣横生。在关林大殿前的月台左右有两棵柏树，西边那棵，有一枯枝下伸，形似龙头，人称“龙头柏”；东边那棵，树根裸露甚多，呈扇面形，且环纹甚密，活像凤尾拖地，故称“凤尾柏”。传说这两棵柏树是真龙真凤变的。原来，关林三殿早年曾供有关羽秉烛看《春秋》像、出行像和睡像，这些像塑得神形兼备，活灵活现。三殿因此也称作“寝殿”。百兽之王东海龙王和百鸟之王南岭金凤出巡，来到关林时正是晚上，龙凤看到关公的塑像真的变成了活人，在月下翻看书卷，批阅公文，于是赶紧落下来，栖息在两棵大柏树上，龙眼如灯，凤尾放光，照得庙内通明，既给关公夜读照明，又像大臣值日似的恭候关帝。天长日久，龙凤和柏树长成了一体，龙头变成了柏枝，凤尾变成了柏根。

“旋生柏”位于关林庙三殿前，树高 25 米，胸围 1.73 米，树干扭曲上升，呈螺旋状。相传关羽死后被封为三界伏魔大帝，常乘着一股白气，旋转着升到空中，去各地降妖除怪，久而久之，树干便扭曲了。

洛阳关林翠柏

“结义柏”在三殿前左侧与“旋生柏”对应。树高 27 米，胸围 1.98 米，树干通直，上有三枝鼎足而生，相传刘、关、张三兄弟在此处结义。

6. 三苏园古柏

三苏园位于平顶山郏县城西 27 千米处的小峨眉山东麓，背嵩阳，面汝水，山川秀丽，风景宜人。北宋大文学家苏轼、苏辙与其父苏洵衣冠葬此，至今有近900年的历史。苏坟为历代文人墨客所景仰，留有许多珍贵的诗文碑刻。

苏洵、苏轼、苏辙，同列“唐宋八大家”，世称“三苏”。特别是号称全能大家的苏轼，道德文章堪称天下一绝，留下许多传世之作。北宋建中靖国元年（1101年）七月，苏轼病卒于常州。次年，苏辙遵其“即死，葬我嵩山下，予我为铭”的遗愿，葬苏轼于小峨眉。11年以后，苏辙于政和二年（1112年）卒于许昌，葬于此。其后，苏轼子孙相继安葬在这里。到元代至正十二年（1352年），郏县尹杨允置苏洵衣冠“座诸两公之间”。自此始称“三苏坟”。

苏坟院内古柏参天，向有坟院柏树“长不直”“数不准”之说。院内现存古柏661棵，最大的为陵园门前的4棵，大者高17.1米，树围2.6米，冠幅12.6米，树干苍劲扭曲，状如盘龙，为宋代侧柏。其余柏树为元代以后随陵园、广庆寺、三苏祠的兴建而陆续栽植的。传说“三苏”德感草木，随其心意所向，院内古柏树干均向西南方向倾斜，遥望家乡四川眉山市，被人们称为“思乡柏”。科学解释是陵园东北角正冲着风口，是风口经月累年的强风影响了院内柏树。

（二）沧桑榆槐

1. 白云寺铁锅槐

白云寺铁锅槐位于商丘市民权县西南20千米的一座中原名刹白云寺内，因在一口大铁锅内生长出，故名。铁锅槐甚为奇特，铁锅口径2.5米，腹深1.5米，树干周长2.4米，高4米，枝叶茂盛。原铁锅是僧侣施舍斋饭的用锅，后铁锅弃置不用，锅内淤满土，槐树根透过锅底裂缝扎植于土内。据植物学家推测，树龄有几百年。每年农历六七月份，若遇连阴天气，树上就会长出类似槐蛾、小鸟和八角的东西，可入中药，治疗食道癌有奇效。据说有患者到这里采集后回家食之，果真病愈。还有人说，“文化大革命”时期殿宇被拆，和尚被赶出，此树枯死多年。改革开放后僧人和寺院重回往日的宁静后，古槐树也枯木逢春，发出新芽。铁锅槐底下的树根朝西北方向，像罗汉朝拜；树当中那个树苞，远看像观音菩萨，近看像弥勒佛，并且胸间隐约还有个“佛”字。

2. 宋太祖系马槐

宋太祖系马槐高10米，胸围5.4米，树龄1 100余年，位于河南省新乡市封丘县东南部。此地古曰“陈桥驿”，1 000多年前，宋太祖赵匡胤在陈桥发动兵变，在一棵十余围的槐树上拴过马，士兵们在槐树下挖出黄袍，并将黄袍披在还在睡梦中的赵匡胤身上。所以，这棵树被称为“系马槐”，这个地方叫“黄袍加身处”。

遗憾的是，“系马槐”于1983年枯死，只留下巨大的躯干孤独挺立着。幸运的是，1958年秋，封丘县农民、省林业劳动模范姚兆珍观看“系马槐”时，正值古槐果实累累，出于对树木的热爱及对古树的好奇，她随手捡了一把槐子带回家中，第二年即培育出20余棵树苗，并在自家院中栽下两棵，后又以这两棵为母本，培育出了两棵“孙子辈”的幼槐，并植于菜园中。1996年，70岁的姚兆珍再次来到陈桥，看到千年古槐已死，很是心痛。第二年3月，在征得当地县领导同意后，将自家菜园里的一棵“系马槐”幼槐移植到了这里。至此，千年古槐又见新绿，它的子孙后代从根部顽强崛起，继续诉说着千年的相思、相牵、相望。

3. 千年卧龙槐

千年卧龙槐位于商丘市宁陵县石桥乡万集村炉上自然村，树高12米，胸围2米，冠幅平均13米，树龄有600多年。树冠圆满，枝叶茂盛，树枝冗长垂地，占据大半个院落。树干中空，朝西北方向有一宽20厘米左右的裂缝，中空部分可以容纳一人。

此树植于元末明初，历经数次洪水泛滥。据《宁陵县志》记载，最后一次大洪水在明嘉靖二十二年（1543年），树干被深埋于地下。20世纪70年代，树主人在树旁挖地窖时，挖至地下二三米深不见树根。据测，树干埋于地下可能深达7米。地上树干部分向上延伸至主枝，犹如两只龙眼，朝上的两个主枝犹如两个龙角，栩栩如生，站在古树的西北方者如同一条巨龙正在腾跃升空。树干中空部分的上部，经过上百年顽强的再生，现已向下愈合，有1米多长，犹如一条小龙横卧其中。

4. 太昊陵夫妻槐

周口市淮阳县太昊陵松柏造型公园内有一棵相依相偎的夫妻槐，树龄500多年，树高11米，胸围0.35米，树冠平均约12.8米。

淮阳太昊陵夫妻槐

据《陈州府志》记载：太昊陵在春秋时已有陵，汉以前有祠。唐太宗李世民于贞观四年（630年）颁诏“禁民刍牧”。宋太祖赵匡胤于建隆元年（960年）置守陵户。明洪武三年（1370年），朱元璋访求帝王陵寝，太昊陵列第一；洪武四年，驾幸陈（今淮阳），御制祝文致祭；洪武八年，遣官行视陵寝；洪武九年，复置守陵户。守陵户为纪念朱元璋的功德，夫妇二人共植一株黄花刺槐，称夫妻树。后人传说，是他们二人为了爱情，才将两株刺槐并栽一起，日久两树融为一体，象征夫妻永不分离。

5. 少林寺五品槐祖

少林寺藏经阁后有3株槐树，除一株干空枝枯外，其余两株枝繁叶茂，这就是秦槐的后裔。其中一株胸围1.09米，树高12米。虽然树体不大，却老态龙钟，历史悠久，是河南省资历最老的古槐树。

相传秦庄襄王来游嵩山，到五乳峰下时，看见这里有几块大石头，便坐下休憩，因步行困倦，不久就做起了梦，梦见与母亲同游此地。醒来后感到奇怪，为纪念梦中母子相会，秦庄襄王特栽下槐树一株。据说宋仁宗赵祯于天圣二年（1024年）游少林时，曾为这株古槐披红挂花，敕封为“五品树祖”。宋代文彦博游少林寺时曾写下“五品封槐今尚在，九年面壁昔何如”的诗句。元代都穆在游记中也写道：“寺主僧文载言，经阁后有古槐一株，视之，其高十丈，围三十尺。”可惜古槐在明代被大风倒折，尔后萌发出二代“秦槐”。1928年军阀石友三火烧少林寺，使槐树呈半枯萎状态。大火之后又从根部长出了三代秦槐，代代相袭，不断勃发生机，正像佛教文化的赓续发展，无疑是少林的一段佳话。

6. 皮司令拴马槐

君召乡红石头沟村的抗日革命纪念地南门前有一棵国槐树，此树编号为登君 10 号，高 13 米，树干高 7 米，胸径 117 厘米，冠幅东西 9 米、南北 7.5 米。据一老村民说，此树为明代所植，约有 260 年。在树干上距地面高 1 米处有一铁环，据说在抗日战争时期，抗日名将皮定均司令在登封山区开创抗日救国革命根据地，司令部设在君召乡红石头沟村的国槐树旁，皮定均司令在此起居并指挥白坪、君召等地多次战役，在此树上钉了一个铁环拴战马，故称此树为“拴马树”。

（三）亘古银杏

1. 孔子讲学古银杏

孔子讲学古银杏生长在驻马店市上蔡县蔡沟乡初级中学院内，树高 20 米，胸围 1.12 米，冠幅平均 15.4 米，树龄 500 多年。此树为雌株，原树干因遭受雷击断裂，枯死后萌发侧枝，长成大树，包裹原树干，至今仍可以从树体两侧看到原树干穿插在树体中央成一孤立木。孔子当年曾困于蔡国（今上蔡县），在此讲学，后人就在他讲学的地方建孔子庙以做纪念。古庙在中华人民共和国成立后被拆除，只留下古银杏一棵。

2. 法王寺古银杏

登封城北 6 千米的法王寺始建于东汉明帝永平十四年（71 年），比少林寺还早 300 多年，寺院内两侧有 4 株银杏树。这几株银杏生长在这里，尽管都 1 800 多年了，但依然生机勃勃，充满活力。银杏树高 28 米，胸围 7.06 米，平均冠幅 23 米。盛夏季节，树荫浓密，像一把绿伞，覆盖着整个佛寺；深秋季节，黄叶金扇，银杏如玑，山风掠过，落叶撒金，坠果散玉，景色迷人。盘膝坐在古银杏树下，调整呼吸，悠然吐纳，顿觉胸中清气充沛，俗念全无。耳听林涛鸟语，目观绿树丛林，更觉天高地阔。

登封法王寺古银杏树

知识链接

为什么这些白果又叫银杏呢?

传说嵩山脚下有一财主，雇用了很多长工，由于名字不好记，干脆就按分工叫名字，如果喂猪就叫猪倌，放牛的就叫牛倌，放羊的叫羊倌等。一天，羊倌在山上放羊，看到天上有一奇鸟嘴里刁了一粒种子，正好掉到他面前，羊倌认为是珍宝，认真保存，直到来年春天把它种下。后来种子生根发芽，越长越大，就是现在的银杏树。有一年，嵩山脚下的百姓都得了病，羊倌也不例外。一天，他在白果树下刚入睡，便梦见树上有一仙女，手拿一白果飘然送入羊倌嘴里，他顿感身体舒服，病情好转。正当仙女要走时，他赶紧喊："再给我一些白果，还有很多人需要呢！"仙女说："那树上多得是。"醒来的羊倌就摘了很多果子给山下得病的人吃，结果人们的病都好了。大家问这是什么药材，羊倌说这是银杏。"你叫什么？""我叫白果。"银杏、白果就这样传遍了中原大地，名扬全国。后来就在这里建了法王寺。事实上，据专家考证，这几株银杏是建寺时新栽植的。现代医学证明，白果全身都是宝，有治疗心脑血管病、咳喘，美容的功效。

3. 少林寺古银杏

少林寺内最大的一棵银杏树树龄已有 1 500 余年，是登封现存最古老的一株。该银杏树高 25 米，冠幅 37 米。深秋季节，几株千年古银杏树一片金黄，美不胜收。寺庙几经兴废，而银杏树却屹立不倒，可谓阅尽寺庙沧桑。少林活了 1 500 年，这棵银杏也活了 1 500 年。遥想它扎根的时候祖冲之应该已精确了圆周率，正微笑着谢世。而在洛阳龙门，伊河西侧的石窟里，北魏的工匠们正拿着锤子、凿子，叮叮当当地开凿"宾阳山洞"。乾隆来此时，写下"明日瞻中岳，今宵宿少林。心依六禅静，寺据万山深。树古风流籁，地灵夕做阴。应教半巅雨，发我夜吟窗"。乾隆夜里往窗外看时，应该看到了这棵银杏树，听到风在叶间游走的轻吟，所以他说"树古风流籁"。他写此诗时，银杏树就在窗外望着他——这个比它小 1 200 岁的意气风发的男子。所以，它笑，像个须眉皆白的老者，望着后辈成才，或者看着他们，满足或宽容地笑。

4. 三树同体古银杏

在漯河市舞阳县文峰乡白果树村南生长着一棵古银杏，树龄 500 余年，树高 10 米，胸围 3. 58 米，冠幅平均 17 米。

白果树村的居民是明朝时期从山西洪洞移民来的，当时这棵银杏就是棵大树，故该村以树冠名。奇特的是，这棵古树银杏在树干的缝隙中又生长成胸围 1. 2 米、高 7 米的枸树一株和胸围 4 厘米的榲树一株，枸树占整个树冠的 1/3 多，形成了"树中树"的奇特景观。该树北 5 米处有一清澈的水塘，每年夏季来临，"树中树"枝叶茂盛，池塘内荷花飘香，鱼儿悠闲自游，树影倒映水中。到了秋季，当枸树的果实成熟时，鲜红的枸果与橙黄的银杏果挂满枝头，形成独特的一树两果的奇观。

5. 颜鲁公祠银杏

此银杏树位于驻马店确山县乐山国有林场的颜鲁公祠前，树高 23 米，胸围 4. 8 米，树龄约 1 400 年。树干及侧枝的表皮呈顺时针方向扭转，虽历经千年，仍郁郁葱葱。据载，这棵银杏树是当年颜真卿殉节之处。唐德宗年间，淮西节度使李希烈叛唐，80 米高龄的颜真卿受命前往招抚，结果被叛贼囚禁于此。任凭叛臣威逼利诱，颜真卿坚贞不屈，最后被缢死在这棵古银杏树下。后人为怀念颜真卿的高风亮节，就在该树下建祠纪念，称鲁公祠。这棵健壮的银杏同颜鲁公的品格一般，屹立千年，令人肃然起敬。

6. 神垕千年银杏

此银杏树位于许昌市神垕镇灵泉古寺内，为雄株，树高 40 米，相传植于东汉时期，距今已有 1 800 多年。2000 年列为市级保护文物。

（四）珍异名木

1. 河南杜鹃王

灵宝市国有河西林场内的小秦岭老鸦岔垴，海拔 2 463. 8 米，是河南省最高峰。在这高山之巅，生长着数十株古老的河南杜鹃。其中最大一株树高 7 米，胸围 1.83 米，根茎 0.58 米，冠幅 10 米多，树龄有 1 000 多年。每年 4 月下旬，万朵鲜花怒放枝头，其苍劲的枝干和斑驳的树身，隐现于高山云海之中。

灵宝河西林场杜鹃树

杜鹃为中国十大名花之一。在所有观赏花木之中，称得上花、叶兼美，地栽、盆栽皆宜，用途最为广泛。白居易赞曰："闲折二枝持在手，细看不似人间有。花中此物是西施，鞭蓉芍药皆嫫母。"

2. 西峡古连香树

在南阳市西峡县城东北 83 千米处的太坪镇细辛村二道岗海拔 1 100 米的山坡上，生长着一棵特大连香树，同时生长有大株 13 棵，小株 9 棵。其中最粗的一棵胸围 2.5 米，树高 30 多米。

连香树又叫子母树，落叶乔木，为温带较高树种，被称为"温带树木的巨人"。一般为丛生、簇生，多株相拥生长，最佳适生地域为海拔 1 000 米以上的山谷中。河南省只有伏牛山和太行山区生长有此树。

3. 西峡山茱萸王

朱臾为落叶小乔木，也叫山茱萸、石枣、药枣，是我国名贵的药用经济树种，也是世界上三大名贵木本药材（山萸肉、奎宁、血竭）的一种，具有很强的药用价值。山茱萸以其皮肉入药，性微温，味酸涩，入肾肝二经，具有补肝益肾、固涩防脱、安五脏、通九窍的作用，可治眩晕、耳鸣、腰膝酸痛、自汗盗汗等症。久服益精提神，强力长年。

河南省西峡县号称"中国的山茱萸之乡"，一个县的产量即达全国的 1/4 以上。县内百年以上的老树到处可见。在桑坪乡张庄村有一棵山茱萸树，主干有脸盆粗，呈伞状，千枝百杈，根部披露，于乱石窟窿中挺拔而起，据测定，至少已有 500 年以上的树龄。鲜果年产量高达 500 千克以上，被当地群众称为"绿海寿星""山萸肉王"。

山茱萸有很高的经济价值，享有"亩产千斤①粮，抵不上一棵茱萸王""栽上一片山萸肉，子孙后代不用愁"之誉。当地群众把山茱萸视作"高利存折""山上银行"。在河南省西峡、内乡、南召、嵩县等很多山区，当地群众把它当作"摇钱树"而大力发展。

4. 神农山上白皮松

生长在神农山龙脊长城上的几棵白皮松少则 1 200 年，多则 3 900 年，屹立山脊之上，

① 1 斤 =0.5 千克。

非常漂亮。神农山景区壮美的精髓在白松岭，白松岭的灵魂是16 000株历经沧桑的白松。白松即白皮松，又名白鹤松，排在世界“五大美人松”之首。

白松之美，美在稀有。目前，全国仅发现两个地方有野生的白松，一个是东北的长白山，另一个就是神农山的白松岭。

白松之美，美在古老。白松在生长过程中，树皮100年发白，400年变白。这些白松都已生长了数百上千年。紫金顶近处，“长寿送”树龄已有3 900年，目睹了世事变迁、王朝更替，被人们崇拜为神灵，枝干上挂满了祈祷福祉的红飘带。

白松之美，美在坚韧。立身高山之巅，扎根岩缝之间，少土缺水，在极其恶劣的气候环境下，它们顶疾风，抗干旱，茁壮成长，枝繁叶茂，不屈不挠，坚忍不拔。

白松之美，美在其形。仰视这些白松，一树一态，一松一景，虬枝劲干，仪态万千，有的如仙人迎宾，有的如孔雀开屏，有的如大鹏展翅，有的如太白醉酒，有的如情人依偎，棵棵气宇轩昂，令人浮想联翩。这些有名或无名的白松，屹立在海拔800多米的危崖之上，经历风吹日晒，沐浴雨露霜雪，泰然自若，铁骨铮铮，千百年的风雨岁月铸就了它们超凡脱俗、卓尔不群的高洁品质。

5. 康百万庄园百年葡萄树

巩义康百万庄园内两棵有着300年树龄的老葡萄树，一似龙，一似凤，被称为“龙凤呈祥”。两棵葡萄树是新疆品种，虽然历经数百年沧桑，但依然长势良好，每到7月中旬都会挂满累累硕果。两棵葡萄树铺展蔓延开的绿叶，把整个院子衬托得绿荫浓浓。而枝头结出的小葡萄，透过阳光呈现出美丽的色彩。

巩义康百万庄园百年葡萄树

关于这两棵葡萄树有很多说法。其中之一是认为当时康家生意做到如今的新疆一带，这两棵葡萄树就是从那里带回来的。一般地，葡萄用扦插法或者压条法进行繁殖，而这两棵葡萄树确实是由两颗葡萄籽长成的，很神奇。传说，康百万家族第14代传人康应魁小时候很调皮，不学无术，拿着弹弓用家里刚买的葡萄做子弹去打落在房顶的小鸟，结果鸟没打到，葡萄反而被鸟吃了。小应魁非常气愤，狠狠地踩了地上的两颗葡萄，结果，葡萄由此生根发芽。因为他的行为与“克勤克俭”的家族理念相悖，他遭到了严厉的批评。从此，康应魁痛改前非，发愤图强，使康家“货通三省、船行六河”，达到了财富的顶峰，而这两棵树也成了康家教育子孙“勤俭节约、留余忌尽”的好教材。

6. 内乡县衙元桂花树

南阳市内乡县衙博物馆内，有两棵桂花树，一棵植于夫子院，树高8米，胸围1.97米，树冠平均约 8 米、桂花树的旁边，有一棵枝繁叶茂的南天竺，取“竺”和“桂”的谐音为“主贵”，意为一般的庶民百姓不能轻易进来，只有达官贵人方可到此。另一棵栽于县衙四堂，树高和胸径略小于前棵，陪伴它的是一棵古蜡梅。两棵均为元代所植，至今已有 700 年的历史，但仍然枝繁叶茂，苍翠如黛。

（五）妙趣奇木

1. 古槐抱椿

这个古槐生长于洛阳市伊川县高山乡坡头寨村董根厅门前的沟边，树高 15.5 米，干高 3.1 米，胸围 4.14 米，冠幅平均 17.4 米，树龄约 600 年。该树高大雄伟，主干挺拔，但已中空，主枝分枝处生有一棵小构树和椿树，高约 1 米，根径 1 厘米左右，且长势迅猛，形成了树中有树的奇观。槐树曲曲折折环地绕侧向生长，与椿树依依相伴，呈现出一幅“槐抱椿”的奇景。

2. 紫藤缠连

紫藤又名葛花。在许昌禹州市磨街乡九孔村有一棵高 20 米、树龄 50 余年的紫藤。这棵藤如蛇似虬，盘根错节，中抱一棵黄连木，两树相伴而生，紫藤自下而上紧紧缠绕在黄连木上，村中老人称这株紫藤为“千年老藤”。

3. 卫矛抱柏

这棵侧柏生长在郑州登封市少林镇塔沟村的少林寺方丈室南侧，树高 16 米，胸围 2 米，冠幅平均 7 米，树龄约 500 年。

卫矛为藤蔓植物，靠地跟、茎吸取营养和固定身躯。这棵侧柏的树根部长了一棵卫矛，且紧紧依偎着柏树树体盘旋而上，枝蔓又顺柏枝迅速伸向树外，缠缠绕绕，层层叠叠，相互依存，共同生长，一年四季青翠欲滴，浓荫蔽日，非常壮观。

4. 槐抱桐子

商丘市梁园区白云街道办事处大陈庄村一陈姓人家的宅院中，有一棵 400 余年的古槐。古槐树高 8 米，胸围 2.7 米，冠幅东西 7 米，南北 9 米。

古槐现有东北、西南两大主枝，西南主枝已经枯死，但基部又萌发新枝，东北主枝也有一部分枯腐。树干中心也已中空，奇的是在树干中空内又长出一棵泡桐树，高 11 米，胸围 0.5 米，冠幅 5 米多，且树干笔直、树皮幼嫩、长势旺盛。当地村民称之为“百年槐爷抱桐孙”。

5. 夫妻松柏

信阳市浉河区十三里桥乡寺河村花园冲路边山脚旁有两棵树龄 200 余年的古柏古松合长树。东边一棵为马尾松，树高 14.5 米，胸径 0.41 米，冠幅 6.5 米，主干高 9 米。西边一棵为柏树，高 14.5 米，胸径 0.57 米，冠幅 7.5 米，主干高 6.5 米。两棵不同树种的树从树兜部起合长在一起，主干合体达 1 米，实乃少见，人称夫妻树。目前，这对夫妻松柏树枝繁茂，苍劲挺拔，生长旺盛。

6. 千年菩提

位于嵩山南麓登封市境内的永泰寺生长着一棵娑罗树，又名菩提树、七叶树。该树高 25 米，胸径 2.64 米。据史料记载，该树是印度高僧拔陀从印度带来栽种到少林内的。后永泰公主入寺，又从少林寺内移来亲植于永泰寺内，距今约有 2 000 年的历史。

目前此树长势旺盛，枝繁叶茂，全树开花结果。奇妙的是，有一股清泉从该树根部流

登封永泰寺千年菩提树

出，甘甜味美，长年不断，饮后顿觉神清气爽。据测试，水中富含多种有益矿物质，是难得的天然矿泉水，游人至此必饮此水。

第三节 花卉旅游资源

花是大自然的产物，它会集鲜艳亮丽的色彩、柔美多姿的形态、浓淡各宜的馨香于一体，是大自然界美的象征，充满了无限生机。随着科技的发展，通过人为地控制日照、气温和湿度等方式，不但能控制花的数量，还能控制花期的早晚，又通过生物措施如杂交、嫁接等，增加花卉品种，提高花卉的质量，因而人工栽培的花越来越美丽动人，具有强大的旅游吸引功能。

中国人观赏花卉，首先注重花的姿容、色相、幽香等美学特征，这些都属于外在的美，其次注重花的精神内涵和花的生命寓意，也就是花的寓意美或象征美。寓意美往往是表达人们的感情、愿望、爱慕、理想等精神寄托的形象标志，它反映了人们追求美的思想境界和高尚情操，属于内在的美。伴随着社会的进步、文明的发展，花的用途越来越多，有许多花成为人们表达感情的方式，如祭祀、求爱、报恩、接待、庆祝、奖励等。

河南省的省花是牡丹和蜡梅。牡丹又为洛阳市市花，菊花为开封市市花，月季为郑州、新乡、焦作、驻马店、信阳、平顶山、三门峡、商丘等市市花，迎春花为鹤壁市市花，紫薇为安阳市市花，荷花为许昌市市花，桂花为南阳市市花。在河南最富特色且形成规模景观的当数洛阳牡丹、开封菊花和鄢陵蜡梅。

一、洛阳牡丹

牡丹是毛茛科芍药属落叶灌木，又名百花王、鹿韭、木芍药、花王、富贵花。牡丹一词，最早是作为药物记载于东汉《神农草本经》中关于“丹皮”（牡丹的根皮）的介绍；东汉时医圣张仲景在《金匮要略》中就有“大黄牡丹汤方”的记录。

（一）洛阳牡丹的栽培历史

牡丹作为观赏植物栽培，始于南北朝。据唐代韦绚《刘宾客嘉话录》记载：“北齐杨子华有画牡丹极分明。子华北齐人，则知牡丹亦矣。”又据《太平御览》载：“南朝宋时，永嘉（今温州一带）水际竹间多牡丹。”牡丹这一名称的发现，标志着牡丹栽培历史的开始。

隋炀帝（605—618 年 ）时，“辟地周二百里为西苑……昭天下境内所有鸟兽草木驿至京师（今河南洛阳）……易州（今河北易县）进二十箱牡丹”。《隋志素问篇》中说道：“清明次五时牡丹华。”这足以说明牡丹作为观赏植物的历史之早。

唐代，牡丹栽培开始繁盛起来，开元中盛于长安。唐高宗曾召聚群臣宴赏牡丹；武则天下令将牡丹佳品移植内廷供其欣赏；传说当时洛阳有个叫宋单父的人善于种花，应唐玄宗李隆基之召，到骊山种了一万多本，颜色不相同（《龙城录》）。唐玄宗与杨贵妃乘夜赏牡丹，还招来李白赋诗助兴，“云想衣裳花想容，春风拂槛露华浓。若非群玉山头见，会向瑶台月下逢”等三首《清平调》就是李白歌咏几种不同颜色牡丹的。刘禹锡《赏牡丹》云：“庭前芍药妖无格，池上芙蓉静少情。唯有牡丹真国色，花开时节动京城。”白居易《买花》云道：“帝城春欲暮，喧喧车马度；共道牡丹时，相随买花去。贵贱无价，酬值看花数：灼灼百朵红，戋戋步束素……家家习为俗，人人迷不悟……”从以上这些诗篇可以看出当时帝都长安栽培牡丹的盛况。到太和、开成年间，唐文宗还特地打听京城传唱的牡丹诗中哪首是第一，得到的回答是中书舍人李正封的诗句中有“国色朝酣酒，天香夜染衣”，唐文宗听后，赞叹不已。从此，牡丹便有“国色天香”的美誉。这时，牡丹不但颜色种类多了，而且出现了一些新奇变异和重瓣现象。“兴唐寺有牡丹一窠，元和中着花一千二百朵，其色有正晕、倒晕、浅红、浅紫、紫白、白檀等，独无深红，又有花叶中无抹心者，重台花者，其花面七、八寸。”（《酉阳杂俎》），“穆宗皇帝殿前种千叶牡丹，花始开香气袭人，一朵千叶，大而且红。”（《杜阳杂偏》）。这说明，中国早在公元 9 世纪便已经有了重瓣牡丹。

洛阳牡丹

北宋时，牡丹栽培中心由长安转移到了洛阳，牡丹的品种更多，栽培技术更加系统、完善，形成了“洛阳牡丹甲天下”的局面，以至于那时的洛阳人，独称牡丹为“花”，而绝不会与其他的花混淆或产生误解。如“洛花”即指洛阳牡丹，欧阳修也说“洛花”以谷雨为开候，指的也是牡丹。同时出现了一批理论专著，对牡丹的研究有了很大的提高。自欧阳修第一部牡丹著作《洛阳牡丹记》问世以来，有许多牡丹佳品被记录下来，其中的“姚黄”尤其惊人眼目，其花头面广一尺，芳香超过任何品种，当时在宫廷中被誉为“一尺黄”（宋代一尺，约合今天 33 厘米），这么高雅的“一尺黄”，只有用“富丽堂皇”“雍容华贵”等赞辞来描述它才相适。可见，称牡丹为“富贵花”，实在名副其实，名不虚传。这一时期的著作还有周师厚的《鄞江周氏洛阳牡丹记》《洛阳花木记》，张峋的《洛阳花谱》等，记述了牡丹的栽培管理，总结出一整套较为完整的成熟经验。在宋代的牡丹品种中，以“姚黄”“魏紫”最为著称。“姚黄”是宋代民间姚氏家中培育出来的。牡丹本有“花王”之称，而“姚黄”花冠既大且美又香，故又冠名“花王”，真是“王中之王”了。“魏紫”本由樵人发现，被后周魏仁浦买去种于园中，遂名“魏紫”，被称为牡丹中的“花后”。

明清时期，牡丹的栽培技术更加完善。花工们从牡丹的种、栽、分、接、浇、养、医、忌 8 个方面进行了科学总结，并付诸实践。古代洛阳牡丹的栽培技术，至今对牡丹的生产仍具有一定的指导意义。

（二）历史上赞美牡丹的作品简介

在我国历史上曾有无数文人赞誉牡丹。唐代白居易的“惆怅阶前红牡丹，晚来唯有两枝残，明朝风起应吹尽，夜惜衰红把火看”“花开花落二十日，一城之人皆若狂”；刘禹锡的“唯有牡丹真国色，花开时节动京城”；李正封的“国色朝酣酒，天香夜染衣”，道尽了牡丹的“国色天香”。

宋代欧阳修有“洛阳地脉花最宜，牡丹尤为天下奇”，还曾写过三本牡丹专著，分别是《洛阳牡丹记》《洛阳风土记》和《洛阳牡丹图》。苏辙为了观赏牡丹：“花从单叶成千叶，家从汝阳移洛阳。”司马光居洛阳时，雨中邀友赏牡丹：“小雨留春春未归，花好虽有恐行稀。劝君披取渔蓑去，走看姚黄拼湿衣。”邵雍的《洛阳春》云：“洛阳人惯见奇葩，桃李花开未当花；须是牡丹花盛发，满城方始乐无涯。”

清代时，刘灏有“何人不爱牡丹花，占断城中好物华。疑是洛川神女作，千娇万态破朝霞”的诗句。

（三）洛阳牡丹品种

1. 从花上鉴别

花是鉴定品种的重要依据之一。牡丹与其他花卉一样，其主要特征集中于花冠上，欲分辨品种先要看花冠。

从花型上分，牡丹分 3 类 12 型。即：单瓣类、重瓣类、重台类；单瓣型、荷花型、菊花型、蔷薇型、托桂型、金环型、皇冠型、绣球型、菊花台阁型、蔷薇台阁型、皇冠台阁型、绣球台阁型。

单瓣型：花瓣 1 ~ 3 轮，宽大，雄雌蕊正常。如“黄花魁”“泼墨紫”“凤丹”“盘中取果”以及所有的野生牡丹种。

荷花型：花瓣 4 ~ 5 轮，宽大一致，开放时，形似荷花。如“红云飞片”“似何莲”“朱砂垒”。

菊花型：花瓣多轮，自外向内层层排列逐渐变小，如“彩云”，“洛阳红”“菱花晓翠”。

蔷薇型：花瓣自然增多，自外向内逐渐变小，少部分雄蕊瓣化呈细碎花瓣；雌蕊稍瓣化或正常。如“紫金盘”“露珠粉”“大棕紫”。

托桂型：外瓣明显，宽大且平展；雄蕊瓣化，自外向内变细而稍隆起，呈半球型。如“大胡红”“鲁粉”“蓝田玉”。

金环型：外瓣突出且宽大，中瓣狭长竖直，呈金环型。如“朱砂红”“姚黄”“首案红”。

皇冠型：外瓣突出，中瓣越离花心越宽大，形如皇冠。如“大胡红”“烟绒紫”“赵粉”。

绣球型：雄蕊完全瓣化，排列紧凑，呈球形。如“赤龙换彩”“银粉金鳞”“胜丹炉”。

最后四型可以概括为台阁型：由两朵重瓣单花重叠而成。分为“菊花叠”“蔷薇叠”“皇冠叠”“绣球叠”。如“火炼金丹”“昆山夜光”“大魏紫”“紫重楼”等。

2. 从花色上分

牡丹系以九大色著称，按传统花色分类，有白如“夜光白”、粉如“花兢”、红如“太阳”、紫如“紫香秀”色、绿如“豆绿”、蓝如“蓝芙蓉”、黄如“金晃”、黑如“初乌”、复色如“二乔”九大色系。另外，在同一色中，深浅浓淡也各不相同。

3. 从香型上分

嗅其香便知其花，一般白色牡丹多香，紫色具烈香，黄粉具清香。

4. 从叶上鉴别

牡丹叶为3出2回复叶。因品种的不同，叶子所呈出现来的形状、宽窄、厚薄、颜色等各不相同。如“大胡红”叶大、圆而肥厚，叶面多平展；“墨洒金”叶形大而长，但小叶较狭长，质地薄，较稀疏开展或下垂；“状元红”全叶中等大小，小叶长椭圆形，边缘较尖，且上卷，叶多斜伸；“豆绿”叶背有一层白绒毛；“大棕紫”叶色发紫红等。

5. 从枝干上辨别

这一方法是通过株形和分枝方式来区别品种。牡丹为丛生灌木，因不同的品种，其株形和分枝方式也不相同。①直立型枝条开张角度小，直立向上，节间长，长势强，株丛高大，如“洛阳红”“桃李增艳”等。②开展型枝条开张角度大，向四周延伸，株形低矮。如“一品朱衣”“赵粉”等。③半开展型介于上述两型之间，如“脂红”“蓝田玉”等。④分枝方式，又分单枝型和丛枝型。单枝型当年生枝间较长，着新生芽少，此芽翌年早春抽发成枝，株高，枝稀疏，如“姚黄”“粉二乔”等。丛枝型当年生枝间较短，新生芽多且发枝力强，当年即可形成丛生状短枝，株矮枝密，如“葛巾紫”“瑛王名宝珠”等。

6. 从芽上识别

牡丹品种不同，其芽形与芽色也不尽相同。“洛阳春”的芽尖而圆；“朱砂垒”的芽呈狭尖型；“青龙卧墨池”的芽尖而带钩，好似鹰嘴。至于芽色就更为丰富，“百花妒”的芽为黄绿色；“脂红”的芽为绿色；“墨魁”的芽为暗紫色等。芽色与花色有一定的相关性，芽色深者，花色也深；芽色浅者，花色也浅。

7. 从果实上识别

一般结实力强，心皮呈开张轮状辐射排列的品种，多为单瓣和半重瓣品种，如“似金莲”“凤丹”等。结实率低，果实成簇生状，多为重瓣品种，如“二乔”“朱砂垒”等。

1982年9月21日，洛阳市人大常委会通过决议，命名牡丹花为洛阳市“市花”，每年4月15—25日举办洛阳牡丹花会。从1983年起，洛阳已连续成功地举办了30多届牡丹花会。市委、市政府坚持贯彻“以花为媒，广交朋友，宣传洛阳，扩大开放”的指导思想，“洛阳搭台，全省唱戏”，将牡丹花会办成一个融赏花观灯、旅游观光、经贸合作与交流为一体的大型综合性经济文化活动。

知识链接

洛阳牡丹的其他价值

牡丹花不仅具有观赏价值，全身还都是宝，花、种、根、粉都有着很高的药用价值。牡丹根中含有的牡丹酚原疳，为主要药用成分，具有镇痛散瘀和抑菌作用。其根称“丹皮”，可治高血压、除伏火、清热散瘀、去痈消肿等。欧阳修《洛阳牡丹记》载：“牡丹初不载文字，唯以药载本草。”神农尝百草总结出《神农本草经》，将牡丹列为“中品”，“除症结瘀血，安五脏”。此外花瓣还可食用，据史料载，牡丹花的食用始见于宋代。牡丹花瓣、花粉经化学分析，具有对人体有益的多种物质，食之有病可医，无病可增加营养，强身健体。牡丹的饮食文化中，有菜肴、花酒、点心等，从用料上讲，有以花为主料者，有为辅料者。牡丹花在烹调上有煎、炸、蒸、酿等制法。如今洛阳不断开发以牡丹为特色的产品，牡丹酒、牡丹系列化妆品、牡丹精油、牡丹保健茶系列产品，以及牡丹月饼、牡丹饺子、牡丹滋补靓汤等一系列新型牡丹食品。如今，洛阳市已经申请获得牡丹精深加工方面的国家专利20余项，为牡丹研究成果的转化提供了强有力的技术保障。

二、开封菊花

菊，为菊科菊属中的多年生草本花卉，原产于我国，很早就有记载，《礼三·月令》中讲道：“季秋之月，鞠有黄华。”农历的七、八、九三个月为秋季，七月叫孟秋，八月叫仲秋，九月叫季秋。“鞠”是“菊”的古字，后来将“鞠”字的“革”旁，改为“草”头，才有了“菊”字。在古代，“华”与“花”同音同意，意思是每当秋季的九月，菊便开黄色的花了。

在尧舜禹时期，菊花还是野生，没引起人们的重视。到了战国朝代，楚国大诗人屈原是第一个崇菊、赏菊的人，他在《九歌·礼魂》中写道：“春兰兮秋菊，长无绝兮终古。”他将菊花与其作品里再三受到推崇的幽兰并列起来加以礼赞，且冠以“秋”字，意为秋季的代表花卉，对后世影响很大。“春兰秋菊”的成语，便来源于此。

菊花的最大特点是姿容优美、色彩艳丽、黄华高悬、纯黄无杂色，不但具有很高的观赏性，而且黄色被誉为高贵之色，具有很强的民族性。尤其是当万木萧疏、群芳凋谢的金秋季节，唯独它三霜不惧，冒霜而出，傲然独放，在冷艳之中，又显示出阳刚之气。人们因此赞叹菊花的美，赞叹它遗世而独立的风姿，同时又赋予它许多人格化的崇高品节，如高洁、傲岸、超拔、隐逸、幽独、清奇、素雅、冷艳、刚毅、坚贞、无畏等，在它身上寄托了人们的美好愿望和理想。古人还将菊与梅、兰、竹一起誉为“四君子”，也有把菊与梅、兰、竹、松合称为“五君子”的。以上所述，也同时表现了中华民族的民族特性或美德。

菊花除了美艳，观赏价值很高以外，还具有食用和药用价值，在我国历史上，屈原是第一个讲到菊花可食的人。在《神农本草经》中，就有“菊花久服刮血气，轻身，耐老延年”的记载。由于食用和药用价值很大，自秦以后，便开始了人工栽培菊花，于是导致菊花中药、菊花茶、菊花酒以及菊花饺子、菊花包子等食谱的出现；还导致菊花越来越美丽动人，因而赢得皇帝和文人墨客的钟爱与赞美。

汉武帝在《秋山辞》中赞道：“兰有秀兮菊有芳。”魏文帝在《与钟繇九日送菊书》中赞道：“九月九日……惟芳菊纷然独荣。”“非乎含乾坤之纯和，体芬芳之淑气，熟能如此。”东晋田园诗人陶渊明有许多咏菊花的名句：“采菊东篱下，悠然见南山。”“秋菊有佳色，邑露掇其英。”“芳菊开林耀，青松冠岩列。怀此贞秀姿，卓为霜下杰……”

菊花还与中国的传统民俗息息相关，民间流传有这样一段佳话。陶渊明辞去彭泽县令之职、归隐田园不久，正逢九月初九（重阳佳节），他就在宅边篱畔，观赏自己种植的菊花，由于无酒，他孤坐在菊花丛中，采了一束花，甚感惆怅和空虚。正在此时，突然有一白衣人载酒而来，原来是江州刺史王弘派来的使者。陶渊明见酒大喜，当即对菊花畅饮起来。陶渊明爱菊、赏菊、颂菊，并亲手种菊，菊癖天下闻名，因而被后世民间奉为菊花花神。从这以后，菊花名声大振，重阳节赏菊之风越来越盛行了。

谈到重阳节，据说此节发端于春秋时代的齐国。到了东汉正式相沿成习。由于这个古老的节日是在农历九月初九日，故名“重九”；又因为《易经》把数字中的一、三、五、七、九定为阳数，九月初九是两个阳数，故名“重阳”。当时的人信仰辟邪消灾的观念，认为这一天正是地气上升和天气下降、两气交接之时，为避免接触不正之气，人们需要登高祓禊辟邪，这便是重阳节登高的来由。到了汉代，重阳节与赏菊有了联系，于是赏菊、饮花酒和登高一起，成为汉代重阳节的主要民俗内容。东晋以后，重阳赏菊、赞菊之风更加浓厚。这个民俗节日一直延续至今天。

不过今天重阳节的含义，旧的成分日益淡薄，已演化为以登高、赏菊、饮宴、赋诗为主要内容的游乐性佳节，每逢秋高气爽，金菊飘香之时，全国大部分地方还有登高远游、赏菊、吃重阳糕的习俗。1986 年国家正式将农历九月初九日定为“老人节”，以登高而畅秋志，象征志坚，风霜高节。可见赏菊日、重阳节、老人节都是从菊花派生出来的节日。

开封市人民爱菊、种菊、赏菊的活动由来已久，早在宋代，开封菊花就已驰名全国。据宋代孟元老《东京梦华录·重阳》篇记载：“九月重阳，都下赏菊，有数科……无处无之，酒家皆以菊花缚成洞户。”当时“禁中与贵家皆赏此菊”“士庶之家亦市一二株玩赏”。到了明、清时期开封养菊之风更盛，在禹王台乾隆御碑中，还有“风叶梧表落，霜花菊白堆”的诗句。当今世界各国、各地用一种别有特色的花，作为这个国家或地区的标志或象征，已成为一种新的时尚。在我国的大中城市中，以菊花为市花的城市，也不过数家，而开封市是河南省独一无二的以菊花为市花的城市。开封菊花为河南省开封市特产，中国地理标志产品（农产品地理标志）。

开封是河南省菊花栽培研究中心和菊花培养基地，有菊花品种 1 000 余种，在菊花栽培、种质资源引进和研究方面取得了突破性进展，不但保留和引进了较多的菊花品种，也向国内外许多城市提供了品种。栽培形式有地栽、盆栽，还有水培，用于菊展和销售的有大立菊、小立菊、塔菊、艺菊、悬崖菊、盆景菊、多头菊、独头菊、案头菊、嫁接菊等。

开封菊花

从 1983 年起定菊花为开封市花之后，开封菊花的数量、质量、品种、造型规模以及园丁对菊花花期的控制技术，均远远领先。每年的 10 月 28 日至 11 月 28 日定为菊花花会会期，开封市政府定期举办一年一度的“菊花花会”，是融旅游、观光赏菊和展示宋都民俗文化为一体的盛大旅游文化活动。

开封市除每年举办菊花花会外，还积极组织菊花精品和新品种参加中国各地的菊花展览。通过长期的技术和品种交流，开封市养菊水平不断提高，开封菊花享誉全中国，取得了6个“全国之最”：由17株菊花巧接而成的菊花长龙长60多米，“长”为全中国之最；挺拔玉立的塔菊高达65米，“高”为全国之最；巨如磐石的大立菊直径5.5米，“大”为全中国之最；独具情趣的案头菊盆小株矮，“小”为全国之最；花色斑斓的九本菊，全中国独创，“新”为全中国之最；嫁接而成的悬崖菊拖垂4米有余，“巧”为全国之最。

知识链接

菊花的养生功用

菊花不仅有观赏价值，而且药食兼优，有良好的保健价值。

菊花粥：将菊花与粳米同煮制粥，濡糯清爽，能清心、除烦、悦目、去燥。

菊花茶：用菊花泡茶，气味芳香，可消暑、生津、祛风、润喉、养目、解酒。

菊花糕：把菊花拌在米浆里，蒸制成糕，或用绿豆粉与菊花制糕，具有清凉去火的效果。

菊花肴：用菊花与猪肉、蛇肉炒或与鱼肉、鸡肉煮食的“菊花肉片”，荤中有素，清心爽口，可用于头晕目眩、风热上扰之症的治疗。

菊花羹：将菊花与银耳或莲子煮或蒸成羹食，加入少许冰糖，可去烦热，利五脏，治头晕目眩等症。

菊花膏：以鲜菊花加水煎熬，滤取药汁并浓缩，兑入蜂蜜，制成膏剂，具有疏风、清热、明目之效。

菊花酒：由菊花加糯米、酒曲酿制而成，古称“长寿酒”，其味清凉甜美，有养肝、明目、健脑、延缓衰老等功效。

三、鄢陵蜡梅

鄢陵蜡梅名冠天下，是同它的自然与人文条件分不开的。从自然条件讲，鄢凌地处豫东平原，泉甘土肥，气候适宜，是南花北移、北花南迁的最佳过渡地区。据20世纪80年代新编《鄢陵花卉志》记载：鄢陵“是南北花卉交替、培养的理想基地，是驯服南北花卉的天然实验场，也是沟通南北花卉的桥梁”。从人文条件讲，鄢陵人民凭着自己的聪明才智和辛勤的劳动，经过1 000多年漫长而艰苦的实践和总结，培育了多种多样、绚丽多姿、独具特色的园林观赏植物，为祖国园艺事业的发展做出了巨大贡献。

在唐代，鄢陵就出现了大型综合性园林植物的栽培（其遗址在今县城西关街）。到北宋，朝野上下，辟园筑圃，养花之风大盛，声誉遍及全国。但金元时期，鄢陵花卉种植一度走向衰落。

到明代，花卉生产迅速恢复，人称鄢陵为“花都”。江陵人曹汴路过鄢陵，曾发出了“一入鄢陵望眼迷”的感叹；长洲诗人汪若文路过此地，也写出了“鄢陵野色平于掌，也有江南此景无”的赞诗；韩程愈《叙花》记载：“蜡梅一种，惟鄢陵著名，四方诸君子，购求无虚日，土人皆以为累。”清顺治时《鄢陵县志》记载：“鄢陵蜡梅不知有自何时，承平时鄢陵为独胜。”后来康熙皇帝的司法大臣王士正写出了“鄢陵蜡梅冠天下”的诗句，并指出“鄢陵蜡梅以裴氏为冠”；在《鄢署记闻》中，有了鄢陵被称为“花县”的记载。但清代后期至民国年间，鄢陵花卉生产再度衰落。

中华人民共和国成立初期，在党和政府关怀下鄢陵花卉重获发展；但1962年后，特别是“文化大革命”中，花卉被看成是为封、资、修服务的工具，因而种花被当作“资本主义尾巴”割断了；1978年党的十一届三中全会以后，鄢陵花卉又枯木逢春；1985年5月11日鄢陵县七届人大二次会议将蜡梅定为鄢陵县县花，以鼓励和引导农民加速发展以蜡梅为主的花卉生产，以发展花卉旅游，振兴地方经济，促进精神文明建设。如今，这个历史上的“花县”，在中华人民共和国经历一个小马鞍形发展轨迹之后，不但重现“冠天下”的风姿，而且以更新的形式、更多的品种、更快的速度和更大的规模，创下了新的历史最高水平。

有的人误以为蜡梅就是梅花，其实蜡梅和梅花是两种根本不同的花卉，在名称、科属、习性、砧木、花期等方面都不相同，连原产地也不相同。兹分别简述如下：

蜡梅，古名梅、梅花、黄梅花、黄香海，至北宋时始有“蜡梅”之称。至今鄢陵花农仍多称它为梅树、梅花。蜡梅在植物学分类上属于蜡梅科蜡梅属，为落叶灌木。性喜阳光，略耐阴、耐寒、耐旱，适应性强，较易栽培。野生蜡梅则以种子繁殖，品种上，蜡梅则多以野生蜡梅为砧木，通过嫁接繁殖而成。每年农历十月后（冬季）开始开花，至次年二月，花期约3个月。花黄色，似蜂蜡所致，手触之，有蜡质感，味浓香，有“一花香十里”之誉，是我国人民喜爱的冬季最佳观花树种之一。原产于我国中部的河南、湖北西北部和陕西东南部。所以说，鄢陵县就是蜡梅的原产地之一，蜡梅的故乡，就在鄢陵。

梅花，古名槽，至汉代《说文》中解柟为梅，始有“梅”称。后来为区别于蜡梅，人们称其为春梅、红梅。梅花属于蔷薇科、李属，为落叶小乔木或灌木状。性喜阳光，易栽培。常以毛桃为砧木嫁接繁殖而成。每年农历二至三月（春季）开花，花期约1个月，芳香秀丽，极富观赏价值。原产于我国西南部和南部，明代开始引入鄢陵。

鄢陵蜡梅

鄢陵的蜡梅品种，自宋以来，日益增多。历史上有十多个品种，现在已发展到数十个品种。其中以素心蜡梅、磬口蜡梅、虎蹄蜡梅等为优良品种，还有野生蜡梅品种中的狗牙蜡梅等，尤以素心蜡梅为鄢蜡梅中的绝佳品种，也是鄢陵县所有花卉中的代表花卉。

蜡梅能被选定为鄢陵县的“县花”，自有它特定的外在美和内在美的内容。第一，从蜡梅的品种、形态、色彩、香气、光泽等方面去寻找和欣赏它的外在的美。例如蜡梅中的绝佳品种素心蜡梅，花形像一串串倒吊的金钟，放射出灿烂的金光，吐着蜂蜡似的花瓣，散发出阵阵的幽香，还有蜡质光泽。并与凛冽的寒风融为一体，又和阳光、白雪交相辉映。苏东坡称之为“玉蕊”，《鄢署杂抄》称“其心洁白，其色淡黄，花香芬馥，雅致韵人”。品种美、形态美、色彩美、幽香美、光泽美，这就是蜡梅的外在美。第二，从蜡梅的习性和品格上去寻找和欣赏它的内在美，也就是它的寓意美或象征美。例如蜡梅具有鲜明的耐寒性和耐旱性，是冬季开花的花卉，当严冬到来时，别的花卉都经不起天寒地冻的折磨而凋落时，唯独蜡梅在天寒地冻中傲然怒放，蜡梅这种不怕严寒、不怕困难的品格和精神，不就是鄢陵人民不畏严寒、不怕困难、勤劳勇敢、艰苦奋斗精神的象征吗？这是蜡梅内在美的核心。而傲立在严寒中的蜡梅的姿容、色相、幽香等风采美，正好喻示了经过艰苦奋斗后鄢陵人民生活的美好和富裕。这两点都是蜡梅内在美的体现。现在的鄢陵，呈现给游人的是花的世界、草的海洋、树的故乡、鸟的天堂。

知识链接

蜡梅的种类

蜡梅原产我国中部，其中河南省鄢陵县之蜡梅，曾有“鄢陵蜡梅冠天下”之誉。蜡梅品种，大体有5种：

素心蜡梅：花瓣长椭圆形，向后反卷，花色淡黄，心洁白，花香芳馥，因其花朵较大，又称“荷花梅”。

虎蹄蜡梅：花大色黄，花瓣较圆，中心小花瓣微带红紫色；花像虎蹄，香气浓，开花早。

磬口蜡梅：花瓣较圆，色深黄，心紫色，香气浓，因其花心紫色，又称“檀香梅”。

金钟蜡梅：花大黄色，形似金钟，重瓣，香气浓。

狗牙蜡梅：花瓣尖而形较小，外轮花瓣淡黄色，内轮花瓣有紫条纹，香气淡，因其花九出，又称“九英梅”。

第四节　动物旅游资源

一、大鲵栖息地——卢氏西峡大鲵自然保护区

大鲵自然保护区位于卢氏南部、西峡北部伏牛山北坡。大鲵是目前世界上最大的两栖动物，俗称娃娃鱼，属于国家二级保护动物，严禁捕杀食用。娃娃鱼的样子长得很怪，头大、扁圆而宽，嘴也大，眼睛很小，后面拖着一条侧扁的大尾巴。外形有点像壁虎，又像鲇鱼，所以人们就称它为“鱼”了。娃娃鱼身体呈棕褐色，皮肤润滑无鳞，长着四只脚，又短又胖，全身光条条的，前肢很像婴儿的手臂，叫声也很像婴儿。因此，一般人都叫它娃娃鱼。娃娃鱼的生活习性奇特，多生活在大山深处清澈、湍急的清凉溪流中，栖息在岩洞或石缝中间。

娃娃鱼白天睡觉，夜晚出来活动。娃娃鱼虽名为“娃娃”，实际上是性格凶猛的肉食动物，以蟹、蛙、鱼、蛇、鳖或鸟、鼠类为食，饥饿缺食时也吃比自己弱小的同类。

娃娃鱼的牙齿不能咀嚼，它张开大口将食物囫囵吞下，然后在胃里慢慢消化；将其内脏挖去一个小时，还能照样爬动咬人。它的寿命虽不及海龟、鳄鱼那么长，也可以活123年。娃娃鱼像青蛙一样，冬天不吃东西，进入冬眠。

河南省卢氏、栾川、西峡、鲁山等伏牛山腹地的县区，山高谷深溪流多，是中原地区繁

殖生长娃娃鱼的最佳环境，因此娃娃鱼能在这里历代相传，繁衍不衰。

娃娃鱼肉质肥嫩鲜美，营养价值极高，自古以来被人们视为珍品。各产地娃娃鱼遭到滥捕滥杀，致使这一珍贵动物资源濒临灭绝。为了拯救这一珍贵动物，我国政府正式公布娃娃鱼为国家二类保护动物，严禁捕杀。河南省人民政府也正式将伏牛山区的卢氏、西峡等县，划为珍稀两栖动物大鲵的自然保护区，这对娃娃鱼的繁衍发展，无疑具有巨大的作用。

二、太行猕猴栖息地——五龙口猕猴自然保护区

五龙口国家猕猴自然保护区位于济源市东北 15 千米的沁河出口处，这里分布着地球最北端的太行猕猴群。五龙口猕猴自然保护区是太行山猕猴国家级自然保护区的一部分，以保护金钱豹、猕猴等珍稀动植物为主。面积 128 平方千米，分温泉、盘谷、沁河、愁儿沟、阳落山白涧沟五大景区，共有自然和人文景点 68 个，是一处以自然景观为主，以猕猴、温泉为特色的山岳型省级风景名胜区。

五龙口猕猴自然保护区太行猕猴

景区内植被繁茂，有丰富的原始次生林，为野生动植物提供了良好的栖息条件。区内有多种野生动物，尤以猕猴为众，为五龙口提供了难得的自然动物资源，是最具特色的动物景观。五龙口猕猴又称为“太行猕猴”，在进化系统上属灵长目猴科，为国家二级保护动物。

有资料表明，太行山区猕猴群落为世界上纬度最北的猕猴群。太行猕猴终年栖息于针阔叶混交林、灌木林及悬崖峭壁之间，喜群居生活，由猴王率领猴群，并配备猴哨，通常每百只左右为一群，白天活动觅食，夜间宿于悬崖峭壁之上，以植物性食物为主，属杂食性动物。它的特点是：群体大，个体壮，毛长尾短，善于攀岩，喜欢跳跃，行动敏捷，形体俊美，模仿性强，为猕猴科中最进化的一种，具有很高的科研价值、经济价值和观赏价值。

据考察，目前，五龙口景区的猕猴有 9 群，3 000 多只。用人工和野生两种方式驯养，猴群已逐步驯化，可以与游客接近，并嬉戏合影。太行猕猴每年都进行猴王争霸赛，胜者为王，败者沦为孤猴，到处流浪。

知识链接

五龙口名称来历

早在秦朝时期，这里就开挖秦渠，引水灌溉农田，因以枋为闸，故名枋口。三国和隋代都曾修葺扩建。到明代万历、大启年间，又在枋口秦渠故地及附近，相继开挖了利丰、广惠、广济、永利和兴利五渠，成五龙分水之势，故枋口又名五龙口。

秦代枋口水利工程与都江堰齐名；古朴清幽的盘谷寺，因唐代大文豪韩愈写下《送李

愿归盘谷序》和清乾隆皇帝钦定盘谷为“名山胜迹”而久负盛名。还有绵延10余千米的曹魏古栈道，规模宏大的司马懿藏兵洞，神韵犹存的沁水公主园、香岩寺、袁公祠，令人心旷神怡的沁口秋风，野趣横生的青云居、香岩居等，尤其是分布地球最北端的太行猕猴群，机敏聪慧，攀越自如，能与游人同嬉善处，合影留念，并能表演多种节目供游人观赏，不时给人们以惊喜，令人捧腹大笑，乐而忘归。

三、鸟类栖息地

（一）三门峡黄河湿地保护区——白天鹅栖息地

三门峡黄河湿地保护区，是黄河上最大的白天鹅栖息地之一。该区河面宽阔，生态环境良好，滩涂及水域饵料丰富，是候鸟迁徙停歇和越冬的天然场所。

天鹅属鸟类，形状像鹅而体积大，全身白色，上嘴分黄色和黑色两部分，脚和尾都短，脚黑色，有蹼。生活在海滨或湖边，善飞，吃植物、昆虫等，也叫鹄。我国拥有三种天鹅——大天鹅、小天鹅和疣鼻天鹅。湿地保护区内除大天鹅、小天鹅以外，这里还有一级保护动物丹顶鹤、白鹤，二级保护动物灰鹤、灰嘴白鹭、鹊鹞、白尾鹞、纵纹小鸮，省级重点保护动物主要有鸿雁、苍鹭、红嘴山鸦等。保护区内共有鸟类46种，分数12目16科，其中最引人注目的是白天鹅。

三门峡黄河库区湿地栖息的白天鹅

每年10月到次年3月，黄河三门峡大坝拦洪蓄水，良好的水质和生态环境，吸引了成千上万的白天鹅飞越崇山峻岭，从遥远的西伯利亚来三门峡过冬。天鹅就在三门峡黄河大坝的库区里栖息生活。每年如约而至，成群翱翔，少则数十只，多则上千只，在黄河岸边集群栖息，嬉戏觅食，使冬日萧瑟的黄河顿显生趣，形成黄河的一大景观。

三门峡由此成为我国少有的天鹅湖和白天鹅观赏胜地，每年都吸引着大量的旅游者前来观看。三门峡市成为我国极为难得的白天鹅观赏胜地，因此有了“天鹅之城”的美誉。

（二）董寨国家级自然保护区

董寨国家级自然保护区位于豫鄂两省交界的大别山北麓，罗山县最南端。由灵山、鸡笼、山店、白云、荒田、七里冲等林区组成，中间被农作区分隔。这里林葱木茂，芳草鲜嫩，适于各种鸟类栖息。

该保护区是1982年经河南省人民政府批准成立的，是全省唯一的生态类型的鸟类保护区。2001年6月，董寨国家级自然保护区经国务院批准成立，总面积4.68万公顷，是一个集自然保护、生态旅游、鸟类观赏、科学考察、教学实习、休闲娱乐、避暑疗养于一体的多功能、综合性的自然保护区。

保护区内峰峦叠嶂，森林茂密，山清水秀，鸟语花香，人文和自然景观分布较多，具有很高的生态旅游价值。保护区地处北亚热带和暖温带的天然过渡带，因气候温和湿润，森林植被丰富，野生动物物种繁多，形成了良好的森林生态系统，孕育出丰富多样的物种和生物资源库，保护区内现分布有植物 1 879 种，兽类 37 种，两栖爬行类 44 种。董寨被誉为“鸟类乐园”，其中有鸟类 237 种，为同一纬度或同一经度保护区中所罕见，鸟类种类占河南省的 79%，占全国的 20%，其中国家重点保护鸟类 39 种，列入中日候鸟保护协定名录的有 95 种，国家二级保护鸟类白冠长尾雉种群密度居全国之首。

董寨是个观鸟的好地方，在董寨观鸟，一天一般能看到六七十种鸟类，最多能看到八九十种。近年建成的人工驯养繁殖基地、种类齐全的鸟类标本馆和益鸟招引悬挂的人工鸟巢，成为保护区生态旅游又一道亮丽的风景线。

董寨又是一块红色土地，老一辈革命家刘伯承、邓小平、贺龙、李先念、徐海东、吴焕先、程子华、陈少敏等都在此留下了战斗的光辉足迹。鸡笼保护站王坟顶脚下的何家冲曾是红二十五军长征时的出发地。悠久的历史、灿烂的文化，构成了董寨的现代文明。

董寨国家级自然保护区将观鸟活动与幽雅的森林生态环境和自然景观、神奇的人文景观、浓郁的佛教氛围、灿烂的红色文化融为一体，给人们提供了一个别具特色的生态旅游区。

第五节　天象与气候景观类旅游资源

天象，泛指各种天文现象，如太阳出没、行星运动、日月变化、彗星、流星、流星雨、陨星、日食、月食、极光、太阳黑子等。气候指一个地区多年常见的和特有天气状况的综合。

气象、气候与天象旅游资源是指那些可以造景（风景气候与风景气象可以直接形成不同的自然景观和旅游环境）、育景（通过影响风景地貌、风景水体和风景动植物以及各种人文景观而间接作用于旅游资源），并有观赏功能的大气的物理现象和过程。如冷、热、干、湿、风、云、雨、雪、霜、雾等。天象气候旅游景观受多种因素影响：一是地域的影响，地理纬度、海陆分布、地形起伏对大范围气候的形成起着决定性作用。气候的地带性分布，使各地的气象气候旅游资源具有鲜明的地域性，一些特殊景象必须在特定场合与地点才会显现。二是季节性，由于受温度、湿度等影响，不同的气象景观在一年内所出现的时间，也有明显的季节变化。三是与周围景观的配合，因气象、气候景观一般无相对稳定的实体，故只能作为其他主体旅游资源的配景。要开发旅游产品，需与其他旅游资源相配合，以其他景观为背景，如高山云海、海上日出、沙漠蜃景、名山佛光等。

河南省比较著名的天象与气候景观旅游资源有以下几种：

一、雨雪景

地球上的水受到太阳光的照射后，就变成水蒸气蒸发到空气中去了。水蒸气在高空遇到冷空气便凝聚成小水滴。这些小水滴不断吸收云体四周的水气来使自己凝结和凝华，不断增大，成为雨滴。从云中降落到地面，就会成为降雨。下雪则是大气固态降水中的一种形式。

下雨和下雪不仅是气象的主要因素，也是具有观赏功能的自然美景之一。

雨雪景是旅游中经常遇到的一种自然景观。雨景往往充满诗情画意，有“小雨纤纤风细细”“斜风细雨不须归”“沾衣欲湿杏花雨，吹面不寒杨柳风”“渭城朝雨浥轻尘，客舍青青柳色新”“自在飞花轻似梦，无边丝雨细如愁”“潇潇暮雨子规啼”等诗句。河南省气候温和，降雨适中，有诸多雨景值得欣赏，著名的如“铜驼暮雨”（洛阳八景之一）、“金明夜雨”（开封八景之一）、“云头观雨”（鸡公山十二景之一）。雪景给人一种纯洁清新的美感，在宏观上可以形成壮景，在微观上可以形成一些特景，如雪与梅相结合、雪与松柏相结合、雪与建筑相结合等所形成的各种特景。河南省以雪景著称的风景有“少室晴雪”（嵩山八景之一）、“梁园雪霁”（汴京八景之一）、“龙山积雪”（安阳八景之一）以及林州市石板岩乡桃花洞的三九寒天“白雪桃花”奇观等。

二、雾景

云雾是一种常见的气象现象，虽然在各地都有出现，但是能够形成风景被旅游所用的云雾，平原地区则较少，山区较多，原因是山区易形成云雾，且流动急剧，故常有瞬息万变的云雾奇观出现。河南也是同样，云雾景观多见于山区，尤其在南部山区。例如，在游人称颂的鸡公山十二景中，有三景都与云有关，即“晓峰朝晖、云海浮鸡、鹃山红云”；另外，鸡公山的“晚霞夕照”“坳雾疾飞”二景也有很高的观赏价值，河南开封的“铁塔行云”和“隋堤烟柳”也是与云雾有关的古汴京八景之二，还有安阳的“鲁山晴岚”“人间仙境”，白云山的“有雨山戴帽，无雨云缠腰”等。

三、其他天象气候风景

其他天象气候景观包括旭日景、夕阳景、夜月景等。旭日景和夕阳景就是观赏日出日落美景，这在河南的不少山地中都有，如安阳的“漳河晚渡”“鹿苑春晖”，洛阳的“邙山晚眺”，王屋山的“天坛日出”以及洛阳白云山的日出景观。夜月景是由月亮和地下景物共同构成的夜景，如嵩山八景中的“嵩门待月”，鸡公山十二景中的“山庄夜月”，汴京八景之一的“州桥明月”，洛阳八景之一的“天津晓月”以及中秋季节所出现的中秋明月等。风景即由风构成的景，风虽是一种看不见、摸不着的天气现象，但通过我们的躯体还是可以感受到它的存在的。风景一般以秋风、春风和松风为主，这些风最柔和、最清爽、最舒展、最令人惬意。例如，洛阳八景之一的“洛浦秋风”、鸡公山十二景中的“灵华松风”。由宜人气候形成的良好自然环境也是一种重要的旅游资源，它可以给人提供避暑、避寒、疗养健身的有利条件。这种旅游资源也以鸡公山最为典型。

小　结

本章介绍了河南省生物旅游资源、气象气候旅游资源的分布以及资源赋存状况，以点带面、深入浅出，为学生更好地学习了解河南的生物及气象气候旅游资源奠定了坚实的基础。

训　练

一、填空题

1. 河南在全国具有优势地位的动物有三类，即猕猴、________和________；猕猴主要分布于河南西北部的济源市________南坡山区，据查共有________群，数千只。

2. 河南省的省花是________和________。

3. ________是河南省1980年4月批准建立的第一个自然保护区。

4. 宋代的________为了观赏牡丹，全家从汝阳迁到洛阳，专门记述此事："花从单叶成千叶，家从汝阳移洛阳。"

5. ________说："洛阳地脉花最宜，牡丹尤为天下奇。"

二、单项选择题

1. 以下选项为"中原花卉三绝"的一组是（　　）。

A. 洛阳牡丹、开封菊花、郑州月季　B. 洛阳牡丹、开封菊花、鄢陵蜡梅

C. 洛阳牡丹、鄢陵蜡梅、许昌荷花　D. 洛阳牡丹、鄢陵蜡梅、嵩山碧色玫瑰

2. "国色天香"和"春兰秋菊"的来历分别与以下哪两个人物所写的诗句有关（　　）。

A. 司马光 陶渊明　B. 刘禹锡 汉武帝

C. 白居易 魏文帝　D. 李正封 屈原

3. 哪座城市具有"天鹅之城"的美誉（　　）。

A. 信阳　B. 南阳　C. 三门峡　D. 新乡

4. 下列景观中属于风景的是（　　）。

A. 山庄夜月　B. 少室晴雪　C. 汴水秋色　D. 大雾疾飞

5. 下列选项中，被誉为洛阳"八景"之一的是（　　）。

A. 梁园雪霁　B. 金明夜雨　C. 羲陵秋峙　D. 马寺钟声

讲解示例

开封菊花

菊花以独特的风韵成为古城开封的象征，被定为开封的市花，开封也因此被称为菊城。今天大家来到了开封，就给大家说说开封菊花吧！

菊花是菊科菊属的多年生草本花卉，原产于我国，是我国传统名花之一，它与梅、兰、竹并称为花中"四君子"。菊花在我国已有3 000多年的栽培历史，品种多达3 000余种，而开封目前的菊花就有1 000余种。

开封的菊花，早在北宋时期就已驰名全国。据宋代孟元老《东京梦华录·重阳》篇记载："九月重阳，都下赏菊，有数科……无处无之，酒家皆以菊花缚成洞户。"当时"禁中与贵家皆赏此菊""士庶之家亦市一二株玩赏"。到了明、清时期开封养菊之风更盛，在禹王台乾隆御碑中，至今还可以看到"风叶梧表落，霜花菊白堆"的诗句，由此可见，开封栽培菊花的历史是多么悠久了。

菊花因其品种繁多，色彩艳丽，姿态多变，在百花凋零的深秋傲霜开放，具有很高的观赏价值。除此之外，菊花还有很高的药用价值，菊花有增强人们的体质、延年益寿的功用。《神农本草经》把菊花列为上品，言"久服利备气，轻身、耐老延年"。此外，菊花还可以酿酒、制茶，菊苗和花还可以作为菜食用，如今在开封就有菊花茶、菊花饺子、菊花包子等土特产和风味小吃。这里我顺便告诉您一个民间治头疼病的小偏方，就是将晒干的菊花充枕，常用此枕，不仅可以治愈头疼，还可以清心明目，可谓一举两得。正是由于菊花具有世人皆知的观赏价值和其他功能，自古以来，开封人民就形成了爱菊、种菊、赏菊的习俗。

由于开封有着悠久的菊花种植历史，开封的花匠师傅们积累了许多宝贵的经验，通过他

们勤劳的双手，培育出的菊花质量上乘，品种繁多，在全国菊赛中，开封人创造的菊花全国之最不胜枚举：由此及彼嫁接而成的“菊龙”长达50余米，其“长”为全国之最；挺拔玉立的塔菊，高达6.6米，其高为全国之最；巨如磐石的大立菊，花茎有4.2米，其“大”为全国之最；大立菊的花朵数量达6 000余个，其“多”又为全国之最；小巧玲珑的案头菊，如掌中之物，其“小”为全国之最；花色斑斓的九本菊，“独家经营，别无分店”，其“新”为全国之最；嫁接而成的悬崖菊，能拖垂4米有余，其“巧”为全国之最；利用花期控制技术，开封菊花可以在春天与百花同放，更是中国一绝。开封菊花，其规模、品种、造型等均在全国占有独特优势，因此，我们说：“洛阳牡丹甲天下，开封菊花世无双。”

每年10月18日至11月18日为开封“菊花花会”。届时，走进开封的任何一个景点，你都仿佛徜徉在菊花的海洋中一般。如果您没有看过开封的“菊花花会”，可一定不要错过花会日期噢！

（资料来源：http：//www. kftrip. com/knoww. asp？id =158&classid =29，有所整理。）

第五章

河南遗址遗迹类旅游资源

教学目标

知识目标：

1. 熟悉河南史前人类活动的几个重要场所；
2. 掌握河南四大古都及四个国家历史文化名城概况；
3. 了解河南境内的军事古战场及相关事件；
4. 了解省内主要的废弃生产地及交通遗迹；
5. 熟悉河南省内的主要古城池遗址概况。

能力目标：

1. 能够依据旅游客源市场的差别，设计不同层次的景观导游讲解；
2. 能够对河南省著名的古遗址遗迹景观进行熟练深入的导游讲解。

导　入

遗址遗迹形成于不同的历史发展阶段，是人类活动的产物，真实地记录了人类各时期的历史，凝聚着人类智慧，昭示着特定的历史特征，是当地历史文化的反映。遗址遗迹是历史文化的精华和综合体，具有丰富文化内涵，它们既是历史的见证、美的观赏对象，又是民族科学历程的展现。

河南是中华民族和华夏文明的重要发祥地，省内遗址遗迹类旅游资源特别丰富，既有史前人类活动留下的遗迹，又有不同历史时期的生产、交通、军事遗址，尤其是在人类政治活动的重要场所——古城池方面异常丰富，是了解中华文明的不可或缺的重要内容。

第一节　史前人类活动场所

史前人类活动，主要是指旧石器时代、母系氏族公社时代、父系氏族公社期间的人类活动。古人类活动的遗迹有很多，当今的人们也将其分门别类：史前人类聚居、活动场所称为人类活动遗址；史前人类活动留下来的痕迹、遗物和有机物所形成的堆积层称为文化层；在地面和表面松散地层中有丰富文物碎片的地方称为文物散落地；史前人类居住的房舍、洞窟、地穴及公共建筑称为原始聚落遗址。

二、人类活动遗址

河南是中华民族发祥地之一，有着悠久的历史文化。经过考古工作者多年来的不懈努力，已发现距今10 000年到4 000年前的新石器时代的文化遗址数百处之多。

（一）南召猿人活动遗址

南召猿人活动遗址位于南召县云阳镇李楼村阮庄南250米，距云阳镇西北约3.5千米的杏花山脚下。1978年9月，考古工作者在杏花山上发现了一批古脊椎动物化石和一枚古人类牙齿化石，这枚牙齿化石经世界著名古人类学家吴汝康先生等人鉴定为早期人类的右下第二前臼齿。同年10月，中国科学院古脊椎动物与古人类研究所组队，对这一化石点进行了发掘，又发现了一批古脊椎动物化石，有剑齿虎、剑齿象、肿骨鹿等20余种，根据伴生动物化石及地层等综合分析，认定这里发现的古人类与“北京猿人”所处的时代大体相当，距今五六十万年，并正式把这种古人类定名为“南召猿人”。

“南召猿人”的发现，是继北京猿人、蓝田猿人、元谋猿人之后的又一重要发现。杏花山猿人遗址是中原人类文明的发祥地，是中原人类的鼻祖，它填补了中原地区古人类分布的空白，对研究人类的起源、分布和发展，对古代气候的变化以及中原地区第四纪地质和生物研究提供了新的资料与依据。

南召猿人雕塑

（二）安阳小南海文化遗址

小南海文化遗址，位于安阳市西南25千米的北楼顶山之腰，洞向西南延伸，深约50米，宽2~3米，高2.5~3米。经1960年、1978年两次发掘，文化层厚6米左右，可分5层。出土有石器7 078件，多种动物化石及用火灰烬。石器一般器形较小，绝大部分为人工打制的石片。石料以燧石为主，石英次之，也有少数火石、石髓及石灰岩等，种类计有石核、石片、敲砸器、尖状器和多种刮削器，也有少数装饰品。动物化石有野驴、披毛犀、水牛、野猪、斑鹿、羚羊、狗、猩猩、鸵鸟蛋、刺猬狼等动物种属。据放射性碳十四科学测定，洞穴的文化遗存，上层堆积距今约1.3万年，下层距今2万~2.5万年。其时代和北京周口店山顶洞人相当，从石器看，两者还有遥承渊源。

小南海文化遗址是河南境内发现的第一处旧石器时代遗址，也是中华人民共和国成立后在华北地区首次发现的旧石器时代晚期的洞穴遗址，被郭沫若定名为“小南海文化”。它填补了考古研究上旧石器时代过渡到新石器时代的缺环，为人类的发展历史以及其他各方面的科学研究，提供了难得的宝贵实物资料。

二、文化层

文化层为考古学术语，指古代遗址中，由于古代人类活动而留下来的痕迹、遗物和有机物所形成的堆积层。每一层代表一定的时期。考古工作即是从地层上正确划出上下文化层的叠压关系。根据文化层的包含物和叠压关系，可以确定遗址各层的文化内涵和相对年代。

（一）李固遗址

李固遗址位于修武县城东北 5 千米处李固村北，为第一批省级文物保护单位。遗址是一高出四周 2 ~3 米的土丘。遗址四周断崖上，暴露出大量遗物，曾发现有石刀、石铲、石斧、石镞和大量的汉代空心砖以及骨器和带有陶文符号的陶片。

1981 年秋，北大历史系考古专家对该遗址进行了调查试掘。文化层分为七层。第一层：扰乱层（耕土层）。土色灰黄，土质疏松，包含有各个时代的陶片。第二层：春秋战国文化层。灰色土，出土有战国时期的筒板瓦片和少部分春秋时期的细把豆、灰陶盆等。第三、四层：商代文化层。出土陶器以泥质灰陶为主，绳纹居多，相当于郑州二里岗上层文化层。第五层：早商文化层。土色较花，土质细密。出土器物有蛋形瓮等。第六、七层：龙山文化层。陶器以灰陶为主，纹饰以方格纹、篮纹为主。器形有夹砂罐、钵、小平底碗等。

（二）徐堡龙山古城遗址

焦作徐堡龙山古城遗址，位于温县武德镇徐堡村东沁河南岸，遗址总面积 40 万平方米。目前出土陶、铜、石、骨、玉等器物近 200 件，发掘出各个时期房址、陶窑、窖穴、灰坑、水井、墓葬等遗迹 200 多处，并有部分动物、植物遗骸。徐堡龙山古城有 5 000 多年的历史，是先期夏文化的佐证，勘探队共发掘出龙山、西周、春秋、战国、汉、宋、明、清时代 8 个文化层面，其文物出土为研究龙山文化向夏文化过渡提供了重要历史资料。徐堡龙山古城遗址，东临河洛文化的武德镇，武德镇古称“洛”，西北临济源市夏都城原昌和原城，是史学界公认的夏文化中心，河洛文化是龙山文化的延伸。徐堡龙山古城遗址发掘出龙山时期遗迹灰坑 11 座，墓葬 1 座，陶窑 1 座，主要器物有深腹器、圈足器、刻槽盆等。

三、原始聚落遗址

原始聚落遗址包括史前人类居住的房舍、洞窟、地穴及公共建筑等，主要是人类进化到新石器时代以来的遗址。新石器时代大约开始于距今 1 万年左右至四五千年以前，这一时期人类以使用磨制石器为主，从事农耕、畜牧业，制陶、铸铜等工艺亦较发达，出现原始聚落。

（一）偃师二里头遗址

二里头遗址位于偃师市西南 9 千米洛河南二里头村伊、洛二水之间，距离洛阳市约 18 千米，东西长约 2. 5 千米，南北宽约 1. 5 千米。遗址范围包括二里头、圪垱头、四角楼、寨后村和辛庄 5 个村，面积 375 平方米。经过发掘研究，遗址内涵介于龙山文化晚期和郑州二里岗商代文化之间的古文化，命名为“二里头文化”。重要的是在遗址中部发现两处规模较大的宫殿建筑夯土台基和大型墓葬，出土有铜器、陶器、磨制骨器、石器作坊，应为夏商时期的都邑遗址。二里头遗址对了解奴隶社会初期历史和早期城市面貌具有很大帮助。

知识链接

偃师二里头遗址发现的意义

中国是地球上为数不多的有独立起源的文明古国，是四大文明古国历史唯一没有间断过的国家。但中国古代文献中，有确切历史记载，可以依靠的绝对年代只到公元前841年周厉王时。一些西方学者和疑古派一度怀疑夏朝的存在，怀疑禹是神话传说中的动物（一条肉虫），甚至主张东周以前无信史，把中国的历史一下子缩短了一半，有些让人不能接受。为此，国家在“九五”期间，把夏商周断代工程列入重大科研项目，重点任务是要厘清夏商分界与夏代的历史脉络。自二里头遗址发现后，学者们为此争论了40年，经“夏商周断代工程”多学科的交叉研究，新的考古发现与史书的相互印证，专家们认定，夏文化持续时间在公元前21世纪至公元前16世纪，后来被商朝取而代之。这意味着几乎可以从二里头遗址摸索到中华文明的起源，明确写出了孔子和司马迁没有搜寻到的中华“家谱”。

二里头遗址还被学术界确认为中国最早的大型宫殿基址。它是中国古代最早的具有明确规划的都邑，其布局开创了中国古代都城营建制度的先河。后世中国古代都邑营建制度的许多方面，都可以追溯至二里头遗址，如纵横交错的道路网、方正规矩的宫城、宫城内多组具有中轴线规划的建筑群、建筑群中多进院落的布局、坐北朝南的建筑方向以及土木建筑技术的若干侧面等。此外，在宫殿区大路发现的车辙痕，是迄今所知中国最早的车辙遗迹，将中国双轮车的出现时间上推至二里头文化早期。

二里头遗址宫殿复原图

（二）新郑裴李岗遗址

裴李岗遗址位于新郑市西北约8千米裴李岗村西台地上，面积约2万平方米。遗址西半部是氏族墓地，东半部是聚落遗址。发掘出的窖穴多为不规则的圆形坑，少量圆角长方形坑。墓葬分布较密集，均为南北向、长方坑竖穴墓。出土的器物很多，石器有铲、镰、磨盘、弹丸及用燧石或石英打制成的细小的尖状器和刮削器。陶器有鼎、双耳壶、罐、碗、盆、钵、盘及陶塑的猪头、羊头，多为泥质和砂质红陶和褐红陶，均用手制，装饰扁圆乳钉纹、凹点纹、压印纹等。裴李岗遗址出土的木炭标本，经过C14测定，距今8 000年左右。这是我国首次发现的新石器时代早期文化遗存，是新石器时代考古的重大突破，因此命名为“裴李岗文化”。

（三）渑池仰韶村遗址

仰韶村遗址位于渑池县城北7.5千米仰韶村南台地上，是分布在黄河流域的新石器时代晚期文化，面积约30万平方米。1921年瑞典人安特生在这里进行考古调查，发现了绘着红黑色花纹的陶片，并在遗址中心进行发掘，发表文章定名为“仰韶文化”，因此而得名。考古工作者经过多年对仰韶村遗址进行大规模的发掘，发现4个文化叠压层和丰富的文化遗存，展现了五六千年前祖先的生活状况。他们使用磨制的农业和渔猎生产工具，如石犁形器、石斧、石刀、石铲、石网坠、石纺轮、研磨器等，大大地提高了生产效率。仰韶村遗址出土了许多精美的彩陶，以黑陶居多，红陶、白陶较少，绘有复杂的几何图案花纹，有红色、深红色、紫色，多姿多彩，陶器制作精良，留有快轮痕迹，说明是轮制而成，制陶工艺从手制发展到轮制，是当时制陶技术的一大进步。仰韶村遗址为全国重点文物保护单位，现已建立了遗址博物馆，并被评选为“中国20世纪100项考古重大发现”之一。

（四）郑州大河村遗址

大河村遗址位于郑州市东北郊6千米处大河村西南一处土岗上，高出周围地面约3米，俗称“花岗”。遗址南北长700多米，东西宽600余米，面积40多万平方米，一条古河道从遗址中间通过。1964年秋发现，先后经过多次发掘，文化层中大部分为仰韶文化层，还有一些龙山、二里头、二里岗文化层，内涵极为丰富。遗址中部是居住区，东北部和西北部是氏族公共墓葬区。在居住区发掘出仰韶文化的房基45座，经碳C14测定，距今5 000年左右。房屋建在地面上，并用火烘烤墙体和地面，使墙体和地面变成坚硬的红色砖质，起到防潮隔湿的作用，比起半地穴和简单的地面建筑前进了一大步。

大河村遗址中出土了大量的陶器、石器、骨器和蚌器等，最引人注目的是仰韶文化带有陶衣的彩陶，彩绘内容之丰富，是其他仰韶文化遗址中少见的。既有几何图案，也有勾叶、花瓣、豆荚等植物装饰，还有鸟文、昆虫、鱼纹等动物图案，另外还有日月星辰、日晕等自然现象图案，想象力丰富，图像传神，出土陶器双连壶和彩陶钵是其中的精品。在遗址中还出土有高粱米、粟米等粮食，证明我国古代黄河流域是以种植耐旱农作物为主的地区，为研究农业发展进程增添了实物资料。大河村遗址为全国重点文物保护单位，现已建立遗址博物馆。

（五）舞阳贾湖遗址

贾湖遗址位于舞阳县舞渡镇贾湖村东侧，东西长275米，南北宽260米，面积约7万平方米，文化层厚1.5~2.5米。河南省文物研究所进行6次发掘，发掘面积2 600多平方米，发现房基30多座，灰坑300多个，陶窑10座，墓葬300多座，出土陶、石、骨和龟甲等遗物数千件，还出土有大量炭化水稻稻粒、豆粒等植物种子，各种鱼类、龟、鳖、鹿类、猪、狗等动物骨骼。

墓葬均为土坑墓，葬式多仰身直肢，个别为侧身直肢或俯身直肢，多数墓内有随葬品，少者1件，多者数十件。少数墓中随葬有成组龟甲，龟甲多穿孔，孔内装有不同颜色的小卵石，个别龟甲上有契刻符号，还随葬有骨笛。贾湖遗址出土木炭标本经C14测定，距今7 600~8 600年，是典型的裴李岗文化聚落遗址，为研究原始聚落形态、生产力水平、原始宗教和社会性质提供了珍贵资料。出土的骨笛，是中国最早的乐器，在中国音乐史上有重要地位。出土的甲骨契刻符号，是中国最早的与汉字起源有关的实物资料。

知识链接

贾湖骨笛

贾湖骨笛是迄今为止中国考古发现的最古老的乐器，也是世界上最早的可吹奏乐器。该骨笛是用鹤类尺骨管制成。磨制精细，7孔。在第六孔与第七孔之间有一小孔，经测音可以发两变音，应为调整第七孔发音而钻的调音孔。值得注意的是，该墓出土有两件形制相似的骨笛。据测音研究，它们是一雌一雄，印证了中国自古雌雄笛的传统。贾湖骨笛的出土，是我中音乐考古学界的一件大事，也是中国音乐文化有9 000年历史的最直接有力的佐证。

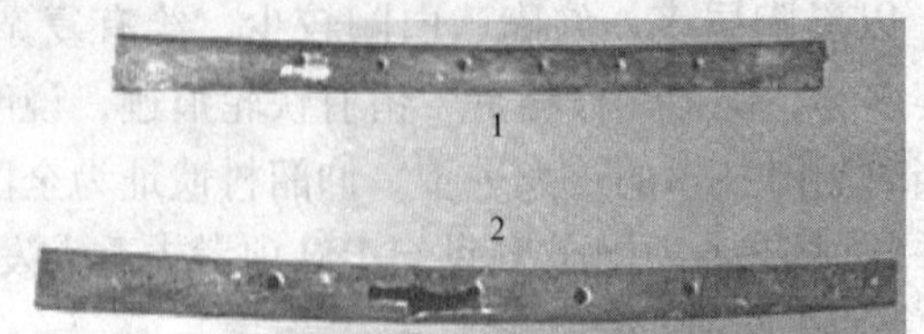

舞阳贾湖村遗址出土的骨笛

第二节　社会经济文化活动遗址遗迹

一、历史事件发生地

（一）“若问古今兴废事，请君只看洛阳城”——九朝古都洛阳

洛阳是国务院首批公布的历史文化名城，位于黄河中游南岸，因地处古洛水之阳而得名，河南省西部，伊洛瀍涧4条河流蜿蜒其间，气候温和，土质肥沃，物产丰富。北有遥远起伏的邙山，南有天然险壑龙门，西有连绵嶙峋的秦岭，东有虎牢关隘，素有“河山控戴，形胜甲天下”之誉，为历代兵家必争之地。这里自夏朝开始在其附近建都，至今已有4 000余年的城市发展史，建都时间共达1 400多年，最盛期人口达百余万，是中国做古都时间最长的一座历史名城。先后有东周、东汉、曹魏、西晋、北魏、隋、唐以及五代时期的后梁、后唐在此建都，谓之“九朝古都”。洛阳经历了漫长而又复杂的发展过程，城区几经迁徙，数千年一直闪烁着民族历史的光辉。

以洛阳为中心的河洛地区是华夏文明的重要发祥地。中国古代关于伏羲、女娲、黄帝、唐尧、虞舜、夏禹等神话，多传于此。夏太康迁都斟鄩，商汤定都西亳；武平王王伐纣，八百诸侯会孟津；周公辅政，迁九鼎于洛邑；平王东迁，高祖都洛，光武中兴，魏晋相禅，孝文改制，隋唐盛世，后梁唐晋，相因相袭，共13个王朝。汉魏以后，洛阳逐渐成为国际大都市，隋唐时人口百万，四方纳贡，百国来朝，盛极一时。

洛阳在历史上相当长的时期内都是我国政治、经济、文化的中心，亦是道路四通八达的交通枢纽。西周初期，在中国建立了第一个大公路网，洛阳是其中心，驰道驿路，其直如矢，无远不达；隋唐大运河上，舳舻相接，帆影联翩，从洛阳东达于海，西至关陇，南下苏杭，北朔幽燕；以洛阳为东端起点的“丝绸之路”，可以直驰地中海东岸，明驼宛马，络绎不绝。

洛阳是文化的读本。中华民族最早的历史文献“河图洛书”就出自洛阳，被奉为“人文之祖”的伏羲氏，根据河图和洛书画成了八卦和九畴。从此，周公“制礼作乐”，老聃著述文章，孔子入周问礼，班固在这里写出了中国第一部断代史《汉书》，司马光在这里完成了历史巨著《资治通鉴》，著名的“建安七子”“竹林七贤”“金谷二十四友”曾云集此地，谱写华彩篇章，左思一篇《三都赋》，曾使“洛阳纸贵”……以洛阳为中心的河洛文化和河洛文明，成为华夏文明的重要组成部分。

牡丹是我国传统名花，富丽堂皇，国色天香，自古就有富贵吉祥、繁荣昌盛的寓意，代表着中华民族泱泱大国之风范。“洛阳地脉花最宜，牡丹尤为天下奇。”洛阳牡丹根植河洛大地始于隋、盛于唐、甲天下于宋。相传，唐武则天寒冬设宴赏花，令百花绽放，唯牡丹不从，贬之洛阳。岂知迁洛后竟吐蕊怒放。武后闻知，命火烧牡丹。牡丹枝干烧焦，次年却依旧叶荣华发，且花更大，色更艳。洛阳牡丹遂驰名天下做花魁，洛阳人培育牡丹、观赏牡丹亦日盛成俗。正如唐代诗人刘禹锡和白居易所赞：“唯有牡丹真国色，花开时节动京城。”“花开花落二十日，一城之人皆若狂。”

洛阳境内主要名胜古迹有西周铸铜遗址、隋唐含嘉仓遗址、东周陵墓、东汉陵墓、北魏陵墓、白居易墓、白马寺、关林、齐云塔、周公庙、山陕会馆、潞泽会馆、文峰塔、府城隍庙、安乐窝、上清宫、吕祖庵、香山寺和龙门石窟等。

（二）“洹水安阳名不虚，三千年前是帝都”——殷都安阳

安阳是一座具有3 000多年历史的文化名城，是有文字可考的中国第一古都，也是中华民族文字的发祥地。数千年来，这座古城饱历沧桑，历经盛衰，历代劳动人民在这里创造了光辉的业绩，留下了丰富灿烂的文化遗产。

安阳市古代居“天下之中”，依山傍水，气候宜人，交通方便，地势优良。早在旧石器时代，安阳就成了我们祖先辛勤劳作、繁衍生息的好地方。在安阳县的小南海，发现了20 000年前的原始人洞穴遗址，出土石器7 000多件，还有动物骨骼化石和灰烬等。这是中原地区发现的第一处旧石器时代的遗址，被郭沫若命名为“小南海文化”。

据史料介绍，大约在4 000多年前，上古时代“五帝”中的颛顼、帝喾两位帝王，都在帝丘（内黄东南）建都。到了商朝，太戊、河亶甲、祖乙三帝在亳建都，历时约86年。现亳城东二里许的次范村有中宗太戊陵。商王盘庚十四年（约前1378年），自“奄”迁都于“殷”（今安阳市区小屯一带），至商朝灭亡，传位8代12王，历时273年。盘庚迁殷后，使这里的农业、手工业、商业和文化都有了很大的进步，成为商朝后期的政治、经济和文化中心。殷都也成了中国历史上第一个有稳定疆域的长期定居在一个地方的首都，所以，史称殷都为“中国第一古都”。这里还流传着武丁中兴、奴隶升相、妇好挂帅、文王拘而演《周易》、武王伐纣等许多历史传说。特别是从19世纪末开始，在小屯一带陆续发掘16万多片甲骨，记录着商王的活动和当时的经济社会状况，成为中华民族的故乡，也是中国真正文明史的开端。

周秦两代，安阳是群雄汇集的地方。六国宰相苏秦，于周显王三十六年（前333年）召燕、赵、魏、韩、齐、楚六国君主，在洹水南登台拜相，佩戴了六国相印，讨论合纵抗秦大策。现安阳市郊柴库村西头存有六国拜相台遗址。秦始皇十一年（前246年），命大将王翦等攻克安阳后，开始修筑城墙。秦二世三年（前207年），群雄并起，楚王项羽与秦将章邯二人在“洹水南，殷墟上”结盟，史称“洹上之盟”。

东汉末年，曹操破袁绍，克邺城，营建邺都（原属河南彰德府，现划归河北省），历时52年。这里成了曹操发迹的地方。接着东晋十六国时期的后赵（15年）、冉魏（3年）、前燕（13年），南北朝时期的东魏（16年）、北齐（27年），也相继在邺建都。以上六朝在邺建都共计126年。隋炀帝大业七年（611年）间，滑县一带的贫苦百姓拥向瓦岗寨，以翟让等为头领，成立瓦岗军。先后动员群众百万以上，控制了我国中原广大地区，浴血奋战八年，最后和全国义军一起推翻了隋朝的统治，为推动我国的历史发展做出了杰出的贡献。

北宋三朝宰相韩琦，1008年出生于安阳水冶镇西北三里许的韩家庄。南宋著名军事家、民族英雄岳飞，1103年出生于汤阴县东程岗村。岳飞22岁投军，岳母在其脊背上刺下了“精忠报国”四个大字，勉励岳飞英勇杀敌，报效国家。金、明两代安阳改为彰德府。清光绪二十六年（1900年），八国联军侵入北京，慈禧太后和光绪皇帝经太原逃往西安。次年《辛丑条约》签订后，慈禧和光绪又浩浩荡荡返回北京。相传他们从西安到开封，回京途中路过安阳，曾住城内西华门街文昌阁，后称此阁为慈禧太后行宫。

1909年1月，袁世凯“回籍养疴”，营建袁寨和养寿园，还在安阳城内建袁府。1916年6月，称帝83天的袁世凯毙命，依照“扶柩回籍，葬我洹上”的遗愿，在安阳洹上村东北太平庄北侧建造了一座帝陵式的大型坟墓，将袁葬此，称为“袁林”。

安阳，一座智慧与美貌并存，传统和现代共享的城市。沿着“寻根敬祖之旅”这条国家级重点专项旅游线路，人们可以沐浴安阳现代化的城市之风，拜谒古代历史遗产和文化名人的遗迹以及民族英雄岳飞故里，也可以去寻找大自然给予人类的厚待和祖先们创业开基的“根”。每年一届的国际周易学术研讨会，为人们提供了一个揭开东方玄学——周易奥秘的极好机会。国际航空旅游公园是人们学习以及欣赏飞机、直升机驾驶，跳伞、踩伞，悬挂滑翔、伞翼滑翔、热气球等航空运动的最佳场所。

（三）“悠悠文明八千年，宾至如归情无限”——商都郑州

郑州市是河南省政治、经济、文化中心，北临黄河，西依嵩山，东南为广阔的黄淮平原。郑州地处中原腹地，“雄峙中枢，控御险要”，为全国重要的交通、通信枢纽，是新亚欧大陆桥上的重要城市，是国家开放城市和历史文化名城，是中国八大古都之首。总面积89平方千米，人口103万。汜水、京水、索水、金水河、贾鲁河、熊儿河贯穿东西，水源充足，气候温和，土壤肥沃，物产丰富。

郑州是一座古老的城市。远在七八千年前的新石器时代，我们的先人就生息繁衍在这块土地上，考古发掘发现有裴李岗文化遗址。进入新石器时代中期以后，郑州地区逐渐成为中原远古文化发展、聚集与融合的中心区域。郑州大河村遗址中发现了保存较完好的房基，精制的陶器、石器、骨器和蚌器，是这一时期的文化代表。传说中的黄帝部族、夏王朝的聚居地区均包括郑州在内。商汤灭夏建立商王朝，共经历17世30王。1953年河南省文化局文物工作队在郑州发掘出商代城墙，后来探明了城的范围，周长达7千米，面积4.43平方千米。在城东北部发现有大型宫殿基址，在城四周发掘出铸铜、制陶等手工业作坊遗址。说明郑州古城是一座商代都城。

西周初年，武王伐纣之后，封其弟管叔鲜于此地，称管国。但在周公摄政后，管叔参与蔡叔、武庚发动叛乱，被周公诛，管国从此荒废。此后，这里为郐、东虢之地。到了西周末，郑武公灭此二国，管城归郑。战国时期，郑为韩国所灭，此地属韩。秦始皇统一六国后，在此置管县，归三川郡。汉代改名为管城县，属河南郡。三国、魏晋时期，管城县并入中牟县，由广武郡管辖。东魏时复设管县。北周武成元年（559年）改管县为荥州。

隋开皇三年（583年）改荥州为郑州，治所在成皋，辖荥阳、成皋、密、中牟、苑陵等县。开皇十六年（596年）郑州又改名为管州，州治自成皋移至管城。隋大业二年（606年）将管州更名郑州。唐武德四年（621年）郑州被一分为二：密县、汜水、荥阳、荥泽、成皋五县属郑州，治所武牢；须水、清池、管城、圃田等县归管州，治所管。贞观元年（627年）将管州及其所辖县并入郑州。贞观七年州治自武牢移至管城，此后，直至清代治

所不曾变更。宋熙宁五年（1072 年），废除郑州建制，将管城县划归开封府。元丰八年（1085 年）再度恢复郑州建制。金、元时期因之。明代初期郑归开封管辖。清代郑州曾两次升为直隶州。民国初年改为郑县。1948 年 10 月郑州解放，置郑州市。1954 年省会由开封迁此。

郑州是中华民族的发祥地之一。这里拥有距今八千年的轩辕黄帝故里、裴李岗文化遗址，距今五千年的大河村以及秦王寨等多种类型的仰韶文化与龙山文化遗址、夏都阳城遗址和商城遗址等。郑州出土的青釉瓷罐是中国最早的原始瓷器。

悠久的历史给郑州留下了丰富的文化积淀，全市有各类文物古迹 1 400 多处，其中国家级文物保护单位 26 处。嵩山风景名胜区是全国 44 个重点风景名胜区之一和全国文明风景旅游区示范点，“天下第一名刹”少林寺就坐落在嵩山脚下，威震海内外的少林功夫从这里走向世界。这里还有我国最早的天文建筑周公测景台和元代观星台、中国宋代四大书院之一嵩阳书院、我国现存最大的道教建筑群中岳庙等。在郑州周围，还有星罗棋布的古城、古文化、古墓葬、古建筑、古关隘和古战场遗址，著名历史人物列子、子产、杜甫、白居易、高拱等都出生在郑州。

（四）“琪树明霞五凤楼，夷门自古帝王州”——七朝古都开封

开封位于黄河中游豫东平原南岸，又名汴梁，历史上有过启封、大梁、浚仪、东京、汴京、祥符等名称，是我国七大古都之一，是一座有 2 300 多年历史的古城。

早在春秋时期，开封地处郑国边界，郑庄公派人在此筑“仓城”，定名为启封。汉代为避景帝刘启讳，改启为开，这就是开封得名的由来。战国时，魏惠王将国都从安邑（今山西夏县西北，相传夏禹建都于此）迁于大梁，并筑大梁城，这是开封成为国都之始。魏在大梁共历六君，140 年。公元前 225 年，秦将王贲伐魏，引黄河水经鸿沟灌大梁都城。城坏，魏王假降，被杀，魏亡。公元前 320 年，孟子曾到大梁城，以仁义王道说梁惠王，但“王顾左右而言他”，不果。今开封尚有游梁祠街，成为这段历史的见证。秦并六国后，废分封，立郡县。开封属三川郡，名为浚仪县，因县北有浚水渠而得名。

南北朝时，开封先后有梁州、汴州之称，但治所均在大梁城。隋代，隋炀帝开运河，疏通了汴渠，连接了黄、淮，汴州，因居于运河中心而逐渐兴盛。唐安史之乱后，长安、洛阳遭到严重破坏，汴州地位更加突出。

唐建中二年（781 年），宣武军节度使的治所由商丘迁至汴州，辖汴、宋、颍、亳四州，筑汴州城，周长 22 里，与今开封城大体相当。唐末，宣武军节度使朱温凭借军事实力，拥兵自立，于 907 年建后梁政权，将汴州改为东京开封府。五代时，除后唐外，梁、晋、汉、周均建都于此。梁称东都，晋、汉、周皆称东京。他们均利用宣武军节度使衙署旧地为皇宫。直到周世宗柴荣才开始对东京作全面改造规划。

柴荣认为，东京旧城存在“泥泞之患，火烛之忧，寒温之苦，疫疾之扰”等问题，于是分别用加筑罗城（外城）、展宽道路、疏浚汴河、植树掘井等措施来解决。柴荣的这次改建和扩建，成效是显著的，在开封城市建设史上是划时代的。它打破了传统的都城建设以宫殿为主的做法，重在解决城市发展中存在的实际问题，充分体现了“民为本”的儒家思想。

960 年，赵匡胤发动“陈桥兵变”，建立了赵宋王朝，定都开封，改开封为东京开封府，改浚仪县为祥符县。北宋东京汴梁城是在后周规划的基础上营建而成的。东京汴梁城由 3 道城墙、4 条运河、33 座桥梁、4 条御路纵横交错构成。3 道城墙内分别为皇城、内城、外城，

城周分别为9里18步，20里150步，48里233步，规模宏大，为当时全国最壮丽的城市。北宋开封城的3套城墙、3套护城河及宫城居中，“井”字形干道的布局对后代的都城规划和修建影响深远，对金中都、元大都、明北京都有影响。北宋的开封城还改变了汉唐以来城市中封闭式的坊里形式，形成了开放式的大街小巷。这种开放型的变化是前代城市中所没有的，它不仅影响到后来的城市建设，而且大大促进了市民经济的繁荣，市民文学如话本、说书、杂耍、歌伎和词曲都得到了发展，为元代杂剧的产生奠定了基础。

开封是一个繁华的国际大都会，汉、唐的长安不过四五十万人口，唐代的洛阳也只到100余万人，而宋代的开封却达到150万人。而欧洲的伦敦、巴黎、米兰、威尼斯也只有10多万人，被欧洲人视为“世界上最大城市”的大马士革也只有50万人口。经济的繁荣、人口的增多、商品经济的发展，使各国商人、使节、宗教人士不绝于途，中国的各种文明，包括火药、印刷术、造纸等由此传向世界各地。经济的繁荣、社会的相对安定也带动了文化的大发展。东京文苑，人文荟萃如星汉灿烂，苏轼、欧阳修、王安石、范仲淹、司马光、曾巩、周敦颐、晏殊、梅尧臣、米芾、柳永、李清照、张择端、沈括等，各个才华富瞻，文采风流，在各自的领域中领风骚，擅胜场。经历了近两个世纪如诗如梦的繁华岁月，古都开封终于走完了自己城市发展中最令人神往的路程。1126年，金兵攻入开封，北宋灭亡。城破之后，开封被金兵掳掠一空，一代名都化为颓垣断壁。百年风流，顿成残梦。赵宋王朝只剩下半壁河山，到临安（杭州）去做那未尽的繁华梦。

开封是中国后期封建城市的代表，城市的建设打破了汉唐里坊分离的格局，大街小巷，店铺林立。开放的城市促进了商品经济的发展，市井商业成为市民生活的重要内容。就文化上来说，北宋东京最终完成了自汉唐以来的中外文化的撞击、融合的过程，并为中国市井文化的崛起创造了一个良好的开端。元曲、明清小说、杂技的兴起，可以说是从北宋东京文化孕育出来的。

金朝为了把统治中心移到黄河流域，除首都上京外，又在南方建四个都城。城市建设得到一定恢复。1232年，蒙军攻汴京，两军相持作战达一年之久。1233年，城破，蒙古灭金，开封军民死亡者达90万之众。1234年，南宋军复入汴京，元军决黄河水灌城。连续两年历经战火浩劫，开封城元气大伤，人口锐减，再也达不到北宋东京的水平了。兵灾、战祸、黄水，成为开封城的主要劫难。

明建立后，朱元璋改汴梁路为开封府，接着又升开封为北京。洪武十一年（1378年），废北京名，作为河南省会，一直持续到中华人民共和国成立。明朝末年（1641—1642年），李自成义军围攻开封。官军决黄河堤欲淹义军，结果置全城于黄河波涛之中，城中居民近38万人，幸免者不足3万人。这是开封历史上最大的一次劫难。开封被黄河泥沙埋入地下，繁华的开封已不复存在。

清代在原址上建的开封城，已无复旧貌。元气已尽，文化消沉，唯城市格局保留至今。但黄患不已，城外土地高出城墙，城内如锅底，黄河成为开封大患。

总之，开封历史上从春秋启封开始，中经战国大梁，秦汉魏晋南北朝浚仪，隋唐汴州，五代、北宋东京，金代汴京，元代汴梁，明代开封府，清代开封，前后延续2 000多年。2 000年中，风云聚合，盛衰无常，为京城凡七代，历时400年。

（五）历史文化名城看古今

1. 中原名城南阳

南阳位于河南省西南部，伏牛山之阳，桐柏山之阴。四周群山环抱，境内丹唐、白、湍诸水横贯如网，土地肥沃，物产丰富。古代以“山南水北”为阳，南阳地处伏牛山以南、汉水以北，又在东周都城洛阳之南，故名南阳。

南阳不仅是中原战略要地，而且是豫西南的经济中心。战国时，楚邑宛城为著名的铁产地。秦伐赵，把著名的大产业家孔氏迁于南阳，使南阳冶铁更为发展。西汉时，国家实行盐铁专卖政策，政府在宛城设盐官和工官。1958 年在汉宛城遗址发现了规模较大的汉代冶铁遗址就是证明。冶铁工业为水利的发展提供了方便，水利又促进了农业，导致经济的繁荣。汉代时，南阳成为中国五大都会之一。

东汉刘秀及许多王公贵族、文臣武将都出自南阳，因此南阳出土的汉画像石、画像砖在全国首屈一指，这些画石不仅刻工精湛，而且内容丰富多彩，有历史故事、神话传说、舞乐百戏、天文图像、珍禽异兽、日常生活等。画像采用浅浮雕施阴线的技法，注重画面的磅礴气势，给人以粗犷、古朴、奔放之感，是研究我国汉代的社会生活及艺术史的重要史料，是中华民族文化遗产中璀璨的瑰宝。著名科学家、文学家张衡，医圣张仲景都是南阳人。至今南阳石桥镇西有张衡墓，市东关凉河畔有张仲景墓。三国蜀相诸葛亮在出茅庐前曾躬耕于南阳市西卧龙岗，在那儿有武侯祠，以此纪念这位名相，还有诸葛亮的读书台等遗迹。

知识链接

南阳独山玉

独山玉产于河南南阳的独山，也称“南阳玉”或“河南玉”，也有简称为“独玉”的。独山玉玉质坚韧微密，细腻柔润，色泽斑驳陆离，有绿、蓝、黄、紫、红、白 6 种色素，77 个色彩类型，是工艺美术雕件的重要玉石原料，成为南阳著名特产，是中国四大名玉之一。独山玉雕历史悠久，据考古推算，早在 5 000 多年前先民们就已认识和使用了独山玉。旧中国，南阳玉雕已形成一大行业，城内有作坊 80 余家。独山玉以色正、透明度高、质地细腻和无杂质裂纹者为最佳。其中以芙蓉石、透水白玉、绿玉价值较高。此外，利用玉块不同颜色模仿自然制作的俏色玉雕获得好评。

南阳独山玉玉雕作品

2. 豫东门户商丘

商丘位于河南省东部，北与山东接壤，南同安徽毗邻，东临江苏省境，素有豫东门户之称。商丘有着悠久的历史，远在新石器时代，这里就有人类活动的遗迹。至今这里的一些地名仍遗存着人类原始生活的印记，如谷熟、马牧、鹿邑、高辛、芒种桥等。上古时，这一带为华夏族诸部落活动的中心。相传，“五帝”之一的帝喾高辛氏为帝王时都于亳（今商丘市南25千米的高辛集），封他的儿子阏伯于商丘管理火种，称为火正。阏伯由于管火有功，被后人尊为火神，人们把他管火的地方称为“火神台”或“火星台”，又叫“阏伯台”。

夏禹时，分天下为九州之地，商丘属豫州。此后，这一带为商族部落的活动中心，这是商丘“商”字的由来。这一带地势低洼，遍布湖沼，且地近黄河，屡受洪水之害，遂择丘（小之山）而居，因而有商丘之名。商丘和商族、商朝以及商人、商业的起源都有很密切的关系。相土是商始祖契的孙子，是夏朝前期时人。《诗经·商颂·长发》云：“相土烈烈，海外有截。”（诗句大意为：契孙相土有威名，四海之外齐归顺。）商城早年的基业是他奠定的，而周朝封在商丘的宋人，乃是他的后裔。由此可见，商朝的祖先在商丘，族裔入周又回到商丘，这乃是春秋时期人们周知公认的史实（这一段考证取自李学勤先生的文章。）著名历史学家李学勤先生还为商丘题字：“商人商业，源于商丘。”由此也可以看到商丘的历史地位。

至商汤时，国都立于亳（商丘东南）。不久，遭遇了连续七年的大旱。为祈求上天下雨，汤遍行祭天之法而无效，便亲自到商丘郊外——“桑林”，沐浴更衣，亲为牺牲，祈求下雨，不久就下了雨。汤死时，此处就命名为“桑林”，用以纪念这次桑林求雨之事。周武王灭商后，封商纣王之子武庚为殷君，辖原商都部落所居的广大地区，即今商丘一带。公元前221年，秦统一中国，划全国为36郡，商丘属砀郡，称睢阳县。汉高祖之子梁孝王“本封大梁（今开封），以地卑湿，徙睢阳（商丘）”。梁孝王刘武建都睢阳后，大规模营建城垣。梁孝王还大兴土木，在商丘周围兴建了方圆300里的梁国，还兴建了37座宫室花囿。因而，商丘亦有梁园、梁苑之称。

唐初仍为宋州，唐玄宗天宝年间改为睢阳郡。这一时期，睢阳一地因控扼汴河下游，地位特别重要。安史之乱时，张巡扼守睢阳，阻挡了叛军的东进，对保障东南和大唐王朝的复兴起过重要作用。唐韦应物《睢阳感怀》诗云：“张侯本忠烈，济世有深智。坚壁梁宋间，远筹吴楚利。”乾元初（758年）复宋州。建中二年（781年），置宣武军，治宋州。兴元元年（784年），宣武军移治汴州（今开封）。

五代后梁时改汴州为东京，又移宣武军于宋州。后唐庄宗同光元年（923年），改宣武军为归德军。后周显德六年（959年），赵匡胤任归德军节度使。为防御汉兵入侵，亲自率兵出征。兵至陈桥驿，突发兵变，赵匡胤自建王朝，自立为帝，史称这一事件为“陈桥兵变”。为纪念从归德起兵而得天下，因归德为古宋国之地，定国号为“宋”，建都开封。随后将归德军改称宋州，亦称河南郡归德军。

宋真宗景德二年（100年），以太祖由归德节度使受命之故，升宋州为应天府。大中祥符七年（1014年），改应天府为南京，与首都东京开封、西京洛阳、天京大名，合称四京，居陪都地位。宋定应天府为南京后，重筑城垣，是为南京城。该城15里40步，宫城周2里36步，东西有外城，周25里83步。高宗建炎元年（1127年），北宋灭亡。康王赵构逃至南京（即商丘），在城南门外的幸山登基称帝，建立了南宋政权。

金朝时改宋南京为睢阳，隶南京归德府。元代仍称睢阳，为归德府治。明代改称商丘，明初降府为州。清朝建置称谓均袭明代。1948年11月6日，商丘解放。商丘最著名的名胜古迹有阏伯台（火神台）和壮悔堂。壮悔堂为明末才子侯方域（1618—1655年）旧宅。因清孔尚任著《桃花扇》中侯方域与名妓李香君的一段缠绵故事而著称于世。侯氏旧宅有李香君的香君楼，村东还有香君墓。此外还有三陵台、义庙、清凉寺、梁园、文雅台等。

3. 千年古城浚县

浚县位于河南省北部卫河中游两侧，太行山东麓与华北平原的过渡带。南与滑县毗邻，东与内黄接壤，西连淇县，北依汤阴。境域南北长、东西宽均约 43 千米，总面积 1 088 平方千米。浚县是国务院 1993 年公布的中国历史文化名城。

浚县地势由西南向东北和缓倾斜，一般海拔 70 米，岗丘平原错落分布。以平原为主，占总面积 81.5%，包括淇河平原、卫河平原和黄河故道平原。火龙岗是太行山余脉，绵亘 20 余千米，最高海拔 132.5 米。大丕、浮丘等 8 座小山，平川突起。卫河、淇河、共产主义渠汇流境内，气候温润。

浚县地处中华民族的发祥地，历史悠久。远在 6 000 年前，先民已在淇河下游繁衍生息。4 000 年前开发了大龙岗两侧沃土。商都迁殷后，浚地称黎，为畿内地。申屯、姬屯、小艾庄、前公堂、黄湾等遗址都说明了这一点。在《诗经》中也有一些对淇水、卫河、桑中的记载。

西周属卫，春秋属晋，战国属魏，秦分属三郡。西汉初年置黎阳县，东汉、三国、西晋因之。东晋永和中（345—356 年）升黎阳郡。丁零族翟辽据此称王。北魏永安元年（528 年）置东黎县，治今临河村，北齐废。北周宣政元年（578 年）置黎州。北宋政和五年（1115 年）置浚州，以境内卫河、淇水合流称浚水而得名。明初降浚州为县，始称浚县。移治于浮丘山之北坡至今已 620 余年。

在历史上，浚县出了不少名人。孔子七十二贤人中的端木赐（即子贡）便是其中的佼佼者，其道德识见对后世影响深远，逝后被封为黎侯、黎公，至今浚县城南门内街东还有黎公祠（子贡祠），城东南还有子贡墓。明代兵部尚书王越（被称为“出将入相，文武全才”）总制三边军务，屡立战功。其他如卢楠、张晰，均颇有名。

浚县的名胜古迹亦多，如文治阁、黎公祠、孔庙等。大伾山风景名胜区尤其有名，包括天宁寺、大石佛、太平兴国寺、龙洞、大伾山铭、吕祖祠、霞隐山庄、天齐庙、王铎大伾山摩崖、碧霞宫、千佛寺石窟等。该风景区保留了较多的道教宫观遗址，在河南各地不多见。此外，还有一些遗址。

4. 龙乡濮阳

濮阳的称谓，来自一条叫“濮水”的古河。2 000 多年前的春秋战国时期，卫国的国都设在濮水之阳，濮阳由此得名。这里位于河南省东北部冀鲁豫三省交界处，黄河之滨，现辖 5 县 1 区，总面积 4 266 平方千米，总人口 368 万。

濮阳是河南省历史文化名城。上古时代，这里是五帝之一的颛顼及其部族的活动中心，故有“颛顼遗都”之称。濮阳名人辈出，史事纷繁。华夏祖先颛顼、造字圣人仓颉、兵家始祖吴起、一代名相商鞅、天文学家僧一行等，均诞生在这里。濮阳还是中国姓氏的重要起源地之一，出自这里的姓氏达 320 个，其中包括张、范、姚、秦、顾、孟、骆姓等，吸引了众多的海内外华夏子孙到此寻根敬祖。1987 年在濮阳出土的 6 400 多年前的蚌塑龙形图案，被誉为“中国第一龙”，据此，中华炎黄文化研究会命名濮阳为“龙乡”。主要旅游景观有：戚城、子路墓祠、张挥墓、仓颉陵与仓颉庙、中心阁、御井、回銮碑、会盟台、绿色庄园、濮上园和毛楼生态旅游区等。

二、军事遗址与古战场

（一）函谷关

函谷关始建于西周，号称“天下第一关”，距离灵宝市区约16千米，为我国建置最早的雄关古道。函谷关本位于河南省灵宝市城东北140千米处的宏农涧河西岸。东起崤山，西至潼津，关城在谷中，山谷深险如函，故名。原为高100米、长25千米的黄土台，北到黄河边，南接海拔2 000米以上的小秦岭。战国、秦时于此设关，汉武帝时将关移至新安县东，称函谷新关，原关称函谷故关。由于形势险要，素被称为“一夫当关，万人莫克”之地。

现仅存关门。现已查清关城范围、美楼和城墙遗址及古道线路，并发现了战国时期的兵器库和流水管道及汉币等大量文物。修复了太初宫、鸡鸣台、瞻紫楼等景点，开辟了“函谷关文物陈列室”。

知识链接

鸡鸣狗盗

战国时期，齐国的孟尝君好客喜贤名声很大，秦昭襄王早有所闻，想让孟尝君来秦共图大谋。派其弟泾阳君到齐国为人质，请孟尝君入秦为相，孟尝君到秦后，遭到丞相樗里疾的忌妒。樗在秦王面前进言陷害。后秦王反悔，欲杀害之，又恐遭人唾骂，暂将孟尝君囚禁起来。回国后的泾阳君闻听此讯，欲救孟尝君，于是去求幸姬。幸姬提出要孟尝君已赠给秦王的狐白裘衣。后一门客从狗洞进入库房，巡夜人听有动静，门客学狗叫，骗走巡夜人，盗得狐白裘衣，送给幸姬。这样，幸姬才帮忙弄到出关文书。孟尝君一行慌忙逃至函谷关，正值半夜，当时关规是“鸡鸣开关，日落闭关”，后边追兵将至，形势危急。此时有一门客站在土阜上学鸡鸣叫，周围雄鸡齐鸣，关吏忙开关门，孟尝君一行匆匆出了函谷关。后来樗里疾追到此处，孟尝君已出关多时了。

灵宝函谷关

（二）黑石关

黑石关位于河南省巩县①和偃师县之间，是洛河的一个渡口。明代在此设黑石渡巡检

① 现为巩义市。

司。黑石关周围有群山为障，中通洛河，东西一路通行，是洛阳东方之门户，地势险要。

隋末唐初，瓦岗农民起义军曾在这里作战，大败隋军。隋大业十三年（617 年）4 月，瓦岗军攻占洛口仓。洛口仓，又名兴洛仓，在巩县东北。因地处洛水入黄河之口而得名。黑石关因濒临洛河，是重要渡口，历史上称为黑石渡。现在陇海铁路经过此地，仍不失为军事要地。

（三）虎牢关

虎牢关又名武牢关、成皋关、汜水关和古崤关，位于荥阳市汜水镇西 1 千米处，南连嵩岳，北濒黄河，西倚邙岭，东接平原，扼东西之咽喉。其山川雄险，有一夫当关、万夫莫开之势，是闻名遐迩的古战场。

打开历史的画册，虎牢关不愧闻名遐迩的漫道雄关。自春秋到秦汉，从隋唐到大清，乃至现代史上的抗日战争，悠悠几千年，这里一直是兵家必争之地。虎牢关一向被称为洛阳的东门户。虎牢是东都洛阳四处雄关之一，其他三处，西为函谷关，南为伊阙关，北为孟津关。唐朝贾至经此赋《虎牢铭》曰："唯此虎牢，天设巨防。攻在坤下，拒在离旁。昏持以灭，圣凭而王。"虎牢关战略地位的重要性由此可见一斑。古关上下的黄土中，至今还有英雄们的折戟遗镞。历朝历代的统治者，无不倚重虎牢。因为，此关的得失常常关系着一个王朝的兴衰。

（四）汉霸二王城

汉霸二王城位于荥阳市东北约 17 千米的广武山上，两座城址中隔鸿沟，遥遥相对。秦汉之际，刘邦、项羽在广武以鸿沟为界，中分天下，中国象棋盘中的"楚河""汉界"就是指的这里。刘邦与项羽对垒所筑的东、西广武城，西城为刘邦所筑，称汉王城；东城为项羽所筑，称霸王城。二城中隔广武涧，就是我们常说的"楚河汉界"。涧深 200 米，宽 100 米，口宽约 800 米，南北走向。二城之北紧靠黄河，形势险要。

2 000 多年来，邙山（古称广武山）是由平原进入西部的要道，所以成为重要的军事关隘。在古代，这里是濒临黄河的第一高峰，它东面紧临荥阳古城，西面不远处便是又一道险关虎牢关，广武山下就是古代的一个交通枢纽和战略高地。古代黄河的漕运，在这里可以控制。秦始皇东进时，占据了广武山，在山上建立敖仓，作为消灭魏、韩、齐的大本营。所以古称"天下之要塞在中州，中州之要塞在广武"。

（五）官渡古战场

官渡古战场位于中牟县城东北 2.5 千米官渡桥村一带，因傍官渡水而得村名。村内原有关帝庙，存清乾隆年间石碑，碑文云"官渡乃关帝拒袁斩将处"。根据《中牟县志》的记载，这里旧有城叫"官渡城"，又有台名"官渡台"或"曹公台"，乃东汉曹操与袁绍相拒之处。附近有"水溃村"。距官渡 20 千米霍庄有"袁绍岗"，传说是袁绍屯兵处。清代诗人桑调元途经中牟，特地寻访官渡旧址，有《访官渡》一诗为证："官渡知何处，苍茫想旧城。曹袁遗垒失，烟雨绿芜平。大地几龙战，空天一鹤迎。无穷家国事，物外讵关情。"

官渡之战发生在东汉建安五年，当时袁绍率兵 20 万南下，曹操率兵 4 万在官渡相拒。当年春，曹操乘袁绍傲慢轻敌、内部失和之际，两次偷袭袁绍后方，焚其粮食辎重，断其粮道，致使袁绍军心动摇，纷纷溃散，曹则全线出击，歼灭袁军主力，为统一北方奠定了基础。这是我国历史上以弱胜强、以少胜多的著名战例之一。

（六）瓦岗寨

瓦岗寨位于滑县东35千米处的瓦岗寨乡。瓦岗之名始于春秋时期，隋朝末年，威行千里、声振八方的瓦岗军农民大起义就发生在这里。隋大业七年，韦城人翟让为推翻反动的隋王朝，便在这一带组织和领导了一场声势浩大的农民大起义，号称瓦岗军。当时，农民起义军为了聚集武装力量和防止敌人进攻，便在瓦岗筑了个土围子，即瓦岗寨，至今，遗址尚存。

昔日瓦岗军的点将台，高5.5米，面积1 300多平方米。“点将台”四周村庄名字的来历，都与瓦岗军有联系。当时，瓦岗军不断劫获通济渠、永济渠一带官府、巨商的货物，在这里建造了4座仓库，点将台东西两边有西连屯、东连屯、西小屯、东小屯。东北隅的慈周寨乡政府驻地，是瓦岗军周济饥民的地方。北边的小刘庄，史称铁花寨，是当时的兵器制造厂。小刘庄西边的东梦庄、西梦庄是义军开荒耕种处。西南侧的周道村，是当时的贫苦农民参加起义军的报到处。西北角的东大操村、西大操村，是当年瓦岗军练兵习武的大操场，至今还留有操练时讲话的“话岗”。东南边的马庄是跑马场，据说，瓦岗寨的大将军单雄信善于马上用枪刀，号称“飞将军”，他的高超技艺，就是在这里练出来的。当时，瓦岗军对地主老财恨之入骨，为斩霸除恶，就在点将台南边设立了刑场，素有“血染黄河，红及河水”之称，所以，至今还保留着“赤水”村名。赤水村北边不远的彭庄，曾是瓦岗军制作帐篷的地方。在瓦岗一带，曾挖掘出当年瓦岗军饮马的水井和喂马的石槽，并有刀、枪、剑、戟等兵器。另外还挖掘出一把3千克重的大铁斧，据说是当年程咬金使用过的，今存在滑县文化馆。

三、废弃生产地

废弃生产地是指已经消失或废置的矿山、窑、冶炼场、工艺作坊等。

（一）古荥冶铁遗址

古荥冶铁遗址位于郑州市西北27千米，古荥阳城西门外，面积约12万平方米。1965年发现，1975年郑州市博物馆进行了发掘。两座规模较大的炼铁高炉炉基，东西并列，间隔14.5米，炉基深3米，炉缸呈椭圆形，面积8.5平方米，炉壁厚1米，炉壁、炉基均用黑褐色耐火土夯筑而成。炉前炉侧有冶铁的架木遗迹，还有宽敞的工作面。炉底积铁9块，最重的一块约23吨，一侧还留有2米多高的柱瘤。据推算，炉高约6米，容积50多立方米。日产铁量可达1吨左右，是我国发现最大的汉代炼铁高炉。

在炼炉周围还有矿石加工场，高架、鼓风、水井、水池等设施。矿石为赤铁矿，品位在50%左右；鼓风设施，主要是鼓风管，陶质，直径26厘米。冶炼时以木炭为燃料，同时在陶窑内也发现了煤饼做燃料。炉前有水井，炉后有水池，表明以炼炉为中心，组成了一个完整的冶炼系统。

在发掘出土的大量遗物中，耐火砖和陶范比重很大。模子有犁镜模、犁铧模、铲模、凹插模、一字插模、六角承模、镢模、铺首模以及鼎足模等。在一些范模或铁器上有“河一”铭文，应是河南郡第一冶铸工场，为我们研究古代冶金史提供了非常丰富的资料。

发掘中还清理了14座陶窑及船形坑与冶铸有关的遗迹。遗址的年代为西汉中期至东汉时期。发掘材料证明它是官营的冶铸联合作坊，对研究我国冶金史具有重大意义。

（二）宛城冶铁遗址

中国历史上规模最大的冶铁中心——汉代宛城（南阳）冶铁遗址位于南阳市区北部瓦房庄附近，东西长600米，南北宽200米，总面积12万平方米。该遗址散布着大量的绳纹简瓦片、耐火砖、磨石、烧结铁块、铁渣等遗物。1959年曾进行发掘，发掘面积3 000平方米，出土遗物有熔炉基址17座，窑址4座，炉膛内发现铁块300多千克以及大量炉渣、木炭屑；陶范三四百块及坩埚、残鼓风管，锻制铁器有刀、镰、斧、锤等；范铸铁器有盆、鼎、罐、齿轮等，还有分布稠密的陶券井。

经鉴定，该遗址是汉代南阳一座规模较大的冶铁作坊。遗址东北方向约1千米处，是汉代南阳郡城的东北隅，证明该遗址处于故郡城内之北部。1963年被列为河南省重点文物保护单位。

（三）鹤壁集古瓷窑遗址

古瓷窑遗址位于鹤壁集羑河两岸，分布区域东西长约1 200米，南北约650米，面积80余万平方米，烧造时代为唐、宋、金、元。1963年被河南省人民政府公布为省级文物保护单位。

自1964年，曾对该窑址多次进行过发掘，清理出窑迹、作坊、盘、碗、盒、罐、坛等生活用具，鸭、狗、猴、马等动物模型，象棋、铃铛等大量器物，器物有白釉、黑釉、酱釉、天兰釉等，其中白釉器居多，而黑釉晶莹发亮，可见人影，工艺居众釉色之首，纹饰有刻花、绘花、剔花、印花、加彩等，构图简练，笔法流畅，写实性强。民间生活气息浓厚。在器表或器内书、刻有题记，有独特的地方风格。1986年5月，遗址内建立了“鹤壁集瓷窑遗址陈列馆”。

（四）鹤壁宋代采煤遗址

宋代采煤遗址位于鹤山区鹤壁集乡古楼河村，是我国乃至世界迄今发现开采最早的一处存货采煤遗址。

该遗址发现于1959年，矿井井深约46米，较大的古巷道4条，全长500余米，巷道高1米多，上宽1米，下宽1.4米，有10个采煤区；巷道两壁、巷道与巷道交叉处，以及各采煤区周围皆开凿有高10～17厘米、深10～21厘米的壁龛，总数上百个，为照明灯用。在矿井内，先后发现一批与当时采煤生产、运输相关的物品30多件。其中有生产运煤用的扁担、条筐，排水提煤用的木制辘轳，盛舀灯油用的瓷缸和木勺，记工、记账用的石砚，照明用的小瓷碗、瓶、罐等。采煤遗址的规模为当时较大型煤矿，能容百人之众。其采煤方法为，先由地面开凿竖井，并依地下自然煤层的变化开拓巷道，运用先内后外，逐步撤退，称为“跳格式”的开采方法。其排水技术除选用辘轳升出井外，还将地下水引入采完煤的坑洼地贮积起来，如此先进的采煤和排水技术，就当时的科学条件来说，是极具代表性的。

（五）洛阳含嘉仓遗址

含嘉仓遗址位于洛阳老城北、隋唐故城东北部的含嘉仓，始建于隋大业元年（605年），是用作盛纳京都以东州县所交租米之皇家粮仓，历经隋、唐、北宋3个王朝，沿用500余年。

1970年洛阳博物馆对含嘉仓遗址进行了钻探和重点发掘，探出粮仓287座，发掘粮窑40余座。据统计，含嘉仓共有圆形仓窖400余个。大窖可储粮1万石以上，小窖也可储粮数千石。唐天宝八年总储粮量约为 5 833 400 石。仅唐德宗贞元十四年，一次出粜粟就达 7 万石。其主要积江淮之米，西运至太原仓，以实关中。仓窑形状为大口小底缸形窖，口径 10～16米。最大有 18 米，深 7～9 米，最深者 12 米，窖底夯实后，用火烘干，周壁和窑底铺设草、木板、糠、席等物，然后储粮，粮入窑后，上面铺席、堆糠和垫草，最后用土密封。

在已发掘的仓窖中，发现了刻字砖，砖上记载了仓窖位置、粗粮来源、入窖年月以及授领粟官的职务、姓名等。砖文所记事件大都发生在唐高宗、武则天和唐玄宗时期，有调露、天授、长寿、圣历和开元等年号。粮仓储存的粮食品种有糙米、粟、小豆等。其产自苏州、徐州、楚州、润州（镇江）、滁州、隋州（邢台）、冀州（河北冀县）、德州、濮州（山东濮县）和魏州（河北大名）等地。如此规模的粮仓可称为我国最大的古代粮仓。

（六）义马粮食作坊

河南省义马市东区办事处的一建筑工地上，工人们在施工过程中挖出了一座大型古代粮食作坊。据介绍，这座古代大型粮食作坊面积约 100 平方米，距地面 2. 2 米深，内置一组大型的石碾，整体结构呈圆形，由碾磙、数个巨大的碾槽等组成，组合起来直径约 4. 5 米。此碾为红砂岩石，十分坚硬，石质均匀，弧形石槽十分对称。石碾做工精细，特别是圆磙，制作时要先方后圆，再取圆心，十分规则。新发现的这座古代大型粮食作坊位于涧河的南岸，距仰韶文化石佛遗址只有 3 千米，处于常村周朝文化遗址之内，至于属于什么年代，有待于文物专家进一步考证。

四、古交通遗迹

（一）鲁班壑古道

巍巍太行北起燕地南至河洛，南北贯穿连绵 400 千米，经过林州这段山脉史称林虑山，山巅连贯成起伏的曲线，有一凹处如洞开的山门，这就是鲁班壑。

鲁班壑的由来传说很多，流传最广的为以下这种说法。历史上太行山山高路险，阻挡了上党与豫北地区人们的交通，山里人常需翻山越岭才可出行，极为辛劳。鲁班爷闻讯后，心念苍生疾苦，随后便斧劈刀凿于山巅，于万仞山中开出了一条通道，方便了太行山两边人们的出行。人们为了纪念鲁班爷的善心德行，便把此山道称为“鲁班壑”。

鲁班壑古道是太行大峡谷风景名胜区的一个交通遗迹景观。它属于震旦系石英砂岩寒武系砂页岩地质结构，鲁班壑古道东起红旗渠一干渠旁边的城郊乡石楼村，西止石板岩乡的小壑村。最高海拔 1 172 米，山路盘旋，西上十八盘，东下十八弯，堪称“天险”门户。

（二）石壕古道遗迹

石壕古道遗迹位于陕县硖石乡车壕村东南，距三门峡约 36 千米。石坂坡上的车壕印痕全长 100 余米，路面宽 6～8 米，辙宽 106 米。车辙壕深 0. 25 米，是车轮在石坡长期压辗而成。古道略呈西北、东南向。当年唐朝大诗人杜甫路过这里，曾写下著名的《石壕吏》。

（三）古汴河码头遗址

汴河遗址商丘南关码头遗址段位于商丘市睢阳区古宋乡。

此段河道始于隋代所开通济渠，北宋时期称为汴河，并形成了以东京为中心包括汴河、惠民河、金水河、广济河四条运河的汴河水系。北宋末期，汴河水系航运基本废止，南宋时汴河的大部分河道淤淀严重。考古发现的商丘南关码头遗址段河道长约 1 千米，宽约 120 米，河深 16 米，跨运河南北两岸有大型码头遗址，初步判定码头遗址上溯的年代为北宋时期。

五、古城池遗迹

（一）郑州商城遗址

商城遗址位于郑州市老城区，最早于 1950 年发现，经过多年的发掘调查，商城遗址东起凤凰台，西到西沙口，北自花园路，南至二里岗的 25 平方千米范围内，商代文化遍布各处。遗址内发现有商代的房基、窖穴、壕沟、水井、墓葬和祭祀坑等，在遗址中部发现一座周长近 7 千米的商代城墙，城墙用土分层夯筑，城墙夯土层中夹杂许多陶片，经 C14 测定，证明城址距今 3 500 年左右，早于安阳殷墟，是商代中期城址，考古学家推测可能是商王仲丁所迁的隞都。

郑州商城不仅有高大的夯土城墙，城内外还出土有铜、石、骨、蚌、玉、陶、原始瓷器等器物以及甲骨文和陶文符号等丰富的文物。其中出土最多的是陶器，有泥质的和加沙的，有灰陶、红陶、棕陶、黑陶、白陶；制作上轮制、模制、手制同时使用，纹饰有绳纹、方格纹、附加堆纹、人字纹、饕餮纹等，丰富多彩。在杜岭街发掘出土的一对商中期大铜方鼎，器表饰饕餮纹和乳钉纹，据鉴定，比著名的安阳“后母戊鼎”还要早，是目前发现的商代中期青铜器中罕见的重器。另外，出土的商代瓷尊，也是我国迄今发现的最早瓷器。商城遗址的发现，为研究奴隶社会的历史和奴隶制国家的发展提供了宝贵的资料。商城遗址属全国文物保护单位，在东里路建有商城博物馆，展现了商城的历史。

（二）安阳殷墟

殷墟，位于安阳市西北 2. 5 千米小屯村附近的洹水两岸。以小屯为中心，西起北辛庄，东到洹上村，北至西北岗、后小营村，南达铁路苗圃、郭家庄，长约 5. 6 千米，宽约 4. 5 千米，面积约 24 平方千米，是一处规模巨大的商代文化遗址。商代后期盘庚迁殷至纣灭亡，有 8 代 12 王在此建都，历经我国奴隶制社会的全盛时期，周武王伐纣后，逐渐荒废，因而称为“殷墟”。

从清末发现至今，曾经过多次考古发掘，出土大量遗物，有铜器、陶器、玉器、骨器、漆器、象牙雕刻、竹器、甲骨卜辞等。其中甲骨卜辞是殷商保存下来的重要档案资料，是商王室进行占卜的记录，占卜的内容多是王室的祭祀、天象、田猎、年岁、农业、征伐、王事等方面，涵盖了自武丁以降商代各王，全面记载了商代的政治、经济、文化等状况，是研究商代社会的珍贵资料。

殷墟的宫殿区和陵墓区分布在洹河两岸，宫殿区在南岸，发现宫殿基址 256 座，王陵区在北岸，发掘出 11 座大墓，出土大量的重要文物，如武官村大墓出土的司母戊铜方鼎，鼎高 1. 33 米，宽 0. 78 米，重达 875 千克，是目前发现的最大的青铜器。在小屯村西北地，发现了妇好墓。从出土青铜器铭文断定，妇好是武丁法定配偶，她能征善战，曾统帅大军出征打仗，是武丁的宠妃。妇好墓出土的器物之多，造型之精美，轰动世界。殷墟是座丰富的地下宝库，为全国重点文物保护单位，被列为“中国 20 世纪 100 项考古重大发现”之首，

2006 年，又被联合国教科文组织列入“世界文化遗产”，对推动考古研究和旅游事业的发展，将起到巨大作用。

知识链接 **“司母戊鼎”原是“后母戊鼎”**

此鼎初始被定名时，专家释读其上铭文为“司母戊”，然而随着更多同时期青铜器被发现，目前专家多认为应当释读为“后母戊”。但由于中小学历史课本的广泛宣传（目前人教版教科书仍称之为“司母戊鼎”），目前司母戊鼎、司母戊大方鼎等名称更为有名。

针对后母戊鼎前后有两种说法。一说为，“司”读“祀”，“母戊”是商王文丁之母的庙号，鼎是文丁为祭祀母亲所铸；另一说为“司”意为“后”，后就是王的意思，后母就是王的母亲。1976 年安阳殷墟妇好墓发掘出后母辛鼎，对比发现后母辛鼎的形制、纹饰和铭文的风格均，和后母戊鼎一致，而历史记载妇好是商王武丁的一个王后，专家由此断定出土后母戊鼎的墓的主人也是武丁之妻。

殷墟出土的“后母戊鼎”

（三）新郑郑韩故城

郑韩故城位于新郑市区附近，俗称“四十五里牛角城”。新郑东周时为郑国和韩国的国都，是古代著名都城之一。遗址呈不规则长方形，东西长约 5 000 米，南北宽约 4 500 米。中间有一道南北向的隔墙，把郑韩故城分为西城（内城）和东城（外城）。除西城墙和南城墙的一部分被破坏外，北城墙和东城墙大部分保存完整。城墙高 15 ~ 18 米，底宽 40 ~ 60 米，还发现了少量城墙缺口，这应是城门遗迹。西城中部有一座宫城，是宫殿区，有大量的夯土建筑台基。在此发现一座奇特的地下建筑，室内并列 5 眼井，室内和井中出土有牛、羊、猪、鸡残骨和陶器，可能是宫廷祭祀和日常生活的一处储藏肉类食品的地下仓库。在东城东部，发现了一处铸铜作坊遗址、一处制骨作坊，出土有熔铜炉、鼓风管、铜炼渣、陶范以及骨制品的半成品、砺石和铜刀等加工工具。此外还发现了陶器、玉器作坊，在东城发掘的春秋贵族墓，出土随葬青铜礼器、玉器、玛瑙器、水晶器、骨器、兵器、车马器共 720 多件。郑韩故城，是全国重点文物保护单位，“全国 20 世纪百项考古重大发现”之一，青铜器、乐器窖藏的发掘，被评为 1997 年度全国十大考古新发现之一，新郑市因此被列入河南省历史文化名城。

新郑郑韩故城遗址

（四）洛阳汉魏故城

洛阳汉魏故城位于洛阳市区东 15 千米，与偃师、孟津相邻。北依邙山，南临洛水，地势险要，东汉光武帝建武元年（25 年）在此定都，曹魏、西晋继之。北魏孝文帝十八年（494 年）自平城迁都于此，因汉魏两代最为繁盛，故史称汉魏洛阳故城。

汉魏洛阳故城建筑规模宏大，是我国目前保存较完整的古城遗址之一，隋唐时期另建新城，该城仍存。汉魏洛阳故城，现为长方形，东、西、北三面城墙保存较好，高出地面 1 ~ 2 米，部分地段高出地面 5 ~ 7 米，南城墙因洛河北移被水冲毁，在部分城墙上发现有向外突出的墩台，类似后来城墙所筑的“马面”。城墙外还发现有护城河的痕迹。

北魏洛阳城最大的寺院——永宁寺，坐落在城中部，经发掘出土了永宁寺塔基以及泥塑佛像、供养人塑像，造型精致，形象生动，比同时期的石窟造像更为逼真。在城南门外发掘出的灵台遗址，是观测天象和气象的建筑遗址，始建于东汉建武中元元年（56 年），曹魏和西晋沿用，历时 250 余年，东汉著名科学家张衡曾在此设计制造了浑天仪和候风地动仪。灵台东是明堂遗址，是皇帝接受臣下朝觐之处。明堂再向东，发掘出太学遗址，创建于东汉建武五年（29 年）。太学是中国最早的大学，是统治阶级“行礼乐、宣德化”的场所，在此出土了著名的辟雍碑，碑文记载了晋武帝司马炎及皇太子亲临辟雍视察的情景。在灵台西南 1.5 千米，发现一处东汉刑徒墓地，面积约 5 万平方米，已发掘出 522 座刑徒墓，刑徒的脊椎骨均有明显的劳损痕迹，出土刑徒墓砖 820 块。刑徒墓地砖刻铭文的发现，是除碑刻、简牍之外数量最大的汉代书法资料，是研究汉代刑狱制度和阶级关系非常重要的实物资料。汉魏洛阳故城，为全国重点文物保护单位，“全国 20 世纪百项考古重大发现”之一。

（五）隋唐洛阳故城

隋唐洛阳故城，位于洛阳市区及近郊，南望龙门，北依邙山，东逾瀍水，西至涧河，洛水横贯其间。隋唐洛阳城始建于隋大业元年（605 年），唐代略有增建，是我国封建盛世著名的都城。整体平面近正方形，包括宫城、皇城、圆璧城、曜仪城、东城、含嘉仓城和外郭城。

外郭城有八座城门，东西城墙下面有石板砌的下水道。城内街道横竖垂直相交，形成棋盘式布局，街道组成里坊，共计 109 坊 3 市，洛河南为 81 坊 2 市（西市、南市），洛河北为 28 坊 1 市（北市）。宫城位于外郭城西北部，平面呈长方形，城内发现多处大型夯土宫殿基址。皇城围绕在宫城的东西南三面。宫城北面为曜仪城，东西狭长。再向北为圆璧城，亦为东西狭长。皇城东北还有东城和含嘉仓城。

宫城内发掘出武则天时期的明堂遗址，在大殿基址上，发现4块巨型柱础，据此可推断明堂的建筑规模。另外还发现了含嘉仓城的一些粮窖，出土有刻字或墨书的铭砖，记载粮窖在仓城的位置，储粮的来源，粮食的品种、数量，粮窖的年月以及管理人员的官职和姓名。在106号粮窖中，保留大半窖炭化谷子，折合25万千克左右。含嘉仓的发掘，反映了1 000多年前我国大型粮仓的储藏措施、各种记录和管理制度，这种地下储粮的做法，对今天仍有借鉴作用。

近年又发掘了白居易故居，发现有道路、水渠、宅院等遗址，出土有陶器、瓷器、石经幢等遗迹。刻有“开国男白居易造此佛顶尊胜大悲”等内容，与白居易有关。隋唐洛阳故城，为全国重点文物保护单位，“中国20世纪百项考古重大发现”之一。

（六）开封东京城

东京城，即北宋京城，位于开封城关。战国时期魏国首府，曰大梁；五代时，梁、晋、汉、周均曾在此建都；北宋建隆元年（960年）至靖康元年（1126年）在此建都167年，金都21年。前后六朝，为我国著名古都之一。

宋代东京城历经兵火水患，多次被黄水泥沙掩埋。经过多年的考古发掘，城址已初步查明，包括外城、阙城和宫城三重城垣。

外城，宋代称新城、罗城，俗称“卧牛城”，城周长约29千米。城墙被埋在地面下4米左右，为夯筑，共发现6座城门和9个缺口，在城墙四面建楼和马面，城门外建瓮城和护城河，元末明初时城墙大部分还在，明清黄水灌城，全部淹埋地下。

阙城，即宋内城，又称旧城、里城，范围同现存的明代开封城，是宋王朝政权机构所在地，也是寺观、商业中心、居民聚居的地方。此城是唐汴州节度使李勉所筑，宋朝沿用，金人占据东京后加以扩筑。元至正十七年（1357年）将城门只留五座，余门俱塞。明清黄水灌城后，残破不堪，清康熙元年（1662年）又重修开封城，各门营建如旧制。宫城，又名皇城、大内。经勘测发掘，宫城为南北长方形，位于阙城西北，皇宫先为唐代节度使衙署。宋太祖建隆三年（962年）扩充皇城东北一带，按照洛阳宫殿图修建。

北宋东京城，规模巨大，气势如虹，但历经沧桑，屡次被洪水淹没，地面遗迹留存者甚少，通过考古发掘手段，东京城遗址已基本查明，对研究古都东京是一个突破。现为全国文物保护单位。

知识链接

传世名画——清明上河图

清明上河图为北宋风俗画，宽24.8厘米，长528厘米，绢本设色，是中国十大传世名画之一。该画卷是北宋画家张择端仅见的存世精品，属国宝级文物，现藏于北京故宫博物院。清明上河是当时的民间风俗，像今天的节日集会，人们借以参加商贸活动。作品以长卷形式，采用散点透视构图法，生动记录了中国12世纪城市生活的面貌，这在中国乃至世界绘画史上都是独一无二的。全图规模宏大，结构严谨，大致分为三个段落：第一段是汴京郊外春光；第二段是汴河场景；第三段是城内街市。在5米多长的画卷里，共绘了550多个各色人物，牛、马、骡、驴等牲畜五六十匹，车、轿20多辆，大小船只20多艘。房屋、桥梁、城楼等各有特色，体现了宋代建筑的特征。具有很高的历史价值和艺术价值。

《清明上河图》描绘了北宋时期都城东京（今河南开封）的状况，主要是汴梁以及汴河两岸的自然风光和繁荣景象。作者以长卷形式，采用散点透视的构图法，将繁杂的景物纳入统一而富于变化的图画中。图中所绘城郭市桥屋庐之远近高下，草树马牛驴驼之大小出没，以及居者行者，舟车之往还先后，皆曲尽其仪态而莫可数记，全幅场面浩大，内容极为丰富，气势宏大、构图严谨、笔法细致，充分表现了画家对社会生活的深刻洞察力和高超的艺术表现能力。

《清明上河图》不仅仅是一件伟大的现实主义绘画艺术珍品，同时也为我们提供了有关北宋大都市的商业、手工业、民俗、建筑、交通工具等翔实形象的第一手资料，具有重要历史文献价值。因为其丰富的思想内涵、独特的审美视角、现实主义的表现手法，在中国乃至世界绘画史上被奉为经典之作。

六、长城遗迹——南阳楚长城

《汉书·地理志》载："南阳郡，叶，楚叶公邑，有长城，号曰方城。"公元前656年，春秋霸主齐桓公率八国军队讨伐楚国。楚国派使者屈完见齐桓公，陈以利害并说："楚国方城以为城，汉水以为池……"说明齐军是越不过这条防线的，屈完所说的"方城"就是楚长城。南北朝盛弘之《荆州记》载："叶东界有故城，始犨县，东至瀙水，达沘阳界，南北连绵数百里，名为方城，一谓之长城。"楚长城最初是由列城发展而来的，即一系列依地形排列而成的防御型小城。

独树大关口楚长城遗址，是史料记载较多的一处，《左传·哀公四年》载："致方城之外于缯关。"其中"缯关"遗址，明确记载在今河南省方城县境内。1981年6月至8月，原南阳地区文物队与方城县文化馆联合考察发现，独树镇中信庄村黄家自然村东西两侧山坡上，有楚国长城遗址，因明代在此置大、小关口，故名为大关口楚长城遗址。

这个遗址东西走向，两侧山脉均为南北走向，天然形成一道20里长的峡谷，中间最狭处仅可通过一辆汽车。村东侧长城遗址正修筑在峡谷最狭处东西走向的山冈上，多用土筑，残高1.5~3米，顶宽1.5米，底宽10米。北城垣南侧有一条取土用的深沟，长810米。南侧城垣长790米。村西侧遗址依山势修筑，有土则用土筑，无土则用石垒，皆沿山势陡峭处延展，呈环形经三山峰顶与村东侧南城垣相连。总长3 019米。南北城垣同东西两侧山峰构成一道难以逾越的屏障。

多年来，有关专家学者对楚长城的形成、分布区域及线路进行不断的研究探索。我国著名学者杨宽先生在其著作《战国史》中，对楚长城有独到见解，书中所述楚长城大多在平顶山境内。中国长城研究会会长成大林先生在叶县境内考察时，认定民间所说的"土龙"是建筑年代不晚于战国的"楚长城遗迹"。2009年4月，他与《万里长城》《中国长城博物馆》编辑部主任郑严一行在叶县保安镇境内的楚长城考察时，在一处遗址上发现春秋战国时期陶豆折壁浅盘残片和正面饰绳纹陶片，为确认楚长城提供了关键性的实物证据。中国长城学会秘书长董耀会认为，从公元前688年楚灭申到公元前292年秦灭楚，近400年间这个地区属楚国。后经东晋、南宋、明末，虽也有过小规模的短期战争，但均没有修建大规模长久性军事防御工程的必要。

虽然历经两千多年沧桑风雨，我们依然感受到楚长城的博大深邃和无穷的力量。它同万里长城一样是中华民族的脊梁，代表着不屈不挠的民族精神，蕴含着劳动人民的智慧和勤劳，体现了我国古代军事思想的丰富内涵，见证着中华民族古老文明和灿烂的文化。

小　结

本章主要介绍了河南史前人类活动场所遗址遗迹，省内的著名古都和历史文化名城，主要的军事遗址和古战场、废弃生产地，古代交通遗址、古城池遗址以及南阳楚长城遗址，展示了河南厚重的遗址遗迹旅游资源。

训　练

一、填空题

1. 彩陶双连壶出土于________，是________文化时期典型的代表彩陶器具，是________、________相敬、相亲的象征。

2. 史称________为“中国第一古都”，这里流传着盘庚迁都、武丁中兴、奴隶升相、妇好挂帅、文王________、武王________等许多历史传说。

3. 东京汴梁城由3道城墙、4条运河、33座桥梁、4条御路纵横交错构成。3道城墙分别为________、________和________，城周分别为9里18步，20里150步，48里233步，规模宏大，为当时全国最壮丽的城市。

4. 古代以“山南水北”为阳，南阳地处________以南、________以北，又在东周都城洛阳之南，故名南阳。

5. 相传，“五帝”之一的帝喾高辛氏为帝王时都于亳（今商丘市南25千米的高辛集），封他的儿子________于商丘管理火种，称为火正，被后人尊为火神，人们把他管火的地方称为“火神台”或“火星台”，又叫“________”。

6. 位于洛阳老城北部的________是我国最大的古代粮仓。

二、简答题

1. 河南省史前人类活动遗址有哪些？

2. 写一篇古都洛阳导游词。

3. 我省有哪些古代军事活动遗址？

讲解示例　灵宝函谷关

函谷关始建于西周，鼎盛于秦汉，距今已有3 000多年历史，是我国历史上建置最早的雄关要塞，从时间意义上说它是“天下第一关”，而且是道家始祖老子著《道德经》的地方、道家文化的发源地，因此被誉为“千古雄关，道家之源”。

函谷关因“关在谷中，深险如函”得名，函谷关地势险峻，进可攻、退可守，为历代兵家必争之地，在中国古代、近代战争史中占有重要地位。函关古道“车不双轨，马不并鞍”，“一夫当关，万夫莫克”，曾有“一泥丸可堵塞之”的说法。《辞海》记载，因“关在谷中，深险如函而得名，东自崤山，西至潼津，通名函谷，号称天险”。

现在的函谷关为秦汉建筑，双门双楼三层悬山顶四阿式，这样的风格在国内非常罕见。因两主楼顶端各饰一只丹凤鸟，俗称丹凤楼。它东临弘农涧河，西接衡岭高塬，南依巍巍秦岭，北濒滔滔黄河，是东西两京（洛阳、西安）交通之咽喉。函谷关因战争而建，又因战争而毁，原关楼已被西楚霸王项羽烧毁，后来屡建屡毁。这座关为先秦函谷关，另外还有两处：一处在河南省的新安县，是汉元鼎三年，即公元前114年，楼船将军杨仆（宜阳人）耻为关外人，上奏武帝，尽捐家资将函谷关东移了300里，后人叫新函谷关，又叫汉函谷关；另一处在此关北 5 千米处，是东汉末年，曹操率数十万大军西征张鲁、马超时，为转运兵马粮草而沿河修建，故叫魏函谷关，关楼上有冯玉祥将军题写的“天下为公”四字，1960 年，三门峡水库拦洪时被淹没。此关楼虽为后建，但目前仍保留有两处战国时期的遗址。这座箭库遗址是当时守城兵士的武器库，距今已两千多年。它为竖井式，深 11 米，直径 0.9 米，箭为铁杆铜簇，每 30 枚为一束。1986 年发现后，经文物考古工作者发掘清理，并加以保护。古城墙遗址是 1987 年发现并保护下来的。城墙为夯土结构，分别由平、圆、竖等多种夯打方法夯筑而成。据勘测，东城墙长 1 500 多米，南城墙长 200 多米，西城墙长 1 300 米，北面的 500 米面临深沟，巍巍城墙形成了一道固若金汤的屏障。

“双峰高耸大河旁，自古函关一战场”。函谷关设关至今 3 000 多年，这里曾发生过许多次战役，有不少大战还影响了中国历史的进程，如五国败师、黥布破关、西原大战、关前抗日等。另外，还有一些非常有名的战例，如周武王的“出谷会师”、秦国的“割城求和”、李自成的“二出函谷”、辛亥革命的“张钫出关”以及 1947 年的“奔袭函谷关、解放灵宝城”等。

函关古道是古代崤函古道的一部分。崤函古道是指现在的河南省新安县的崤山以西，直至陕西潼关之间蜿蜒 480 华里[①]的古道。函谷关以西至潼关 120 华里古称桃林塞，清代顾祖禹《读史方舆纪要》描述为“沿途崇山峻岭，高出云表，幽谷秘邃，深林茂木，白日成昏……”函关古道是指函谷关东城门向西直至稠桑，全长 15 华里。《元和郡县志》对函谷关古道的记载是：“绝岸壁立，柏林荫谷中，殆不见日。”道路狭窄，幽深漫长，可谓“车不方轨，马不并銮”。这里古代有“闯关”的规矩，就是过关的队伍，先要有人在前面喊叫，让前方行人停住，等队伍过完后，他们才可通过，否则在谷中无法回避。现在，我们虽然看不到茂密的柏林蔽日，但通过依稀可辨的路土层，险峻陡立的夹壁，似乎还可联想到浩浩荡荡的队伍过关的情景，也可联想到过关队伍由此通过时，两边伏兵突然跃起，居高临下，血战函谷的悲壮场面。因此也可以说，这短短的 15 华里函谷关古道就是一部浓缩的中国战争史，也是研究世界战争史的一个重要组成部分。

（资料来源：http：//wenku. baidu. com/view/5c0fa4dcad51f01dc281f16a. html）

---

① 1 华里 =0.5 千米。

第六章

建筑与设施类旅游资源

教学目标

知识目标：

1. 熟悉河南境内主要的宗教与祭拜场馆；
2. 了解河南教育科研基地；
3. 熟悉博物院及独具特色的博物馆概况；
4. 了解河南境内知名的佛塔及塔形建筑；
5. 熟悉省内主要民居和特色街巷；
6. 了解我省名人故居与重要的会馆、书院；
7. 熟悉省内主要帝王陵墓与名人墓葬。

能力目标：

1. 能够依据游客层次设计不同的建筑、设施类旅游景观导游讲解；
2. 能够对河南省著名的建筑景观进行熟练深入的导游讲解。

导　入

世界近代科学地理学的奠基者李尔特曾指出："地球上人类的每个物质成就，不论是一间房屋、一个农庄或一个城镇，都代表着自然和人文因素的综合。"建筑与设施类旅游资源就是在特定的自然地理条件、人文历史发展及社会经济背景的共同影响下形成的。

中原地区的自然环境和地域特征，对建筑有着直接的影响。它地处我国中部，一年四季分明，既有暑夏，又有寒冬。房屋建筑，既要防暑，也要防寒。因为雨水偏少，空气干燥，建筑不需要太多的防潮通风设施。所以，从总体上看，也就是从能代表中原建筑水平的历代作品看，基本上是属于北方建筑风格。这和千百年来中原地区传统建筑始终是以木结构抬梁式建筑为基本形式有直接关系。

作为古今人类创造的各类建筑物或构筑物，不论原始的、文明的，首先都是一种人类的物质财富。同时，随着人类在对自然的改造过程中，逐步走向文明，开始用一定的思想意识或艺术手段去美化建筑、改造建筑，使建筑符合自己的某种信仰、企盼、纪念等要求，那么建筑便融入了一种精神和理念，也便具有了广义文化的性质。

第一节　综合人文旅游地

一、宗教与祭祀活动场所

（一）佛教活动场所

1. 洛阳白马寺

洛阳白马寺位于河南省洛阳老城以东 12 千米处，创建于东汉永平十一年（68 年），为中国第一古刹，世界著名伽蓝，是佛教传入中国后兴建的第一座寺院，有中国佛教的“祖庭”和“释源”之称。现存的遗址古迹为元、明、清时所留。寺内保存了大量元代夹纻干漆造像，如三世佛、二天将、十八罗汉等，弥足珍贵。1961 年，白马寺被国务院公布为第一批全国重点文物保护单位之一。

据史料记载：东汉永平七年，汉明帝刘庄因夜梦金人，遣使西域拜求佛法。公元 67 年，汉使及印度二高僧迦叶摩腾、竺法兰以白马驮载佛经、佛像抵洛，汉明帝躬亲迎奉。公元 68 年，汉明帝敕令在洛阳雍门外建僧院，为铭记白马驮经之功，故名该僧院为白马寺。

白马寺建寺以来，其间几度兴废、几度重修，尤以武则天时代兴建规模最大。白马寺为长方院落，坐北朝南，总面积 200 余亩。寺内主要建筑有天王殿、大佛殿、大雄殿、接引殿、毗卢阁、齐云塔等。游览白马寺，不但可以瞻仰那些宏伟、庄严的殿阁和生动传神的佛像，而且可以领略几处包含有生动历史故事的景物。寺前有一对著名的青石圆雕白马，为宋代遗物。山门内东西两侧柏树林内，有迦叶摩腾、竺法兰两位天竺高僧的墓。唐朝武则天时，曾大修过一次。当时香火很盛，大小和尚多至千人。此后元、明、清各代亦都进行过修缮和增建。大佛殿内悬挂的一口重 5 000 斤的明代大铁钟，声音洪亮。它与洛阳东门城楼上的大钟频率一致，只要白马寺钟声一响，城楼大钟便产生共鸣，故有“白马钟声，洛阳西应”之说。大雄殿内采用夹经干漆方法制成的元代佛像，是洛阳现存最好的塑像，其中十八罗汉的造像土艺是目前国内最精致的一例。白马寺寺内现设有汉、魏故城文物保管所。每逢假日，来该寺进香或游览的人数以万计。

洛阳白马寺山门

2. 法王寺

法王寺位于登封嵩山之太室山南麓，嵩岳寺之东北。相传建于汉明帝永平十四年（71

年)。魏明帝青龙年间改为护国寺。西晋时于寺前增建法华寺。隋初造舍利塔，改名舍利寺。唐太宗贞观年间，敕命补修佛像，赐予庄园，改为功德寺。玄宗开元年间，改称御容寺。代宗大历年间，重修殿堂楼阁，改名文殊师利广德法王寺。至五代时废除，而分为五院，仍沿袭护国、法华、舍利、功德、御容等旧称。北宋初，合称五院。仁宗庆历年间增置殿宇、僧寮，重造佛像，改称“嵩山大法王寺”。今存毗卢殿、大雄殿及方形 15 层砖塔等。寺据嵩山之胜，为天下名刹之一。

法王寺是中国最早的寺院之一，比洛阳白马寺晚 3 年，比少林寺早 424 年。法王寺占地面积 64 000 余平方米，建筑面积达 5 500 平方米，现有山门、未来佛殿、天王殿、大雄宝殿、地藏殿、西方圣人殿、卧佛殿七进院落。寺后山坡，有建于隋文帝仁寿二年（602 年）的四角抛物线 15 层正方形法王寺塔，还有唐代砖塔 3 座。2001 年 6 月法王寺塔被国务院公布为全国重点文物保护单位。

3. 嵩山少林寺

少林寺位于河南省登封嵩山五乳峰下，是少林武术的发源地、中国汉传佛教禅宗祖庭。由于其坐落在嵩山的腹地少室山下的茂密丛林中，所以取名“少林寺”，有少林寺院、塔林、达摩洞、初祖庵等景点，更拥有传承千年的少林禅、武、医文化。少林寺因少林功夫而名扬天下，号称“天下第一名刹”。

少林寺的历史久远，始建于北魏太和年间（495 年)。32 年后，印度名僧菩提达摩来到少林寺传授禅宗。达摩被称为中国佛教禅宗的初祖，少林寺被称为禅宗的祖庭。禅宗修行的禅法称为“壁观”，就是面对墙壁静坐。由于长时间盘膝而坐，极易疲劳，僧人们就习武锻炼，以解除身体的困倦。因此，传说少林拳是达摩创造的。少林寺以其卓绝的少林武功名扬天下，且其寺内的僧众大多习武强身。少林寺保存有唐代以来的碑碣石刻共计 300 多块，其中的一块“太宗文皇帝御书碑”记载了少林寺 13 僧人勇救唐王李世民的史迹，碑文为唐太宗亲笔书写。少林僧人练武、习拳的情景在寺内白衣殿的壁画之中均有描绘记载。

少林寺内保存了不少珍贵的文物。山门门额上悬挂的“少林寺”匾额，是当年清朝康熙皇帝南下时在郑州嵩山少林寺亲笔书写的。山门后大甬道和东西小马道旁立有碑碣数十通，称为少林寺碑林，其中的两通碑刻是由留学我国的日本禅僧撰写的。在少林寺西约 300 米处的山脚下，有一片塔林，为唐以来少林寺历代高僧的葬地，共计 250 余座，这是我国最大的塔林。塔的大小不等，形状各异，大都有雕刻和题记，反映了各个时代的建筑风格，是研究我国古代砖古建筑和雕刻艺术的宝库。

少林寺的出名，在很大程度上源于少林拳。少林寺千佛殿内供有毗卢佛铜像，因此该殿亦叫毗卢殿。殿内砖地上还保存着 20 多个直径约 4. 5 厘米的洼坑，是往昔寺僧练拳习武时的脚坑遗迹。脚坑分布方圆不大，呈线状，这是僧人刻苦练功的见证，反映出少林拳“拳打一条线”的特点。千佛殿东侧的白衣殿，三面墙绘有少林拳谱壁画，壁画长约 20 米，很生动地表现出少林寺和尚练拳习武的情景。

知识链接

断臂求法

达摩一苇渡江，来到北方后，宣扬禅法，但是由于他的禅法与过去流行的调息止心的修禅方法不同，因此达摩禅师受到冷遇，甚至遭到一些人的讥讽。于是达摩就来到了今河南嵩山少林寺后山的一个山洞里，面壁而坐，等待机缘成熟，再出世弘法。

有一年，有一位叫神光的人，听说达摩祖师佛法精湛，于是求见，请教安心法门。但是达摩祖师一直面壁，并不理会教诲。神光禅师终日服侍在祖师身边，矗立在寒冬之际，大雪没过膝，而神情愈加恭敬，终于得到达摩的回应。达摩问："大德所为何来？"神光答："乞求安心法门。"达摩告诉他，求法的人，不以身为身，不以命为命。神光出家前是一位将军，非常有果断心，听了达摩禅师的话后，二话不说，挥刀断臂，表示他求法的决心。过后，达摩再对他说："将心来，吾替汝安。"意思"叫神光将你的心拿过来，我来替你安上吧"。神光听了达摩的话，细细思量，寻求自己的心，最后明白心也是不可得的，神光将这个结果告诉了达摩，达摩回答他说："我已替你安上了。"从此神光也就成为达摩的弟子，这就是禅宗历史上著名的断臂求法的故事。神光后来也就成为禅宗二祖的慧可大师。

4. 会善寺

会善寺位于登封市区西北嵩山南麓的积翠峰下，极目远眺，此峰高不及诸峰一半，形似佛教经幢的幢顶，可谓"积翠幢盖"。会善寺有碑碣、造像、经幢、塔铭、石柱、佛座及其他众多古石刻。

会善寺坐北向南。山门面阔 5 间，进深 3 间，硬山小灰瓦顶，中 3 间砌券门，明间门券上嵌长方形横匾书"会善寺"3 字，内供白玉阿弥陀佛 1 尊，是明周王所赠。山门东西两侧各建单间硬山造掖门，后有大雄殿，月台上有明成化七年（1471 年）铁钟 1 口，高 1 米余、重 650 千克。会善寺大殿是元代建筑，大殿面阔五间，进深三间，单檐歇山筒瓦顶，出檐深远，斗拱硕大，造型朴实。梁架为四椽袱搭牵，结构严谨，保存完整。其斗拱、角梁、乳袱、劄牵、丁袱、枯头、丁华抹颏拱等典型做法，均反映了元代建筑技术的重要特征，故在建筑艺术上具有很高的价值。

5. 开封大相国寺

大相国寺位于开封市中心，是中国著名的佛教寺院，始建于北齐天保六年（555 年）。原名建国寺，唐代延和元年（712 年），唐睿宗因纪念其由相王登上皇位，赐名大相国寺。北宋时期，相国寺深得皇家尊崇，多次扩建，占地达 500 余亩，辖 64 个禅、律院，养僧千余人，是京城最大的寺院和全国佛教活动中心。《水浒传》描写的鲁智深倒拔垂杨柳的故事，就发生在其所辖之地。后因战乱水患而损毁。清康熙十年（1671 年）重修。目前保存有天王殿、大雄宝殿、八角琉璃殿、藏经楼、千手千眼佛等殿宇古迹。

开封大相国寺历史悠久，是我国汉传佛教十大名寺之一，在中国佛教史上有着重要的地位和广泛的影响。1992 年 8 月恢复佛事活动，复建钟、鼓楼等建筑。整座寺院布局严谨，巍峨壮观，2002 年被评定为国家 4A 级旅游景点。

大相国寺至北宋时期达到鼎盛，辖 64 禅、律院，占地 540 亩，因受帝王崇奉，地位如日中天，是我国历史上第一座"为国开堂"的"皇家寺院"。

唐代，日本高僧空海赴长安学习佛法，曾寄居大相国寺。回到日本后，他在弘扬佛法的同时，创造了日本文字"片假名"。宋代，每逢海外僧侣来华，皇帝多诏令大相国寺接待；四方使节抵汴，必定入寺巡礼观光。宋神宗时，日僧成寻曾率弟子前来巡拜。日本佛教界出于对大相国寺的钦慕，在京都也设立了相国寺，并承中土佛教之风，将禅寺中高等级者列为

“五山十刹”。

明崇祯十五年（1642 年），大相国寺在一次人为的黄河决口中被大水淹没。清顺治十八年（1661 年）和乾隆三十一年（1766 年）两次重修，乾隆皇帝亲题“敕建相国寺”匾额。道光二十一年（1841 年）黄河决口，大相国寺再遭厄运，损毁严重。中华人民共和国成立后，依循古制，几度维修，宝刹重光，再现辉煌。大相国寺自 1992 年起恢复佛事活动，并复建了建钟鼓楼、放生池、山门殿、牌坊等建筑。

6. 灵山寺

灵山寺，位于信阳市罗山县境内，是我国著名的佛教圣地，已有 2 000 年历史，为佛教传入中国最早所建寺院之一。山上共有七寺三庵，包括灵山寺、金顶寺、中佛寺、白佛寺、白云寺、龙牙寺、险石寺、圆通庵、福全庵、延寿庵。灵山佛教文化源远流长，是一座颇为奇特的寺院，院内既有僧又有尼，唐代建宁公主曾在灵山寺出家为尼，这一制度也是我国佛教界的一大奇观，宋、明两朝皇帝曾多次亲临灵山。唐玄宗时曾被封为国庙，明太祖朱元璋曾到此降香，封当时的主持陈大用为金碧禅师，并亲笔为大寺题写“圣寿禅寺”匾额。现有大殿 7 层，僧民 30 余人。农历三月初一庙会，进山朝拜旅游者络绎不绝。险要的地理位置、奇特的自然风光，酿造了丰富的历史文化。灵山以其丰富的旅游资源含量及极高的潜在旅游价值吸引着天下游人，每年来此旅游者达 30 万人次。

7. 永泰寺

永泰寺，位于河南省登封市区西北约 11 千米处的太室山西麓，坐东朝西，面对少林寺，背依望都峰。永泰寺是佛教禅宗传入中原后营建的第一座女僧寺院，还是我国现存始建年代最早的尼僧佛寺。历史上，曾有北魏文成帝之女转运公主、南朝梁武帝之女明练公主（禅宗尼僧鼻祖）、北魏孝明帝之妹永泰公主三位公主在永泰寺出家修行，从而成就了永泰寺无与伦比的尊崇地位。

永泰寺现存建筑共分五进山门、天王殿、中佛殿、大雄宝殿、皇姑楼，厢房有伽蓝殿、六祖殿等。红墙绿瓦，铁马钉铛，建筑技艺精美，古朴典雅大方。在寺院后山坡上有唐永泰寺塔、金代均庵主塔等，这些古塔造型优美，秀丽挺拔。寺内散存有唐代以来的碑碣、石雕等 40 余件，雕工精细，书法流畅。

（二）道教活动场所

1. 登封中岳庙

嵩山中岳庙，位于河南嵩山南麓的太室山脚下，距河南省登封市城东 4 000 米。它背倚黄盖峰，面对玉案山，西有望朝岭，东有牧子岗，群山环抱，布局谨严，规模宏伟，红墙黄瓦，金碧辉煌。总面积 11 万平方米，为中州祠宇之冠，也是五岳中现存规模最大、保存较完整的古建筑群，也是河南省规模最大、最完整的古代建筑群。如此宏大而又幽雅庄严的庙宇在全国也是罕见的。

中岳庙的前身为太室祠，始建于秦（前 221—前 207 年），为祭祀太室山神的场所。西汉元封元年（前 110 年），汉武帝游览和礼祭嵩山，在登上太室山时发生了奇迹：随从的官员在山上听到好像有呼“万岁”的声音，其实，这是将士们为博得汉武帝欢心，投其所好而设的一个骗局。但晚年好大喜功、贪恋长寿的汉武帝听后十分高兴，于是下令叫祠官增建太室神祠，禁止砍伐山上的树木，以山下之百产封给神祠作为供奉之用，使中岳庙地位更加巩固。

东汉安帝元初五年（118 年）增建“太室阙”；南北朝期间曾两迁庙址于嵩山玉案岭、黄盖峰。约在北魏时改为今名，后庙址复有变迁。唐玄宗时复归原址，并有扩建。宋乾德二年（964 年）增建行廊 100 余间，祥符六年（1013 年）增修崇圣殿及牌楼等 800 余间，雕梁画栋，金碧辉煌，为极盛时期。明代崇祯十七年（1644 年）毁于大火。现存庙宇为清代重修后的规模。

中岳庙历经 2 000 多年的沧海桑田，风吹雨打，经过多代人不懈的修建，才得以完好地保存到现在。整个庙宇的布局制式与故宫相似，庙内主要建筑从南向北，由低至高，顺次为中华门、遥参亭、天中阁，配天作镇坊、崇圣门、化三门、峻极门、峻极坊、大殿、寝殿、御书楼，前后共 11 重。最北以黄盖亭为终端，站在亭内可俯瞰中岳庙全景，远眺苍翠群山。中轴线两侧建有太尉宫、火神宫、祖师宫、神州宫、小楼宫等。殿宇、楼阁、廊庑等共 400 余间，气势恢宏。庙内古柏参天，碑碣林立，珍存着许多文物瑰宝。

知识链接

中岳庙铁人

中岳庙崇圣门后东侧，有一座无木结构建筑——古神库。库房的四角各有一尊高约 9 尺，重 3 000 余斤，用 100 多块生铁拼铸而成的大铁人。铁人武士风度，握拳振臂，怒目而视，高大威武，俗称“镇库铁人”，也有人称“守库将军”。据说乃北宋平治元年（1064 年）整修中岳庙时，为防火除邪保护神库而铸立的。

相传，北宋英宗年间，敕命修葺年久失修的中岳庙。在大规模的整修过程中，人们正在为拆除的神像如何发落犯愁时，从陕西来了一位看风水的道人。他建议把神像埋入地下保存起来。中岳庙道长接受建议，便在此处挖一地宫，将旧神像封存起来，地面盖一建筑物，名曰神库。

经过内外整修，庙貌大为改观。就在大家都为修复工程将要竣工而高兴的时候，时任道长却高兴不起来，因为他在为庙内过去年年遭劫火灾而发愁。他想：这次庙内整修得这么好，要是再发生火灾，皇上怪罪下来，我可承受不起呀！就在道长为此事寝食不安时，有人建议说：“何不把前年曾来过的那位陕西道人请来，看他有没有办法解决。”道长听后，喜出望外。对呀，何不把他请来！

道长差人快马加鞭、日夜兼程地赶往陕西，不几日，陕西道人请到。道长宾客相待，详说来由。道人听后沉思片刻说：“那就试试看吧！”道人几天之内详细察看了庙内庙外、东西南北。然后对道长说：“庙内发生火灾原因不在庙内，而是庙后西边那座小山头起的凶，只要能镇住它就没事了。”（此山头名为红石岩坡，也有称火焰山的。）他提议用铁人代表道教信奉祭祀的“水星”去镇住火焰山，便可消灾避难。

道人建议，在神库四角分别铸立一尊铁人。东北角铁人面向西南镇守“神库”，其余三个铁人统统面向西北，牢牢盯住庙后西边的火焰山。从此以后，中岳庙再没发生过火灾。

据说，铸造铁人的捐资者为偃师县府店两家同年考取榜眼和举人的董姓和王姓施主。这四尊铁人是我国现存铸铁艺术品中形体最大、保存最好、造型最佳的艺术珍品，奉为中岳嵩山“镇山之宝”。许多善男信女慕名不远千里前来烧香还愿，祈求幸福平安。更有每逢三、十两月庙会携子来此认干亲者，成群结队，彩云幛幔，吉祥红绳挂满铁人全身和周围古柏枝杈，形成一道亮丽、吉祥、和睦的人文景观。

中岳庙布库铁人

2. 鹿邑太清宫

河南鹿邑太清宫位于鹿邑县城东十里太清宫镇，与老君台一起构成鹿邑老子文化的主要内容，为国家4A级旅游景点。据史志记载，东汉延熹八年（165年），汉桓帝刘志派中常侍管霸前来创建，始名老子庙。唐祖武德三年（620年），李渊为了便于对天下的统治，抬高家族地位，就听从吉善行的建议，认老子为祖宗，派人在汉老子庙的基础上予以扩建，规模如京城王宫，作为皇室家庙。唐、宋、元、明、清等历朝历代典籍中都有皇帝亲谒或派大臣拜谒的记载。特别是唐朝帝王，对老子更是尊崇有加，自称是老子后裔，尊老子为圣祖，以老子庙为家庙。

太清宫镇境内有关老子的名胜古迹众多，有太清宫太极殿、望月井、铭碑、古柏、隐山遗址、先天太后之赞碑、洞霄宫、圣母殿、娃娃殿、赖乡沟等20余处。太清宫是老子生地留下的最重要的纪念建筑。

3. 灵宝太初宫

据清顺治十年《重修太初宫》碑文记载：周昭王二十五年，关令伊喜望东方有紫气，知有异人通过，整日恭候，果见老子驾青牛而来，即迎邀留居。老子遂著《道德经》五千言传于世。老子提出了一个以道为核心的思想体系，具有丰富的朴素辩证法思想，保存了许多古代天文、生产技术等方面的资料，还涉及军事和养生之道。宋崇宁四年（1105年），有甘露降真武殿后，乃敕修宇行廊，改为“太初宫”，嗣后历遭兵火，断简残碑几乎荡然。这些记载比较清楚地说明了“太初宫”的由来和变迁。现址上的太初宫正殿保留有唐、元、明、清建筑构件。

太初宫为殿宇式古典建筑。殿脊和山墙檐边上塑有麒麟、狮、虎、鸡、狗等珍禽异兽，神形兼备。殿顶飞梁纵横，椽檩参差，虽然层架复杂，但俨成规矩，殿宇宽阔，中无撑柱。

4. 开封延庆观

延庆观位于开封市市中心观前街53号，是著名的元代文物旅游景点和游览胜地。它与北京的白云观、四川的常道观并称为我国的三大名观，堪称中原第一道观。它是为了纪念道教全真派的创始人王重阳而修建的。延庆观的前身为重阳观、大朝元万寿宫，于明朝洪武六年（1373年）更名为延庆观，观名一直沿用至今。

延庆观院内建筑呈中、左、右三路分布格局，中路为二进院落，从南至北依次为穿心殿、玉皇阁、三清殿；左路有六十甲子殿、八仙醉酒殿廊等；右路是重阳殿。寺院坐北朝南，在建筑上保留了宋元时期汉文化同蒙古文化融合的显著特征。主体建筑玉皇阁，又名通明阁，坐北朝南，通高 18.25 米，用青砖和琉璃瓦件构成，结构严谨，富于变化，共为 3 层。阁顶作攒尖式，琉璃瓦顶上施铜质火焰玉珠。结构奇特，色彩绚丽。玉皇阁是一座汉蒙文化巧妙结合的、具有元代特征的明代无梁阁，距今已有 700 多年的历史，在中国道教史、建筑史、艺术史、民族关系史上有重要地位。

5. 焦作嘉应观

嘉应观，俗名庙宫，又称黄河龙王庙，国家 4A 级旅游景区。其坐落在河南省焦作市武陟县嘉应观乡，始建于雍正元年（1723 年），是雍正皇帝为祭祀河神、封赏历代治河功臣而修建的集宫、庙、衙三位为一体的黄淮诸河龙王庙。建筑风格形似故宫，主要包括山门、御碑亭、治河功臣殿、中大殿、禹王阁等，规模宏大，有“北京小故宫”之美誉。

嘉应观占地 140 亩，分南北两大院。北院为祭祀河神，巡河行宫建筑群。中轴线南北依次有山门、御碑亭、严殿、中大殿、恭仪亭、舜王阁。两侧对称有掖门、御马亭、钟鼓楼、更衣殿、龙王殿、风雨神殿。东西跨院为河台、道台衙署。南院原有戏楼、牌坊。

嘉应观山门为单檐歇山顶，门前门牌上书有“敕建嘉应观”五个大字，为雍正皇帝手书圣旨。御碑亭似清朝皇冠，富丽堂皇，亭内御碑铁胎铜面，24 龙缠绕。底座为独角兽，雍正皇帝亲笔撰文书丹，制作精致，称得上是“中华第一铜碑”，堪称国宝。治河功臣殿分东西两个大殿，供奉着 10 位治河功臣。

6. 王屋山阳台宫

阳台宫位于济源市西北 45 千米王屋山南麓，唐开元二年（714 年）道士马氏所建，名阳台观。元至正四年（1344 年）大规模扩建大殿，增修廊房、道院，改名阳台宫。明正德年间（1506—1521 年）重修。现存主要建筑三清殿、玉皇阁，占地 6 200 平方米。三清大殿雄居院中高台上。左右有廊房，前有千年古树梭罗树和桧柏。2006 年，阳台宫作为明至清古建筑，列入“第 6 批全国重点文物保护单位”名单。

阳台宫布局严谨，高低错落有致，为三进院落。三清大殿居前，玉皇阁座后，旁列廊庑，西有道院。三清大殿（亦称大罗三镜殿）面阔五间，进深四间，是单檐歇山九脊殿，五踩斗拱，为河南省现存规模最大的明代木结构建筑，保留有唐、宋遗制和风貌。殿中方形柱通身浮雕道教神话故事，形象优美，栩栩如生。殿内天花藻井，斗拱层叠，气势宏阔，制作精巧，皆为明代艺术珍品。殿后 5 米高台上的三檐三层琉璃玉皇阁，为河南省最高大的古阁，高近 20 米，五踩云龙斗拱参差层叠，云带缠绕，规模宏伟。底台上的 20 根小八角石柱和阁内 8 根高达 11 米的冲天柱，承载着全阁重量，为明代遗物。石柱通身浮雕云龙丹凤、花鸟禽兽及神仙人物故事，体现了明代精湛的艺术风格。宫内有元、明、清碑碣十数通，记载着道教史料、宫殿兴衰及明末农民起义军经由此地的资料。

阳台宫三清殿前有 4 株古柏和 1 株娑罗树，树龄均在千年以上。其中两株古柏状似云龙丹凤，被称为龙柏与凤柏。而更引人注意的则是道观里的这株佛门标志性树种娑罗树。阳台宫里的这株娑罗树据说是玉真公主亲自栽下的，至今仍枝繁叶茂，每年春夏之交，一串串穗状白花掩映在绿叶间，如千百白玉小塔，使庄严肃穆的道院显得生机盎然。佛门圣树在道观的千年繁茂，显示了自唐以来佛道交融的趋势。

（三）名人祭拜场所

1. 新郑黄帝故里

黄帝故里位于河南省新郑市区轩辕路，占地面积100余亩，黄帝故里祠始建于汉代，后曾经毁建，明清修葺。清朝康熙五十四年（1751年），新郑县令徐朝柱立有“轩辕故里”碑，以弘扬中华民族优秀传统文化，缅怀始祖功德。后来，新郑市人民政府对黄帝故里景区进行了扩建。黄帝故里是海内外炎黄子孙寻根拜祖的圣地，国家4A级景区，也是世界客属恳亲大会拜祖仪式和历年黄帝故里拜祖大典的现场。1996年年底被命名为郑州市爱国主义教育基地。2000年10月被评为“郑州市十大旅游景区”。黄帝故里拜祖大典是第一批国家级非物质文化保护遗产。

据大量的历史记载和文物佐证，黄帝统一天下，奠定中华，肇造文明，惜物爱民，被后人尊为中华人文始祖。河南新郑古为有熊氏之国，轩辕黄帝降于轩辕之丘，定都于有熊。汉代在新郑北关轩辕丘前建有轩辕故里祠。

自汉代建轩辕故里祠以来，历代有毁有修。明代隆庆四年修葺，于祠前建“轩辕桥”；清康熙五十四年新郑县知事许朝术于祠前立“轩辕故里”碑；清乾隆二十九年修葺，《重修大殿碑记》记载：“古传郑邑为轩辕氏旧墟。行在北有轩辕丘遗址，乃当年故址。”黄帝故里历经了千年风雨沧桑，见证了历代王朝沉浮，而其变迁历程恰恰是社会大变革、大发展、大繁荣的一个缩影。

2. 淮阳太昊伏羲陵

太昊伏羲陵位于河南省淮阳县，传说是“人祖”伏羲氏即太昊定都和长眠的地方。陵墓位于淮阳县城以北的蔡河边。太昊伏羲陵包括太昊伏羲氏陵和为祭祀地而修建的陵庙，是我国著名的三陵——太昊陵、黄帝陵、大禹陵之一。原占地面积875亩，是一座气势磅礴、规模雄伟、殿图豪华的古代宫殿式建筑群。历来被称为“天下第一皇朝祖圣地”。

太昊伏羲陵，毗邻风景秀丽的万亩龙湖，以伏羲先天八卦数理兴建，是中国帝王陵庙大规模宫殿式古建筑群之孤例，分外城、内城、紫禁城三道皇城，有三殿、两楼、两廊、两坊、一台、一坛、一亭、一祠、一堂、一园、七观、十六门。景区内主要景点包括中轴线上的一系列建筑——午朝门、道仪门、先天门、太极门、统天殿、显仁殿、太始门、八卦坛、太昊伏羲陵墓、蓍草园等构成的主景区，以及附属景点独秀园（原剪枝公园）、碑林、西四观、岳忠武祠、同根园、博物馆等几部分组成。几十座建筑主要贯穿在南北垂直的中轴线上，如果把南北大门层层打开，可从南面第一道门直望紫禁城中太昊伏羲氏的巨大陵墓，号称“十门相照”。

人文始祖祭典活动绵延千年不衰，每年的农历二月初二到三月初三，来自世界各地的几百万人涌向淮阳县太昊陵庙朝圣伏羲。农历每月初一、十五，均有盛大祭祀活动，游客人数日达数十万，以“单日参拜人数最多的庙会”被载入吉尼斯世界纪录，成为中国规模最大、最古老的民间庙会。太昊陵人文始祖祭典入选国家非物质文化遗产。

3. 洛阳关林

洛阳关林位于洛阳市南郊，北依隋唐故城，南临龙门石窟，西接洛龙大道，东傍伊水清流，为海内外三大关庙之一，是我国唯一的冢、庙、林三祀合一的古代经典建筑群。1 700多年来，关林因厚葬关羽首级而名闻天下。这里峻宇连甍，古柏森然，淄素入庙，视为严宫，形成了浓厚的关公文化氛围。明万历二十年（1592年），在汉代关庙的原址上，扩建成占地200余亩、院落四进、殿宇廊庑150余间、规模宏大的朝拜关公圣域。兀立于广场上的

“千秋鉴”楼，为旧时“灯影锣鼓话兴亡”所在；分立于大门两侧的明代石狮，赳赳而踞，具有凛然不可侵犯的威严。极富封建意味的大门镶嵌着81颗金色门钉，体现了关林的崇高地位和关羽的身后荣耀；立于仪门左右重达3 000余斤的铁狮，是明代善男信女敬奉关公的遗物，虽历400余载风风雨雨，依然肃穆含威；仪门“威扬六合”匾额为慈禧太后御笔，端庄厚重，弥足珍贵；连接仪门和拜殿的石狮御道为海内外关庙所独有，甬柱顶雕石狮104尊，百狮百态，圆润生动，毫无石刻的生硬之感，代表了乾隆时期中原石刻艺术的最高成就。

从1994年开始，洛阳市每年都举办关林国际朝圣大典活动，在每年的朝圣大典上，由典仪宣读祭天文书，在主祭官带领下，海内外各关帝庙主委、朝拜团体由仪门沿御道来到大殿前，向关公敬献供物、上香、献酒、行祭拜礼。这项活动是关公传统祭祀礼中的重要组成部分，它的内容设置体现了祈求平安、富足、仁义、诚信的传统观念。来自海内外上千名华侨华人代表，集体祭拜关公，纪念其“忠、义、仁、勇”精神。

关羽塑像

4. 南阳武侯祠

南阳武侯祠又名“诸葛亮庵”，位于河南南阳市卧龙区卧龙岗，是纪念三国时期著名的思想家、军事家诸葛亮的大型祠堂群。中国目前尚保存9处武侯祠，南阳武侯祠仅次于成都武侯祠而位居第二。中华人民共和国成立以后，有众多国家领导人前来南阳武侯祠参访。

历史上著名的“三顾茅庐”故事就发生在这里。武侯祠初建于魏晋，盛于唐宋。刘禹锡《陋室铭》有“南阳诸葛庐，西蜀子云亭”，李白《南都行》有“谁识卧龙客，长吟愁鬓斑”。可见唐代卧龙岗已成为著名的人文景观。不少文人墨客曾来此游览祭祀。元代地方官多次整修武侯祠。元仁宗时，南阳卧龙岗古建筑命名为武侯祠。明清时武侯祠屡有修葺，规模恢宏。

今日武侯祠基本上保持元明的布局风格，其木结构建筑多为明清重建或增建，坐西向东偏南，现存殿堂房舍267间，主要建筑由东而西排列在一条中轴线上，分前后两重，建筑布局严谨，疏密相宜，殿堂雄严，亭台壮观。祠前是宏伟雅致的“千古人龙”石牌坊，高9米，从山门至大拜殿，左右两廊为前部，是人们祭祀诸葛亮的场所。后面的茅庐、古柏亭、野云庵、躬耕亭、伴月台、小虹桥、梁父岩、抱膝石、老龙洞、躬耕田，是根据诸葛亮

"躬耕"时的生活起居而兴建的纪念性建筑（即卧龙十景）。最后是宁远楼，亦名清风楼。山门之外有"诸葛井"和"澹宁读书台"。祠左侧院有关张殿、三顾堂、谢圃亭；右侧院为道房院，原是道人居住的地方。台下有诸葛书院，祠西南隅有龙角塔。大拜殿是武侯祠前部的主体建筑，殿宇高大宏伟，为歇山式建筑，殿前悬挂匾联十余幅，两壁嵌有石刻，中塑武侯诸葛亮坐像，两侧为其子诸葛瞻、其孙诸葛尚立像，形象逼真。宁远楼是武侯祠后部的主体建筑，也是祠内最高建筑物，为重檐庑殿式建筑，流角飞檐，气势轩昂；楼正中塑有武侯诸葛亮抱膝长吟像。登楼远眺，宛城美景尽收眼底，历历在目。

5. 南阳医圣祠

医圣祠，位于河南省南阳市城东温凉河畔，是名满世界的伟大医学家张仲景的祠墓所在地。医圣祠坐北朝南，占地约17亩，其始建年代无确考，后经明、清多次扩建。中华人民共和国成立后，党和国家非常重视祖国医学文化遗产和文物保护工作，曾多次拨款对医圣祠进行修葺。现大门为仿汉建筑，一对子母阙耸立门前，气势宏伟，金碧辉煌，阙上的彩绘朱雀傲视蓝天，翩翩欲飞。

张仲景，名玑，东汉南阳人，约生于公元150年，卒于公元219年。他勤求古训，以惊人的毅力写出了一部伟大的著作《伤寒杂病论》，创造性地提出了辨证论治的法则，是一部理、法、方、药皆备的经典著作，形成了独特的中国医学思想体系。它不仅为国内历代医学家所尊崇，而且为日本、朝鲜、欧美诸国医学家效法，被誉为"众法之宗，群方之祖，医门之圣书"，是中国也是世界上第一部临症医学专著。这一著作对世界医学的发展，起到巨大的推进作用，被后人尊称为"医经"，方剂被称为"经方"，张仲景也被奉为"医圣"。

医圣祠以其丰厚的医学文化内涵，向我们展示了中华文明的悠久历史和炎黄子孙的勤劳智慧。它是一座历史的丰碑，铭刻着人类与自然疾病做斗争的拼搏精神，更是弘扬民族优秀文化、进行爱国主义教育的场所。

6. 开封包公祠

开封包公祠是为纪念我国古代著名清官包拯而恢复重建的、国内资料最全、规模和影响最大的纪念场馆。它坐落在七朝古都开封城内碧波荡漾、风景如画的包公湖西畔，是国家旅游局开发建设中原旅游区的重点景点之一。包拯，世称包公，又称包青天，是我国北宋时期著名的清官，他一生忧国忧民，刚正不阿，抑强扶弱，铁面无私，因为百姓伸张正义而赢得了古今中外、妇孺皆知的美名。包青天，千百年来深受人们的尊敬与爱戴，自金元以来，开封就建有包公祠，以纪念这位先贤。

包公祠占地1公顷，是一组典型的仿宋风格的古建筑群。其气势宏伟，风格凝重、典雅。包公祠内分为主展区、园容风景区、功能服务区。主展区内有大门、二门 、照壁、碑亭、二殿、大殿、东西配殿，以文物、史料典籍、铜像、蜡像、模型、拓片、碑刻、画像全面详细地介绍了包公的生平历史，展示了包公的清正廉明。园容风景区内假山起伏，瀑布飞泻，玉桥卧波 ，锦鲤戏水，石雕精美。四季满目翠绿，月月花香扑鼻，处处幽雅宜人。开封包公祠湖凭临风，绿树红墙倒映在碧波之中，是七朝古都开封旅游业的一颗明珠。

7. 汤阴岳飞庙

岳飞，字鹏举，宋河北西路相州汤阴县人（今安阳市汤阴县城东30里的菜园镇程岗村）。南宋时期抗金名将。16岁从军，32岁擢节度使，官至太尉、宣抚使、枢密副使，曾四次举兵北伐。绍兴十年（1140 年），出师中原，收复郑州、洛阳等失地，大破金兵于郾城，正欲乘胜北进，被赵构、秦桧逼令班师，解除兵权，不久以“莫须有”的罪名被诬陷谋反下狱。岳飞庙，原名精忠庙，后也称“宋岳忠武王庙”，始建年代无考，今址是明景泰元年重建，以后历代屡有增建，逐渐成为一处完整的古建筑群。

岳飞不仅是名战无不胜的战将，更是一名挥毫泼墨的文臣，《满江红》是其代表作，脍炙人口，慷慨激昂，道出心中的满腔热血，丝毫不逊于毛泽东的《沁园春·雪》，颇具大将之风。岳飞庙坐北朝南，外廊呈长方形。临街大门为精忠坊，面西，是一座建造精美的木结构牌楼，斗拱形制，九踩四昂重翘。坊之正中阳镌明孝宗朱祐樘赐额“宋岳忠武王庙”，两侧八字墙上用青石碣分别阳刻“忠”“孝”两个大字，字高 1.8 米，遒劲端庄，格外醒目，过精忠坊为山门，坐北朝南，三开间式建筑，两侧扇形壁镶嵌有滚龙戏水浮雕，门前一对石狮分踞左右。山门檐下一排巨匾，上书“精忠报国”“浩然正气”“庙食千秋”，是当代书法家舒同、楚图南、肖劳的手迹。明柱上嵌有当代文学家魏巍撰书的楹联：存巍然正气，壮故乡山河。两侧还有一副楹联：蓬头垢面跪当前，想想当年宰相；端冕垂旒临坐上，看看今日将军。山门对面为施全祠，内塑施全铜像，前石阶下秦桧、王氏、万俟卨、张俊、王俊五奸党铁跪像呈镇压之势。

二、教学科研实验基地及其他场所

（一）教科研实验基地

1. 登封观星台

观星台，位于河南省登封市东南 7.5 千米的告成镇，北依嵩山，南望箕山，处颍河之滨，地势十分优越，曾是古代阳城所在地。前后院落共分照壁、山门、垂花门、周公测影台、大殿、观星台、螽斯殿 7 进，院内复制安装各种天文仪器 10 多种。观星台是我国现存时代早、保护较好的天文台，是世界上最早的天文建筑之一，1961 年 3 月 4 日被国务院公布为全国第一批重点文物保护单位。

观星台是一座高大的青砖石结构建筑，由台身和量天尺组成，台身形状是覆斗状，其作用是“昼参日影，夜观极星，以正朝夕”。观星台不仅保存了我国古代圭表测影的实物，也代表了自周公土圭测影以来测影技术发展的高峰，反映了我国天文科学发展的卓越成就，对于研究我国天文史和建筑史都具有极高的价值。观星台上有各种天文仪器：沈括浮漏、正方案、仰仪、景符、日晷。

登封元代观星台

2. 河南大学

河南大学，1912 年建于开封，始称河南留学欧美预备学校，历经中州大学、国立第五中山大学、省立河南大学、国立河南大学、河南师范学院、开封师范学院、河南师范大学等阶段，1984 年恢复河南大学校名。目前是一所拥有文、史、哲、经、管、法、理、工、医、农、教育、艺术 12 个学科门类的综合性大学，是国家教育部与河南省人民政府共建高校、中西部高校基础能力建设工程重点建设大学。

建校百余年来，河南大学严守“明德新民，止于至善”的校训，在一代代学人的精心铸造下，逐渐形成了“团结、勤奋、严谨、朴实”的优良校风和前瞻开放、面向世界，坚持真理、追求进步，百折不挠、自强不息，兼容并包、海纳百川，不事浮华、严谨朴实的河大精神，在推动社会发展、科技进步、经济建设和教育振兴的过程中实现着自身的价值。在以范文澜、冯友兰、冯景兰、罗章龙、郭绍虞、罗廷光、萧一山、樊映川、毛礼锐、姜亮夫、嵇文甫、任访秋、党鸿辛等一大批专家学者、院士为代表的名师执教下，河南大学已培养了 40 余万名各类专门人才。在河大校友中，有院士、学部委员 64 人，省部级以上领导干部近 150 人，不少校友如侯镜如、袁宝华、王国权、赵毅敏、尹达、邓拓、白寿彝、杨廷宝、高济宇、姚雪垠、周而复、吴强、马可、赵九章、梁光烈等都成为扬名中外的社会名家。

河南大学现设有 34 个学院（部），87 个本科专业，拥有 42 个一级硕士学位授权点，涵盖 260 个硕士点，18 种硕士专业学位授权点，12 个一级学科博士学位授权点，涵盖 99 个二级博士点，15 个博士后科研流动站，39 个省一级重点学科、3 个省二级重点学科为河南省第八批重点学科。现有教职 4 000 多人，全日制在校生 50 000 余人。校区总面积 4 000 余亩，建筑面积 100 余万平方米。其中明伦校区近代建筑群是国家重点文物保护单位。

（二）其他场所

1. 汉三阙

汉三阙又称东汉三阙，是登封市“天地之中历史建筑群”组成部分，即太室阙、少室阙、启母阙，是一种特殊的石雕艺术。始建于东汉，2010 年被列为“天地之中”世界文化遗产。

所谓阙，就是建筑在城门、墓门、宫门、庙门前的两个相峙对称的建筑物，古时“缺”和“阙”通用，两阙之间没有横额，作为道路使用。据《诗经》记载，这种建筑物早在周代就有。阙的用途主要表示大门，它是象征性的大门，城阙可以登临辽望，察看敌情，宫阙和城阙因建置在交通要道上，可以悬挂布告、法令，昭示国人。庙阙也叫神道阙。

太室阙是汉代太室山庙前的神道阙，建于东汉时期，阙身四面雕有人物、动物、建筑物等 50 余幅画，形态生动，线条流畅。另有隶篆铭文，是研究我国历史的宝贵资料，也是书法雕刻艺术中的珍品。少室阙在登封县①城西 6 000 米处的少室山下，阙上铭文叙述了大禹在古时治理洪水时“三过家门而不入”的故事。启母阙在万岁峰下，是启母庙前的神道阙。在阙的东北面，耸立着一块几丈高的石头，名为“启母石”。相传大禹治水之事感动上苍，玉皇大帝施展法术，让禹成为一个开山凿渠的大力士。

阙，是中国古代一种标志性的礼制建筑，反映着不同历史时期的礼制思想。东汉三阙是

① 今登封市。

中国现存最古老的国家级礼制建筑遗存，是研究建筑史、美术史和东汉社会史的珍贵资料。嵩山东汉三阙，世界闻名，国之无双，目前尚处于保护状态，不向游人开放。

2. 汤阴羑里城

汤阴羑里城位于河南省汤阴县城北约 4 000 米处的羑里城，是世界遗存最早的国家监狱，也是风靡全球的周易文化发祥地。它以博大精深的文化内涵而名扬海内外，“画地为牢”“文王拘而演周易”的历史典故均源自于此。

羑里城又称文王庙，属国家重点文物保护单位，其处有 7 米厚的龙山文化和商周文化遗存，是 3 000 年前商纣王关押周文王姬昌 7 年之处，是有史可据、有址可考的中国历史上第一座监狱。此处也是文王据伏羲八卦推演出 64 卦 384 爻，即“文王拘而演《周易》”之圣地。现存羑里城遗址，为一片高出地面余丈的土台，南北长 105 米，东西宽 103 米，面积达万余平方米。台上有文王庙，坐北向南，古柏苍翠。现存建筑有演易坊、山门、周文王演易台、古殿基址，还有《周文王羑里城》《禹碑》《文王易》等碑刻十余通，对于研究《周易》和历史、书法都具有重要的价值。

知识链接

周易八卦

八卦源于中国古代对基本的宇宙生成、相应日月的地球自转（阴阳）关系、农业社会和人生哲学互相结合的观念。最原始资料来源为西周的易经，内容有六十四卦，但没有图像。《易传》记录“易有太极，始生两仪。两仪生四象，四象生八卦”。两仪即阴阳，可在不同时候引申为天地、昼夜、男女等。四象，即少阴、少阳、太阴、太阳，在不同时候，可分别对应四方、四季、四象。青龙居东，春之气，少阳主之；朱雀居南，夏之气，太阳主之；白虎居西，秋之气，少阴主之；玄武居北，冬之气，太阴主之。四季养生分别对应为：生、长、收、藏。八卦，即乾、坤、巽、兑、艮、震、离、坎。

到宋朝，有学者认为四象演八卦（方位），八八生成六十四卦，此为伏羲八卦，也叫先天八卦；亦有学者认为八卦应该出自周文王的乾坤学说，他认为先有天地，天地相交而生成万物，天即乾，地即坤，八卦其余六卦皆为其子女：震为长男，坎为中男，艮为少男；巽为长女，离为中女，兑为少女，是为文王八卦，又称后天八卦。八卦符号通常与太极图搭配出现，代表中国传统文化的终极真理——道。

3. 商丘归德古城

商丘古城即明清时期归德府城，现存地上古城始建于明朝正德六年（1511 年），距今已有 500 余年的历史，是中国保存最为完好的古城，1986 年，被国务院命名为中国历史文化名城。商丘古城由砖城、城湖、城郭三部分构成，城墙、城郭、城湖三位一体、外圆内方，呈一巨大的古钱币造型，建筑十分独特，有将商丘作为华夏之邦商人、商品、商业发源地之隐喻。目前商丘古城下，同时叠压着春秋时期的宋国都城、秦汉和隋唐时期的睢阳城、宋代应天府南京城等 6 座都城、古城。商丘古城是目前世界上现存的唯一一座集八卦城、水中城、城上城于一身的大型古城遗址。

商丘古城城墙周长 3. 6 千米，有东西南北四门，城内地势为龟背形，城内建筑多为四合院建筑。由于年代久远，兵祸天灾频繁，古城曾多次被毁，又多次重建，但范围都在南北 5 000米之内。城门为拱券式，至今保存完好。东门曰宾阳，西门曰垤泽，南门曰拱阳，北门曰拱辰。四门外原有四个瓮城（即在城门外再建一小城，侧面开门，旨为加固城防），瓮城又各有一个扭头城门，北门向西，东门和西门向南，南门向东，所以，商丘古城古有“四门八开”之说。根据五行相生相克之说，为防金木相克，古城东西两门相错一条街，成为中国古城中的唯一。

三、博物馆

（一）河南博物院

河南博物院是现代化的历史艺术类博物馆，坐落在郑州市农业路中段，由1927年在开封创建的河南博物馆发展而来。在70年的发展过程中，它曾先后易名民族博物馆、省立博物馆等，1997年7月，河南省博物馆与中原石刻艺术馆合并，更名为河南博物院。

现在的河南博物院占地10万平方米，建筑面积7.8万平方米，整个院区绿草成茵，环境幽雅，馆中有园，园中有馆，展厅内部陈列精致，文物荟萃。其主体建筑由我国现存最早的天文台遗址——登封元代观星台为原型，经艺术夸张演绎成戴冠的金字塔造型。其底部为长63米的正方形，高45.5米，内部设计5层，其中地下1层。整个建筑群设计以雄浑博大的“中原之气”为核心，线条简洁遒劲，造型新颖别致，风格独特，气势恢宏，堪称一座凝聚着中原文化特色和时代精神的不可多得的标志性建筑。

河南博物院是一个功能齐全的现代博物馆，它包括广场、序幕大厅、基本陈列馆、专题陈列馆、临时陈列馆、文物库房、学术报告厅、电教楼、观众参与和娱乐厅、观众餐饮茶座、观众休息厅、贵宾接待、河南博物馆室、纪念品商场、广播室、计算机中心、文物保护中心、图书资料馆和培训服务楼等部分。建筑群外部还设计有40%左右的园林绿地，形成“馆中园、园中馆”的优美格局。

河南博物院内由中央空调系统、自动消防系统、安全监控系统、高级电力系统、办公自动化系统、文物科学保护系统、电化教育系统和楼宇自动化系统组成，荟萃全省馆藏文物精品3 000余件，首批推出8个不同类型陈列。馆藏文物达13万多件，其中一二级文物5 000余件，以史前文物、商周青铜器、历代陶瓷器、玉器最具特色。内设基本陈列馆、专题陈列馆、临时展览馆。首批推出2个基本陈列和6个专题陈列，内容丰富，蔚为大观。

（二）黄河博物馆

黄河博物馆位于郑州紫荆山路4号，始建于1957年，隶属水利部黄河水利委员会。作为世界上最早建立的水利行业博物馆，是我国唯一以黄河为主题陈列内容的自然科技类博物馆。黄河博物馆占地7 000平方米，现有建筑约2 900平方米，其中陈列面积1 200平方米。米黄色的主建筑陈列大厅属欧式建筑风格，是郑州市颇具时代特点的标志性建筑之一，与附属广场上的黄河鲤鱼雕塑浑然一体，相映生辉。

黄河是贯穿黄河博物馆陈列的主线，通过600余幅照片、丰富的历史文献和珍贵的文物标本、灯光图表、过水模型、录像、触摸屏、数字化信息地图和幻影成像等，生动展示了中华民族的摇篮——黄河流域的地理、地貌、气候等自然概况，灿烂的黄河文化以及历代水旱灾害、河患治理、水土保持、水资源开发利用、治理开发的远景规划等内容。在这里，观众既能了解黄河的自然概况、泥沙特点、洪水规律等，同时还可以从展览中了解古代的治河方略以及历代治河名家的事迹。1949年以来，在中国共产党领导下，流域内人民在上中下游综合整治，初步建成“上拦下排，两岸分滞”的防洪体系，确保了黄河50年岁岁安澜。

黄河博物馆一直把社会效益放在首位，为社会主义精神文明建设做出了突出贡献，共接待了数百万中外观众，包括毛泽东、刘少奇、朱德等国内外政要和著名科学家、社会知名人士。黄河博物馆已成为弘扬黄河历史文化、传播水利科学知识、宣传人民治黄成就、树立民族自信心和自豪感的重要场所。被海内外观众誉为“黄河巨龙的缩影”。

（三）河南地质博物馆

河南省地质博物馆坐落在郑东新区金水东路 18 号。建筑面积 5 800 平方米，布展面积 4 100平方米。建筑新颖别致，独具风格。馆内设有地球厅、恐龙厅、生物演化厅、古象厅、矿产资源厅、地质环境厅、矿物厅、4D 动感影院（多功能厅）和地震海啸感受剧场，馆外有矿石林、科普广场、恐龙雕塑等。目前，馆藏地质资料 7 357 份（种）、13 328 套；馆藏中外文图书文献、地学专业图书文献 9 万余册；馆藏化石、岩石和矿物标本 5 000 余件，其中展出 2 193 件。这里，可以饱览地球运动造就的自然奇迹。

展馆内展示有亚洲最大最重的恐龙、世界上最小的窃蛋龙、中国唯一的结节龙、世界上最大的一窝恐龙蛋化石、数十件珍贵的早期哺乳动物和长羽毛恐龙、世界上最早的银杏果化石及世界上最早的被子植物中华古果等大批动植物化石标本，典藏和展示了河南几乎所有种类的矿石、岩石标本，以及来自国内和部分国家精美绝伦的矿物晶体和观赏石标本。其中有多件国宝级和数百件珍稀实体精品标本。展厅内循环播放有针对河南地域特色原创的《地质河南》《矿业河南》等 16 部三维动画影视；《大陆漂移》《恐龙世界》等 18 部多媒体查询系统，科学内容通俗易懂，引人入胜。

河南省地质博物馆是一座以社会公众为主体，青少年和资源环境相关业务人员为侧重点，兼顾科学研究人员需求的科普型自然类博物馆；是一个具有现代化、高科技，独具河南特色的全国省级一流的地质专业博物馆；是河南省资源、环境、省情展示交流的“窗口”，珍稀地质矿产标本收藏、研究中心；是国土资源知识普及与青少年科学文化素质教育基地，大众游览胜地；是集科研、科普、休闲、娱乐、赏石于一体的理想去处。

（四）洛阳古墓博物馆

自古有“北邙山头少闲土，尽是洛阳人旧墓”之说的洛阳北邙山及周边地区，历代古墓葬星罗棋布，在此基础上应运而生的专题性博物馆——洛阳古墓博物馆，其面积之大、风格之别致、收集古墓年代之久、类型及数量之多均属世界首位，是中国一大绝观。因此，洛阳古墓博物馆又是我国目前最大的古墓博物馆之一，同时也成为目前世界上第一座古墓博物馆。

洛阳古代艺术博物馆原名洛阳古墓博物馆，占地面积 130 余亩，建筑面积 8 200 余平方米，由一组仿汉代建筑群和一组仿北魏建筑群组成，整个地面建筑之间，广植花草树木，间设假山水池，堪称公园式博物馆，1987 年建成开放。这里搬迁复原上自西汉、下迄宋金时期的代表性墓葬 25 座，陈列文物总计约 600 件。通过墓葬形制的整体展出，可以从更多的视角了解墓室建筑、出土文物、墓室壁画、砖雕艺术和文物所在的空间环境。

（五）中国文字博物馆

中国文字博物馆位于安阳市人民大道东段北侧，总占地 143 亩，总建筑面积 34 500 平方米，是一组具有现代建筑风格和殷商宫廷风韵的后现代派建筑群。

文字是历史文明传承的载体和见证。中国文字博物馆是一座全面反映、专题研究中国各民族文字、文字历史、文字文明的专题博物馆，其基本陈列，以中国文字发生、发展的文化史为主线，以历代出土的文字载体、文物为支撑，以文字书法艺术为融贯，以文字的传播应用为注脚，将文字历史、现代和未来会于一堂，展现中国文字的生命力、凝聚力和影响力。

中国文字博物馆整个陈展体系包括序厅、基本陈列、专题陈列、临时展览。序厅是中国文字博物馆的概览和世界各文字、文明的对比；基本陈列的第一部分是汉字的起源、发展和演变，第二部分是中国少数民族文字，第三部分是印刷术和信息时代；专题陈列为甲骨文与安阳；临时展览包括故宫博物院馆藏历代书法展和民族文化宫博物馆馆藏民族文字文物精品展。整体布展坚持“贴近群众、贴近生活、贴近实际”的三贴近原则，兼顾科学研究和学术研究、普及性和学术型双重使命，强调参与性、趣味性、互动性，是汉字文化科普中心、爱国主义教育基地、汉字文化研究中心、国际性的文化交流中心。

（六）虢国博物馆

虢国博物馆位于河南省三门峡市区北部的上村岭，它北依黄河，南望崤山，是建立在国家级重点文物保护单位——西周虢国贵族墓地遗址上的一座专题性博物馆。

虢国是西周时期一个重要的姬姓封国，开国之君为周文王的弟弟虢叔。虢国墓地是我国迄今为止发现的唯一一处规模宏大、等级齐全、排列有序、保存完好的西周、春秋时期大型邦国公墓，总面积32.45万平方米。从1956年发现至今，探明各类遗址800余处，出土文物近3万件。尤其是20世纪90年代发掘的虢季、虢仲两座国君大墓，因出土文物数量多、价值高和墓主人级别高，连续两年被评为“全国十大考古新发现”之一。

虢国博物馆占地150亩，馆内有三个基本陈列，即虢国简史、三门峡历代碑碣石刻艺术、虢国车马坑和复制的古战车。这里展示的有全国最早、规模最大的地下车马军阵，上古国君第一陵墓，“中华第一铁剑”，时代最早、形制最为完备的虢季氏缀玉面罩，七璜组玉佩等国宝重器。这里是世界郭姓的衍源地，“假途伐虢”的发生地。虢国车马坑是我国目前发现的东西周相交时期保存最为完整的一处，具有重要的历史、科学、艺术价值。

（七）南阳汉画馆

南阳汉画馆，位于南阳市郊，是中国第一座专门收藏、陈列、研究汉代画像石刻的艺术博物馆，是中国建馆历史最早、规模最大、藏品数量最多的一座汉代画像石刻艺术博物馆。

南阳汉画馆景园大门前两侧耸立着一对高达11米的仿汉门阙。大门入口处正中雕凿由郭沫若题写的“汉画馆”三个金色大字。南阳汉画馆展览大厅的平面布局略呈T形，展厅总面积为2 000平方米，共设有11个展厅。主题陈列——“南阳汉代画像石刻”按展览内容又分为序厅、生产劳动、建筑艺术、历史故事、社会生活、车骑田猎、天文与神话、角抵、舞乐百戏、逐疫升仙10大部分。

汉画像石是汉代墓葬中的建筑材料，也是一种以刀代笔、以石为底的石刻艺术品，其内容和构图随着时代的发展而呈现出明显的变化。南阳汉画馆像它所处的时代一样波澜壮阔，被艺术界称为“纯粹的本土艺术”，被理论界称为“中国第一个艺术热情时代”。禀三代钟鼎玉器雕刻之工，开两晋唐宗绘画之先河，它留给我们的是古拙素朴、活泼热情的艺术风采。

四、体育游乐场馆

（一）河南省体育馆

河南省体育馆位于郑州市健康路，是郑州市最大的室内场馆，始建于1955年。两层楼高的围墙，中间是足球场地，环形跑道，四周是一排排座位看台，拾级而上，俨然一个缩型盆地。1968 年，为了满足体育健儿的需求，省体育场东门附近又新建了一座特大的体育大圆房——省体育馆。此馆结构奇特，款式新颖，与省体育场紧紧连成一体，内设篮球、乒乓球、排球等比赛场所。它犹如一颗星球，闪烁着银白色的光芒，耀眼夺目。它能容纳万人，是当时省会开重要民众会议的场所，也是河南省主要的体育培训基地，可容纳观众 5 000 余人。常年举办青少年篮球、艺术体操训练班，可承接大型体育比赛、文艺演出，大型讲座、展览等，可接待企事业单位运动会以及篮球、羽毛球、乒乓球等活动。

（二）嵩山少林武术馆

嵩山少林武术馆位于千年古刹——嵩山少林寺东侧 700 米处，北依五乳峰，南临少溪河，东距省会郑州 87 千米，西距九朝古都洛阳 74 千米，207 国道从其东侧 600 米穿越而过。周围群峰荟萃，怪石嶙峋，溪水环流，古树参天。

河南省嵩山少林武术馆是由国家旅游局、河南省人民政府共同投资兴建的我国第一所面向海内外招生、培养武术专业人才、传播少林武术，集武术、旅游、接待为一体的综合性涉外武术培训基地，隶属于河南省旅游局。占地面积 50 000 平方米，建筑面积 20 000 平方米，规模宏大，气势雄伟，风格独特。内有 560 余座位的现代化表演厅一个；建筑面积 400 平方米，东西练功房各一个；建筑面积 7 000 平方米，可容纳 5 000 余个看台的室外表演场——少林寺演武场一座；600 平方米室外练功场（传统）一个；综合服务区少林武术宾馆是融商务、购物、康乐、食宿为一体的少林寺景区唯一一家星级涉外酒店。武术馆教学设施一流，环境条件优越，堪称我国一流的武术训练和武术旅游中心。

（三）郑州方特欢乐世界

郑州方特欢乐世界是一个以高科技为主要表现形式的文化科技主题公园。公园建在郑开大道与人文路交叉口向南，绿博园正对面。由深圳华强文化科技集团投资建设，总规划占地面积 2 100 亩，一期总投资约 25 亿元。主要有科幻体验区和中国文化体验区两个体验区，创意基地、数字动漫基地、影视后期基地、人才培养基地四个文化科技产业基地，以及旅游商业小镇、大型演艺中心、旅游配套酒店等商业配套设施。

郑州方特欢乐世界由飞越极限、恐龙危机、海螺湾、逃出恐龙岛、唐古拉雪山、暴风眼、极地快车、飞翔之歌、宇宙博览会、电影魔术大揭秘、生命之光、聊斋、嘟比历险等 20 多个大型主题项目区组成，涵盖主题项目、游乐项目、休闲及景观项目 200 多项。其中包括许多世界领先的超大型游乐项目，绝大多数项目老少皆宜。

郑州方特欢乐世界

（四）郑州世纪欢乐园

郑州世纪欢乐园位于郑州市中心城区的东南部，中州大道与石化路交会处，紧临陇海铁路线。占地 880 亩，投资 6.8 亿元，于 2004 年春节开园迎客。世纪欢乐园是世界第一、中国唯一的大型火车文化主题公园，是集探寻火车文化与感受迪士尼欢乐为一体的文化主题乐园。

公园以火车历史为背景，以大型综合游乐项目为内涵，集火车文化、科普教育、休闲娱乐、风情歌舞、餐饮服务多功能为一体，为游客提供了一个见证火车文化历史、了解火车发展历程、舒展身心、挑战自我的大众乐园。园内有 10 多部不同型号的蒸汽、内燃、电力机车，30 多项大型新奇、惊险、刺激的游乐项目，6 大异国民族文化的风情站区，3 000 多米长的环园铁路上缓缓而行的观光火车，多场次演绎异域风情的文艺歌舞表演，呈现民族风味特色美食及花语飘香、绿荫曼妙的花果植物。欢乐园是一个火车发展的博物馆，一个世界级的欢乐王国。

第二节　景观建筑与附属型建筑

一、佛塔

（一）嵩岳寺塔

登封嵩岳寺塔简称“嵩岳寺塔”，位于郑州登封市城西北 5 千米处中岳嵩山南麓峻极峰下嵩岳寺内。

嵩岳寺塔历经 1 400 多年风雨侵蚀，仍巍然屹立，是中国现存最早的砖塔，也是全国古塔中的孤例。嵩岳寺塔为砖筑密檐式塔，也是唯一的一座 12 边形塔，其近于圆形的平面，分为上下两段的塔身，与印度佛塔相当接近，是密檐塔的早期形态。该塔不仅以其独特的平面形状而闻名，而且以其优美的体形轮廓而著称于世。

嵩岳寺塔由基台、塔身、15 层叠涩砖檐和宝刹组成，塔身上下浑砖砌就，层叠布以密檐，外涂白灰，内为楼阁式，外为密檐式，总高 41 米左右，周长 33.72 米，塔身呈平面等边 12 边形，中央塔室为正 8 边形，塔室宽 7.6 米，底层砖砌塔壁厚 2.45 米，这种密檐形 12 边形塔在中国现存的数百座砖塔中，绝无仅有，在当时也少见。整个塔室上下贯通，呈圆筒状。塔室之内，原置佛台佛像，供和尚和香客绕塔做佛事之用。该塔塔心室作 9 层内叠涩砖檐，除底平面为 12 边形外，余皆为 8 边形。塔下有地宫。

嵩岳寺塔的轮廓线各层重檐均向内按一定的曲率收缩，轮廓线非常柔和丰圆，饱满韧健，似乎塔内蕴藏着一种勃勃生机。塔体通刷白色，高高耸出于青瓦红墙绿树之上，为山色林影增添了一段神奇。全塔刚劲雄伟，轻快秀丽，建筑工艺极为精巧。该塔虽高大挺拔，但却是用砖和黄泥粘砌而成，塔砖小且薄，历经千年而依旧屹立，充分证明我国古代建筑工艺之高。嵩岳寺塔无论在建筑艺术上还是在建筑技术方面，都是中国和世界古代建筑史上的一件珍品。

（二）齐云塔

齐云塔本称释迦舍利塔、金方塔、白马寺塔，创建于东汉永平己巳年（69 年），是我国第一座佛塔，距今近两千年。齐云塔是佛教传入中国后所建的首座佛塔，于金大定十五年（1175 年）重修，重修后的齐云塔距今已有 800 多年的历史。

齐云塔在洛阳白马寺山门外东南约 200 米处，是洛阳一带地面现存最早的古建筑，也是中原地区为数不多的金代建筑遗存之一。塔的造型具有唐、宋时期密檐楼阁式塔的特点，并采用了仿木结构做法，对研究金代建筑特征尤其是中原地区金代砖塔结构特点提供了不可多得的实物例证。从塔的造型和内部结构来看，该塔都具有很高的历史、科学和艺术价值。塔高 35 米，共 13 层，第一层塔檐之下饰砌以仿木构式斗拱，顶覆宝瓶式塔刹，外轮廓略作抛物线形，玲珑挺拔，古雅秀丽。每层南边开一拱门，可以登临眺望。

1990 年，齐云塔院被辟为河南省第一座比丘尼道场。齐云塔另有一奇，站在齐云塔南约 20 米处用力击掌，便可听到从塔身处发出“哇哇”的叫声，和青蛙的叫声十分相似，是古建筑罕见的“综合回声”效应。

（三）宝轮寺塔

宝轮寺塔位于三门峡市区西部陕州风景区，原为陕州城内宝轮寺的寺塔。始为唐僧道秀所建，金大定十七年（1177 年）僧人智秀重建，距今已有 800 余年。现在寺已早毁，唯塔独存。此塔塔门面南，平面作正方形，为 13 级叠涩密檐式砖塔，塔高 26.5 米，塔围 21.6 米，用青灰条砖一顺一丁垒砌而成。塔底有台基和台座。塔的正面刻有“三圣舍利宝塔”的塔铭，塔身自下而上逐层收敛，每层高度均匀递减，外轮廓呈抛物线形，用菱角牙子砖和叠涩砖层砌出塔檐，秀丽俊俏。每层塔身分别辟有半圆形拱券门龛、窗洞，翼角下有风铎（铁铃），风吹铃动，叮当作响。塔内有塔心室和梯道，可以登临远眺，观赏“黄河远上白云间”的壮景。

该塔外形作唐塔，内部结构承袭宋塔的建塔方法，融合了唐宋密檐式塔和楼阁式塔的艺术特点和结构方法，是比较特殊的塔形，宝轮寺塔风格典雅，结构坚实，虽然历经 16 次地震（其中 4 次破坏性地震），塔身仍基本完好。游人立于塔四周数丈，叩石、击掌，会听到“呱呱呱”的类似蛤蟆的叫声。叩石或击掌越响、越快，这种蛤蟆叫的声音也越逼真、越响亮，所以人们称之为“蛤蟆塔”。

该塔同北京天坛回音壁、山西普救寺的莺莺塔、四川潼南县大佛寺的石琴，同列为我国古代四大回音建筑。但它比回音壁早 353 年，比莺莺塔早 387 年，比石琴早 250 年，是四大回音建筑中历史最悠久的，现为河南省重点文物保护单位。

（四）开宝寺塔

开宝寺塔，俗称铁塔，位于开封市东北铁塔公园内，始建于北宋仁宗皇祐元年（1049 年），距今有 956 年。

铁塔平面呈等边 8 边形，13 层实心塔，高 55.88 米、塔身层层辟圭形门。其实，塔高不止 55.88 米。清人常茂徕《铁塔寺记略》中描绘，当初铁塔的根基是“塔座下八棱方池，北面有小桥，过桥由北门洞入”。《如梦录》有记：“向南一门匾书：‘天下第一塔’。”现在铁塔的根基，塔座下没有“八方棱池”，北面也没有“小桥”，更没有“天下第一塔”的门匾，仅仅是“由北门洞入”与现实吻合。这说明铁塔的根基掩埋在地下一部分。

距今 900 多年的铁塔，历经宋、金、元、明、清 5 个朝代，以及民国时期的漫长岁月，遭受地震 43 次，冰雹 10 次，河患 6 次，风灾 19 次。在我国数以千计的古塔中，开封铁塔的建筑艺术堪称琉璃塔中的一绝，在装饰艺术上，铁塔也是一座完美的巨型艺术品。

（五）繁塔

繁塔位于古城开封东南古繁台，建于北宋开宝七年（974 年），原名兴慈塔，是开封地区兴建的第一座佛塔，也是开封地区现存最古老的建筑之一。

繁塔宋代曾是一座 6 角 9 层、80 余米高的巨型佛塔，极为壮观。有诗曰：“台高地迥出天半，了望皇都十里春。”故而，“繁台春色”成为著名的汴京八景之一。因岁月沧桑，明代仅余3层。后人在大塔之上，仿损毁的6层缩建为6级小塔，成为如今独特奇丽、别有风趣的造型。现塔高31.3米，青砖砌成，每块砖雕有精美的佛像，共108种，7 000余尊。塔内存有178块宋代佛经碑刻，是珍贵的佛经碑刻精品。繁塔因其独特的建筑风格、精美的佛像砖雕、丰富的碑刻题记、罕见的书法艺术、珍贵的地宫资料、神秘的层级问题而闻名于海内外。

（六）文峰塔

文峰塔位于安阳市古城内西北隅，高38.65米，周长40米，因塔建于天宁寺内，原名天宁寺塔；又因位于旧彰德府文庙东北方，作为代表当地“文风”的象征，故又称文峰塔。文峰塔建于五代后周广顺二年，距今已有1 000余年的历史。塔高38.65米，周长40米，壁厚2.5米。其塔身为5层楼阁密檐式建筑，从下至上逐层增大，呈伞状。文峰塔以其精美的建构艺术、国内外罕见的建筑风格、高大雄伟的形象，成为安阳的标志，过往行人无不对其赞叹。

安阳文峰塔

（七）玲珑塔

玲珑塔，又名徽塔，也叫雁塔，位于原阳县城西南17.5千米原武镇东关，原为原武镇善护寺内的附属建筑物，清代善护寺失火，寺毁塔存。玲珑塔建于北宋崇宁四年（1105年），该塔平面呈六角形，全高47米。古塔层级均为奇数，唯此塔是12层，成偶数。原因是：这里自古以来是黄泛区，塔的底层已被泥沙淤在地下，在地面上只能看到12层。

该塔的轮廓为抛物线形，砖木结构建筑，斗拱、层檐、装饰、假窗均为雕砖垒砌。每层角梁都是木制，突出塔身外部，上有铁鼻，悬挂风铎，微风过处叮当作响。塔内置0.6米宽的旋梯，游人扶梯可登临塔的最上层。塔顶铁刹、覆钵、相轮犹存。玲珑塔是一座富有民族建筑风格的楼阁式砖塔，造型美观，观之赏心悦目，为宋代寺院之佳作。该塔最大的特点，也是值得人们一览之处是：向东北方向倾斜约10°以上，在其西北方向看最为明显。国内独一无二，也是目前世界上发现的最古老的斜塔。

（八）少林寺塔林

塔林，位于登封少林寺西约250米，为历代和尚的墓地，占地约2.1万多平方米。有唐以来历代古塔230余座，其中唐塔2座，宋塔2座，金塔10座，元塔46座，明塔148座，其余为清塔或时代不详者。少林寺塔林有砖、石和砖石混合结构的各类墓塔，有单层单檐塔、单层密檐塔、印度窣堵坡塔和各式喇嘛塔等。有正方形、长方形、六角形、八角形、圆形等，式样繁多，造型各异，是综合研究我国古代砖石建筑和雕刻艺术的宝库。

少林寺塔林是少林寺历代和尚的坟墓，佛教界有名望、有地位的和尚死后，把他们的骨灰或尸骨放入地宫，上面造塔，以示功德。塔的高低、大小和层数的多少，主要根据和尚们生前对佛学造诣的深浅、威望高低、功德大小来决定。少林寺塔林历经唐、宋、金、元、明、清不同年代，是中国现存面积最大、数量最多、价值最高的一个古塔建筑群。

二、塔形建筑物

（一）二七纪念塔

二七纪念塔，位于郑州市二七广场，建于 1971 年，是我国建筑独特的仿古联体双塔。它是为纪念京汉铁路工人大罢工而修建的纪念性建筑物。2006 年被列为全国重点文物保护单位，也是中国最年轻的全国重点文物保护单位。

郑州二七纪念塔为双身并联式塔身，塔全高 63 米，共 14 层，其中塔基座为 3 层，塔身为 11 层，钢筋混凝土结构。每层顶角为仿古挑角飞檐，绿色琉璃瓦覆顶。塔顶建有钟楼，6 面直径 2. 7 米的大钟，整点报时演奏《东方红》乐曲。钟楼上高矗一枚红五星。塔平面为东西相连的两个五边形，从东西方向看为单塔，从南北方向看则为双塔。二七纪念塔现名为二七纪念馆。馆内共有 10 个塔层层厅和 1 个地下层厅，塔内陈列有“二七”大罢工的各种历史文物、图片、文字资料。“没到‘二七塔’，就等于没到过郑州。”这句话在中国河南省省会郑州市几乎家喻户晓，它同时也使“二七塔”无可厚非地成为郑州市的标志性建筑。

（二）中原福塔

中原福塔又名河南广播电视塔，位于河南省郑州市航海东路与机场高速路交会处，该塔是世界最高的全钢结构电视发射塔，是一座集广播电视发射、旅游观光、名画展览、文化娱乐、餐饮休闲等多功能于一体的城市基础设施。该塔由同济大学建筑设计研究院设计，总投资 8. 36 亿元人民币。塔高 388 米，其中，塔主体高 268 米，桅杆高 120 米，钢结构总重量约 16 000 吨，在目前已建成的世界全钢结构电视塔中高度居于第一位，高于同类结构的日本东京铁塔（333 米）和法国埃菲尔铁塔（321 米）。中原福塔在 2012 年荣获中国土木工程詹天佑奖。

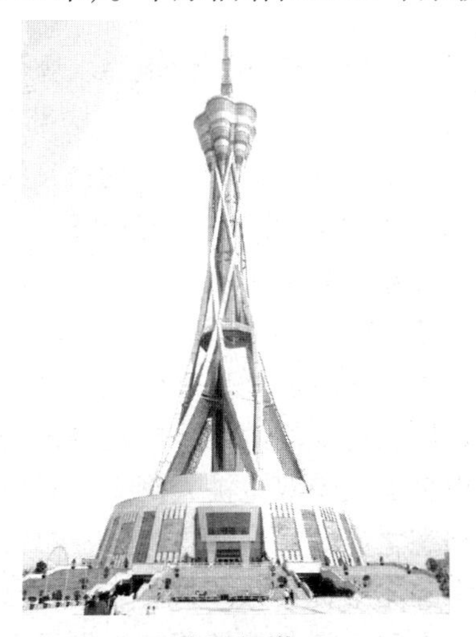

中原福塔

三、石窟

（一）龙门石窟

龙门石窟位于洛阳南郊伊河两岸的龙门山与香山上，开凿于北魏孝文帝年间，之后历经东魏、西魏、北齐、隋、唐、五代的营造，南北长达1千米，今存有窟龛2 345个，造像10万余尊，碑刻题记2 800余品。其中“龙门二十品”是书法魏碑精华，褚遂良所书的“伊阙佛龛之碑”则是初唐楷书艺术的典范。龙门石窟延续时间长，跨越朝代多，以大量的实物形象和文字资料从不同侧面反映了中国古代政治、经济、宗教、文化等许多领域的发展变化，对中国石窟艺术的创新与发展做出了重大贡献。2 000年入选世界文化遗产。

龙门石窟是中国三大石窟之一（另外两大石窟为山西云冈石窟、甘肃敦煌莫高窟），位于洛阳市城南6千米的伊阙峡谷，这里香山和龙门山两山对峙，伊河水从中穿流而过，古称“伊阙隋炀帝迁都洛阳后，将皇宫的正门正对伊阙”，从此，伊阙便被人们习惯地称为龙门。

龙门自古为险要关隘，交通要冲，向来为兵家必争之地。因山清水秀，环境清幽，气候宜人，被列为洛阳八大景之冠。唐代大诗人白居易曾说：“洛都四郊，山水之胜，龙门首焉。”此处素为文人墨客观游胜地。又因石质优良，宜于雕刻，故而古人择此建石窟。这里青山绿水、万象生辉，伊河两岸东西山崖壁上的窟龛星罗棋布、密如蜂房。在龙门的所有洞窟中，北魏洞窟约占30%，唐代的占60%，其他朝代的仅占10%。龙门石窟中最大的佛像卢舍那大佛，通高17.14米，头高4米，耳长1.9米；最小的佛像在莲花洞中，每个只有2厘米，称为微雕。

龙门石窟是北魏、唐代皇家贵族发愿造像最集中的地方，是皇家意志和行为的体现，具有浓厚的国家宗教色，两朝的造像反映出迥然不同的时代风格，北魏造像在这里失去了云冈石窟造像粗犷、威严、雄健的特征，而生活气息逐渐变浓，趋向活泼、清秀、温和。这些北魏造像，脸部瘦长，双肩瘦削，胸部平直，衣纹的雕刻使用平直刀法，坚劲质朴。在北魏时期雕琢的众多洞窟中，以古阳洞、宾阳中洞、莲花洞、石窟寺这几个洞窟最有代表价值。其中古阳洞集中了北魏迁都洛阳初期的一批皇室贵族和宫廷大臣的造像，典型地反映出北魏王朝举国崇佛的历史情态。这些形制瑰异、琳琅满目的石刻艺术品，是中国传统文化与域外文明交会融合的珍贵记录。

北魏时期人们崇尚以瘦为美，所以，佛雕造像也追求秀骨清像式的艺术风格。而唐代人们以胖为美，所以唐代的佛像的脸部浑圆，双肩宽厚，胸部隆起，衣纹的雕刻使用圆刀法，自然流畅。龙门石窟的唐代造像继承了北魏的优秀传统，又汲取了汉民族的文化，创造了雄健生动而又纯朴自然的写实作风，达到了佛雕艺术的顶峰。唐代龙门石窟的重点洞窟中，以规模宏伟、气势磅礴的大卢舍那像龛群雕最为著名。这组雕像体现了大唐帝国强大的物质力量和精神力量，显示了唐代雕刻艺术的最高成就。

龙门石窟延续时间长，跨越朝代多，所处地理位置优越，自然景色优美，是许多石窟难以比拟的。至今已有千年历史，历朝历代均遭到不同程度的破坏，大多数佛像的头部均遭到破坏，难以见得其面部神韵。卢舍那大佛双臂被人砸去，难以见其整体造型，但剩下的部分足以说明其艺术水平之高超、神态之曼妙。

龙门石窟以大量的实物形象和文字资料从不同侧面反映了中国古代政治、经济、宗教、文化等许多领域的发展变化，对中国石窟艺术的创新与发展做出了重大贡献。这些洋溢着信仰情感的文化遗存，其极具异域格调的外在形态和充斥着人文意识的内在涵养，是古代社会广大人民对现实世界充满诉求意愿的物质折射。中华民族向往美好生活的精神追求和成效卓绝的创造能力，透过这一遗响千载的人文景观可以得到透彻的解说。

知识链接

卢舍那佛

龙门石窟成千上万的造像中，体形最大、形态最美、艺术价值最高的要数奉先寺主尊卢舍那大佛了。奉先卢舍那佛，佛高 17.14 米，头高 4 米，耳长 1.90 米，位居佛龛中央，丰颐秀目，嘴角略翘，稍含笑意，微微俯视的双眼恰同信徒们仰视的目光交会，形象既庄严雄伟又不失睿智慈祥。她是唐人心中美与智慧的化身，也是中国现存最完美、最知名的佛教造像之一。她不仅是当今龙门石窟最具标志性的作品，同时更是中国唐代佛教雕刻艺术的代表作。卢舍那佛是报身佛的名字，也是对佛真身的尊称。大佛通高 17 米多，仅耳朵就有 190 厘米。在佛经中，卢舍那是佛在显示美德时的一种理想化身。

奉先寺大卢舍那像龛是唐高宗及武则天亲自经营的皇家开龛造像工程，工程设计和施工是由高宗亲自任命制定。为此，武则天曾经于咸亨三年捐出“脂粉钱二万贯”。而当地更是传说卢舍那佛就是武则天的化身。卢舍那佛被赋予了女性的形象：面容丰腴饱满，修眉细长，眉若新月，眼睑下垂，双目俯视，嘴巴微翘而又含笑不露，庄重而文雅，睿智而明朗。

卢舍那佛

（二）巩义石窟寺

巩义石窟寺位于南河渡镇寺湾村，距市区 10 千米，是北魏皇室开凿的一座石窟，孝文帝创建了寺院，宣武帝时开始凿石为窟，刻佛千万像，后来的东西魏、唐、宋时也陆续在这里刻了一些小龛。由此证明，巩义石窟是继洛阳龙门石窟之后开凿的一个石窟。初建寺称“希玄寺”，唐初改称“净土寺”，宋代改称石窟寺。巩义石窟寺创建于北魏孝文帝之时(471—499 年)。现存石窟 5 个，千佛龛 1 个，小佛龛 255 个，摩崖大佛 3 尊，佛像 7 743 个，碑刻题记 200 余块。

石窟诸佛造像多为方圆脸型，神态文雅恬静，衣纹简练，有礼佛图、飞天、神兽、佛教故事等，是现存较完整的北魏浮雕造像。其中最精美的为第一窟“帝后礼佛图”，构图分三层，东边以皇帝为首的男供养为前导，画面中仪态雍雅的贵族和身体矮小的侍从形成了尊卑鲜明的对照。第四窟的“帝后礼佛图”人物造型独具匠心，前呼后拥的礼佛仪仗队中供养人大腹便便，相貌森严，侍从瘦小低微，比主像小三分之一。仪仗队中有的为帝后携提衣裙，有的执扇撑伞，有的手捧祭器，浩浩荡荡地簇拥帝后进香礼佛，表现了皇室宗教活动的盛大场面。构图简练生动，刻工细腻，为我国石窟浮雕艺术中罕见的杰作。巩义石窟寺为全国重点文物保护单位。

（三）安阳万佛沟

万佛沟位于河南省安阳市区西南 25 千米的宝山之麓，依山遍刻石窟，是全国最大的高浮雕塔林，计有石窟 247 个，通称万佛沟。因与洛阳龙门有相似之处，亦称小龙门。现存石窟 2 座，塔（殿宇）龛 245 个，佛、僧雕像数百尊，高僧铭记百余篇。

大留圣窟位于岚峰山东侧，由高僧道凭法师于东魏武定四年（546 年）刻造。石窟高 3.5 米，宽 3.3 米，内有汉白玉石佛 3 尊。大留圣窟居于宝山南侧，于隋开皇九年（589 年）开凿。窟高 2.6 米，宽 3.4 米，内刻迦毗罗神王、那罗延神王及释迦牟尼佛等。以两大石窟为中心，从东到西遍布摩崖浅窟塔龛，凿于东魏至唐宋，历时 600 余年，可谓洋洋大观。塔龛造型精致，样式各异。有的端庄古典，有的玲珑雅秀，线条流畅微妙，技艺精湛娴熟。

此处另一名胜为灵泉寺，亦为道凭法师所建。灵泉寺盛于隋唐，是北方佛教圣地，有“河朔第一古刹”之称。寺内现存唐代九级方石塔 1 对，唐碑 3 通及隋代石狮 1 对。

位于寺东的大留圣窟，由道凭法师凿造。窟内镌汉白玉石佛 3 尊，躯体雄浑高大，雕琢光洁柔美，可惜头被窃去。位于寺西的大留圣窟，隋开皇九年（589 年）开凿。窟门雕迦毗罗和那罗延神王，身躯魁伟，顶盔贯甲，手持剑叉法器，脚踏牛羊，威严挺立。窟外的墙壁上遍凿佛龛及雕佛刻经。窟内雕镌释迦、弥勒等佛像近百尊。窟顶呈宝相莲花藻井，周围环绕凌空飞舞的飞天，为沉寂的洞窟增添了无限情趣。以两窟为中心，从东到西千米有余，浅龛造像密布山崖，刻于南北朝至北宋时期，历时 600 余年。灵泉寺万佛沟按年代编排，可看出塔式的沿革，可谓“宝山塔林”，堪称全国最大的高浮雕塔林，是研究古代建筑史、石刻艺术史、佛教史的珍贵文物。灵泉寺石窟 1996 年被国务院公布为第四批重点文物保护单位。

四、碑碣（林）

（一）中国翰园碑林

在古城开封的龙亭公园西侧，有一所占地 120 亩、可树碑 3 500 块的中国翰园碑林，这所碑林是开封市供销社退休干部李公涛于 1985 年 8 月开始发起创建的。

中国翰园碑林的碑刻以书法艺术为主，集诗、书、画、印之大成，是一座融碑刻艺术和古典园林建筑艺术为一体的艺术宝库。它依不同的表现内容和表现对象分设中心碑廊、现代碑廊、宋代碑廊、历代帝王名臣碑廊、绘画碑廊、篆刻碑廊、硬笔书法碑廊、少数民族文字书法碑廊、中年书法碑廊和国际友谊碑廊等。碑林现已有刻碑 3 500 余块，成为中国历史上树碑数量最多、观赏效果最好的碑林。

中国翰园是以南部园林、北部碑廊两大景观区为主的一座文化高品位、园林高层次的现代化园林，也是中国最大的人造山水景观之一，由一岭、二潭、三山、三台、三湖、三湾、三岛、三泉、五溪、九瀑、十峰、十二桥、十二亭组成，曲径通幽、步移景移、苍松翠柏、峰峦叠嶂、雄秀奇险，与广阔的龙亭湖构成水光山色，风景宜人。

（二）升仙太子碑

升仙太子碑在洛阳市东南约 35 千米，今偃师县府店缑山之巅。此处原有升仙观一座，今已不复存在，仅留此碑，高 6.70 米，宽 1.55 米，厚 0.55 米，盘龙首龟座高 1.3 米。

武周圣历二年（699 年）二月初四，武则天由洛阳赴嵩山封禅，返回时留宿于缑山升仙太子庙，一时触景生情而撰写碑文，并亲为书丹。碑文表面记述周灵王太子晋升仙的故事，实则歌颂武周盛世。笔法婉约流畅，意态纵横。碑额“升仙太子之碑”六字，以“飞白体”书就，笔画中丝丝露白。碑文 33 行，每行 66 字，行书和草书相间，接近章草书体。碑文上下款和碑阴的《游仙篇》杂言诗、题名等，分别出自唐代著名书法家薛稷、钟绍京之手。历代书法爱好者都视“升仙太子碑”为书法艺术珍品。

升仙太子碑历经 1 300 余年风雨沧桑，彰显着武则天的雄才大略，饱含着书法神韵。她开草书刊碑之先河，不失为女书之精品。碑额“升仙太子之碑”六字，巧隐十个鸟形笔画，作为唐代遗存未几的飞白书中的佼佼者而被书法界推崇。

（三）三绝碑

三绝碑即《受禅表》碑和《公卿将军上尊号奏》碑，位于许昌市西南 17 千米处的繁城镇汉献帝庙内。《受禅表》碑，高 3.22 米，宽 1.02 米，厚 0.28 米，圭形，上有碑穿额题篆书阳文“受禅表”三字。碑文 22 行，每行 49 字，字大 1 寸 2 分，隶书阴镌。内容首先阐明禅让乃自古之美德，接着颂扬曹丕“齐光日月，材兼三级”，有“尧舜之姿”“伯禹之劳”“殷汤之略”“周武之明”，在公卿将军固请下，他“回师千虑，至于再，至于三”才在繁阳（今繁城镇）筑灵坛举行受禅大典。《公卿将军上尊号奏》碑高 3.22 米，宽 1.02 米，厚 0.32 米，圭形，上有碑穿，碑额篆书阴刻“公卿将军上尊号奏”八字。碑文隶书阴镌，正面 22 行，背面 10 行，每行 49 字，字大 1 寸 2 分，内容为魏文武大臣奏请曹丕代汉称帝事。奏章称“汉帝奉天命以固禅，群臣敬天命以固请”。汉献帝让位曹丕代汉乃天命所归。奏章前后均列公侯臣等 46 人职名。两碑均是王朗文、梁鹄书、钟繇镌字，谓之三绝，即文表绝、书法绝、镌刻绝，有较大的史料价值和艺术价值。

五、人工洞穴

（一）郭亮洞

郭亮洞是河南省新乡市辉县沙窑乡郭亮村的一条挂壁公路，又称郭亮洞挂壁公路、郭亮隧道、万仙山绝壁长廊、郭亮村绝壁长廊，始建于 1972 年，1977 年完工，全部由郭亮村村民独立手工完成，其中主要负责开凿的 13 位村民被称为郭亮洞“十三壮士”。郭亮洞被称为“世界最险要十条路”之一、“全球最奇特 18 条公路”之一。

郭亮村位于海拔 1 700 米的悬崖上，这座山崖也被称作郭亮崖。郭亮村三面环山，一面临崖，近乎绝境。1971 年的秋天，村里人为了积极响应毛主席“人定胜天”的号召，摆脱世代穷困的宿命，让身后的子孙不再行走险峻的天梯，在村党支部书记申明信的提议下，村民申新福、王怀堂、申福贵用绳子测高度、距离，用土法绘图，到县里请教专家，征求意见。1972 年村里人自发卖掉山羊、山药，集资购买钢锤、钢锉；在无电力、无机械的恶劣条件下，由村中 13 名壮劳力组成的凿洞突击队顶着风雪，腰系着麻绳，悬于峭壁之上，握紧钬钎，舞起铁锤，在红岩绝壁上凿出一排排炮眼。13 条青年汉子聚在天梯下举拳面壁，发誓要凿穿绝壁，打出通向山外的大路。1972 年 3 月 9 日，郭亮洞开工，年底，工程进入了最艰苦的阶段，郭亮人已经卖光了山羊，砍光了树木，吃光了粮食，再也抠不出一分钱。这时候，全村男女老少都出动了，早上 5 点钟起床，爬 5 千米山路去挖鱼鳞坑，挖了一冬一春，挣到工钱3 100多元。支部书记把钱拿到村里后，100多口人围着他，让他赶快到城里去买钢材、雷管、导火线、炸药。郭亮绝壁平均高度105米，从绝壁中间炸开工作面，需要系绳子凌空作业，没有钱买绳子，就解下牛拉犁的绳套，一段段接起来，从崖头把人放下来。就是这样，参加打隧道的壮士把生死置之度外，用生命和热血，让天堑变成了通途。被人称为“绝壁长廊”的郭亮洞终于在1977年5月1日正式通车。

（二）青年洞

青年洞是红旗渠总干渠主要工程之一，位于任村镇卢家拐村西，从鬼斧神工、陡峭如切的小鬼脸上穿过。因参加凿洞的突击队是从全县民工中抽调出来的300名优秀青年，故取名为“青年洞”。

由分水苑风景区乘车上行30千米，可到达青年洞风景区。这里山高水险，红旗渠悬挂在巍峨雄峙的太行山悬崖绝壁之上，8米宽的红旗渠从山中穿过，各种文物点缀其中，天下一绝“一线天”有胜黄山之誉；情景交融“阳风垴”，可环视四周，触景生情，情趣满怀；胆战心惊“铁索桥”，可凌空倚云，飘若天仙；攀崖悬壁“凌空栈道”，可体现艰苦创业的雄心壮志；轻松潇洒“滑行道”，可与上山的艰难形成极大的反差。到此一游，既可观赏太行雄、险、奇、秀之美景，又可通过红旗渠等艰苦创业的实物使人们进一步领略“人民，只有人民才是创造世界历史的动力”的真谛，是对青少年进行爱国主义教育的基地。

第三节　居住地与社区

一、河南传统与乡土建筑

（一）康百万庄园

康百万庄园位于中原巩义市康店镇，距市区4千米，始建于明末清初。由于它背依邙山，面临洛水，因而有“金龟探水”的美称。“康百万”是一个家族的统称。

“康百万”是明清以来对康应魁家族的统称，因慈禧太后的册封而名扬天下。康百万家族，上自6世祖康绍敬，下至18世康庭兰，一直富裕了12代、400多年。历史上曾有康大勇、康道平、康鸿猷等10多人被称为“康百万”，其中最具代表性的是清代中期的康应魁。他在前人的基础上，利用清朝朝廷镇压白莲教之机“尽忠发财”，富甲三省，船行六河，土地达18万亩，财富无以计数，民间称其“头枕泾阳、西安，脚踏临沂、济南；马跑千里不吃别家草，人行千里尽是康家田”，盛极一时。康百万靠河运发财，靠土地致富，靠“贡献”得官，多次得到皇帝赏赐，最高时官至三品，数次钦加知府衔。明、清时期，康百万、沈万三、阮子兰被中国民间称为三大“活财神”；民国时期，“东刘、西张，中间夹个老康”，是中原河南的三大巨富之一。

康百万庄园临街建楼房，靠崖筑窑洞，四周修寨墙，濒河设码头，集农、官、商风格为一体，布局严谨，规模宏大。总建筑面积64 300平方米，有33个院落，53座楼房，1 300多间房舍和73孔窑洞。分为寨上住宅区、寨下住宅区、南大院、祠堂区、作坊区、菜园区、龙窝沟、金谷寨、花园、栈房区等。庭院建筑基本属于豫西地区典型的两进式四合院，以具有园林、官府的一些特点，各类砖雕、木雕、石雕华丽典雅，造型优美，是华北地区黄土高原封建堡垒式建筑的代表。展室摆放的有名人画和古玩珍宝，其中《留余》匾被选为《中国名匾》之一，是康家教育子弟的家训匾，由清朝翰林牛暄撰写。其中一张楠木顶子床，耗工1 700多个，从上到下，从里到外，采用各种雕刻形成，共雕有“麒麟送子”“双猩舞绳”等36幅图案，由17个部分组成，拆开可以搬运，结合在一起可以使用，不仅有供主人休息的地方，也有供丫鬟伺候主人的地方，是顶子床中的精品。

康百万庄园葡萄节

（二）陕县天井窑院

天井窑院，俗称地坑院，早在4 000多年以前就已经存在了，现在河南三门峡、甘肃庆阳及陕西的部分地区还有分布。其中河南三门峡境内保存较好，至今仍有100多个地下村落、近万座天井院，依然保持着“进村不见房，闻声不见人”的奇妙地下村庄景象，其中较早的院子有200多年的历史，住着6代人。

三门峡陕县张汴乡的天井窑院保存尤为完整。由于没有进行商业性的旅游开发，当地保持了最原始的天井窑院的特色。至今仍有相当一部分村民在地坑院中生活。

地坑院，顾名思义就是在地上挖个大坑，形成天井，然后在坑的四壁上挖出洞穴作为住宅。这种住宅冬暖夏凉，是老百姓根据当地的气候条件特别是干旱少雨的情况和土质状况创造出来的一种具有地方特色的居住形式，表现出先民们的智慧。

天井窑院是在平地挖一6～7米的四方深坑，然后再在坑的四壁凿挖8～12孔窑洞居住。有的窑里还挖有小拐窑，用于储藏柴草、蔬菜等杂物，以增加使用面积。窑里多用土坯垒成火炕，供人休息。出口是从窑院一角的窑洞内凿出斜坡通向地面，为住户进出的阶梯式通道。

在通道一旁挖有水井一眼，供人畜用水。距井口3～4米，打有红薯窖，可储藏红薯，因井水能保持一定温度和湿度，所以红薯保存得非常新鲜而持久。院中间挖有渗井1个或2个，同窑院深度一样，直径1米，底层铺炉渣50厘米左右，供存渗雨水之用，每10年左右修挖一次。院中栽桐、梨等高大树木。窑院除人住外，有单独的窑洞做厨房、厕所、鸡舍、畜圈。储藏粮食用苇子打成的囤，下铺麦糠，盛粮后上盖麦糠；再用泥封，储存三年五载不生虫，不腐烂。

天井窑院一般为独门独院，也有二进院、三进院，即多个井院联合。进入村内，只闻人言笑语，鸡鸣狗叫，却不见村舍房屋，“进村不见人，见树不见村”就是它的真实写照。有人称它是“地下的北京四合院”。过去，村民对修建窑院十分重视，建前必请阴阳先生察看，根据宅基地的地势、面积，按易经八卦决定修建哪种形式的院落。一般分四种类型：一是东震宅，长方形，凿窑8孔，南北各3孔，东西各1孔，门为正南方，厨房设在东南；二是南离宅，长方形，共凿窑8~12孔，门为正东方，厨房设在东南；三是西兑宅，人们叫西四宅，正方形，凿窑10孔，东西各3孔，南北各2孔，门走东北方，厨房设在西北；四是北坎宅，长方形，凿窑8~12孔，门走东南方，厨房正东。东西南北各按易经八卦排列，主窑高3~3.2米，可安1门3窗，其余为偏窑，高2.8~3米，可安1门2窗。窑洞深7~8米，宽3.2~3.5米。

窑洞建筑具有坚固耐用、节省资金、冬暖夏凉、挡风隔音、防震抗震的特点。冬季窑内温度在10℃以上，夏天保持在20℃左右，中午或晚上休息时还要盖上被子，人们称它是“天然空调，恒温住宅”。窑内安装电视，接收性能良好。随着人们生活水平的日益提高，农村住宅也在不断得以改观，不少农民修建了二层别墅式的小楼。但天井窑院的许多独特优点是小楼取代不了的，所以至今很多的当地人仍然住在天井窑院里。现在当地政府已经在此开发了天井窑院“农家乐”旅游项目。

（三）安阳马氏庄园

马氏庄园位于安阳市西部20千米的西蒋村，是清末头品顶戴、广西广东巡抚马丕瑶的府第，被学者称为“中州大地绝无仅有的封建官僚府第建筑标本”“中原第一官宅”，是全国重点文物保护单位、国家4A级旅游景区、全国红色旅游经典景区、河南省廉政教育基地。

马氏庄园建于清光绪至民国初期，保存完好，占地面积20 000多平方米，其中建筑面积5 000多平方米，共分3区6路，每路分4个庭院，9道大门，俗称“九门相照”。整座庄园布局严谨，错落有致，古朴典雅，雄浑庄重，既有典型的北京四合院宽敞明亮的建筑风格，又有晋商大院深邃富丽的建筑艺术，还有中原地区蓝砖灰瓦五脊六兽挂走廊的建筑特色。据记载，清末慈禧太后、光绪皇帝曾在这里下榻；解放战争时期，刘邓大军曾在这里设临时司令部，我们可以观赏到当时的陈设。

庄园主人马丕瑶，字玉山，安阳县西蒋村人。为官30余年，政绩卓著，清正廉明，忠心报国，实心爱民，深受百姓爱戴，老百姓称他为“马青天”，光绪皇帝赞他为“百官楷模”。病逝后，光绪帝亲撰祭文，并御赐金字“鞠躬尽瘁”，诰封其为“光禄大夫和振威将军”。马氏庄园不仅是一部清末民国初期的建筑巨著，一座具有跨时代意义的廉政教育基地、红色教育基地，更是一部集儒学、建筑、风水、书法、楹联等中国传统文化于一体的百科全书。

二、河南特色街巷

（一）宋都御街

宋都御街位于开封市中山路北段，是为再现宋代御街风貌，于1988年建成的一条仿宋商业街。据史记载，北宋的东京城富丽堂皇，其中最重要的一条街道就是御街。北宋时期，东京御街北起皇宫宣德门，经州桥和朱雀门，直达外城南熏门。长达10余里，宽200步，是供皇帝御驾出入、显示尊严气派的主要街道。

新建的御街在原御街遗址上修建。南起新街口，北至午门，全长400多米。两侧角楼对称而立，楼阁殿铺鳞次栉比，其匾额、楹联、幌子、字号均取自宋史记载，古色古香。50余家店铺各具特色，经营开封特产、传统商品、古玩字画。售货员身着仿宋古装，殷勤地招待八方来客。漫步御街，仿佛一步跨越了上千年的历史长河，令人充满对昔日宋都繁华景象的无限遐想。

（二）德化街

德化街始建于1905年。1901年京汉铁路建成通车后，带动了郑州商业的发展。当时的河南巡抚陈龙奏请清政府批准，将郑州辟为商埠，并在郑州周围着手规划道路建设，这才形成了德化街。当时的街道以苑陵街为界，南名天中里，北名惠人街。后因“惠”与“毁”谐音，受商人忌讳，清末举人刘邦骥与众商合议，取“德化育人”之意，定名德化街，并沿用至今。

以前德化街是郑州市最繁华的街道之一，按老辈人的说法，那时候的德化街已经是“天天如赶会，日日似过年”。后来经过工商业的改造，德化街愈加繁荣。政府对该街大力整修，铺设柏油路面，店房、店面多次更新，楼房林立，各业具备，德化街成为郑州市名副其实的商业中心，在郑州市的经济地位也愈来愈高。毛泽东、刘伯承、陈毅等党和国家领导人，陈赓大将以及著名京剧大师梅兰芳等曾先后光临过德化街，并到当时位于德化北街北段的京都老蔡记馄饨馆就餐，对该店的蒸饺、馄饨给予了很高的评价。

20世纪90年代，德化街更是被称为郑州的“南京路”。1987年起，德化街进行旧城改造，北端新建有亚细亚商场，中段有德化街百货大楼、三得利商场、德化街浴池、妇幼用品大楼、刘胡兰副食品大楼等。德化街的改造筑就了一个新的商业巨头——亚细亚，随之而来的就是闻名全国、硝烟弥漫的二七商战，郑州的现代化商业格局也逐渐形成。20世纪90年代中后期，随着金博大、丹尼斯等大型综合商场的出现，开始立项建设德化商业步行街，这是条既有经济效益又有社会效益，集商业、娱乐、休闲、美食、文化、旅游为一体的高品位、高档次的步行街。

德化步行商业街的雕塑共有5组，分别为“花木兰”“修钟匠”“小吃”“古币”和“盘龙吟天”。其中既有反映德化街历史渊源的“古币”“修钟匠”“小吃”，也有反映河南地方特色与文化的“花木兰”，更有寓示步行街将腾飞的“盘龙吟天”。可以说，这些雕塑，从一个特定的角度反映了郑州文化，展示了中原儿女的精神风貌。

（三）荆紫关镇明清一条街

古镇淅川县荆紫关镇明清一条街，是当今中国保存最为完好的一条明清时期的古街道。这里的府台衙门、关门、清真寺、平浪宫、万寿宫、古码头等，古色古香，风韵犹存。2001年6月被国务院公布为国家文物保护单位。

它地处豫、鄂、陕的交界处，依丹江水的流向，呈南北走势，长达2.5千米，分北、中、南三街。街道宽约丈余，碎石铺地，一街两行，楼阁叠错，700余间明清建筑，布局合理，结构严谨，融南北建筑风格于一体，古朴庄重。作为船工敬神祈愿保平安的平浪宫，现存有18间房舍，占地500平方米。按前宫、中宫、后宫三层进向布局。关门也叫花城门，因石雕花纹美不胜收而得名。关门上方“荆紫关”三个大字，苍劲有力，威严凝重。禹王宫、万寿宫、城隍庙均临街而建，古朴典雅，造型考究。

历史上的荆紫关，是连接豫、鄂、陕三省之重镇，“北连秦晋，南通吴楚”，在军事上有着起西北控东南之便，是丹江通往龙驹寨乃至西安的最大水旱码头之一。香港影视中心《阮氏三雄》的外景即在此拍摄。

三、名人故居与历史纪念建筑

（一）姜太公故里

姜太公故里，位于河南省新乡卫辉市西北12千米处。公元前1210年农历八月初三，姜太公诞生于卫辉太公泉镇吕村。姜太公亦称吕太公，名尚，字子牙，号飞熊，是我国西周时期一位著名的政治家、军事家、谋略家。他也是我国200多个姓氏的血缘始祖。这个传奇色彩颇为浓厚的历史人物，单是姓名就有不少叫法，如《史记汉书诸表订补十种》记载他的名字有：太公望、吕望、周望、吕牙、吕尚、姜望、望尚、师望、姜公、姜老等。

姜太公故里原是姜氏的一个大部落。1995年在太公泉出土的唐代墓碑，曾记载着太公泉原叫“姜塬”。据《竹书纪年》记载，姜太公仙逝于“周康王六年”十月二十日。终年139岁，葬于卫辉太公泉。至今太公泉境内还保留着许多姜太公的历史遗迹，其中较为著名的有姜太公墓、姜太公祠、姜太公庙、姜太公吕望表等。每到农历八月初三姜太公诞辰之日，许多海内外后裔组成的姜氏、吕氏宗亲会都会前往姜太公故里寻根祭祖，旅游观光。

（二）老子故里

老子故里在河南省鹿邑县太清宫镇，几千年来一直是官方与民间传统公认的老子故里，历来是官方、民间老百姓祭拜老子的圣地，历史上曾有8位皇帝亲临鹿邑祭拜老子。2012年2月中国民协确定命名鹿邑作为“中国老子文化之乡”。

老子故里旅游区由太清宫风景区、明道宫风景区与其他风景区组成。以我国古代伟大思想家、世界著名历史文化名人老子的诞生与成长以及后人对其祭祀活动所遗留文物古迹为主体，配以周围其他著名的历史遗迹人文景观，并与该地所特有的自然景观相结合，形成了一个集历史文化、自然风情、休闲养生为一体的综合旅游区。

（三）杜甫故里

杜甫故里位于巩义市城区西北5千米处的康店镇康店村西部邙岭上。占地34亩，坐北向南，主体建筑有大门楼、杜甫大型雕像、双层亭、诗圣碑林、杜甫墓、吟诗亭、望乡亭、草亭、献殿等。整个景区种植花木3 000余株，奇花异草点缀、绿树成荫、松柏辉映、巍伟庄重，各种设施具有园林建筑风格，已成为邙岭上闪闪发光的一颗明珠。

杜甫于唐代宗大历五年（770年）在湖南平江县洞庭湖附近的湘江舟中与世长辞，享年58岁。当时家贫无力归葬，暂葬在湖南省千江县南15千米的小田村。43年后，唐宪宗元和八年（813年），其孙杜嗣业遵先人嘱托，将杜甫灵柩归葬故乡巩义市康店的邙山岭上，其子宗文、宗武陪葬墓侧，当地群众称“圣人三冢”。早在宋代，墓园周围有垣墙，四门、园内种植苍松、翠柏，历代文人和广大劳动人民前来凭吊者如织，明代以后被毁。

景区内最引人注目的就是花岗岩大型杜甫雕像，高达4.7米，其雕法细腻，线条流畅，技法求实，神志沉重，形象逼真。这一佳作是由闻名世界的艺术大师刘开渠先生和已故著名艺术家刘岘先生精心指导，由著名雕塑家崔开宏先生创作监制而成的。底座基高3米，用黑色大理石砌成，正面“诗圣杜甫”由刘开渠先生题。座的形式采用内方外圆的花坛围绕四周，谐中国古代天圆地方之说。寓意诗圣是永远站在祖国大地上的巨人，他的英名将与天地共存。

景区内有一栋长120米，宽2.5米的长廊，俗称“百米长廊”，又叫“诗圣碑林”，由中国书法家协会主席启功先生题。廊内容纳石碑百余通，内容大都为杜诗，汇聚国内外著名书画家的墨宝，真、草、隶、篆，古今书法各具特色，其书法艺术精湛、结构严谨、雄深苍浑、骨气洞达、爽爽有神、挥洒自如、浓淡有趣、飘若浮云、矫若惊龙，堪称一绝。千百年来文人、墨客、专家、学者怀着崇敬心情前来拜谒诗圣者，无不留言题字，写下无数赞歌。诗圣杜甫长眠在这里，一声声杜诗吟颂，一阵阵称风长啸，人民将永远怀念他。

（四）岳飞故里

汤阴县城东30里的菜园镇程岗村，是我国南宋民族英雄岳飞的故里。每年的岳飞诞辰日，汤阴县都要举行隆重的凭吊、祭祀活动，以表达家乡人民对这位民族英雄的缅怀和敬仰之情。近年来，汤阴县对岳飞故宅、岳氏祖茔和岳飞庙进行了修葺，使岳飞故里成为一处进行爱国主义教育的场所。

岳飞从普通农家子弟成长为一位流芳千古的民族英雄，是与他良好的家庭教育分不开的。他不仅从周侗那里学到精湛的武艺，亦从他母亲那里学到了忠孝节义，英雄背后有英雄的母亲。来到汤阴瞻仰岳飞，其故里亦是好去处。史料记载，这里是岳飞的出生地。相传岳飞遇害后，村人四散，后又遭洪患，村被淹没。明初，从山西迁来的程姓人家在此生息繁衍，便以地势突兀取名程岗。明代中期，汤阴县城的岳飞庙建立以后，村中的百姓也在村西修建庙宇一座，称“岳鄂王故宅”，并立石碑数通。形式仿县城岳飞庙，坐北朝南，有大殿、东西厢房、先人阁、孝娥祠等。出岳飞故宅后，可再谒岳飞先茔，先茔位于汤阴县东11千米的南周流村西，这里埋葬着岳飞的曾祖父、祖父和父亲，占地10余亩。

（五）王铎故居

洛阳神笔王铎故居景区为国家3A级旅游景点，是河南省重点文物保护单位，是洛阳市旅游景区的重要组成部分，也是国家旅游总局确定的全国旅游景点之一。

王铎，字觉斯，号痴庵、松樵，别号烟潭、渔叟。因祖居洛阳孟津，故又称其为王孟津。他在书画上造诣高深，独树一帜，是明清之际著名的书法家。明、清加授太子少保，官至礼部尚书、东阁大学士。其故居位于孟津老城，由2 646平方米的故居和占地80亩的后花园两部分组成。

王铎故居自修建至今，已有近400年的历史。王铎于明崇祯元年在嵎嵘山北麓建林苑别墅拟山园。拟山园集林苑建筑之巧，亭台楼榭，曲径回廊，奇花异草，布置精巧，匠心独具。园内种植有王铎喜爱的竹子、梧桐、梅花、藤萝等。他还亲自为各处景观命名。拟山园名冠当时，驰誉中州，盛名盛久不衰。

（六）常香玉故居

常香玉故居位于巩义市南河渡镇董沟村，是常香玉出生和开始学戏的地方，历经几十年的风雨沧桑，原有的几孔窑洞坍塌得非常严重。常香玉大师逝世后，镇政府出资30万元，按照恢复原貌、修旧如旧的原则对窑洞进行修缮加固，同时，大力整治周边环境，对现存的一眼古井、两棵千年古槐加以保护。

修缮后的香玉故居共有窑洞4孔、平房3间，面积百余平方米，分堂窑、厢窑、诞生窑和磨道窑。故居内根据豫西农家院落生活起居原貌进行了复原，并展示有常香玉大师生平事迹的资料和图片。

四、书院

（一）嵩阳书院

嵩阳书院，位于登封市城北 3 千米峻极峰下，因坐落于嵩山之阳得名，是宋代四大书院之一。嵩阳书院原名嵩阳寺，创建于北魏太和八年（484 年），隋大业年间更名为嵩阳观。嵩阳书院建制古朴雅致，中轴线上的主要建筑有 5 进，廊庑俱全。

嵩阳书院是我国古代高等学府，它与河南商丘的睢阳书院（又名应天书院）、湖南的岳麓书院、江西的白鹿洞书院，并称为我国古代四大书院。历史上嵩阳书院以理学著称于世，以文化赡富、文物奇特名扬古今。

嵩阳书院在历史上曾是佛教、道教场所，但时间最长、最有名气的是作为儒教圣地。嵩阳书院初建于北魏孝文帝太和八年（484 年），名为嵩阳寺，为佛教活动场所，僧人多达数百人。隋炀帝大业年间（605—618 年），更名为嵩阳观，为道教活动场所。唐弘道元年（683 年）高宗李治游嵩山时，闭为行宫，名曰“奉天宫”。五代周时（951—960 年），改为太乙书院。宋仁宗景祐二年（1035 年），名为嵩阳书院，此后一直是历代名人讲授经典的教育场所。

嵩阳书院是宋代理学的发源地之一，宋代理学的“洛学”创始人是程颢、程颐兄弟，司马光、范仲淹曾在嵩阳书院讲学，且司马光巨著《资治通鉴》的一部分是在嵩阳书院撰写的。明末书院毁于兵火，历经元、明、清各代重修增建，鼎盛时期，学田 1 750 多亩，生徒达数百人，藏书达 2 000 多册，如《朱子全书》《性理精义》《日讲四书》等。清代末年，废除科举制度，设立学堂，经历千余年的书院教育走完了科举历程，但是书院作为中国古代教育史上一颗璀璨的明珠，永远载入史册。2009 年古老的嵩阳书院再次焕发青春，成立郑州大学嵩阳书院。

嵩阳书院经历代多次增建修补，书院内建筑布局保持着清代前的风格，现存殿堂廊房五百余间，由 5 进院落组成，院中有先贤祠、先师殿、三贤祠、丽泽堂、藏书楼、道统祠、博约斋、敬文斋、三益斋等建筑。嵩阳书院的将军柏，是中国现存的原始古柏，诗人李观兴诗谓：“翠盖摩天回，盘根拔地雄。赐封来汉代，结种在鸿蒙。”传说西汉元封元年（前 110 年），汉武帝游中岳时，对 3 株高大茂盛的古柏分别封为“大将军”“二将军”“三将军”，现在成活的只有“大将军”和“二将军”两株。“二将军”周径 15 米，高约 30 米，树干下部一枯洞，可容 5 ~ 6 人，南北贯通，人可直立而过。虽然树皮剥落，躯干龙钟，但生机盎然。“二将军”高大挺拔，枝繁叶茂，让人叹为观止。

1936 年 9 月，蒋介石先生赴洛阳做 50 寿辰之前，来到嵩山游览，随行为商震、张静愚、钱大钧等人。游嵩阳书院时，见此处群山环绕，环境幽静，唯近处山野水源缺乏，当即命河南省建设厅长张静愚调机井队，在嵩阳书院内凿一眼百米深井，名为蒋公井。这是嵩山有史以来的第一眼深机井，现存完好。

（二）应天府书院

应天府书院即应天书院、睢阳书院，其前身为南都学舍，为五代后晋时的商丘人杨悫创办，位于河南省商丘市睢阳区国家 4A 级风景区商丘古城南湖畔，为中国古代著名的四大书院之一。

北宋大中祥符二年（1009 年），宋真宗正式赐额为应天书院，宋仁宗景祐元年（1034 年），应天书院改为府学，为应天府书院，庆历三年（1043 年）改为南京（北宋陪都，今河南商丘）国子监，为北宋最高学府。北宋初书院多设于山林胜地，唯应天书院设于繁华闹市，人才辈出。随着晏殊、范仲淹等的加入，应天书院逐渐发展为北宋最具影响力的书院，位居北宋四大书院之首。

应天府书院的历史，可以追溯到五代时的后晋，当时有邑人杨悫"乐于教育"，在将军赵直的支持下，聚徒讲学。杨悫去世后，他的学生楚丘人戚同文继承师业，继续办学，培养出诸如宗度、许骧、陈象舆、高象先、郭成范、王砺等后来成为台阁重臣的著名人物。宋真宗大中祥符二年，曹诚就其地筑学舍 150 间，聚书 1 500 余卷，广招学生。使应天府书院扬名的另一位人物就是那个吟出"先天下之忧而忧，后天下之乐而乐"的范仲淹。

五、会馆

（一）社旗山陕会馆

社旗山陕会馆始建于清乾隆二十一年（1756 年），经嘉庆、道光、咸丰、同治，至光绪十八年（1892 年）竣工，共历六帝 136 年。会馆居于赊旗镇闹市中心，坐北朝南，南对当年最繁华的磁器街，北靠五魁场街，东邻永庆街，西伴绿布场街。主体建筑呈前窄后宽之势，东西最宽 62 米，南北长 156 米（现存），总占地面积 12 885. 29 平方米，建筑面积 6 235. 196平方米。整体建筑分前、中、后三进院落。位于中轴线上的建筑有：琉璃照壁、悬鉴楼、石牌坊、大拜殿、春秋楼。两侧相陪建筑有木旗杆、铁旗杆、东西辕门、东西马厩、钟鼓楼、东西长廊、腰楼、药王殿、马王殿、道坊院等。其中春秋楼及其附属建筑于咸丰七年为捻军所焚，现存建筑 152 间。

社旗山陕会馆

社旗山陕会馆是当年寓居此地的山陕二省商人集资兴建的同乡会馆，因馆内敬奉关公，因此又名关公祠、山陕庙，它是一座商业会馆类建筑与关帝庙建筑完美结合的古建筑群。其建时正处于中国古建筑发展史上最后一个高潮期。加之会馆这一建筑类型本身就是资本萌芽商业繁盛的产物，客居各地的富商大贾聚敛的大量钱财，为会馆建筑艺术提供了强大的财力支持，从而使社旗山陕会馆的建筑艺术达到了那时的巅峰状态。其建筑集宫殿、庙宇、商馆、民居、园林建筑之大成，既雄伟壮观、雍容华贵，又玲珑秀丽、典雅有致；既渲染了宫殿的气势和庙宇的静穆，又充满着柔美色彩和诗情画意，给人以艺术整体美的强大震撼力。特别是其装饰艺术，如木雕、石雕、砖雕、琉璃、彩画、宫灯、刺绣品等，其镂雕之精巧、内容之丰富、色彩之华丽，堪称绝品。会馆之整体建筑布局严谨，排列有序，装饰富丽气派，诚为国内罕见的具有重要历史、科学、艺术研究价值的古建筑群。社旗山陕会馆在全国现存80余座同类建筑中，被业内专家公认为“中国第一会馆”。

知识链接

社旗山峡会馆“十之最”

1. 全国会馆之最

在全国现存80余座会馆类古建筑群中，社旗山陕会馆以其建筑规模最为宏伟、保存最为完好、建筑装饰工艺最为精湛、商业文化内涵最为丰富，确立了首屈一指的地位，被全国多位著名专家一致公认为“中国第一会馆”。

2. 琉璃照壁之最

社旗山陕会馆的琉璃照壁将海漫式与盒子式两种风格完美结合为一体，将各种琉璃烧制的吉祥植物、吉祥动物、神兽等图案巧妙组合成一幅内容丰富、寓意深刻的完整画面，既给人以直观的美感享受，又富有厚重的文化内涵。因此可称为全国会馆类建筑照壁装饰艺术之最。

3. 铁旗杆之最

铁旗杆是“武庙”即关帝庙建筑的特有装饰。社旗山陕会馆两株铁旗杆立于清嘉庆二十二年，重50 000余斤，高20余米。就其重量、高度，形制之完整，内容之丰富，工艺之精湛，造型之完美而言，全国同类建筑无出其右者，社旗山陕会馆铁旗杆堪称全国现存古建筑铁旗杆之最。

4. 戏楼之最

全国现存古戏楼很多，建筑各有特色。但若论其建筑之宏伟、装饰之精美，首推社旗山陕会馆悬鉴楼。悬鉴楼兴建于清嘉庆年间，高24米，为三重檐歇山顶建筑，面南为山门，檐廊宽敞，面北为戏台，这种勾连搭结构独具匠心，极富特色，为“华夏古戏楼的典范之作”。

5. 石雕艺术之最

以石牌坊及各殿柱础为代表的社旗山陕会馆石雕艺术集中国古建筑全部石雕技法于一体，其浮雕之素平、减地平级、压地稳起、剔地起突等技法，均得到恰到好处的运用、反复充分的展示，当之无愧地被称为中国古建筑“石雕艺术之最”。

6. 木雕艺术之最

会馆建筑的额枋、雀替、垂花门楼、内檐装修之格扇、槛板乃至穿插梁板及檐下斗拱昂嘴、耍头皆饰以木雕，几乎达到了无木不雕的地步，并以透雕艺术之精而享誉国内古建筑界。

7. 慈禧太后御笔亲书“龙”“虎”二字碑

慈禧太后御笔亲书“龙”“虎”二字碑，碑宽0.42米，高0.80米，上圆下方，上方刻一方形篆体御印章，内为“慈禧皇太后御笔之宝”九字。作为民间商会建筑而能得慈禧皇太后御笔之宝作为镇殿之宝，在全国的会馆建筑中绝无仅有。

8. 全国清代民间刺绣珍品之最

社旗山陕会馆馆藏40余件清代刺绣珍品，其中5件被国家文物局确定为国保文物一级品，并征调两件远赴瑞士、丹麦等国作为国保珍品文物展出。“全国清代民间刺绣品之最”当之无愧。

9. 会馆附属建筑道坊院为全国会馆之最

社旗山陕会馆之附属建筑道坊院又名掖园官、接官厅，其建筑风格融合北方四合院建筑与南方民居与园林建筑风格于一体，具有重要的研究价值，在全国现存会馆类建筑中独此一家，堪称“全国之最”。

10. 商业道德规则碑可称为全国之最

社旗山陕会馆现存碑刻共计9块，其中有关记述商业道德规则及会馆兴建活动的碑刻计7块，堪称全国之最。

（二）山陕甘会馆

山陕甘会馆是清乾隆四十一年（1776年），由居住在开封的山西、陕西、甘肃的富商巨贾在明代“开国元勋第一家”的中山王徐达府的遗址上聚资修建，成为旅汴同乡聚会的场所，位于河南省开封市内徐府街。会馆由照壁、戏楼、钟鼓楼、牌坊、正殿和东西配殿等组成。又称“公所”“同乡会馆”和“同乡会”，整个建筑布满了砖雕、石雕、木雕，堪称会馆三绝，将佛教故事、传奇人物雕制得惟妙惟肖，生动逼真，具有很高的艺术价值。2001年被列入第五批全国重点文物保护单位名单。山陕甘会馆有着重要的历史文化价值以及丰富的旅游资源。

山陕甘会馆为一处庭院式的建筑，主体建筑如照壁、戏楼、牌楼、大殿等置于中轴线上，附属建筑位于东西两侧，建筑之间以檐廊串联，整座建筑群整齐而精致。照壁临街而建，覆以庑殿顶、绿琉璃瓦，显得方正庄重。照壁两侧有飞檐高耸的东西掖门。进入会馆，迎面是戏楼。戏楼又称歌楼，旧时每逢节日、祭祀、还愿、祝寿等活动，这里均有精彩演出。木雕为镂空透雕，上下宽度达170厘米，雕刻题材有象征吉祥如意的各种瓜果、动植物、山水、人物、神兽、龙凤等，雕刻技法精湛，其景物玲珑剔透，栩栩如生，加之丹青彩画，更显得绚丽多彩，金碧交辉。会馆内还有垂花门、钟鼓楼、东西配殿、东西跨院等建筑，院内树木扶疏、花香莺啼，颇有意境。

会馆布局严谨，建造考究，装饰华丽。最值得一提的就是馆内的雕刻和丹青，馆内遍布各种各样的木雕、石雕、砖雕等，雕工精美，造型栩栩如生，是中国雕刻艺术中的珍品，而各色的丹青彩绘极具民族特色，艺术价值不菲。

山陕甘会馆已有300多年的历史。这座华丽的会馆，建筑艺术别具风格，各殿精美的石雕、木雕和琉璃制品，堪称清代雕刻艺术的珍品。

（三）怀帮会馆

禹州怀帮会馆也称禹州怀庆会馆，位于河南省禹州市市区西北隅，坐北向南。它是由怀庆府所属各县在禹县进行中药贸易的巨商富贾集资兴建的，以此作为其联谊场所，保护其资产，是全国药商会馆规模最大、保存最完好的会馆。

此会馆始建于清道光年间，落成于同治十一年三月。在建筑艺术上雄居禹州各会馆建筑之首，享有“十三帮一大片，不如怀帮一个殿”的美誉。会馆南北长120米，东西宽78米，总面积达9 360平方米，由照壁、山门、戏楼、钟鼓楼、左右廊庑、大殿等组成一处布局协调、规模宏伟的建筑群。值得一提的是，所有建筑用砖均有“怀帮”二字，这在建筑史上是不多见的。

照壁位于会馆正前方，青砖砌就，下以石条为基，基上用砖砌成双层须弥座，分别雕有仰莲、云气、几何图形等装饰花纹。座上立壁，横宽 18 米，壁面为大小八边形组成的几何图案。顶为歇山式，檐下做出方椽。

戏楼在照壁北 10 米处，为山门兼戏楼，面阔三间，进深二间。南为山门，北为戏楼，下有 18 米×7 米基座，上为单檐歇山式顶，覆以孔雀蓝琉璃瓦，雕龙正脊两端置大吻。在戏楼两侧各有一个 3 米×3 米的方形角楼，为会馆庙堂的钟鼓楼。

东西配殿沿中轴线北行 20 米处，各为面阔五间（18 米），进深二间（5 米）的廊庑。这两幢廊房为双层楼阁式，西廊在民国年间翻修时将顶部改用为小布瓦。与两廊北山墙成平行线的中间，为大殿前的拜台台基，基高 0.8 米、纵深 7 米，紧连大殿基座。

大殿是该会馆中的主要建筑。整个大殿建在一个高 0.8 米、边长 18 米的方形基座上。大殿之前部为拜殿，面阔 5 间，进深两间，单檐歇山式卷棚顶。上覆孔雀蓝琉璃瓦，雕花脊，檐下无斗拱，平板枋上为高浮雕牡丹图案。各间大额枋上分别浮雕着“商旅入城”“高士贤隐”“骆驼商旅”“商旅歇马”等商帮故事及透雕人物、鸟兽等，玲珑剔透，栩栩如生，实属一组雕刻艺术珍品。

第四节 归葬地

一、陵区陵园

（一）东汉皇陵

东汉皇陵位于洛阳市东 17 千米、孟津县和偃师市交会处的汉魏故城附近。东汉 14 帝，除汉献帝刘协葬在许昌市曹魏故城的张潘乡古城村、北乡侯刘懿早卒和少帝刘辩被董卓所废未建陵外，其他 11 帝均葬在洛阳汉魏故城东南和东北两大陵区。其中，东南陵区有汉明帝刘庄的显节陵、汉章帝刘炟的敬陵、汉和帝刘肇的慎陵、汉殇帝刘隆的康陵（在慎陵中）、汉质帝刘缵的静陵、汉桓帝刘志的宣陵共 6 帝 6 陵。东北陵区有光武帝刘秀的原陵、安帝刘祜的恭陵、顺帝刘保的宪、冲帝刘炳的怀陵、灵帝刘宏的文陵，共 5 帝 5 陵。

东汉皇陵从选址、布局到地宫建制基本上承袭西汉。但因为东汉是我国历史上政治、经济、文化迅速发展的一个重要时期，所以，东汉皇陵在陵寝建筑、丧葬礼仪、祭祀祖先等方面也有所改变，这些改变对后代产生了广泛的影响。为了适应陵园中举行祭祀的需要，陵园建筑也增添了新内容，开始在陵前建筑祭殿，还在陵旁建筑悬挂大钟，以便祭祀时鸣钟。东汉陵寝的这一变化，正是为了把公卿百官和地方官员团结在皇帝周围，以巩固东汉的统治。

东汉陵园四周的建筑也与西汉相异，不筑垣墙，改用“行马”。通往陵冢的神道两侧还列置成对石雕。东汉开创了在神道两侧建置石雕生的先例，更进一步显示了皇帝至高无上的权威。这一建制为以后各朝所沿用并发展。东汉帝陵地下建筑改变了西汉以柏木黄心为椁的制度，多用石头砌建椁室，称为“黄肠石”。

（二）汉献帝陵

汉献帝陵是东汉末代皇帝刘协的陵寝，位于河南省修武县方庄镇古汉村南，是豫北地区唯一一座保存完好的帝王陵，也是焦作市重点文物保护单位——山阳故城的重要组成部分，距今已有 1 700 多年的历史。1988 年，汉献帝刘协的玄孙阿知公的后人原田先生曾专程从日本来到焦作祭祀。

公元234年，“乡村医生”山阳公刘协病死，享年54岁。刘协病死的时候，曹丕已经死去好几年，这时的曹魏皇帝是魏明帝曹睿（叡）。曹家对这位东汉末代皇帝、曹家的女婿还算厚道，以汉天子的规格和礼仪安葬了他，谥号孝献皇帝，陵曰禅陵。和东汉大部分帝陵在洛阳附近不同，献帝陵孤零零地在今修武县方庄镇古汉村。260年，曹皇后与汉献帝合葬禅陵。据介绍，许昌市张潘乡也有一个献帝陵，称为“愍陵”，这是个衣冠冢。刘协因曾居许昌25年，后人为表纪念而建陵，今仅存一长方形土台。陵墓有封土，不方不圆的，高七八米，上面长满了树木及荆棘杂草。陵园的东侧有座不高的孤山，山名为古汉山，陵园所在的村庄叫古汉村。曹魏时期提倡薄葬，陵墓没有封土堆，献帝陵为什么有这么高的封土？据传说，刘协死后山阳百姓纷纷前去送葬，人们用帽子、衣服盛着黄土倒入墓穴，堆起了山一样的墓堆。

（三）西晋皇陵

西晋皇陵位于洛阳城东20千米处偃师市首阳山镇、城关镇。西晋皇陵分东西两区，东区在偃师市城关镇潘屯、杜楼两村以北的枕头山下，西区在首阳山镇南蔡庄村以北的鏊子山下，两区相距数里。其中潘屯、杜楼两村以北的枕头山西晋墓地一号墓，为晋文帝崇阳陵。墓道长46米，宽11米，墓室长4.5米，宽3.7米，高2.5米。南蔡庄村以北的西晋墓地一号墓，位于最东端，规模最大。墓道长36米，宽10.5米，墓室长5.5米，宽3米，高2米，为晋武帝峻阳陵。

晋武帝作为西晋的开国皇帝，在墓地选择上看来是费了一番心机。鏊子山两端分别向南伸出一道较为平缓的山梁，对墓地形成三面环抱之势，就如一把罗圈椅，可以安安稳稳地坐享太平，是修建帝王陵墓的很理想的风水宝地。

（四）北魏长陵

北魏长陵位于洛阳城西北约15千米处孟津县朝阳乡官庄村邙山之巅。此处存大小冢各一，大者高35米，底部周长141米；小者高23米，底部周长110米。两冢相距约100米，当地俗称“大小冢”。分别为高祖孝文帝长陵和文昭皇太后之陵。

北魏孝文帝拓跋宏是北魏一位杰出的皇帝，他5岁即位，聪慧机敏。他亲政以后，为了巩固北魏封建国家，实行了许多重要的改革，加速了北方各少数民族的封建化进程，为隋统一中国奠定了基础。孝文帝拓跋宏于太和十七年（493年）率军南下，并把都城由平城（今大同）迁至洛阳。

北魏孝文帝长陵是北邙山最具代表性的古墓葬，是中国历史上迁都洛阳，改学汉制，杰出的政治家、改革家北魏孝文帝的陵墓，北魏孝文帝长陵及其布局对研究我国墓葬制度发展、演变及影响具有较高的学术价值。

知识链接

北魏孝文帝迁都洛阳的原因

洛阳是古代帝王理想的建都立业之所，也是汉文化积淀深厚之地，迁都洛阳是北魏孝文帝一生最重要的功业之一。作为少数民族的政治家和改革家，这一举措体现了一代帝王的雄才大略。孝文帝为何要迁都洛阳？

第一，与倾慕汉族文化有关。孝文帝拓跋宏受过良好的汉文化教育，对汉民族的文化极其崇拜。他从小由其祖母冯太后抚养，冯太后是汉族人，知书达理，聪明果断，曾执掌北魏大权20多年，她参照汉族的文化制度，颁布了许多重要的改革措施。孝文帝在她的熏陶下，成长为汉文化忠实的推行者。

第二，统治中原的需要。孝文帝是一个有作为的政治家，他不愿仅仅做“夷狄”君王，还要做中国人的君王，而北魏都城平城位置偏北，不利于对广大中原地区的统治。

第三，解决粮食供给问题。平城偏北地寒，粮食产量非常有限，当时平城没有水陆漕运，交通极不发达，从关内运粮到平城，不仅费时费力，成本也极其昂贵。而洛阳处于北方的中心地带，平原地区，交通便利，迁都洛阳就解决了最根本的粮食问题。

第四，地理环境的影响。平城（今山西大同东北）地处偏北，地形多山，气候干旱，气温偏低，不利于农作物的生长，自然条件制约着北魏经济的进一步发展。

第五，减小改革阻力。平城有强大的保守势力，是改革的巨大阻碍。迁都洛阳有利于减小改革阻力，保证改革的顺利进行。

（五）后周皇陵

后周皇陵属全国重点文物保护单位，是后周的帝王陵墓，位于河南省新郑市区（属郑州）北18千米的郭店村附近，是五代时期中原唯一保存下来的一座较为完整的陵墓群。

现存陵墓包括嵩陵、庆陵、顺陵和懿陵。嵩陵为后周太祖郭威墓，位于郭店村西南约1 000米的陵后村，现存冢高约12米，周长110米。庆陵，为后周世宗柴荣墓，位于新郑郭店村西北500米处陵上村，现存冢高10米，周长105米。陵园现存御制祭文碑28通。顺陵，是恭帝柴宗训墓，位于庆陵东北500米处，现存冢高4米，周长40米，墓室和墓道还保存有壁画。懿陵，是后周世宗皇后符氏墓，位于庆陵东侧100米处陵上村内，冢高3米，周长30米。

同历代皇陵相比，后周皇陵纸衣瓦棺，大概是设置最为简单、俭朴的一处陵苑了。后周皇陵薄葬且形制较小，但体现了后周统治者难能可贵的政治开明及与民休息的政策，且陵园和祭碑有较高的历史和科学价值，为中国历史上各王朝皇陵不可缺少的一段实物例证。后周皇陵与历代帝王陵墓相比，规模较小，陈设也比较简单，这与郭威、柴荣体恤民情、崇尚俭约有关。

（六）北宋皇陵

北宋皇陵是国家重点文物保护单位，位于巩义市的西村、芝田、市区、回郭镇一带，北宋9个皇帝，除徽、钦二帝被金兵掳去死于五国城外，其余7个皇帝及赵弘殷（赵匡胤之父）均葬在巩义，通称“七帝八陵”，再加上后妃和宗室亲王、王孙及高怀德、蔡齐、寇准、包拯、杨六郎、赵普等功臣名将，共有陵墓近千座。从963年开始营建宋陵，前后经营达160余年之久，形成了一个规模庞大、气势雄伟的皇家陵墓群，堪称露天艺术博物馆，为研究宋代典章制度和石刻艺术提供了十分珍贵的实物资料。

北宋皇陵从宋太祖乾德六年开始兴建，陵园总面积曾达到25平方千米，经过千年来的无数劫难后，只有遗址尚存。除皇陵外，巩义还有亲王、公主、皇子、皇孙及诸王夫人墓144座，名将功勋墓8座，帝室宗亲陵墓千余座。宋陵有庞大的石刻群，虽经破坏散失，至今尚有941件。这些石刻群，是中国现存的唯一的宋代石刻群，它是研究宋代雕刻艺术的珍贵实物。另外，宋陵有不少碑碣，出自名人之手，也是研究中国书法艺术的珍贵资料。

各陵园都由“上官”“官城”“地官”“下官”四部分组成，围绕陵园还建筑有寺院、庙宇和行宫等。陵台植松柏，横竖成行，四季常青。陵园内种松柏，陵区四周种植枳橘。

二、墓（群）

（一）伊尹墓

伊尹墓位于河南省商丘市虞城县谷熟镇南 3 000 米处，周围一片古柏环绕，古柏距今已有1 400多年的历史，最大的直径 3 米多，墓前有伊尹祠。墓冢高 3 米，周长 50 米，周围一片古柏环绕。这些古柏四季葱茏茂密，遮天蔽日，蔚为壮观。

伊尹生活于夏末商初的社会大动荡时期，原为有莘国的奴隶，善烹饪。他想投靠商汤，一直找不到机会。后来莘国君的女儿嫁给了商汤为妃，伊尹被当作“媵臣”随去，才如愿以偿。伊尹利用给商汤作厨的机会，得以亲近商汤，向汤陈说天下大事，劝汤积蓄力量以取天下。商汤发现他的才干，遂破格提拔了他。伊尹一生历经坎坷，他助汤灭夏，扶君治国，对推动社会历史的发展起了重要作用，至今为炎黄子孙所称道。

每年农历二月初二、九月初九伊尹墓都有古会，古会是伊尹墓的盛事，逢古会之日，邻近的安徽、山东、江苏的乡民纷纷来伊尹墓踏墓拜祭。

（二）比干墓

比干墓为周武王所封，位于今河南省卫辉市东北 7.5 千米比干庙村处，是中国有记载以来的第一个坟丘式墓葬。墓立铜盘铭文载：“左可想而知右泉，前岗后道，万世之宁，兹马是宝。”墓前立有孔子手迹剑刻“殷比干墓”四字碑。

比干为国为民，不畏牺牲，他的忠烈精神名垂千古，历史上称他为中国古代第一位大忠臣。因墓而立于同地的“比干庙”是中华林氏的第一家庙，庙最早建于北魏孝（494 年）时，有吊文刻碑 1 800 字。唐大宗（645 年）追赠诏封比干为殷太师，并写祭文。著名唐代诗人李白撰写了殷太师墓志铭。后来，宋仁宗皇帝题了“忠孝”二字。元仁宗等历代皇帝都下诏书对比干庙进行过大规模维修。明孝宗（1494 年）时，又进行重修。清代康熙、乾隆二皇帝，都曾谒墓庙诗文。历代文人雅士，也高度评价比干是亘古雅士。后来，政府也对比干墓、庙进行了整修。1963 年被列为河南省级重点文物保护单位。1996 年 11 月，被国务院列为国家重点文物保护单位。

（三）张良墓

张良墓是兰考县境内的一处历史遗迹。该墓位于兰考县城西 6 000 米的三义寨乡曹新庄火车站南侧，紧靠陇海铁路。墓冢高 10 米，周围长 100 米，保护区面积 35 000 平方米。张良字子房，是西汉初年著名的政治家。

中华人民共和国成立以后，张良墓侧尚存张良庙，有山门 3 间，大殿 3 间，东西厢房各 4 间，呈四合院布局。庙内外共有石碑 6 通，墓区内有柏树 209 棵、杨树 16 棵。在“文化大革命”期间，庙宇被拆除，石碑全被砸，三棵杨树被砍伐做桌椅。后来拆除庙宇的建筑材料在三义建了一所中学。1978 年在修筑陇海铁路复线时又占去墓北边茔地 400 平方米，砍伐柏树 12 棵，今剩有柏树 197 棵、杨树 13 棵。据对最大的柏树年轮考察，树龄有 230 年左右。现在，为了对张良墓这一历史文物进行保护，兰考县有关部门已经成立了文物保护小组，对张良墓区的树木设置了保护标识，整个墓区保护状况良好。

（四）梁孝王墓

梁孝王墓位于永城东北34千米芒砀山南脉保安山东侧山腰，距山顶约15米。梁孝王名刘武，汉文帝次子，初封代王，后封淮阳王，文帝十二年（前168年）改封为梁王，史称梁孝王，死后葬此。其墓斩山为椁，穿石而藏，墓门向东，墓长56.62米。

芒砀山西汉梁王陵墓群是目前中国所发现的年代最早、规模最大的汉墓群。芒砀山西汉梁王陵墓群斩山作廓、穿石为藏，结构复杂，气势恢宏，宛如地下宫殿群。特别值得一提的是，该西汉梁王陵墓群是在炸药还没有问世的西汉，完全由无数民工用锤子一下一下敲凿出来的，其工程之浩繁、技艺之高超令人叹为观止，由墓内所出土的汉代壁画、金缕玉衣、鎏金车马器、骑兵俑及大量精美的玉器等，更堪称稀世之宝。

西汉梁王陵墓群现已发现汉墓大小18座，其中更以汉高祖刘邦之孙——梁孝王刘武及王后墓的规模最为宏大、最为著名。梁孝王王后墓纵深210米，是迄今国内发现的最大石室陵墓，墓内各种生活设施一应俱全：客厅、卧室、壁橱、粮仓、冰窖、马厩、兵器库、厕所（最为人称奇的是其中有实物为证的、在中国最早使用的、雕刻精美的石制坐便器）。在梁孝王墓和王后墓之间有一条地下通道，名曰“黄泉道”，是梁孝王和王后死后灵魂幽会的通道，据称，后人所谓“命归黄泉”或“黄泉路”之说即源于此。僖山汉墓出土的金缕玉衣做工精细、质地纯正，历经2 000余年仍良好。柿园汉墓壁画以青龙、白虎、朱雀、玄武四神为主题，四周衬托缭绕的云气和绶带，画艺精绝，气势磅礴，被称为“敦煌前的敦煌”，其中所出土的容貌秀美、栩栩如生的断臂仕女俑更被称为“中国的维纳斯”。

知识链接

金缕玉衣

玉衣是中国汉代皇帝和贵族的殓服，大致出现在西汉文景时期。汉代皇帝和贵族，死时穿“玉衣”（又称“玉匣”）入葬。它们是用许多四角穿有小孔的玉片，用金丝、银丝或铜丝编缀起来的，分别称为“金缕玉衣”（帝王级）、“银缕玉衣”（诸侯王级）、“铜缕玉衣”（公侯级）。

金缕玉衣是汉代规格最高的丧葬殓服，河北满城汉墓、中山靖王刘胜夫妇墓出土的两套金缕玉衣，各由两千多玉片用金丝编缀而成。据《西京杂志》记载，汉代帝王下葬都用“珠襦玉匣”，形如铠甲，用金丝连接。这种玉匣就是人们日常说的金缕玉衣。当时人们十分迷信玉能够保持尸骨不朽，更把玉作为一种高贵的礼器和身份的象征。1968年满城汉墓出土的两套金缕玉衣，保存完整，形状如人体，各由两千多块玉片用金丝编缀而成，每块玉片的大小和形状都经过严密设计和精细加工，可见当时高超的手工艺水平。

汉墓出土的金缕玉衣

（五）打虎亭汉墓

打虎亭汉墓，位于河南省新密市。东西两墓并列，距今已有1 800多年。这是两座东西并列的大型东汉墓。西为画像石墓，东为壁画墓。两座墓都有长而宽的斜坡墓道。两墓相距约30米，墓室建筑形式和结构基本相同，都是用巨大的石块和大青砖砌券而成的，规模宏伟。墓壁保存有内容丰富、色彩绚丽的石刻画像和壁画。西墓庞大，用砖石筑成，分7室，总长25.16米，宽17.8米，中室高4.88米。墓底铺煤，厚0.5米。墓内画像、石刻丰富，雕刻风格独特。该墓于1963年被公布为河南省重点文物保护单位，1988年被公布为全国文物重点保护单位。

打虎亭汉墓东墓为画像石墓，墓主人是汉弘农郡太守张德。张德，字伯雅，河南密县人。西墓为壁画墓，墓主可能是和张伯雅有亲属关系的人。这两座汉墓的内部建筑形式和结构基本相同，墓壁均有色彩绚丽、内容丰富的石刻画像和壁画，它们给研究东汉时期中原地区民生风俗的专家们留下了重要的线索。

（六）潞简王墓

潞简王墓坐落在新乡市北郊13千米处的凤凰山南麓，依山据岭，四周泉壑幽深，时人称其为“头枕凤凰山、脚登老龙潭，左手揣着金灯寺，右手托着峙儿山”，景色十分秀丽宜人，是中国目前保存现状最好、占地面积最大的一座明代藩王陵墓。墓主潞简王朱翊镠，是明太祖朱元璋九世孙，明穆宗朱载垕第四子，明神宗朱翊钧（万历皇帝）唯一同母弟。其陵墓建成于万历四十三年（1615年），完全仿照万历皇帝在北京的定陵，被誉为“中原定陵”。

潞简王墓由东墓区（潞王墓）、西墓区（次妃赵氏墓）和神道三大部分组成，共占地400余亩，其整体建筑用材除极少数砖木外，几乎全部采用青石和白石，被当地百姓称为“中原石头城”。城垣内占地80余亩，分为三进院落，所有建筑均以青石垒砌雕琢而成。第三进院落中有圆立式的“宝城”，通高9.35米，周长约70米，“宝城”下即为地宫。地宫总面积约185平方米，由前、中、后、左、右5个殿堂构成，全部为石结构的拱券式建筑，棺椁即安放于后殿。潞简王墓400余米处，还有其次妃赵氏的墓地，总面积约5万平方米，建筑布局与潞简王墓大体相同。两墓东西并列，坐北朝南，共占地157 205平方米。其建筑形式之恢宏同北京十三陵中的定陵相仿（神宗万历皇帝之墓），营造布局大大突破了制度等级森严的明王朝陵寝规定。工程浩大的潞王墓的建筑，是明代皇亲王族腐朽生活的一个缩影，但精美的石刻品却生动地反映了我国人民的聪明才智。该墓地已辟为风景游览胜地，许多国内外游客慕名而至。

（七）袁林

袁林，也称袁公林，位于安阳洹水北岸之太平庄，南临洹水，北望韩陵，东接御道，西依京广，是“中华民国”第一任总统袁世凯的墓地所在。

1916年，时任民国总统的袁世凯病逝。当时主政的北洋政府遵其“葬吾洹上”的遗愿，委派河南巡按使田文烈赶赴安阳，“慎选堪舆，勘定吉壤”“绘具详图”“招商筑墓”。经过两年多的时间，耗资70余万银圆，在洹水河畔建起了这座占地近140亩的浩大茔宅。

袁林按照明清陵的格局，采用中西合璧的构筑手法，以中国古典传统形制为体，西洋建筑风貌为用，古今并存，风格殊异。穿过中国传统的牌楼门之后，是林荫夹道的神路。神路两旁是对立着的华表、石马、石虎、石狮、石雕武将、石雕文臣等。这当然是按照“帝王”的规格，为袁世凯墓做仪仗。令人感到特别的是，不论石马、石虎、石狮还是文臣武将，全都是短腿。其碑亭是传统式的。亭内袁世凯的墓碑也是和封建社会中的帝王将相一样，是由巨大的赑屃背负的。

过了碑亭，就是大门。正面有一座大殿，两侧有陪殿，全是清代风格的建筑。再往前行，便是大墓台基。台基有三道门，中间的铁门又完全是西式建筑，貌似民初的“大帅府”。然而，铁门上挂着的墓徽却是雕刻着苍龙、猛虎等。铁门内的三层高台大墓，便是袁世凯葬身之处。它呈圆形，全用钢筋水泥浇铸，周围雕的石狮也是模仿西式的“写实”，而不是中国传统式的“写意”。袁世凯这个古怪的墓反映了他在历史舞台上多变的身份。

小　结

本章主要介绍了河南境内主要的宗教与祭拜场馆、教育科研基地、河南博物院及独具特色的各类博物馆、省内知名的佛塔及塔形建筑、主要民居和特色街巷、河南省名人故居与重要的会馆、书院以及省内主要帝王陵墓与名人墓葬，展示了河南省多种多样的建筑与设施类旅游资源。

训　练

一、填空题

1. ________创建于东汉永平十一年（68 年），为中国第一古刹，世界著名伽蓝，是佛教传入中国后兴建的第一座寺院，有中国佛教的“________”和“________”之称。

2. 少林寺保存有唐代以来的碑碣石刻共计 300 多块，其中的一块“____________”记载了少林寺十三僧人勇救唐王李世民的事迹，碑文为唐太宗亲笔书写。

3. 位于南阳市城东温凉河畔的医圣祠，是中国名汉代伟大医学家________的祠墓所在地。

4. 汉三阙，又称东汉三阙，是登封市“天地之中历史建筑群”组成部分，即________、________、________，是一种特殊的石雕艺术。

5. ________是中国现存面积最大、数量最多、价值最高的一个古塔建筑群。

6. ________历经 1 300 余年风雨沧桑，碑额六字为武则天撰文书写，巧隐 10 个鸟形笔画，作为唐代遗存未几的飞白书中的佼佼者而被书法界推崇。

7. “________”是明清以来对康应魁家族的统称，因慈禧太后的册封而名扬天下。

8. 老子故里位于________，几千年来一直是官方与民间传统公认的老子故里，历来是官方、民间老百姓祭拜老子的圣地，历史上曾有 8 位皇帝亲临鹿邑祭拜老子，为“中国老子文化之乡”。

9. 北宋皇陵位于________的西村、芝田、市区、回郭镇一带，北宋 9 个皇帝，除徽、钦二帝被金兵掳去死于五国城外，其余 7 个皇帝及赵弘殷（赵匡胤之父）均葬在巩义，通称“________”。

二、简答题

1. 简单绘出少林寺主要建筑布局平面图。

2. 河南省内主要的宫观建筑有哪些？

3. 登封观星台的主要作用是什么?
4. 河南不同类型的博物馆主要有哪些?
5. 简单介绍嵩岳寺塔。
6. 龙门石窟北魏和唐代的造像风格有什么不同?
7. 试述社旗山陕会馆的建筑特色。

讲解示例

开封铁塔

在开封众多的文物古迹当中，铁塔是开封的标志性建筑之一，成了游客必到之地，就像人们所说的："来开封不登铁塔，等于没来过开封。"铁塔位于开封城内东北隅铁塔风景区内，秀丽挺拔，雄踞中原，以它精湛绝妙的建筑艺术和雄伟秀丽的修长身姿而驰名中外，被人们誉为"天下第一塔"。

铁塔建于北宋皇佑元年，就是1049年，因当年建在开宝寺内，称开宝寺塔。又因其外表全以褐色琉璃砖镶嵌，远看近似铁色，加之本身坚固异常，犹如铁铸，故从元代起民间称之为"铁塔"。据史料记载，铁塔前身是一座木塔，是我国北宋时期著名建筑学家喻浩为供佛祖释迦牟尼佛舍利而建造的。建造于公元989年，共8角13层，高120米，被称为"天下之冠"。1044年夏天，被雷火所焚，仅存在50多年。到了皇佑元年，宋仁宗下诏在距此塔不远的夷山上，仿照木塔的样式建造了我们今天所看到这座铁色琉璃砖塔。

铁塔是因其卓绝的建筑艺术闻名遐迩的。铁塔现高55.88米，平面作8角形，13层楼阁式，底层每面阔4米多，向上逐层递减，层层开设明窗，一层向北，二层向南，三层向西，四层向东，以此类推，其余皆为盲窗。设计明窗，除有采光、通风、瞭望之用，还能减缓强风对塔身的冲击力。明代嘉靖、万历年间，又在塔心柱正对明窗之处，镶嵌了琉璃佛砖，保护塔心柱免受风力侵蚀。

远看近观，铁塔仿佛是一座木塔，玲珑剔透。原来设计师在设计建造铁塔时，采用仿木结构，它以许多形状大小各异的"结构砖"相组合。这些结构砖，就像经过斧凿的木料一样，有榫、有眼，组装起来，严丝合缝。塔身的檐、椽、瓦等，也俱为琉璃砖所成。砖型的规格化是我国佛塔建筑的一大进步，可以砌出各种仿木结构，这些特点使铁塔在我国佛教建筑史上占有重要地位。粗壮的塔心柱是支撑塔壁、抵御外力的核心部分。各种不同用途的外壁砖瓦构件通过登道与塔心柱紧密衔接，异常坚牢，浑然一体，具有很强的抗震能力。900多年来，铁塔历经地震、暴风水患，特别是1938年5月，日军用大炮对铁塔进行轰炸，北面从第4层至第13层的各级檐角、塔壁遭受到不同程度的毁坏，但仍然屹立。

铁塔外壁镶嵌的花纹砖有50余种，花纹图案包括飞天、降龙、麒麟、坐佛、玉佛、菩萨、狮子、伎乐、花卉等，造型优美，精妙生动，具有鲜明的宋代艺术风格。铁塔内遏砖砌登道，绕塔心柱盘旋而上，历168层台阶可至塔顶。登到第5层，可以看到城内景色；登到第7层，可以看到城外原野；登到第9层，可以看到浩瀚奔腾的黄河，领略到黄河号称"天河"的含义；登到第12层，则祥云缠绕，云雾扑面，似入太空幻景。此即著名的古开封汴京八景之一的"铁塔行云"。诗曰："浮图千尺十三层，高插云霄客倦登。润彩氤氲疑锦绣，行人迢递见觚棱。半空铁马风摇铎，万朵莲花夜放灯。我昔凭高穿七级，此身烟际欲飞腾。"每当风度云穿时，环挂在塔身檐下的每层8个共104个铁铃悠然而动，叮当作响，更让人心旷神怡，流连忘返。

铁塔胜景历来是文人骚客歌咏的对象。元人冯子振曾赋诗歌咏中秋节铁塔燃灯的壮观："擎天一柱碍云低，破暗功同日月齐。半夜火龙翻地轴，八方星象下天梯。光摇潋滟治蛛蚌，影落苍冥照水犀，火焰逼人高万丈，倒提铁笔向空提。"

1961 年，铁塔被国务院批准为我国第一批重点文物保护单位。

（资料来源：http：//www. tourunion. com/info/htm/6100. htm？ MD = Over）

第七章

商品类旅游资源

教学目标

知识目标：

1. 掌握豫菜的特点及代表菜；
2. 熟悉河南的名酒产地；
3. 掌握河南的特产。

能力目标：

1. 能够有针对性地向游客介绍河南省特有的旅游商品；
2. 能够将河南省著名的风物特产知识融入导游讲解过程中。

导　入

河南地势西高东低，北、西、南三面为山地环抱，东部平原辽阔。这里土壤肥沃，地下水十分丰富，农业发达，粮食自给有余。耕地主要实行两年三熟或一年二熟耕作制，农作物以小麦、谷子、稻子、玉米及薯类、豆类为主。小麦主要产自淮河以北和南阳盆地，水稻主要产于淮南、信阳一带，还产芝麻、花生、油菜。河南著名的土特产有卢氏、栾川的木耳，信阳毛尖茶，灵宝苹果，新郑大枣，中牟西瓜，黄河鲤鱼等。丰富的物产创造出了独特的饮食文化。

河南具有悠久的文化历史。远古时期，中华民族的祖先就生息繁衍在这块土地上，聪慧勤劳的人民造出了汴秀、剪纸等灿烂的传统文化。

第一节　美味分享

河南自古以来就是一个农业大省，人们在满足自己温饱的同时也形成了具有本地特色的饮食文化。河南的饮食文化在原有的饮食基础上，吸收众家之长，使用传统的烹调技艺，保存了完整的地方特色。总体的口味是鲜香清淡，四季分明，色形典雅，质味适中，特别注重汤的调制。

在河南流传着这样一句话，“唱戏的腔，做菜的汤”。在河南人的心目中，饮食中的汤和文化中的河南戏是一样重要的。河南人对汤很有讲究，每一种都带有自己的风格，总的来说，这些汤清的能看到碗底，浓的汤看起来像牛奶一般乳白，营养丰富，味道香浓，入胃之感让人留恋，甚是可口。

河南饮食中以汤食味代表的有胡辣汤、烩面、洛阳水席等，每一种都具有浓郁的地方特色。除此之外，河南菜的种类数不胜数。如菊花、牡丹，我们认为是用来欣赏的，但是用来做美食算是一种创新风了。还有多种地方酒闻名全国，例如张弓酒，使用当地特殊的小麦高粱做成，工艺独特，做出来后酒香飘万里。总之，河南的小吃和大菜及各种食品类特产有很多，下面我们一一道来。

一、味蕾的震撼——经典饮食

（一）质味适中的豫菜

1. 鲤鱼焙面

鲤鱼焙面是开封的传统名菜，它是由“糖醋熘鱼”和“焙面”两道名菜配制而成的。鲤鱼焙面选料严格，制作精细。它把开封黑岗口至兰考东头这段黄河出产的鲤鱼作为原材料，这种鱼肉味纯正，鲜美肥嫩。鲤鱼经过初步加工后，两侧剞成瓦楞花纹，下入热油锅内炸透；加以白糖、香醋、姜末、葱花、料酒、食盐等调料，兑入开水，用旺火热油烘汁，至油和糖醋汁全部融合，放进炸鱼，泼上芡汁即成。

鲤鱼焙面

“焙面”也称“龙须面”。起初面用水煮食，后来不断改进，过油炸焦，使其蓬松酥脆，吸汁后，配菜肴同食，故称“焙面”。细如发丝的拉面油炸后和熘鱼搭配起来，更是锦上添花。糖醋熘鱼味道之所以鲜美，妙在一道菜肴，两种食趣，有“先食龙肉，后食龙须”之美誉，成为宴席上必不可少的一道美味佳肴。在改革开放中，随着对外交往的不断增加，鲤鱼焙面被越来越多的来汴客人赞赏。当前此菜为河南豫菜十大名菜之首。

2. 套四宝

“套四宝”是开封的传统菜肴，堪称“豫菜一绝”。“套四宝”绝就绝在集鸡、鸭、鸽、鹌鹑之浓、香、鲜、野四味于一体，四只全禽层层相套，个个通体完整，无一根骨头。每当酒席宴会上过几道菜之后，这道菜便用青花细瓷的汤盆端上，展现在食客面前的是那体形完整、浮于汤中的全鸭。其色泽光亮，醇香扑鼻。当食完第一层鲜香味美的鸭子后，一只清香的全鸡便映入眼帘；鸡肉吃后，滋味鲜美的全鸽又出现在面前，最后又在鸽子肚里露出一只体态完整，肚中装满海参丁、香菇丝和玉兰片的鹌鹑。一道菜肴多种味道，不肥不腻，清爽可口，回味绵长。

3. 洛阳燕菜

洛阳牡丹兴盛于唐，而相传洛阳水席始于武则天称帝的武周时期，“洛阳燕菜”的由来更有这么一个传说：武周年间，女皇武则天为视察龙门卢舍那大佛的凿刻，而驾临洛阳仙居宫，适逢城东关下园村长出一棵特大白萝卜，长有三尺，上青下白，重30多斤，菜农视为奇物，百姓视为“祥瑞”而敬献进宫。御厨们知道萝卜做不出什么好菜，但又慑于女皇威严，只得从命。他们反复琢磨，将萝卜配以山珍海味烹制成一品不失御膳风味的汤菜。女皇品尝之后，赞其清醇爽口，沁人心脾，观其形态酷似燕窝丝，当即赐名为“假燕菜”，女皇的喜好影响了一大批贵族、官僚，他们在设宴时都要赶这个时髦，把“假燕菜”作为宴席头道菜，即使在没有萝卜的季节，也想尽办法用其他蔬菜来做成“假燕菜”，以免掉身价。“上有所好，下必甚焉。”宫廷和官场的喜好又影响了民间的食俗，人们不论婚丧嫁娶，还是请客待友，都把“假燕菜”作为宴席上的首菜。由于白萝卜能适应多种原材料配制，既可用名贵的山珍海味，又能用一般的肉丝、鸡蛋作配料，其味酸辣香郁，十分可口，因此，酒楼菜馆竞相仿效，后来，人们把“假”字去掉，简称“燕菜”。随着历史的变迁和历代厨师的辛勤研制创新，“燕菜”日臻完善，其味道酸辣鲜香，别具一格，汤清口爽，营养丰富，成了洛阳传统名菜。所以又称其为“洛阳燕菜”，流传至今。

牡丹燕菜

知识链接

周总理与牡丹燕菜

1973年10月14日，周总理陪同加拿大总理特鲁多到洛阳访问，下榻当时的友谊宾馆。据《友谊宾馆志》说，中午周总理宴请加拿大客人，上了几道洛阳水席中的菜，其中就有流传千年的“洛阳燕菜”。当周总理看到“洛阳燕菜”，以及菜品上友谊宾馆大厨为了突出洛阳的特色，用蛋黄蒸糕精心雕琢雍容艳丽的牡丹花时，风趣地说：“洛阳牡丹怎么飞到桌子上来了？”在服务员介绍菜名“洛阳燕菜”后，周总理笑着说：“‘洛阳牡丹甲天下’，菜中也能生出牡丹花。应该叫‘牡丹燕菜’。”满座都鼓起了掌。自此，洛阳水席的菜谱名称发生了变化，“洛阳燕菜”改名为“牡丹燕菜”。这真可谓“菜以花名，菜以花传”，周总理改菜名后，洛阳水席名声更隆。

4. 锅贴豆腐

锅贴豆腐外观色泽金黄，内在白嫩鲜滑。相传北宋年间开封有位媳妇想瞒着婆婆偷吃鸡肉和鱼肉，结果差点被婆婆撞见，慌乱之中媳妇把鸡肉、鱼肉倒进了磨豆腐的磨眼里磨成了豆腐，家人一吃，都说这“豆腐”太好吃了。早在20世纪30年代，锅贴豆腐即已饮誉开封。后经厨师不断改进，已由常规“锅贴”演变为蘸蛋清糊后半煎半炸，成菜色泽微黄而酥软，入口即化，带花椒盐而食，别有风味，老幼最宜。其做法是以鸡脯肉去筋去皮，剁砸成泥，加入两个鸡蛋清、葱姜及其他调料，然后搅匀，再添入猪油搅拌成饼。把豆腐捣成泥，掺到鸡糊里搅匀。用打好的糊逐个抹在猪肉片上，青菜叶在开水里蘸一下，盖在糊上面。鸡蛋清四个，湿淀粉搅打成蛋清糊备用。炒锅放中火上，添入花生油，至四成热，再把豆腐坯放入打成的糊里拖一下，菜叶向下放入油锅内炸制。稍停，翻过来，使菜叶向上再炸。油温升高顿火，把豆腐炸透。把剩下的蛋清糊淋在豆腐周围，呈圆形。待蛋清微黄时捞出，改刀装盘。上菜时外带花椒盐即可。锅贴豆腐细细吃起来外筋里嫩，满口鲜香。

5. 三鲜铁锅烤蛋

将鸡蛋打入碗内，搅打均匀，成为蛋液，将海参、鱼肚、鱿鱼、虾仁、熟荸荠等料均切成蝇头小丁，一起放入蛋液碗内，再加少量鲜汤、精盐、味精，搅匀，成为烤蛋的浆料。

把铁锅锅盖烧热备用。铁锅架在火上，用旺火把锅烧热，滑油后，把搅好的蛋浆料倒入锅内，改用小火加热，边加热，边慢慢搅动，以防蛋浆料沉淀和粘锅。待蛋浆受热即将凝结成块时，用铁钩钩住烧红的铁锅盖罩在铁锅上。当蛋浆被铁盖热力上拔凸起，膨松暄软溢出锅面时，移开锅盖，淋入芝麻油。使表面光润，然后再盖上铁盖，继续烤上片刻，见蛋浆表面发亮呈红黄色，蛋浆内部已全部凝固，倾斜铁锅时也没有蛋液流出时，即已烤透。此时可拿掉铁盖，端下铁锅，用汤匙舀起蛋脑，红、黄、白等各色什锦配头便呈现出来，细细品尝，爽滑利口，香味浓郁，回味悠长。

6. 道口烧鸡

豫北滑县道口镇，素有“烧鸡之乡”的称号。“义兴张”的道口烧鸡，像金华火腿、高邮鸭蛋、北京烤鸭一样，在全国食品中独占鳌头，并且誉满神州，名扬海外。

道口烧鸡讲究色、香、味、型。熟烂离骨、鲜嫩异香、咸淡适口、老少皆宜、风味独特，食用不需要刀切，用手一抖，骨肉即自行分离，无论凉热，食之均余香满口。毛鸡宰杀去毛及内脏，清洗干净后，加香料下锅。烧鸡表皮因涂了蜂蜜，色泽油亮，呈浅红又泛微黄色，令人食欲大振。鸡肉高蛋白、低脂肪，用来加工的鸡必须是无病活鸡，八味香料则具有多种药用和食用功能，再辅以陈年老汤，祛邪驱异，降腥提香，使烧鸡味道鲜美醇厚、芳香四溢，食之可口不腻，回味无穷。烹制时，根据鸡的大小、老嫩程度掌握火候，使煮熟的鸡拎起来便骨肉分离，吃起来香而不柴，鸡肉丝丝入味。

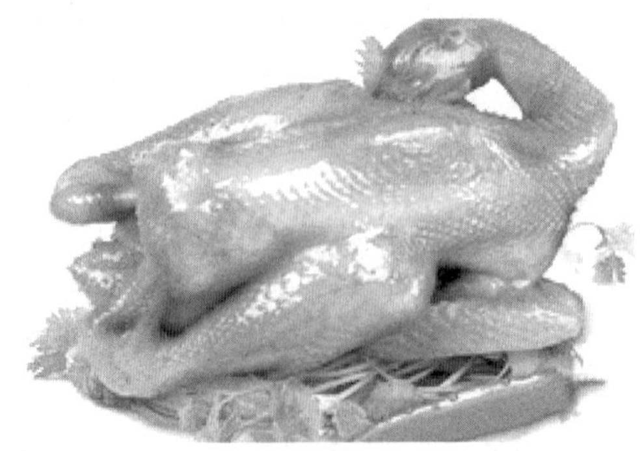

道口烧鸡

道口烧鸡创始于清顺治十八年（1661 年），距今已有 300 多年的历史，据《滑县志》记载，在开始的 100 多年时间里，由于技术条件差，尚未具特色，生意并不兴隆。到乾隆五十二年（1787 年），现在的烧鸡大师张存友的先祖张炳在大街闲逛，偶遇一位曾在清宫御膳房做过厨师的老友，从此得“要想烧鸡香，八料加老汤”的秘诀。八料为陈皮、肉桂、豆蔻、白芷、丁香、草果、砂仁和良姜八种佐料，张炳按其用法、用量，依法烹制，制出的烧鸡果然大有成色。后来，又在长期的制作实践中，在严格选鸡、宰杀煺毛、开剖加工、撑鸡造型、油炸烹煮、用汤下料、掌握火候等方面不断进行探索改进，从而总结出一整套成功的经验。当时，张炳烧鸡的“色、香、味、烂”被世人称为四绝。从此，他的烧鸡声誉大振，远近闻名，并定铺号名为“义兴张”。

7. 洛阳水席

洛阳水席起源于唐代，是洛阳一带特有的传统名吃。其名称有两个含义：一是全部热菜皆有汤——汤汤水水；二是热菜洛阳水席吃完一道，撤后再上一道，像流水一样不断地更新。洛阳水席的特点是有荤有素，选料广泛，可简可繁，味道多样，酸、辣、甜、咸俱全，舒适可口。洛阳水席全席二十四道菜，即八个凉菜、十六个热菜。其上菜顺序是：先摆四荤四素八凉菜，接着上四个大菜，每上一个大菜，带两个中菜，名曰“带子上朝”。第四个大菜上甜菜甜汤，后上主食，接着四个压桌菜，最后送上一道“送客汤”。24 道连菜带汤，章法有序，毫不紊乱。“牡丹燕菜”是其中最著名的一道菜，它以精心加工的白萝卜为原料，配以山珍海味的汤羹，因其鲜嫩可口、有燕窝风味而得名。

8. 煎扒青鱼头尾

此菜名虽包含头尾但并不全用头、尾，还包括一定分量的鱼肉，辅料为水发冬笋、葱段、姜块、香菇；调料加白糖、料酒、盐水、酱油、味精；辅以熟猪油、头汤制作而成。将经刀工加工好的青鱼头、尾各放在盘的两端，余肉放头尾中间，摆成圆形。冬笋切成滚刀块，香菇、葱段、姜块一起摆在锅垫上。顺入油锅内，两面煎成黄色，皮向下再顺入锅底。然后放入兑好的调辅料于锅中，用旺火扒制，中小火收汁；待汁浓鱼熟，色泽红亮时，起锅即可。成菜色泽枣红，浓香鲜嫩，食时将一块鱼头放在嘴里一吸，不但能吸出鱼脑，而且鱼肉与头骨自动分离，让人垂涎。

9. 炸紫酥肉

炸紫酥肉是河南传统名菜，已有 100 多年的历史。此菜以五花肉为主料，经过煮、腌、蒸和反复炸制而成，具有色泽棕黄、光润发亮、外焦里嫩、肥而不腻的特点，配以葱段、甜面酱佐食，其味更佳。它以色泽棕黄发紫的特点而得名。

将带皮五花肉条放在汤锅内旺火煮透捞出。煮熟的肉用葱片、姜片、花椒、八角、精盐、黄酒、味精，加入适量水，浸淹两个小时，在腌制过程中要翻两次身，并用竹签在肉上扎些小孔，以利于入味，之后再上笼用旺火蒸。炒锅置旺火上，加花生油，烧至五成热时，肉皮朝下放入锅内，随即将锅移到文火上，十分钟后捞出；在皮上抹一层醋，下锅内炸制；如此反复三次，炸至肉透，皮呈焦黄色捞出；切成薄片，皮朝下整齐码盘；上菜时外带葱段、面饼、甜面酱。这道菜看似肥腻，其实是肥而不腻，油水已经全部榨干了，色泽棕黄，外焦里嫩，咸鲜多汁。

10. 白扒广肚

白扒广肚是河南传统名菜。广肚，也称鱼肚、鱼鳔、花胶等，自古被列为“海八珍”之一。它最早记载于北魏时的《齐民要术》一书，到了唐宋时期，广肚已列为贡品。宋代许多书籍中都有广肚的记载及相关菜品的介绍。扒广肚，七分在发（涨发），三分在烹。涨发技艺要求极高，而涨发广肚的难度更高，一般由经验十年以上的厨师发，油发至蓬松内透，松泡状似海绵即可。经水反复漂洗至白，无异味。只有广肚蓬松软脆，白中透出浅黄时，才能用来制作高档宴席中的热菜。烹法中制作广肚，最佳是烧、扒。河南菜的扒，以箅扒独树一帜而举世闻名。广肚因其自身无味，需要额外烧制高汤，烧扒入味。广肚饱吸汤汁后，才能形成柔嫩软脆、光润鲜香、汤汁白亮的独特风味。

（二）不拘一格的小吃

1. 胡辣汤

胡辣汤是一种传统的汤类小吃，是河南早餐中常见的汤类食品，已经发展成为每个河南人都喜爱和知晓的小吃。一般早上街头巷尾会有很多卖胡辣汤的摊子。油饼、包子、油条加胡辣汤就是一道美味早餐。关于胡辣汤的来源说法不一，因为民间小吃，典籍很少涉及。统一的说法是，胡辣汤的原型是酸辣汤和肉汤。由《太平惠民和剂局方》在宋代流传甚广来看，在食物里加入辛温香燥药物，估计是当时的社会潮流，因此胡辣汤不能是在这两种食物的基础上改进而成的。取酸辣汤的醒酒、消食的功用，加入肉类是为了适应更多层次人们的口味和补气补虚，再辅以生姜、胡椒、八角、肉桂等调料辛香行气，舒肝醒脾。因此胡辣汤的主要口味是酸和辣，而辣也不是来自辣椒的干辣，而是源于胡椒的温辣。汤中的食材各地大同小异，一般是粉条、面筋、牛肉或者羊肉、黄花菜、木耳、芡等。因汤是热性的，所以还可以和清热下火的豆腐脑掺在一起喝，可以降低汤的辛辣感。出锅时加入香油和香醋，口味酸辣咸香。

2. 开封灌汤小笼包

开封灌汤小笼包历史悠久，是开封“第一楼”制作的传统风味食品。相传始于三国，因用小竹笼蒸制而成，后人简称“小笼包子”。到光绪年间，逐渐形成风味独特的灌汤小笼包子。100 多年来，制作技术精益求精，久盛不衰。小笼包子选料讲究，制作精细。采用猪后腿的精瘦肉为馅，精粉为皮，大火蒸制而成。其特点是：外形美观，小巧玲珑，皮薄馅多，灌汤流油，味道鲜美。

小笼包最初是由黄继善主持经营的。他博采各家之长，制成的包子色白筋柔，独具风味，很受食客赞誉。小笼包原为大笼蒸制，后经黄继善师傅的改革，成了小笼包，黄师傅对包子的面和馅进行了大胆的革新。如原来的面是由三分之一的发面和三分之二的死面组成的，后改为只用死面，不用发面，使皮更薄，且不掉底。和面工艺要求颇严，要经过搓、甩、拉、拽，几次贴水、几次贴面的“三软三硬”的过程，才能达到要求。包子馅原掺有肉皮冻，吃多了腻口，后去掉。又以白糖、味精调馅，去掉了甜酱，馅内只放姜末，不放葱。打馅很下功夫，一直把馅打得扯长丝而不断。小笼包随吃随蒸，就笼上桌，其形“提起一绺丝，放下一薄团，皮像菊花心，馅似玫瑰瓣”。

3. 马豫兴桶子鸡

马豫兴桶子鸡制作工艺考究，选料严格，一律选用生长期 1 年以上、3 年以下的活母鸡，鸡身肌肉丰满，脂肪厚足，胸肉裆油较厚最佳。用百年老汤浸煮，约两小时即可。食用时，把鸡分为左右两片，每片再分前后两部分，剔骨斩块装盘，吃起来脆、嫩、香、鲜具备，别有风味。

桶子鸡以其色泽鲜黄、咸香嫩脆、肥而不腻、越嚼越香几大特点而闻名。由于桶子鸡本身的特点就是一个脆字，注定了它并非是刀剁成几块，啃来啃去，也不是撕成几半，大口地去咬，桶子鸡讲究的是要先剔骨，再切片，吃的时候夹起无骨的肉片，细细嚼来，越嚼越香。从这一点来看，桶子鸡并非是一个让人吃饱的食品，而是让人去享受的食品。

4. 河南烩面

烩面遍及郑州的大街小巷，是河南的特色美食，有着悠久的历史。它是一种荤、素、汤、菜、饭聚而有之的传统风味小吃，以味道鲜美、经济实惠享誉中原。汤好面筋，营养高。烩面的面是用优质精白面粉，兑以适量盐碱，用温开水和成比饺子面还软的面团，反复揉搓，使其筋韧，放置一段时间，再擀成 4 指宽、20 厘米分长的面片，外边抹上植物油，一片片码好，用塑料纸覆上备用。

河南烩面

做汤时，用上等嫩羊肉、羊骨（劈开，露出中间的骨髓）一起煮 5 个小时以上，先用大火猛烧开再用小火煲，其中放入七八味中药，骨头油都熬出来了，煲出来的汤白白亮亮，犹如牛乳一样，所以又有人叫它白汤。

辅料以海带丝、豆腐丝、粉条、香菜、鹌鹑蛋、海参、鱿鱼、羊肉等为主，上桌时再外带香菜、辣椒油、糖蒜等小碟，汤浓郁，面筋道，配以小菜又清爽利口，是河南人招待客人必点的主食。

据说，烩面是飞机轰炸出来的美食。抗战时期，日军飞机经常空袭郑州，当时有一位名厨叫赵荣光，特别喜欢吃面食。飞机来了，赵师傅就去躲飞机，回来后，就把剩下的面条加点羊肉汤烩烩再吃。久而久之，赵师傅发现重新烩过的面也很好吃，就潜心研究，在里面放些盐、碱，使之更筋道，做出的面别有一番风味，后来就成了风靡一时的风味美食。

5. 红薯泥

红薯泥是开封著名的甜食，选用红薯、白糖、山楂、桂花、青红丝等原料，兑入香油烹饪而成。色泽晶莹，甜香可口，营养丰富。红薯泥是一种独树一帜、色味奇美的甜品。民国初年由杞县大同饭庄厨师蒋世奇创制。

红薯去皮后上锅蒸熟，然后捣成泥，用纱布滤出丝。然后将芝麻、核桃仁、花生在锅里焙熟。锅上火加花生油，油烧到五成热，放入捣好的红薯泥翻炒，加入红糖水、白糖、香油、芝麻、桂花、蜂蜜、花生、蜜枣、山楂。炒制好的红薯泥闻起来清香，吃起来甜而不腻，是甜食爱好者的极佳选择。但是红薯泥因为表面有油，所以保温效果很好，刚上桌时很烫，要晾一会儿才能入口。

6. 洛阳牛肉汤

洛阳汤的种类很多，有牛肉汤、羊肉汤、牛杂汤、羊杂汤、豆腐汤、丸子汤等二三十种，但是最具有代表性的是牛肉汤，做工讲究，配料丰富，绝非一般肉汤可比。熬汤前，将买来的牛骨头放进清水中泡上一天一夜，要多次更换水，直到泡骨头的水完全清澈见底，方可将骨头下锅熬，如此熬出来的汤呈奶白色。熬汤时最重要的是要舍得花时间，傍晚就开始熬，整整要熬一个晚上。熬汤时要舍得放香料，汤锅里都有一个小枕头般大小的香料袋，里面放有花椒、八角、肉桂、草果之类，每家的香料里面肯定都有秘不示人的东西。熬汤时刚开始就要把水添够，不能兑水，这样才能熬出骨头的鲜味。喝汤时可以要一个烙馍，汤中一泡，再放足了辣椒，品上一小口，顿感浓香醇郁、无茨自粘、挂唇留齿、厚重无比，味道好极了。所以洛阳人常说："清晨一碗洛阳汤，给个神仙都不当。"

7. 吊炉烧饼

开封吊炉烧饼至今已有近百年的历史。其制作工具"吊炉"，颇有特色。吊炉呈拱形，半封闭状态，烧饼坯贴在上面，上烧下烘而成。其外观呈圆形，比一般烧饼直径小很多。选用精白粉、精油、核桃、花生仁、芝麻盐及各种佐料面精制而成。吊炉烧饼用料考究，外形精致，面皮金黄酥脆，里面柔软可口。

8. 安阳炒三不粘

炒三不粘是河南安阳的传统特色美食，也叫"桂花蛋"，因炒制时不粘锅，盛装时不粘盘，食用时不粘牙，故名。用料是极其普通的蛋黄、白糖、糖桂花、淀粉，口感暄软、幼滑，有桂花香味。炒三不粘是用鸡蛋黄加白糖、桂花糖、淀粉、猪油熬制而成。软香油润、浓甜不腻，有益智、开胃的功效。相传清乾隆皇帝南巡，路经彰德府，知府献膳，其中就有"三不粘"。乾隆食后大悦，从此"三不粘"传至皇宫，成为宫中名菜。

9. 信阳炖菜

信阳地处我国暖温带与亚热带交界处，日照充足，雨量充沛，土地肥沃，物产丰富，所产大米及鱼虾畜禽质量好，而信阳炖菜就是选用当地得天独厚的绿色食材，保留了食材的天然营养，做到了原汁原味。菜味以咸、香、微辣、醇厚为主味，菜色诱人，天下珍馐炖于一锅。而且在品尝信阳炖菜时，你会看到汤菜各半，五味调和，各种营养复合在一起，既经济实惠又营养丰富。

信阳炖菜是多种炖菜的统称，比较家常的炖菜有红萝卜炖羊肉、青萝卜炖牛腩等；有特色的有锅仔千张炖小酥肉、天麻炖野生甲鱼、老母鸡炖鱼丸等。

10. 粉浆面条

洛阳粉浆面条是以面条为主料，正宗的多为一些杂粮面，面条要细。最重要的一点是辅料——粉浆，粉浆的质量决定面条的好坏。

做浆时，先把绿豆或豌豆用水浸泡磨成粗浆，用纱布过滤去渣，然后放在盆里。一两天后，浆水发酵变酸，粉浆就做好了。做时把酸浆倒在锅里煮至 80 ℃的时候，浆水的表层泛起一层白沫，这时，要用勺子轻轻打浆，浆沫消失后，浆体就变得细腻光滑，接着再下面条及其他调料。

正宗的粉浆面条里辅料放的是芝麻叶、黄豆、芹菜丁、胡萝卜丁，芝麻叶要选初长成叶的叶心，洗干净之后，用开水焯一下，然后放在阴凉的地方晒干备用，其他辅料都是提前腌好入味的。做好的粉浆面条色彩悦目，酸辣利口，消食开胃。

二、真情的释放——知名酒水

所谓一部中国史，半部河南史。河南作为华夏文明主要发源地之一，悠久的历史毋庸置疑，多种事或物都可以在河南找到渊源。酒是一种特殊的食品，是属于物质的，但酒又融于人们的精神生活之中。最早的酒是在河南平顶山发现的9 000年前的贾湖酒，除此之外，杜康、宋河、张弓、仰韶等众多品牌都有着千年以上的历史渊源。

（一）杜康酒

洛阳杜康酒是我国历史名酒，因杜康始造而得名，有“贡酒”“仙酒”之誉。历代墨客文人与它结下不解之缘，常以诗咏酒，以酒酿诗，诗增酒意，酒助诗兴，觥筹交错，华章汗牛。魏武帝曹操赋诗：“慨当以慷，忧思难忘；何以解忧？惟有杜康。”诗圣杜甫云：“杜康频劳劝，张梨不外求。”词豪苏轼留下醉语：“如今东坡宝，不立杜康祀。”“竹林七贤”之一的诗人阮籍云道：“不乐仕宦，惟重杜康。”他听说步兵校尉衙门藏有杜康三百斛，便辞官而去。

酿制杜康酒的泉水——酒泉，位于河南省洛阳市南部杜康村的酒泉沟里。酒泉水清冽碧透，味甜质纯。每遇夏季，可闻到一股天然的酒泉香。杜康酒属浓香型，以优质小麦为原料，高中温混合使用，又精选糯高粱为酿酒原料，并采取“香泥封窖、低温入池、长期发酵、混蒸续槽、量质摘酒、分级贮存、陈酿酯化、精心勾兑”等先进工艺。

酒泉沟旁有杜康祠，为汉光武帝刘秀建武年间始建。汝阳县酒厂投资修复重建了杜康祠、香醇园、杜康墓园、杜康酒家、酒泉亭、二仙桥、葫芦湖、知恩亭、古酿斋、七贤遗址、魏武居、饮中八仙献殿等20多个景点，并办起中国酒类博物馆等，使杜康仙庄大放异彩，成为我国第一个酒文化旅游胜地。

（二）宋河酒

宋河粮液产于古宋河（今大沙河）之滨枣集，具有悠久的历史。相传始于南北朝，隋唐颇负盛名，唐高祖李渊，太宗李世民诸帝王，每年清明到鹿邑太清宫老子李耳故居祭祖所用琼浆即枣集酿造，故枣集有“皇王祭酒”之称，名传天下。古宋河酿酒，始于春秋，盛于隋唐，被誉为“天赐名手，地赐名泉”。河南省宋河酒业股份有限公司位于老子故里、道教文化发祥地河南鹿邑，居淮河名酒带的中心。主导产品“宋河粮液”于1979年被评为河南省名优产品，1984年获轻工部银杯奖，1988年在全国名酒评比中，被授予国家金奖和“中国名酒”称号，是河南唯一的浓香型国家金奖白酒，被誉为“中原浓香型白酒的经典代表”。汲取清澈甘甜的古宋河地下矿泉水资源，以优质高粱、小麦为原料，精湛绝伦的传统酿造工艺与现代科技完美结合，固态泥池，纯粮发酵，具有“窖香浓郁，绵甜爽净，回味悠长”的特色，被专家赞誉为“香得庄重，甜的大方；绵得亲切，净的脱俗”。

（三）宝丰酒

宝丰历史悠久，物华天宝，人杰地灵。西依伏牛，东瞰平原，沙河润其南，汝水藩其北，菽麦盈野，地涌甘泉，为中州灵秀之地。追溯宝丰的酿酒起源，有历史根据的是仪狄造酒。仪狄，是中国的造酒鼻祖。在史籍中，有多处仪狄造酒的记载。《战国策·魏策》载：昔者，帝女令仪狄作酒而美进之禹，禹饮而甘之；《酒经》载：仪狄作酒醪。因此，是夏禹时期的仪狄酿造了酒，距今有4 100多年。隋唐时，宝丰酒业得到了长足发展。历史上就有“唐兴宋盛”的说法。大唐王朝还把宝丰酒定为贡酒，通过当时的东都洛阳送到长安。

宝丰酒以优质高粱为原料，大麦、小麦、豌豆混合制曲，陶瓷地缸发酵，采用“清蒸二次清”的酿造工艺，经续渣操作、水泥池地窖发酵、甑桶蒸馏、量质摘酒、长贮陈酿、精心勾兑等工序酿成。宝丰酒具有“清香纯正、绵甜柔和、甘润爽口、回味悠长”的特点，是我国清香型白酒的典型代表。

（四）张弓酒

张弓酒产于商丘市宁陵县张弓镇。这里拥有丰富的酿酒原料和优质的地下水，具有得天独厚的酿酒资源，自古有“酿酒名镇”之称。张弓酒以其“窖香浓郁，绵甜爽净，醇厚丰满，回味悠长”而享誉全国。

知识链接

张弓酒的来历

商代，在葛伯国（今宁陵县）城南30里处一古老村寨，有一勇士张弓，为人忠勇侠义。时值战乱，为报效国家，主动戍边御敌。家中新婚妻子，忠贞贤惠，因时时惦念千里之外的丈夫，每逢吃饭时都要盛出一碗，恭恭敬敬地放在桌上，摆上筷子，就像丈夫在家一样，以示眷念。过后，她又不忍心扔掉，就放在瓮里，时间长了，竟积攒了满满一大瓮。

张弓抗敌得胜，荣归故里，夫妻团圆，妻子向他述说离别相思之苦，并拉他去看瓮中饭食，张弓被妻子的深情厚谊感动，表示一定要尝一尝瓮中的饭食。于是妻子下厨给他重新蒸煮。说也奇怪，从笼里流出来的水，却散发出浓郁的香味，张弓一尝，甘爽清冽，醇香可口。于是，他连饮满满两大碗。张弓沉沉睡去，但见脸色红晕，出气匀和，只是呼而不醒，妻子焦急万分。两天后，张弓醒来，舒展身体，感到浑身通泰，连声赞好。远亲近邻得以尝之，均称美物，以后便如法炮制，地方官吏以珍稀贡品进贡商王，商王赐名“张弓酒”，赐该村为“张弓村”。

西汉末年，王莽篡政，改汉朝为新朝，并欲灭绝汉室。高祖七世孙刘秀被其追杀，逃至张弓镇藏身避险。脱险后，沽张弓酒庆幸抒怀，饮酒赋诗曰：“香远兮随风，酒仙兮镇中；佳酿兮解忧，壮志兮填胸。”酒后策马东行30里至落虎桥，酒力泛胸，余香盈口，不禁勒马回望张弓镇，连赞好酒，乘兴吟诗曰：“勒马回头望张弓，喜谢酒仙饯吾行，如梦翔云三十里，浓香酒味阵阵冲。”刘秀称帝后，封张弓酒为宫廷御酒，其藏身脱险的小桥赐名为“卧龙桥”，其勒马回头处建起了“勒马乡”。张弓酒自此名声更盛，流传至今。

（五）仰韶酒

仰韶文化是我国公元前5000年到公元前3000年间的一种新石器时代的文化，它是中华民族由母系氏族社会、父系氏族社会到商、周奴隶社会的延续，是中华民族文明史上重要的一页。仰韶文化遗址于1921年由瑞典地质学家安特生和中国学者袁复礼首次发现于文化古城渑池的仰韶村。仰韶酒自一产生起，就在仰韶文化的发祥地生了根，并深深地融汇到中华文明的历史长河当中，可谓6 000年醇香不改。这样长、这样完整的一段酒文化，实属罕见。以仰韶文化命名，继承传统酿造工艺，结合现代生物技术精制而成的“仰韶酒”，一问世就受到广大消费者的热烈欢迎，畅销不衰。仰韶酒，属浓香型，是中州佳酿。历史悠久，是古“醴泉春”的继承发展，因酒厂设在举世闻名的仰韶文化发源地渑池县而得名。“良酒出佳泉”，仰韶酒之所以有名，是因为用名泉——醴泉水所酿造。醴泉水质优良，用醴泉水所酿的仰韶酒，其特点为：玉洁、清澈、透明；口感绵甜、芳香浓郁、清爽甘冽，略带苹果香味；无头昏脑涨之感，有回味悠长之美；色、香、味配合适当，是饮宴的上品。

三、身心的陶冶——特色茗品

据史书记载，我国茶叶生产早在3 000多年前的周朝之前就已开始。茶树原产于我国西南高原，随着气候以及治、经济、文化、交通等方面的发展变迁，传到祖国各地以至外国。《茶叶通史》中这样记载：“西周初年，云南茶树传入四川，后往北迁移至陕西，以秦岭山脉为屏障，抵御寒流，故陕南气候温和，茶树在此生根。因气候条件限制，茶树不能再向北推进，只能沿汉水传入东周政治中心的河南。茶树又在气候温和的河南南部大别山信阳生根。”1987 年，考古学家在信阳地区固始县出土的古墓中发掘了茶叶，考证距今已有 2 300 多年，可见信阳种茶历史之悠久。

茶农正在采茶

信阳毛尖素来以“细、圆、光、直、多白毫、香高、味浓、汤色绿”的独特风格而饮誉中外，具有生津解渴、清心明目、提神醒脑、去腻消食等多种功能。信阳毛尖品牌多年位居中国茶叶区域公用品牌价值第 3 位。1915 年在巴拿马万国博览会上与贵州茅台同获金质奖，2007 年在日本世界绿茶大会荣膺最高金奖。

信阳毛尖，亦称“豫毛峰”，中国十大名茶之一，河南省著名特产。信阳毛尖主要产地在信阳县①和罗山县一带，那里海拔为 300 ~ 800 米，浓雾环绕，并且光照适宜，很适合茶叶生长。在那里人们经过多年的辛勤耕种，大大地改变了土壤含肥量，很适合茶叶的生长。

信阳毛尖的色、香、味、形均有独特个性，其颜色鲜润、干净，不含杂质，香气高雅、清新，味道鲜爽、醇香、回甘。从外形上看，则匀整、鲜绿，有光泽，白毫明显。色泽翠绿，冲后香高持久，滋味浓醇，回甘生津，汤色明亮清澈。优质信阳毛尖汤色嫩绿、黄绿或明亮，味道清香扑鼻。信阳毛尖不仅可以自己使用，也可以作为礼物送给亲戚朋友。喝茶可以显出一个人的品位，信阳毛尖的受欢迎程度随着人们生活水平的提高也在逐年提高。

知识链接

信阳毛尖的制作工艺

1. 筛分

将采摘的信阳毛尖鲜叶按不同品种的鲜叶、晴天叶与雨水叶、上午采和下午采的鲜叶分别用网眼竹编筛子进行分级，剔出碎叶及其他异物，分别盛放。

2. 摊放

将筛分后的鲜叶依次摊在室内通风、洁净的竹编簸箕篮上，厚度宜 5 ~ 10 厘米 ，雨水叶或

① 今为信阳市。

含水量高的鲜叶宜薄摊，晴天叶或中午、下午采用的鲜叶宜厚摊，每隔1小时左右轻翻一次，室内温度在25℃以下，防太阳光照射。摊放时间根据鲜叶级别控制在2~6小时为宜，待青气散失，叶质变软，鲜叶失水量10%左右时便可付制，当天的鲜叶应当天制作完毕。

3. 生锅

采用炒茶专用铁锅，锅口面直径84厘米（事先磨洗光滑无锈），生锅呈35°左右倾斜，锅台前方高40厘米左右，便于操作，后壁高1米以上，与墙贴合。生锅用干木柴作燃料，锅温宜140℃~160℃，每锅投鲜叶量500克左右，以手掌心试探锅温，掌心距锅心3~5厘米，有烫手感即投鲜叶，用茶把（细软竹枝扎成的圆帚）稍快反复挑翻青叶，经3~4分钟，待青叶软绵后，用茶把尖收拢青叶，在锅中转圈轻揉裹条（将杀青适度的茶叶，用茶把在锅内顺斜锅自然旋转），动作由轻、慢逐步加重、加快，不时抖动挑散，反复进行。青叶进一步软绵卷缩，初步形成泡松条索，嫩茎折不断，然后用茶把尽快将茶叶全部扫入熟锅。生锅历时7~10分钟，茶叶含水率约55%。雨、露水鲜叶，火温提高10℃~15℃，勤翻多抖，嫩叶水分较多，火温稍高，动作宜轻。

4. 熟锅

与生锅规格一致，与生锅并列排列，呈40°倾斜。在接纳生锅转来的茶叶后进行操作。锅温80℃~100℃，开始仍用茶把操作，并以把尖先把茶团打散，然后以把尖团揉茶叶，继续“裹揉”，不时挑散，反复进行，3~4分钟后，茶条进一步紧缩，茶把稍放平，进行“赶条”。待茶条稍紧直，互不相粘时，即用手“理条”（掌心向下，拇指与食指稍张开成“八”字形，其余三指与食指并拢，稍向内弯曲，成抓东西的虎口状。抓起锅中部分茶叶，稍握紧，以抓满手心为宜。然后于锅心10厘米高左右，手腕使劲，将手中部分茶叶从“虎口”甩出，撒开抛到茶锅上沿，茶条则顺斜锅自然滚回锅心），如此反复进行，逐渐形成紧细、圆直、光润的外形。全部过程的操作历时7~10分钟，含水量30%左右时，立即清扫出锅，摊在簸箕上。

5. 初烘

将熟锅陆续出来的4~5锅茶叶作为一烘，均匀摊开，厚度以2厘米为宜，选用优质无烟木炭，烧着后用薄灰铺盖控制火温，火温宜90℃~100℃。根据火温大小，每5~8分钟轻轻翻动一次，经20~25分钟，待茶条定型，手抓茶条，稍感戳手，含水量为15%左右，即可下炕。

6. 摊凉

初烘后的茶叶，置于室内及时摊凉在大簸箕内4小时以上，厚度宜30厘米左右，待复烘。

7. 复烘

将摊凉后的茶叶再均匀摊在茶烘上（厚度以4~5厘米为宜），轻轻摊于茶炕上（火温以60℃~65℃为宜），每烘摊叶量2.5千克左右，每隔10分钟左右轻翻拌一次。待茶条固定，用手揉茶叶即成粉末样，方可下炕，复烘30分钟左右，含水量控制在7%。

8. 毛茶整理

复烘后的毛茶摊放在工作台上，将茶叶中的黄片、老枝梗及非茶类夹杂物剔出，然后进行分级。

9. 再复烘

将茶叶进一步干燥，达到含水量6%以下。厚度宜5~6厘米，温度60℃左右，每烘摊茶2.5千克左右，每隔10分钟左右手摸茶叶一次，有热感即翻烘一次。经30分钟左右，待茶香显露，手捏成碎末即下烘。分级、分批摊放于大簸箕，适当摊凉后及时装进洁净专用的大茶桶密封，存放于干燥、低温、卫生的室内。

四、快乐的分享——地方特产

（一）瓜果食材类

1. 原阳大米

原阳大米是河南省原阳县特产，中国地理标志产品。原阳县地处黄河中下游冲积平原，属暖温带季风型大陆性气候，日照雨水充足、四季分明、昼夜温差较大，加上特殊的黄河沉积土，所产大米质地晶莹透亮，软筋香甜，香味纯正，蛋白质、淀粉以及铜、铁、钙等微量元素含量均高。经国家权威部门化验对比，原阳大米的蛋白质、淀粉以及铜、铁、钙等微量元素含量均高于国际有名的泰国大米。被科学家称为“生命元素”和“天然解毒剂”的硒元素的含量，更是国内、国外许多大米含量的4~8倍。

2. 中牟大蒜、西瓜

中牟大蒜不仅具有品质优良、营养丰富、辣味适中的特点和较高的药用价值，还以其蒜头大、瓣匀、不破碎、耐贮藏等优点备受国内外客商青睐，出口合格率高达94%，出口量占全国总量的70%以上。中牟大蒜以其种植面积大、产量高、品质优、销路广饮誉海内外。大蒜营养丰富，不仅是上成的调味品，也是很好的食用品。现代科学分析证明，大蒜含有蛋白质，味道香辛，是人们喜欢的调味佳品和食用品。大蒜不仅可供食用，而且自古以来即作为药用，经科学分析，大蒜除含有多种物质外，还含有一种可贵的植物杀菌素——大蒜素，有强烈的杀菌作用，对葡萄球菌、链球菌、脑膜炎、肺炎双球菌及白喉、痢疾、伤寒、副伤寒、结核等杆菌、霉菌等均有良好的杀灭作用。新鲜大蒜汁可以抑制人体产生抗癌干扰素，防止癌细胞扩散，延缓病情的发展。大蒜能降低血液内脂肪沉积，防止血管阻塞，可用于防治心脏冠状动脉栓塞。总之，大蒜的食用价值和药用价值相当广泛，围绕大蒜开展深加工项目具有很大的选择性。即使加工蒜片、蒜粉、蒜粒等进行食用调味品开发，亦可提炼大蒜素从事制药生产。

中牟西瓜外观好、瓤色正、味道甜，享有“籽如宝石瓤如蜜，中牟西瓜甜到皮”的美称。全县种植面积曾高达20余万亩。产量曾占全国西瓜早熟品种50%的郑杂5号，闻名全国的无籽黑蜜系列、蜜玉系列、郑抗系列等优质西瓜品种，都是在中牟得到成功培育并加以推广的，因此中牟是闻名全国的西瓜生产基地。现代营养学发现，西瓜不含脂肪，含水分（占94%）、糖类、蛋白质、游离氨基酸、枸杞碱、苹果酸、粗纤维、胡萝卜素、维生素B_1、维生素B_2、烟酸、维生素C、钙磷、铁等成分。中牟西瓜5—7月成熟，果形大，皮色有深绿、浅绿、黑条斑，肉色深，果汁丰富，肉质细嫩且爽口，含糖量达12%以上，深受人们的欢迎。

3. 中华猕猴桃

猕猴桃又名藤梨、阳桃、毛梨等，中华猕猴桃是中国特有的藤本果种，“其形如梨，其色如桃，而猕猴喜食，故有诸名”（《本草纲目》）。猕猴桃是一种营养价值极高的水果，含十多种氨基酸、丰富的矿物质，每100克果肉含钙27毫克、磷26毫克、铁1.2毫克，还含有胡萝卜素和多种维生素，其中维生素C的含量达100毫克（每百克果肉中）以上，有的品种高达300毫克以上，是柑橘的5～10倍，是苹果等水果的15～30倍，因而在世界上被誉为“水果之王”。猕猴桃含有维生素C、维生素E、维生素K等，属营养和膳食纤维丰富的低脂肪食品，对减肥、健美、美容有独特的功效。猕猴桃含有丰富的叶酸，叶酸是构筑健康体魄的必需物质之一，能预防胚胎发育的神经管畸形。猕猴桃含有丰富的叶黄素，叶黄素在视网膜上积累能防止斑点恶化。猕猴桃含有抗氧化物质，能够增强人体的自我免疫功能。猕猴桃在全国有三大产区：一是河南的伏牛山、桐柏山、大别山区；二是陕西秦岭山域；三是湖南省的西部。在河南有17个县生产猕猴桃，而处于伏牛山腹地河南西峡县的猕猴桃产量居全国之首，几近全省产量的四分之一。

4. 灵宝苹果

灵宝是我省最大的苹果基地，产量已达一亿数千万斤。灵宝苹果的栽培历史，清代县志有记载。民国二十一年（1932年）《阌乡县志》载：“苹果，有亦不多。”1923年，灵宝实业家李工生从烟台、青岛等地购回西洋新品种苹果树苗，倾其家产，几经周折，终获成功。20世纪30年代，全县苹果园近3 000亩，年产20余万斤。全市果园仅300余亩，年产100余吨，直到中华人民共和国成立后才有了突破性进展。1956年，灵宝县[①]在海拔1 300米高的寺河山建起了300亩国营园艺场，被誉为“亚洲第一高山果园”。1992年全县苹果总产量15万吨，行销全国20多个省、市、自治区。不仅在港、台地区受欢迎，而且在蒙古和东南亚各国也很受欢迎。十一届三中全会以后，苹果生产成为灵宝市发展经济的“龙头”，发展到10万亩。1998年灵宝苹果被中国果协授予“中华名果”称号；2002年8月，该市30万亩苹果通过国家验收，获无公害农产品标志。新红星、金冠、红香蕉、红富士、国光等品种在历年全国鉴评会上独占鳌头。

5. 河阴石榴

河阴石榴栽植源于汉代。张骞出使西域时，从安息国（今伊朗）带回石榴良种，在黄河流域种植。在河阴县（今广武、北邙乡）栽植的这种石榴又名河阴石榴，也称安石榴。河阴石榴，其色古，子盈满，其味甘而无渣滓，故驰名全国，畅销各地，为荥阳名特产之一。石榴栽部主要分布于北邙的刘沟、官峪，广武乡的阵沟、寨子峪等村。刘沟西诏峪，年产石榴5万～10万千克。河阴石榴，以其独特的风格而驰名，籽大、色红、味甜，落地不沾尘土。籽粒中核软渣少，食之甜汁欲滴，满腮生津，是宴宾佳品。

6. 渑池柿饼、仰韶杏

渑池柿饼采用大牛心柿，被列为全国优良果树品种之一。牛心柿饼曾是清廷的贡品，个大、甜度大、肉细、汁多、质地软，吃起来香甜可口。其状似牛心，故称牛心柿。柿子可以润肺生津，促进胃肠消化，增进食欲，降低血压，软化血管，并能治疗缺碘引起的地方性甲状腺肿大，此外还有解酒的作用。

柿饼制作时，要求选果大、果形端正、果顶平或稍突起、无纵沟的柿子。柿果要充分成熟，色泽橙红，果心空虚，弯尖发黄。采收后，将未软且没有损伤的柿果去皮，然后进行干燥。经过反复堆捂、晾干，晾摊的次数越多，霜出得越快，口味软筋而甜。

仰韶杏因果形似鸡蛋，人称鸡蛋杏。果实成熟后，核肉分离，摇晃有响声，又称“响铃杏”。它的最大特点是个大、味鲜、营养丰富，果皮和果肉呈橙黄色，阳面有红晕，其果

---

① 今为灵宝市。

肉细、果汁多，无纤维，酸甜可口，芳香浓郁，因此，在历史上曾作为贡品。

杏果实营养丰富，含有多种有机成分和人体必需的维生素及无机盐类，是一种营养价值较高的水果。杏有医疗效用，主治风寒肺病，生津止渴，润肺化痰，清热解毒。杏仁的营养更丰富，含蛋白质25%、粗脂肪55%、糖类10%，还含有磷、铁、钾、钙等无机盐类及多种维生素，是滋补佳品。

（二）保健养生类

1. 焦作四大怀药

四大怀药是指古怀庆府（今焦作市境内）所产的山药、牛膝、地黄、菊花四大中药。

山药，药用取其根，因其药效可与人参相比，又称“怀参”。怀山药是重要滋补药品，它能滋补益肾、健胃化痰、补中益气、祛冷风、镇心神、安魂魄、长肌髓。近代科学分析，怀山药含有大量蛋白质、淀粉、赖氨酸、胆碱、皂苷、脂肪等，临床常用于治疗泻痢、肾虚健忘、虚劳瘦弱、神经衰弱等症，生怀山药也常用于治疗手足冻疮、痰喘、尿频等症，是中药方剂中常用补药之一。

怀牛膝，《神农本草经》称牛膝，又名百倍，宋朝称怀牛膝为怀州牛膝，明朝后称怀庄牛膝，通称怀牛膝。李时珍曰：“本经又名百倍，隐语之，言其药之功，如牛之多力也。”牛膝，药用取其根茎。近代科学分析，怀牛膝含有大量生物硷，其可以补肝益肾、强壮筋骨、通经络、散恶血。临床常用于治疗寒湿、腰膝骨疼、腰膝酸软、四肢拘挛、跌打损伤及屈膝碍等症，是中药方剂常用通络活血药物之一。

菊花有很高的药用价值，怀菊就属于药用菊。祖国医学认为，菊性寒，历经寒暑，得天地之清气，有清热、解毒、祛风、平肝、明目等功效。根据中医的传统经验，白菊花长于平肝明目，黄菊花多用于散风清热。因此，明目多用怀菊，清热多用杭菊。《神农本草经》曰：“菊服之轻身耐老。”说明菊花有一定的补益作用。从汉代起，重阳节有饮菊花酒的习俗；而今，菊花不但有清香之气，使人神怡，而且有明目、祛暑的作用，可缓解两眼昏花、头晕、头痛等。将菊花晒干，装入布袋中作枕芯，名“菊花枕”，枕之使人闻到芳香，有清脑明目、降低血压之功。《本草纲目》就有“菊花作枕明目”的记载。

地黄，原是野生，最早生长于咸阳一带，后传至各地。中国数省均有生产，但其最佳者为“怀地黄”。李时珍《本草纲目》曰：“江浙壤地黄者，受南方阳气，质虽光润机时力微；怀庆府产者，禀北方纯阴，皮有疙瘩而力大。”所以古今中外人们都以“怀货”为贵，产地因历史上的怀庆府而得名，位于今河南焦作一带。地黄可分为生地和熟地两种，《本草纲目》载：“地黄生则大寒，而凉血，血热者需用之，熟则微温，而补肾，血衰者需用之。男子多阴虚，宜用熟地黄；女子多血热，宜用生地黄。尤其是熟地，药用填骨髓，长肌肉。生精血，补五脏，利耳目、黑须发、通血脉，确系祛病延年之佳品。”

知识链接

“四大怀药”的由来

相传，公元前1066年，周武王伐纣，率诸侯之师由户县出发，行军至怀府。时值六月天气，酷暑难耐，又加上将士远途跋涉征战，十之八九累困病倒。怀府百姓早已对商纣王深恶痛绝，闻知义军患疾，纷纷以自家所种菊花、地黄为将士们煎服解暑，以牛膝熬汤为其调节筋骨；让将士们食用山药滋补体质。数日后，义军元气大振，挥师北上，取得了牧野之战的决定性胜利，并一举攻克朝歌。周武王即位后，为了报答怀府百姓的恩情，又率百官亲临怀府，举行了盛大的封赏仪式，把这四种神奇之药赐名为“四大怀药”。从此，“四大怀药”大名远扬，并成了历代皇室的纳贡之品。后来，怀府官员百姓为了纪念这一盛大封赏仪式，遂将封赏地小镇更名为“大封”，“大封”即现在武陟县所辖的“大封镇”。

焦作四大怀药

2. 河南大枣

大枣是河南省新郑的特产，素有“灵宝苹果潼关梨，新郑大枣甜似蜜”的盛赞。红枣味甜、性温，是补血健脾美容的滋补佳果，而新郑大枣以其皮薄、肉厚、核小、味甜备受人们青睐，成为枣类中的佼佼者。新郑种枣的历史最早可以追溯到 8 000 多年前的裴李岗文化时期。1978 年，在发掘裴李岗文化遗址时，发现了 8 000 年前的碳化枣核，说明当时在新郑一带，先民们就已开始种植大枣。相传春秋名相子产执政时，郑国都城内外街道两旁已是枣树成行。在汉代，人们已经认识到大枣的药用价值，新郑民间发现的汉代铜镜上就刻有“上有仙人不知老，渴饮礼泉饥食枣”的诗句。到了明代，新郑枣树种植已形成相当规模，明代十大才子之一的高启留下了“霜天有枣收几斛，剥食可当江南粳”的诗句。

新郑枣除了有灰枣和鸡心枣这两个优良品种外，还有六月鲜、九月青、结不俗、酥枣以及反季节的雪枣、冬枣等优良品种，并且体型逐渐增大，平均果重 50 克，最大 80 克。年产红枣 3 000 万千克，被国家林业局命名为“中国红枣之乡”，是财政部扶持的“大枣保护基地”。

鸡心枣因形似鸡心而得名，鸡心枣小巧如樱桃，深红色，有光泽，果肉中厚，其核小质密，有很高的药用价值，被誉为“百药之引”。果形为鸡心形，果个较小，单鲜果重 4.5 克左右，果皮薄，深红色，有色泽，果肉中厚，绿白色，汁水多，质地致密，味很甜，干果果肉占 90.8%，每 100 克含糖量 60 克，核小，占果重的 9.5%。灰枣果实为椭圆形，一头大一头小，果实为中等大小，果皮中厚，棕红色。果肉厚，绿白色，质地致密，汁液多，味甜，品质上等。干枣颜色深红，果肉致密，离核，富有弹性，含糖量 65.1%，入口绵香蜜甜。灰枣既可鲜食，又可制干、加工，为中果型最佳良种。新郑枣有很高的营养价值，它含有人体必需的 18 种氨基酸，内含蛋白质、脂肪、糖类、有机酸和磷、钙、铁及维生素 B 等物质，是天然的维生素果实。其药用价值极高，李时珍在《本草纲目》中说：“枣味甘、性温，能补中益气，养血生津，用于治疗‘脾虚弱，食少便溏，气血亏虚’等疾病。”常食大枣可改善身体虚弱、神经衰弱、脾胃不和、消化不良、劳伤咳嗽、贫血消瘦等状况，养肝防癌功能尤为突出。“一日吃仨枣，红颜不显老”，这是大枣健康养颜的真实写照。

知识链接

枣的食疗法

鲜枣维生素含量更丰富，但是它有时令性，不能常买到，而且多吃可能伤害消化功能。干枣虽然维生素含量下降，但铁含量升高，而且其营养更易吸收，更适合食疗，这里介绍几种大枣的食疗做法。实验证明，每天给肝功能差的人喝大枣水，持续1周能增加人体血清蛋白，从而达到保肝排毒的功效。

1. 红枣泡水，养肝排毒

红枣的一个冲泡细节决定着它功效的高低。红枣果皮坚韧不好消化，如果整颗冲泡，很难将其有效成分完全溶出，因此最好将其掰开再冲泡。还要注意的是，新鲜的红枣不宜冲泡或煎煮。这是因为它的维生素C含量非常高，用热水煮泡会严重破坏维生素C。

2. 红枣泡茶，补气护嗓

红枣炒黑后泡茶喝，可治疗胃寒、胃痛。如果再放入桂圆，就是补血补气茶了。

3. 红枣熬汤，止咳润肺

唐代孟诜所著《必效方》中记载了将红枣、银耳和冰糖一起煮汤，可止咳润肺。

4. 红枣熬粥，安神助眠

中医上讲，女性有躁郁不安、心神不宁等症状，可用适量百合、莲子搭配红枣调理。若与小米同煮，可以更好地发挥红枣安神的效用。

5. 红枣泡酒，血管通畅

红枣在浸泡过程中，富含营养的有机物更容易在酒中溶出，对保持血管通畅有一定效果。

3. 淇河双珍

淇河双珍指的是河南淇县的淇河鲫鱼和缠丝鸭蛋。

淇河鲫鱼背色浅褐，腹色银白，胸尾鳍透明，鱼背宽厚，体态丰满，俗称“双脊鱼”，明代被列为贡品。淇河鲫鱼特点有二：其一，风味独特，骨刺细少，肉肥厚，质细嫩，味道鲜美，为历代贡品；其二，营养成分丰富，淇河鲫鱼含有大量的蛋白质、糖类、钙、铁及维生素B_1、维生素B_2、维生素A等，可补虚强身，滋养脾胃，去湿利尿。

缠丝鸭蛋是河南省鹤壁市淇河中游河段的鸭蛋。此段水域生产的鸭蛋煮熟后，蛋黄呈现橙色，切开能看到一圈圈黄红相间的色圈，一直到蛋黄的核心，故称“缠丝鸭蛋”，在淇县有“金蛋银蛋不如缠丝蛋”的说法。其蛋纹理清晰，口感有肉劲，味道鲜美。

缠丝鸭蛋富含多种矿物质，营养独特，口感细腻，鲜而不腥，与普通鸭蛋相比，蛋白质含量高达13.8%，脂肪含量低于1.72%，钙高4.6倍，磷低0.086%。这种高蛋白、低脂肪、高钙低磷的鸭蛋正符合人体的营养要求，对高血压、动脉硬化、心血管病、佝偻病、软骨病、孕妇缺钙症、产妇催乳等患者都是不可多得的食品。

缠丝蛋是淇河的特产，产量少，非常珍贵。其珍贵和环境有关。该河段弯多水缓，芦苇水草丛生，鸭子吃淇河鲫鱼和淇河中的浮游生物，并且淇河水含硒等微量元素。淇河的中游，有无数眼天然矿泉汇入，河水味甜质纯。鸭子在这样的环境中生活觅食，自然能产出品质极好的鸭蛋。

以上介绍的是河南著名的特产，此外还有许多富有特色的特产，如属于郑州的历史名产有：郑州莲藕、新密金银花、郑州樱桃、黄河鲤鱼；洛阳市土特产还有孟津梨、天花粉、樱桃、柿饼、黑木耳、花生、核桃、猴头、山楂等；三门峡土特产有贵妃黄杏、香菇、板栗，中药材有连翘、柴胡、冬花、五味子等，这些都是河南著名的旅游商品。

第二节　工艺收藏

在历史的发展中，勤劳聪明的河南人创造了丰富多彩的艺术品。洛阳唐三彩、黄河澄泥砚、禹州钧瓷、开封汴秀、南阳玉雕等，均是值得收藏的艺术品。

一、陶瓷器

（一）洛阳唐三彩

唐三彩是唐代生产的一种低温釉陶器，釉彩有黄、绿、白、褐、蓝、黑等色，而以黄、绿、白或黄、绿、蓝三色为主，所以人们习惯称之为“唐三彩”；因唐三彩最早、最多出土于洛阳，亦有“洛阳唐三彩”之称。

唐三彩的生产已有 1 300 多年的历史。它吸取了中国国画、雕塑等工艺美术的特点。唐三彩制作工艺复杂，以经过精细加工的高岭土作为坯体，用含铜、铁、钴、锰、金等矿物作为釉料的着色剂，并在釉中加入适量的炼铅熔渣和铅灰作为助剂。先将素坯入窑焙烧，陶坯烧成后，再上釉彩，再次入窑烧至 800 ℃左右而成。由于铅釉的流动性强，在烧制的过程中釉面向四周扩散流淌，各色釉互相浸润交融，形成自然而斑驳绚丽的色彩，是一种具有中国独特风格的传统工艺品。

洛阳仿唐三彩马

唐三彩不仅贵在釉色浓艳瑰丽，而且骆驼、马和人物等的造型生动传神，富有生活气息，当时在国际上，唐三彩就已负盛名，成为中外经济文化交流的重要物品之一。1928 年，陇海铁路修筑到洛阳邙山时，出土了大量唐三彩，古董商们将其运至北京，受到了国内外古器物研究者的重视和古玩商的垂青。之后，洛阳地区不断有唐三彩出土，数量之多、质量之美，令人惊叹。

（二）钧瓷

钧瓷，宋代大五大名瓷之一，有着“雨过天晴云破处，夕阳紫翠忽成岚”的窑变效果，一改自汉至唐以来“南青北白”的单色釉发展脉络，自此中国瓷器开始进入五彩斑斓的时代。源于唐代的钧瓷艺术，于宋代发展到了一个艺术高峰。

钧瓷素有“黄金有价钧无价”和“家有万贯，不如钧瓷一件”的美誉，是河南省禹州市神垕镇独有的国宝瓷器，凭借其古朴的造型、精湛的工艺、复杂的配釉、“入窑一色出窑万彩”的神奇窑变，湖光山色、云霞雾霭、人兽花鸟虫鱼等变化无穷的图形色彩和奇妙韵味，被誉为中国“五大名瓷”之首。中华人民共和国成立后，在周恩来总理的直接关怀下，钧瓷的恢复烧制工作开始，其得到了快速发展。特别是改革开放以来，钧瓷生产工艺与水平都得到了划时代的提升，不断地作为国礼现身世界。

钧瓷胎骨坚实，细腻圆润，陶冶精纯，吸水率低。断面呈羊肝色，叩之如磬。骑行古朴端庄，优美大方，线条浑圆流畅，纹饰简洁多变，色泽明快，具有一种特殊的古典美。钧瓷以开片为奇，伴着清脆悦耳、如琴似铃的开片声，瓷面呈现千姿百态的纹路，视如碎裂而指感光滑，佳妙者有冰片纹、鱼子纹、蛛丝张网、蚯蚓走泥纹等。除此之外，钧瓷还以独特的窑变艺术而著称于世，釉色窑变艺术效果不是人为的，而是在窑内炉火的高温下自然形成的。钧瓷入窑的时候，是没有任何色彩的，是一体素净。那七彩辉映、让人心旌动摇的绚丽色彩和自然逼真的画面都是烧制过程中在窑内形成的，这就是窑变，也就是我们常说的“入窑一色，出窑万彩”。窑变原理就是釉料矿物在炉火高温下转化呈色的物理化学现象。好的窑变效果的形成所需要的因素非常复杂，它需要性能良好的窑炉、器物在窑中的最佳位置以及科学的烧成制度等因素的巧妙组合才能实现。如果稍有不慎，就会前功尽弃。就是在人们对窑变现象有了相当认识和了解的今天，人们对窑变效果也不能完全掌握，往往是召之不来、不期而至，这也更增添了钧瓷艺术震撼人心的魅力。

（三）汝瓷

汝瓷，中国五大名瓷（汝、官、钧、哥、定）之一，因产于汝州（临汝旧称）而得名。宋代被列为五大名瓷之首，被钦定为宫廷御用瓷。其特点是：造型古朴大方，土质细润，坯体如侗体，其釉厚而声如擎，明亮而不刺目。汝瓷传世品稀少，全世界现仅存不足百件。据记载，公元605年隋炀帝置临汝为汝州之后，就有“汝窑”之称，这说明汝窑生产在当时已经具有相当规模。到了宋代，随着烧瓷技术的发展和达官显宦、宫廷贵族追求奢侈生活的需要，汝窑生产至为昌盛。特别是元初，哲宗皇帝发现汝瓷格外优异，指定宫廷一律改用汝窑之品。这样，汝窑生产就更加兴旺，明昭天下。宋人叶寘在评价当时的名瓷时称“汝瓷为魁”。明代《宣传鼎彝谱》对宋代宫廷选用瓷器也有“汝、官、哥、钧、定”的记载。

汝瓷

汝瓷胎土细腻，釉彩浑厚，光泽柔和，明澈透底，富有水色，故素有“近看洁如玉，远看明如镜，触之滑如脂，叩之声如磬”的美称。汝瓷釉色有柔和淡雅的粉青、古朴大方的灰蓝；也有如海水碧绿般的豆绿、庄严静穆的虾青；还有葱绿的艾青，尤以天蓝最为名贵，古人曾以“雨过天晴云破处”来形容天蓝彩釉含水欲滴、溶而不流的优美。汝瓷尤为独特的是，其釉下斑斑小点犹如俊梨之皮；釉面隐纹纵横恰似蟹过留痕；小裂纹之碎细，宛如芝麻开花。汝窑还有一点与众不同的是，在胎体上刻以奇花异草、鱼龙图案，依纹样而运笔深浅，玲珑剔透，交相辉映，活灵活现，富有立体感。可惜的是，这一代名窑，随着金兵入侵，战乱纷天，生产惨遭破坏。南宋之后，汝窑逐渐荒废，煅烧技术失传，汝窑已成“近尤难得”之叹。据有关部门鉴定，传至今天的汝窑产品不足百件，成为国内外名流、专家们爱不释手的珍品。

知识链接

国礼汝瓷

2012 年 4 月 19 日，在位于汝州市区朝阳东路的玉松汝瓷珍宝阁内，河南省工艺美术大师李晓涓手指着博古架上的一件汝瓷向记者介绍说：“它象征着幸福、平安、和谐，表达了人们对美好生活的追求和向往……”这件汝瓷叫“疏影钵”，是由李晓涓亲手设计，为求完美多次修改，最终烧制成功，后来被中华人民共和国外交部确定为“中日邦交正常化四十周年外交活动”国礼。

“疏影钵”选用汝州市优质瓷土，以玛瑙末入釉，采用宋代汝窑御用瓷器翠绿青釉，沿用汝窑传统支钉支烧工艺，精雕细琢。正面的陶塑梅花图案，活灵活现地展示了梅之骨、梅之韵，向人们勾勒了迷人意境。三朵突起梅花寓意幸福、平安、和谐，表达了人们对美好生活的追求和向往。

疏影借指梅花。梅花具有凌寒飘香、铁骨冰心、坚忍不拔、自强不息的崇高品质和坚贞气节，是中华民族精神的象征。早在 2 000 多年前的汉代，淡雅芳香的梅花就从中国漂洋移植到日本，并很快成为日本文化艺术宠爱的主题。梅花通常在农历腊月开放，是报春的使者，在日本被赋予了“新生”的寓意。梅花所具有的独特品格，对中日两国民族文化的积淀、中日文化的交流产生了深远的影响。

据李晓涓介绍，“疏影钵”从设计到制作历时近 1 年，为搞好设计，她多次到清华大学工艺美术学院和外交部请教，前后仅设计方案就修改了 7 次，最终将 5 朵梅花改为 3 朵，象征幸福、平安、和谐。由于翠绿青釉烧治难度大，温度不易控制，先后塑坯 300 多件，最终仅烧制成功 6 件。

三、玉石器

（一）黄河澄泥砚

澄泥砚与我国端砚、歙砚、洮砚齐名。澄泥砚是以沉淀千年的黄河渍泥为原料，经多种名贵草药熏蒸后人工雕刻而成。质坚而腻，经久耐磨，观若碧玉，抚如童肌，贮水不涸，历寒不冰，贮墨不耗，积墨不腐。源于豫西黄河岸边，唐宋皆为贡品，备受历代文人雅士青睐，为中国四大名砚之一。写字作画虫不蛀，放在案头赏心悦目，具有极高的观赏使用和收藏价值。近年来制作的“寿星”“龙凤”“黄河少女”“祖国风光”等套砚在国内外享有盛誉。

黄河澄泥砚

对于澄泥砚，苏东坡、米芾、朱元璋均有所钟，并著文记之。清乾隆皇帝在磨试了内务府收藏的澄泥砚后，亲感其妙，赞誉“抚如石，呵生”。并称：这是用沉淀了几千年水渍泥做的澄泥砚，不渗墨，比端砚还有趣，研得下墨块，能去掉墨中的松油，写字入木三分。

（二）南阳玉雕

南阳玉，又称“独山玉”或“南玉”，产于南阳市城区北边的独山。为全国四大名玉之一。独山玉质坚韧微密，细腻柔润，光泽透明，色泽斑驳陆离。有绿、白、黄、紫、红、白6种色素，77个色彩类型，是玉雕的一等原料。独山玉雕，历史悠久，1959年在独山附近的黄山新石器时代遗址出产的玉铲，证明早在5 000年前先民们已认识和使用了独山玉。独山脚下“玉街寺”遗址，为汉代雕刻玉器的地方。清《新修南阳县①志》载：“故县北居民，多治玉为生。”中华人民共和国成立之前，南阳玉雕已形成一大行业，城内有作坊80多家，多是后设作坊，前面开店，自雕自销。玉雕品主要有人物、花卉、鸟兽、山水、神像、炉熏、首饰等120多个品种。独玉雕品晶莹闪烁、玲珑剔透，为南阳著名特产。镇平县每年举办大型国际玉雕节，吸引了众多的海内外客商，南阳玉雕在国际上享有盛誉。

知识链接

宝石与玉石

宝石取材于天然单晶体矿物，也就是说一粒宝石通常是取自一个单独晶体，晶体用我们的肉眼就可以看见（所以又叫显晶质），宝石通常是透明的，光线进入切割后的宝石内部，经过一系列的反射折射，我们就可以看到宝石的闪光，如红宝石、蓝宝石、祖母绿等；宝石也有少数是天然单矿物集合体，如欧泊、青金石，还有一些有机质，如琥珀、珍珠、珊瑚、象牙，也包括在广义的宝石之内，它们又被称作生物宝石。

玉石则是由无数细小的我们肉眼无法看到的晶体组成，只有在高倍电子显微镜下我们才能看清它的结构，所以人们把玉石称作隐晶质矿物。广义来说，这些微小晶体的集合体都可以称作玉石。通常人们谈论时提及的玉石主要是指和田玉（白色为典型颜色）和翡翠（绿色为典型颜色），这两种玉石是当前国际上公认比较有价值的玉石。

宝石通常是透明的，由于表面极光滑，所以宝石表面反射光线的能力比较强，并且光线可以进入宝石内部，经过反射和折射到达我们的眼睛，所以我们看到的净度高切割好的宝石

① 今南阳市。

通常总是闪闪发亮的。而玉石，由于它由无数个细小的晶体组成，晶体之间总是有缝隙的，所以加工的师傅抛光得再好，也不可能达到宝石表面的光洁程度，光线在玉石表面形成的轨迹如同阳光洒在有波浪的湖面上，这种效应又称作漫反射。

三、绘画、绣品

（一）朱仙镇木版年画

开封朱仙镇曾与广东的佛山镇、江西的景德镇、湖北的汉口镇，统称为中国的四大名镇。在明末清初最繁盛的时期，店铺林立，市场繁荣，全镇人口 20 万，商户达 4 万多户。

木版年画是朱仙镇最著名的特产。其与天津杨柳青、山东潍坊、江苏桃花坞年画并称中国四大年画。年画作为中国独有的一朵艺术奇葩，是我国古老的民间艺术精华。朱仙镇的木版年画，不但具有极高的艺术收藏价值，而且极具观赏价值。

朱仙镇木版年画距今已有 800 多年的历史，诞生于唐，兴于宋，鼎盛于明，历史悠久，源远流长，被誉为中国木版年画之鼻祖。

开封木版年画门神

（二）汴绣

汴秀也称宋绣，产于开封。早在宋代，刺绣在京城开封十分兴盛，当时的大街小巷到处都是绣坊。据《东京梦华录》记载，800 多年前，在大相国寺东门外有一条名叫“绣巷”的街道。全国最优秀的刺绣艺人都聚集在东京，制作了大量的优异的绣品。东京（今开封）有一座官办的“文绣院”，300 名秀女专为帝王嫔妃贵族官僚们绣制衣物和宫廷用品。北宋灭亡后，汴秀工艺濒于失传，刺绣工艺便衰退下去了。到了明末清初，刺绣手工业在江南兴盛起来，形成了顾绣、苏绣、杭绣的鼎盛时期。据苏绣、杭绣场的一些老绣工保存的家谱记载，他们的祖辈原籍多是大梁、祥符人。看来，苏绣、杭绣的兴起很可能是受汴秀的影响的结果。中华人民共和国成立后，新老艺人在继承传统工艺的基础上，丰富针法，创造了平针、滚针、蒙针、游针、发针等 20 多种针法，历史上的双面绣也发展为异色绣和双面三色绣。品种主要有屏风、中堂、条幅、挂屏插屏、册页、手帕等。尤其是善于绣制古代传世佳作，并涌现出了许多上品，如长卷《清明上河图》《五牛图》《百骏图》《簪花仕女图》。

目前汴秀产品有手工刺绣和机绣两种。在手工刺绣方面，产品以观赏为主，绝大部分是绣国画，其中尤以小猫和古代仕女为佳。手工刺绣的特点是：工艺精细、生动逼真。汴秀著名的大幅绣品有《清明上河图》《百骏图》《洛阳牡丹》《中日友好》《嫦娥奔月》《天女散花》等，其他以花卉、山水、人物、走兽等为题材的制品更多。

宋朝南迁后，宋绣也随着政治、经济、文化的转移而传于南方，汴绣也由此日渐衰落。早在宋代，刺绣在京城开封十分兴盛，当时的大街小巷到处都是绣坊。据《东京梦华录》记载，800 多年前，在大相国寺就有专业刺绣的市场和一条名叫“绣巷”的街道。北宋朝廷还在宫中设有“文绣院”，集中当时最优秀的绣工专为皇亲及朝中大臣绣制朝服、工艺品。宋朝南迁后，宋绣也随着政治、经济、文化的转移而传于南方，汴绣也由此日渐衰落。

（三）陕县剪纸

剪纸是在中国民间的传统节假日或是重大活动时为了渲染、增添气氛所制作的花样纸贴，如结婚时的男方和女方家里门窗用喜庆的剪纸装扮，大多是红色的。陕县剪纸的特殊性在于人们也把白黑两色的剪纸用在喜庆的节日。这和当地的历史中的审美有关。夏朝时期，陕县人崇尚黑色，所以所有的重大活动和节日里，人们都会制作包括剪纸在内的一切黑色饰品来装扮气氛。到了商朝这里流行白色，陕县又出现了白色剪纸，到了周朝当地流行红色。

陕县剪纸是乡村普遍流行的一种民俗活动，它渗透到一年中各个阶段的节庆活动，并广泛应用于婚俗、丧俗、避邪、祈福、祝寿、祈雨、游艺、工艺花样等民俗事象和生活中。其主要应用在以下几个方面：

（1）春节用的窗花使用量极大，品种主要有单色、染色和“剪、染、画三合一”三种类型。窗花题材主要是花卉草木、鸟兽虫鱼等。

（2）在陕县少数乡镇布置结婚洞房时，用黑色剪纸来装饰，这也是陕县剪纸的特殊之处。结婚剪纸的题材主要有石榴莲、药葫芦拉牡丹、孔雀戏莲、鹭鸶戏莲等。双喜花则千姿百态，形态各异，显示出民间艺人的独具匠心。

（3）在葬礼上用的东西有纸马、各种纸扎、柳幡、香幡、手幡、门幡等，一般农户的丧事只有柳幡和纸马等，只有大户人家做家祭时才有香幡、手幡和门幡。

（4）避邪用的“药葫芦”“五毒花”等。这主要集中在清明节和端午节使用。这个风俗源于春秋时期老子散仙丹给当地老百姓治病的传说。现在这里还有用葫芦皮剪个小药葫芦戴在小孩衣服的纽扣上以避邪防病的习俗。

（四）灵宝皮影戏

皮影戏地域特色鲜明，独具魅力，其历史可追溯到明代，起初，它由当地官宦人家或秀才、举人自拉自唱，后来流传到民间。在灵宝，因为皮影艺人大部分演唱的都是道家始祖老子的故事，所以灵宝人尊敬地称之为道情，称皮影艺人为道情先生。

道情音乐表现力强，唱腔略带粗犷，道情皮影戏的唱腔总分为官调（喜调）和梅调（哀调）两种。除了曲笛外，所有演奏者都是演唱者。道情演唱鲜明的特点就是每唱一句或一段，众人便开始了齐声合唱，且每种腔调都有富于变化的板式，以便适应各种人物及剧情的需要。

村里或族中每遇大事，必请道情皮影戏先生到场。先生演唱得有板有眼，皮影戏丰富多彩，成为人们喜爱的一种民间艺术活动。

皮影戏的演绎自然离不开道具——皮影。灵宝制作皮影一般用上好的牛皮，先将牛皮在水中泡软后，经过打磨使其光亮透明，将样稿画在处理好的牛皮上，用刀镂空，然后描上艳丽颜色，待其干透后再刷上桐油。演出时，置一块白纱布作屏幕，皮影操作者站在屏幕下，将皮影紧贴屏幕上，从背后打出灯光，观众则坐在灯光对面方向观看。灯光将道具人物的投影射在屏幕上，艺人在屏幕后一边操纵，一边演唱，其他人用不同的乐器演奏，手、嘴、脚并用。幕布上的皮影色彩鲜亮，栩栩如生；丝竹悠扬，琴鼓齐鸣，说唱打斗，热闹有趣。

（五）淮阳泥泥狗

淮阳泥泥狗是淮阳泥塑艺术品的统称，是一种原始图腾文化下产生的独特民间艺术，又称“陵狗”或“灵狗”。“泥泥狗”以黑为基调，再饰以红、青、黄、白，统称“五色”。在黑色的包容中通体鲜艳夺目，具有强烈的视觉冲击效果。

艺人先将胶泥捏制成型，然后放于锅中染上黑色，之后着以彩色，再用点线结构图案加以彩绘。制作出来的“泥泥狗”，通体神秘凝重，颇有古代彩陶的风韵。泥泥狗表现的题材十分广泛，天上的飞禽，地上的走兽，无所不有，造型虚幻、神秘。林林总总的怪异形体中有九头鸟、人头狗、人面鱼、猴头燕蟾蜍、蜥蜴、豆虫、蝎子，还有各种抽象、变形的多种怪兽复合体，共200余种。淮阳“泥泥狗”，是伴随着宗教祭祀和古老的民俗而诞生的，太昊陵每年农历二月二至三月三为“人祖庙会”，在二月会期间，每天有炎黄子孙数万人云集淮阳，在伏羲陵和女娲观前朝祖进香。“人祖庙会”的原始主题是祭祀人祖伏羲和女娲，以求子孙繁衍。而看守陵墓的泥泥狗自然成了吉祥物，因为其色彩鲜艳并且能吹响，不少游客都会带一些回家，或做装饰品，或给孩子做玩具。

淮阳泥泥狗

（六）浚县泥咕咕

泥咕咕是河南浚县民间对泥塑小玩具的俗称，浚县泥塑形体较小，大的不足20厘米，小的只有4～5厘米，因其尾部有两小孔，吹时发出“咕咕”的声音，故称“泥咕咕”。

浚县泥咕咕的基本内容有人物、动物、飞禽三大种类100多个品种。主要有以三国、水浒和瓦岗军为原型的人物，以及老虎、狮子、大象和燕子、斑鸠、孔雀等形象的动物和飞禽。古老朴素、逗人喜爱的泥咕咕寄托了劳动人民对生活的热爱和对未来的希望。

浚县泥咕咕的特点是以黑色为底色，然后在底色上用自制的毛笔点画出各种花样。彩绘是以黑色、棕色打底，再绘上大红、大绿、大蓝、大黄等条纹，大都用原彩色，很少用调和过的中间色。颜色以蛋黄调制而成，能使色彩起明发亮，对比强烈。浚县泥咕咕造型古朴拙雅，加之民间大红大绿的着色，使作品美感顿生。

小　结

河南位于国之中，地理优势明显，地大物博，物产丰富，造就了各地丰富的旅游商品资源。本章对河南的旅游商品分门别类做了详细的叙述，对学习者有指导意义。

训　练

一、填空

1. 豫北________，素有“烧鸡之乡”的称号。

2. 我国古代的五大名瓷是官瓷、________、________、哥瓷、定瓷。

3. ________是以沉淀千年的黄河渍泥为原料，经多种名贵草药熏蒸后人工雕刻而成的。

4. 陕县的剪纸特殊在于人们也把________两色的剪纸用在喜庆的节日。这和当地历史上的审美有关。

二、简答

1. 简述洛阳水席的含义。

2. 简述钧瓷的“窑变”原理与特性。

讲解示范

河南烩面

中国人可以说是世界上最好吃、最会吃的民族，不仅菜可以吃出八大菜系、满汉全席，就是简简单单的面也是花样百出，令人叫绝。

河南烩面、洛阳水席、开封包子，被认为是河南齐名的三大名吃。河南人常用“一天不吃想得慌”来形容对烩面的喜爱。还有人说：面条是河南人的物质食粮，常香玉是河南人的精神食粮。把“面条”和“常香玉”相提并论，足见面条对河南人的重要。但千万别认为河南就只有烩面，实际上，河南其他地方的面也各具特色。

河南烩面是河南特色美食，有着悠久的历史。它是一种荤、素、汤、菜、饭聚而有之的传统风味小吃，以味道鲜美、经济实惠享誉中原，遍及全国。烩面是以优质高筋面粉为原料，辅以高汤及多种配菜，一种类似宽面条的面食。汤好面筋，营养高。

烩面的面是用优质精白面粉，兑以适量盐碱，用温开水和成比饺子面还软的面团，反复揉搓，使其筋韧，放置一段时间，再擀成四指宽，20 厘米长的面片，外边抹上植物油，一片片码好，用塑料纸覆上备用。汤用上等嫩羊肉、羊骨（劈开，露出中间的骨髓）一起煮 5 个小时以上，先用大火猛滚再用小火煲，其中下七八味中药，骨头油就熬出来了，煲出来的汤白白亮亮，犹如牛乳一样，所以又有人叫白汤。辅料有海带丝、豆腐丝、粉条、香菜、鹌鹑蛋、海参、鱿鱼等，上桌时再外带香菜、辣椒油、糖蒜等小碟。

郑州号称“烩面之城”，烩面馆遍布全市的华街冷巷。外地人来到郑州，首先想到的便是尝一尝地道的羊肉烩面；本地人款待亲朋的保留菜式也是香浓的烩面。下面就介绍一下郑州比较出名的烩面和烩面馆：

1. 合记羊肉烩面

合记羊肉烩面是一种荤、素、汤、菜、饭兼而有之的传统风味小吃，以味道鲜美、经济实惠享誉中原。1994 年 5 月荣获“全中清真名牌风味食品”称号。1997 年 12 月又摘取“中华名小吃”桂冠。合记羊肉烩面，选用上好鲜羊肉，经反复浸泡后下锅，撇出血沫，放入全大料，将肉煮烂。另用精白面粉，兑入适量盐碱和成软面，经反复揉搓，使其筋韧。下面时，锅内放原汁肉汤，将面拉成薄条入锅，放上羊肉，配以黄花菜、木耳、水粉条。

上桌时外带香菜、辣椒油、糖蒜等小碟，其味更鲜。合记烩面严格操作规程，数十年来，坚持一碗一锅，从不懈怠，深受食客青睐，成为郑州有口皆碑的佳肴，外地人也经常慕名前来品尝。合记的前身是老乡亲饭店。1953年李少卿等4人接管，因是合伙经营，易名“合记饭店”。1967年起专门经营羊肉烩面，改名为“合记烩面馆”，俗称“合记”。据说，合记羊肉烩面是飞机轰炸出来的美食。抗战时期，日军飞机经常空袭郑州，当时有一位名厨叫赵荣光，特别喜欢吃面食。飞机来了，赵师傅就去躲飞机，回来后，就把剩下的面条加点羊肉汤烩烩再吃。久而久之，赵师傅发现重新烩过的面也很好吃，就潜心研究，在里面放些盐、碱，使之更筋道，做出的面别有一番风味，后来就成了风靡一时的风味美食。

2. 萧记三鲜烩面

在郑州能与合记比肩抗衡的只有萧记。萧记烩面的创始人萧鸿河原是郑州国营长春饭店做伊府面的师傅，退休后领着两个儿子开起了烩面馆。他没有沿袭传统的羊肉烩面风格，而是从自己拿手的伊府面中找到了灵感，将味道鲜美、营养价值高的海参、鱿鱼加入羊肉烩面中，称之为三鲜烩面。萧记第一次创业时，挂的招牌是“三鲜萧记烩面馆”，随着名气越来越大，招牌改成了“萧记三鲜烩面馆”，而今天其总店的招牌已经改成了“萧记三鲜烩面美食城”。

3. 裕丰源滋补烩面

裕丰源烩面也作为一个流派，构成了郑州烩面的三大流派，形成了三足鼎立的局势。裕丰源烩面的特点是加入了当归、枸杞等中药成分，具有一定的滋补功效，且味道也为许多人喜欢。

“好味道源于好料道”，烩面汤汁选用高寒地区的精嫩羊肉及山羊骨为主要原料，把传统熬制抽提工艺与现代生物酶解技术、美拉得反应技术相结合，去腥提香，冲泡后，汤白味浓、香而不腻、营养滋补，改变了传统制作工艺膻腥味的不适感，就像河南人常说的“唱戏的腔、烩面的汤”的感觉。

（资料来源：http：//baike. baidu. com/view/179036. htm）

第八章

人文活动类旅游资源

教学目标

知识目标：

1. 掌握河南的历史名人以及历史事件；
2. 了解河南著名的文艺表演主体内容；
3. 熟悉河南的民间曲艺发展；
4. 了解河南的现代节庆。

能力目标：

1. 能够将河南省的历史名人与事件很好地运用到导游讲解中，提升讲解水准；
2. 能够将河南的各种文艺表演、现代节庆介绍给游客，便于游客做出更好的旅游选择。

导　入

千百年来，河南人在中州大地上繁衍生息，受儒家文化的熏陶，形成了厚德载物、大象无形、淳厚朴实的民风民俗，并经世代传承和沿袭，积淀了丰厚的民俗文化内涵。河南民俗事象在长期发展过程中，无论精神还是物质方面都具备了异于其他地域的特征。各种文化在河南乃至全国都有广阔的市场，在曲折演变中，不断丰富、创新，形成了贴近民众生活的文化，反映着河南人的生活情趣，影响着河南人的生产、生活、思想和风尚。

第一节　人事记录

河南地灵人杰，名人辈出。自古以来，河南大地上孕育的千古风流人物灿若群星，如古代哲学家、思想家老子、庄子、墨子、韩非子、程颢、程颐；政治家、军事家商鞅、苏秦、李斯、刘秀、张良、司马懿、岳飞；科学家、医学家张衡、张仲景；文学家杜甫、白居易、李贺等；还有现代史上的抗日英雄吉鸿昌、杨靖宇等。他们都为华夏文明的发展和进步做出了不可磨灭的贡献，是中华民族的杰出代表，为中华民族留下了宝贵的物质财富和精神财富。

一、人物

（一）政治军事名人

1. 苏秦（？—前 284 年）

苏秦相传为鬼谷子的徒弟。战国时纵横家（联合其他国家对付秦国），字季子，东周洛阳人。苏秦从鬼谷子学成之后，出游数载，一无所成，搞得“妻不下纴，嫂不为炊，父母不与言”。苏秦感叹说：“妻不以我为夫，嫂不以我为叔，父母不以我为子，是皆秦之罪也!”乃闭室不出，出其书遍观之。苏秦苦读太公《阴符》之时，每逢困乏欲睡，便用锥自刺其股。这是成语“悬梁刺股”中之“刺股”的由来。写成两部书，一部为《揣》，一部为《摩》,《战国策》中有所记载。

苏秦最为辉煌的时候是劝说六国国君联合，堪称辞令之精彩者。燕昭王时，赴燕游说，受到信任，奉命入齐搞反间活动。曾劝导齐谐王除去帝号，背约摈秦，被滑王任为相。又与赵奉阳君（李兑）共谋，发动韩、赵、魏、齐、燕五国合纵，迫使秦国废帝请服，退还部分侵地。赵封他为武安君。后秦相魏冉约齐伐赵，他献策齐谐王，以为伐赵不如伐宋，再次离间齐秦关系。乐毅破齐前夕，遭车裂而死。

2. 范蠡

范蠡为春秋末期楚国宛（今南阳）人，字少伯，出身微贱，后仕越为大夫，至将军。前494年，越被吴打败，退保会稽（今浙江绍兴）。他献计吴王，卑身厚赂，乞成于吴，自己也至吴为人质。归国后，与大夫文种协力图强，埋头备战，终于一举灭吴。相传他后来经商，治产获千万，受任为齐相。后又弃官散财，间行之陶（今山东定陶），遂什一之利，再度治资千万，号陶朱公。他认为世间的一切都在变化，时势的盛衰也如此，故须待时而动，顺其自然。在经济思想上，着眼于自然循环，掌握“贵上极早反贱”的原理。《计然篇》为其代表作。民间传范蠡功成身退后与西施泛舟五湖，不知所终。

3. 吕不韦（？—前235年）

吕不韦，姜姓，吕氏，名不韦。战国末年著名商人、政治家、思想家，后任秦国丞相，卫国濮阳（今河南省濮阳县城西南）人。吕不韦是阳翟（今河南省禹州市）国君继立为孝文王，子楚遂为太子。次年，子楚即位（即庄襄王)，任吕不韦为丞相，封为文信侯，食河南洛阳10万户，门下有食客3 000人，家僮万人。庄襄王卒，年幼的太子政立为王，吕不韦为相邦，号称“仲父”，专断朝政。命食客编著《吕氏春秋》，又名《吕览》。有八览、六论、十二纪共20余万言，会合了先秦各派学说，“兼儒墨，合名法”，故史称“杂家”。书成之日，悬于国门，声称能改动一字者赏千金。执政时曾攻取周、赵、卫的土地，立三川、太原、东郡，对秦王政兼并六国的事业有重大贡献。

4. 李斯（？—前208年）

李斯为战国末年楚国上蔡（今河南上蔡）人。曾与韩非同受业于荀卿。学成，于公元前247年入秦，为吕不韦门客，先后任长史、客卿、廷尉等职，统一后官至丞相。他在削平六国、建立统一的秦王朝、实行郡县制、统一文字，以巩固和发展封建的中央集权制的过程中，都起过重要作用。同时，秦始皇所施行的销毁兵器、焚烧诗书等暴政，也多出自他的主意。秦始皇死后，他与赵高合谋，杀死长子扶苏，立少子胡亥为秦二世。后遭赵高陷害，被腰斩于市。他的代表作有上秦王政的《谏逐客书》。据说中国文字的小篆为他所创，《泰山刻石》也出自他的手笔，是中国最早的书法家。

5. 刘秀（前6—57年）

刘秀为东汉创立者，公元25—57年在位。汉高祖第九世孙，字文叔，南阳蔡阳人。建武元年（25年）称帝，定都洛阳，建立东汉政权，后派人镇压赤眉军，削平各地割据势力，建武十二年，统一全国，谥号光武帝。

6. 岳飞（1103—1142 年）

岳飞为南宋军事家、战略家、抗金将领，中国历史上著名的民族英雄，他精通韬略，并长于诗词、书法，其高尚品格和爱国主义精神为历代的人民群众所敬仰、爱戴，被尊为华夏杰出先烈。他同时也是世界历史上胜率最高的将领之一，在中华军事史上有极崇高的地位。

岳飞的父亲岳和为人乐善好施，自幼劝勉儿子将来要做个为国尽忠、为国捐躯的忠臣良将。他母亲姓姚。岳飞母亲是女性的楷模，母教的典范。在国家危亡之秋，励子从戎，教子尽忠报国，被国人尊为贤母，为中国历史上三大贤母之一。“岳母刺字”成为中华民族母教的经典。其在出师北伐、壮志未酬的悲愤心情下写的千古绝唱《满江红》，至今仍是令人士气振奋的佳作。其率领的军队被称为“岳家军”，人们流传着“撼山易，撼岳家军难”的名句，表示对“岳家军”的最高赞誉。

绍兴十一年，12 月 29 日，秦桧在宋高宗赵构的授意下，以“莫须有”的罪名将岳飞毒死于临安风波亭。1162 年，宋孝宗时诏复官，谥武穆，宁宗时追封为鄂王，改谥忠武（两宋文臣、武将得通谥者以“忠武”最美），有《岳武穆集》传世。

视野拓展

岳飞——《满江红》

怒发冲冠，凭阑处、潇潇雨歇。抬望眼、仰天长啸，壮怀激烈。三十功名尘与土，八千里路云和月。莫等闲，白了少年头，空悲切。

靖康耻，犹未雪；臣子恨，何时灭。驾长车，踏破贺兰山缺。壮志饥餐胡虏肉，笑谈渴饮匈奴血。待从头、收拾旧山河，朝天阙。

7. 吉鸿昌（1895—1933 年）

吉鸿昌为河南扶沟县人，著名抗日将领。1913 年秋天，吉鸿昌弃学从戎，投入冯玉祥部当兵。因骁勇善战，屡立战功，从士兵递升至军长。他为人正直，不畏权势。1932 年加入共产党。1933 年 11 月与广西李宗仁的代表秘密会谈时，突遭国民党特务枪击，胳膊受伤，被法租界工部局逮捕。11 月 14 日，被引渡到国民党天津市公安局。面对敌人连续审讯，他痛斥国民党当局卖国媚日，表现了共产党人的凛然正气。殉难前，吉鸿昌从容走上刑场，以树枝作笔，以大地为纸，写下了正气浩然的就义诗：“恨不能抗日死，留作今日羞；国破尚如此，我何惜此头！”1945 年，在中共七大上，吉鸿昌被追认为全党褒扬的革命烈士。

8. 杨靖宇（1905—1940 年）

杨靖宇原名为马尚德，河南省确山县人，中国共产党优秀党员，著名抗日民族英雄，鄂豫皖苏区及其红军的创始人之一，东北抗日联军的主要创建者和领导人之一。1932 年，受命党中央委托到东北组织抗日联军，历任抗日联军总指挥政委等职。率领我东北军民与日寇血战于白山黑水之间，他身经百战，出生入死，屡立战功，在冰天雪地、弹尽粮绝的紧急情况下，最后孤身一人与大量敌人周旋战斗几昼夜后壮烈牺牲。杨靖宇将军是中华民族的骄傲，被评为 100 位为中华人民共和国成立做出突出贡献的英雄模范之一。

（二）思想科技名人

1. 许慎（公元 30—124 年）

许慎是东汉经学家、文学家，字叔重，汝南召陵人（今河南郾城东人）。曾从贾逵受古学。博通经籍，为著名的古文经学家。时人有“五经无双许叔重”之称。所著《说文解字》是我国第一部说文解字原始形体结构及考查字源的文字学专著，按通俗说法就是我国的第一部字典。首次把9 000多汉字分540部，开创了部首编排法，这种体例为后代长期沿用下来。自此书问世以来，乃至形成了一门专门的学问，称为“许学”或“说文学”。这部书对后世影响颇大。其书今存。此外还有《五经异义》《淮南鸿烈解诂》等书，已失传。

2. 张衡（78—139年）

张衡是东汉科学家、文学家、数学家，南阳郡西鄂（今南阳市）人。他学识渊博。曾担任太史令，著有《周官训诂》，写过《二京赋》《南阳赋》等出色的文学作品。他又精通数学，著有《算罔论》。但张衡最大的科学贡献是在天文学方面。由于他的贡献突出，联合国天文组织曾将太阳系中的1802号小行星命名为“张衡星”。他总结前人在天文学上的成就，创造了浑天仪、候风仪和地动仪。浑天仪是用水力转动的一个浑象（即现在的天体仪），每天有规律地回转一周，在室内观察星体的出没，和实际完全一样。这个浑天仪，是天体仪的鼻祖。浑天仪制成后，张衡又著了《浑天仪图注》，解释浑天仪的制造原理和使用方法。在气象方面，创造了一种测定风向的仪器——候风仪。它是在一根5丈高的竿顶上，安一个衔着花的铜鸟，可随着风向转动。这个仪器和欧洲的“候风鸡”相似，后者是1世纪才出现的，比候风仪晚了1 000年。东汉是我国地震频发的时期，张衡发明的地动仪则是世界上第一台测定地震的仪器。地动仪用精铜制作，圆径8尺，状如酒樽，中有立柱，连着8个方向的机械，外面有八个龙头，口衔铜丸，下有8个蟾蜍，口向上张。哪个方向有地震，哪个方向的龙头就吐出铜丸，落在蟾蜍口中，看守人就知道发生地震的方向，并能推测出震源的距离。地动仪发明于132年（阳嘉元年），比欧洲创造的地震仪要早1 700多年。

（三）主张学说名人

1. 老子

老子，字聃，又称李耳。楚国苦县历乡曲仁里（今河南省鹿邑县太清宫镇）。生卒年不可考，大约生活在春秋时期，曾做过周朝“守藏室之官”（管理藏书的官员），是我国最伟大的哲学家和思想家之一，道家学派的创始人，世界文化名人。现存《道德经》是其弟子根据老子生前遗言加以补充、发挥而成，书中保存了老子的基本思想。老子在政治上主张“无为而治”，提倡小国寡民，鸡犬之声相闻、老死不相往来，幻想人类社会回到原始状态。在哲学思想上，老子提出“道”是万物本源的学说。“有”不是实在的物质，而是“无”，“天下万物生于有，有生于无”。老子又说：“道生一，一生二，二生三，三生万物。”这就是说精神是第一性的，物质是第二性的，具有明显的客观唯心主义倾向。老子的思想中还包括很多朴素辩证法的因素，《道德经》中存在不少对立的概念，如有无、损益、多少、长短、轻重、高下、贵贱、进退、强弱、得失、难易等，这些概念都是相互依存、缺一不可的，对立矛盾是可以转化的。

2. 庄子（约前369—前286年）

庄子，即庄周，宋国蒙（今商丘东北）人，是战国时期道家思想的代表人物，《庄子》是他思想的代表作。他继承和发展了老子的“道法自然”的观点，认为“道”是宇宙的根本和主体，是无不所在、永恒存在的，是产生天地万物的根源。和老子不同的是，庄子认为“我”就是“道”，“道”就是“我”，“天地与我并生，而万物与我为一”，反映了他主观唯心主义的世界观。《庄子》思想博大，说理清晰，文字精练优美，汪洋恣肆，具有浓厚的浪漫主义色彩，是古代散文中的杰作。同时，作者在书中也表现了对自然的热爱和对自由生活的追求和向往，对我们有启发意义。

3. 墨子（前468—前376年）

墨子名翟，宋国（今河南商丘）人，是墨家学派的创始人，并有《墨子》一书传世。《史记》记载说墨子曾做过宋国大夫，墨子很可能是一个有相当文化知识又比较接近工农小生产者的士，自诩说“上无君上之事，下无耕农之难”，是一个同情“农与工肆之人”的士人。墨子曾经从师于儒者，学习孔子之术，称道尧舜大禹，学习《诗》《书》《春秋》等儒家典籍。但后来逐渐对儒家烦琐礼节感到厌烦，最终舍掉了儒学，形成自己的墨家学派。墨家的主要内容有兼爱、非攻、尚贤、尚同、节用、节葬等，以兼爱为核心，以节用、尚贤为支点。在政治上提出“兼相爱，交相利”的思想。他的重要主张包括：第一，“节用”“节葬”，要求节约开支，葬礼从简，反对统治阶级奢靡浪费的生活；第二，“兼爱”“非攻”，反对倚强凌弱、以大攻小的战争，反对以富辱贫、以贵傲贱的阶级压迫，反映小生产者要求平等、厌恶战争、希望安居乐业的愿望；第三，“尚贤”“尚同”，要求国君不分等级，举用贤才，百姓也能参与政治生活。

（四）文化名人

1. 张仲景（150—219年）

张仲景，东汉末年杰出医学家，南阳郡涅阳人（今南阳人），东汉末年战乱频繁，伤寒瘟疫流行，人民病死得很多。连张仲景的族人，也因病死了2/3。他有感于时病，开始精研医学，广泛征集前人方剂，总结和整理了前代医学理论与经验，结合自己的临床经验，写成医学著作《伤寒杂病论》16卷。后代流传下来的，只有经过晋代名医王叔和改编过的《伤寒论》和《金匮要略》两种，两书分为外感热病与内科杂病，总结了前代对伤寒与杂病在诊断和治疗上的丰富经验。张仲景在中医学上的卓越贡献，主要体现在诊断和治疗两个方面。诊断方面，在辨明症状时，他先分析是阴证还是阳证，由阴阳而辨证表里，再辨明虚实、寒热，这就是中医诊断学上的“八纲”。在治疗方面，他用汗、吐、下、和概括了各种症状的疗法。这些都是以后中医的准绳。张仲景还主张疾病要早预防。只要饮食有节，劳逸结合，就可以保持身体健康，减少疾病。由于张仲景在医学上的卓越贡献，他被后代中医奉为“医圣”。

2. “三曹”

曹操、曹丕、曹植即“三曹”。东汉末年文学家，曹操是安徽亳州人，但“三曹”的政治和文学活动大抵都在河南，而且创建了影响后代的建安文学，从东汉末到魏都，持续了四五十年的时间，在中国文学史上占有重要的地位。这一时期的作家众多，除“三曹”、建安七子、蔡琰外，还有其他许多作家。这些人生活在儒学失去控制、思想界具有自由解放倾向的东汉末年，又都在动荡的年代经历过一段颠沛流离的生活。目睹山河残破，民生疾苦，对社会现实有深切的感受。因而他们的作品能继承国风、楚骚和乐府民歌反映现实的优良传统，对当时现实做出较为真实的反映。同时又能表现出作者要求建功立业、恢复国家统一的迫切愿望和积极进取的精神，从而形成了内容充实、意气俊爽、风格刚健明快的文学风貌，给予后代文学创作以深远影响。三曹以他们的文学主张、文学实践和大力提倡文学事业，成就了一代健康的文学。在文学成就上，曹植第一，但在文学理论和主张上，曹丕的《典论论文》影响深远。

3. 韩愈

韩愈，唐朝文学家、哲学家，字退之，河南河阳人（今孟州人）。因郡望是昌黎，常自称昌黎韩愈，后人称之为韩昌黎。贞元八年进士，几度做节度使下属官，贞元十九年任监察御史，元和十二年任刑部侍郎。因谏阻宪宗奉迎佛骨，贬为潮州刺史。穆宗时，官至吏部侍郎。他大力提倡儒学，以继承儒家道统自任，开宋明理学家之先声，并坚决反对佛教和道教，反对藩镇割据，在文学上倡导“古文运动”，主张继承先秦两汉的散文传统，反对专讲声律对仗而忽视内容的体文。在韩愈与柳宗元等人的共同努力下，文风发生了改变。韩愈为文笔势纵横，间架细腻，说理透彻，逻辑性强，被尊为“唐宋八大家之首”。

（五）事件

1. 问鼎中原

九鼎是王权的象征，据说是大禹制造，新王朝建立都要将九鼎迁到自己的国家，表示天命的转移。公元前606年，楚庄王想取周而代之，就借朝拜天子的名义，到周王室去问九鼎的大小轻重，其称霸中原的意图十分明显。当时周王室虽已衰微，名义还是天下共主，如果楚庄王采取过分行动，必然会激怒北方国家。结果在周大臣王孙满那碰了个软钉子，王孙满说：“统治天下在乎德而不在乎鼎。”庄王很不服气地说：“你不要依仗九鼎，我楚国有的是铜，我们只要折断戈戟的刃尖，就足够做九鼎了。”王孙满说：“大王，您别忘了，当初夏禹是因为有德，天下诸侯都拥戴他，各地才贡献铜材，启才能铸成九鼎以降万物。后来夏桀昏乱，鼎就转移给了商；商纣暴虐，鼎又转移给了周。如果天子有德，鼎虽小却重得难以转移；如果天子无德，鼎虽大却是轻而易动。周朝的国运还未完，鼎的轻重是不可以问的。”庄王无话可说。从此以后，后世称定鼎为定天下，问鼎为企图夺取政权。

2. 官渡之战

东汉建安四年（199年），袁绍率兵10万南下攻曹操，曹操率兵4万在官渡（今中牟）相拒。次年春，曹操乘袁绍傲慢轻敌、内部失和之机，偷袭袁军后方，烧毁其粮草，并乘机出击，大败袁军，为统一中国北方奠定了基础。

3. 孝文帝改革

公元494年，北魏孝文帝（466—471年）在位由平城（今大同）迁都洛阳之后，在政治、经济、文化等方面进行了一系列的改革。改革的主要内容在于改变落后的鲜卑文化，推行汉语，服用汉服，改用汉姓，与汉族通婚，改革官制，实行均田制、租庸调制等。孝文帝迁都洛阳和推行改革，实行汉化，加速了北方少数民族与汉族的融合的进程，同时也使遭受战争破坏的洛阳和河南广大地区出现了新的复兴和繁荣景象。

4. 陈桥兵变

陈桥兵变，即赵匡胤策划的夺取后周政权建立宋朝的军事政变。公元960年后周大将赵匡胤借口北汉与辽联合南侵，率军出大梁（今河南开封）至陈桥驿（今开封东北），授意将士给他穿上黄袍，拥立他为帝。赵匡胤即回师大梁，逼后周皇帝让位，建立宋朝。

5. 靖康之难

北宋末年，宋徽宗统治时期，沉湎于书画、酒色，宠信小人，朝政腐败。他派人向南方搜刮花石竹木和奇珍异宝，运往东京，称为“花石纲”。宣和七年（1125年），金兵俘徽、钦二帝及皇族贵族官僚、技艺工人等3 000余人，北宋灭亡。因这次事件发生在靖康年间，历史上称为“靖康之难”。后来，徽、钦二帝死在了金朝。南宋抗金名将岳飞在其词《满江红》中有“靖康耻，犹未雪”句，即指此事。

6. 二七大罢工

1923 年 2 月 1 日，在中国共产党领导下，京汉铁路总工会成立大会在郑州召开。同年 2 月 4 日，京汉铁路总工会宣布京汉铁路总同盟大罢工。2 月 7 日反动军阀吴佩孚在帝国主义支持下，对工人进行了血腥镇压，罢工领导人高斌及共产党员林祥谦、施洋等 40 多人牺牲，300 多人负伤，这就是著名的“二七惨案”。

7. 中原大战

1930 年，冯玉祥、阎锡山、李宗仁三个军事集团联合起来，组织反蒋联军。不久爆发了中原大战。中原大战以冯、阎为一方，以蒋介石为另一方。从 5 月上旬到 9 月上旬，双方以豫东陇海线为中心，津浦、平汉两线为左右翼，展开激烈战斗。双方前后投入兵力达百万之众。正在双方僵持不下之时，9 月 18 号，张学良发出拥蒋通电，率东北军入关，双方力量对比发生了迅速转变。10 月 15 日，阎锡山、冯玉祥通电下野。中原大战是中国近代史上规模最大的军阀混战。由于主战场在河南，所以这场战争给河南人民带来深重的灾难。全省大部分地区均遭战祸，处于战争中心的豫东地区粮歉收，土地、房屋遭到破坏，百姓死于战乱者不计其数。中原大战后，蒋介石控制了中原地区，从此河南进入国民党统治时期。

8. 红旗渠

红旗渠位于河南林州，是闻名于世的“人工天河”和“世界第八大奇迹”。为了修建这条渠，10 万林州人在崇山峻岭中奋战了 10 年。林州人以顽强的毅力削平了 1 250 座山头，凿通了上百座隧道，最终将河水引入干涸的土地。红旗渠的总渠长超过 4 000 千米，是人类改造自然的杰作。

第二节　艺　术

中州历史悠久，安阳、洛阳、开封又是多个朝代的政治、经济、文化中心，从而孕育了丰富多彩的文化艺术。

一、娱乐狂欢

（一）净化心灵——《禅宗少林·音乐大典》

《禅宗少林·音乐大典》把少林武术、传统故事、现代科技以艺术的形式融合在一起，创造出新的少林旅游内容的表现形式。由谭盾担纲艺术总监和音乐原创，梅帅元制作，易中天、释永信任顾问，黄豆豆任编导，阵容强大，实力空前。演出分为《水乐》《木乐》《风乐》《光乐》《石乐》五个乐章，演出规模宏大，音画一体，88 架古筝的激情演奏，近 600 人的禅武演绎，春夏秋冬的景观变化，直指心性的佛乐禅音，奏响了一曲中岳嵩山的辉煌交响，每天晚上的定时演出，成为中原文化旅游的一大亮点。

《禅宗少林·音乐大典》由《水乐·禅境》《木乐·禅定》《风乐·禅武》《光乐·禅悟》《石乐·禅颂》五个乐章组成。水乐，溪山坐禅、踏水行歌；木乐，少林木鱼功、风幡心动；风乐，寺院铃声、山岳风涛；光乐，塔林四季、轮回鼓声；石乐，松山石歌、圆满禅颂。

《水乐》是演出的诗境篇，它描绘了中国古典山水名画的优美禅意，由《溪山行旅》

《听泉抚琴》《踏水行歌》三章构成。雨景与溪流，月光与禅院，僧侣与农家，禅诗与野唱，构成和谐完美的人间生活图景。

《木乐》，千年古刹，木鱼声声，述说着少林武僧的传闻故事；传说中的牧羊女走来了，歌声打破了木鱼的禅定，给这片佛国净土带来了人间的美丽。

《禅宗少林·音乐大典》剧照

《风乐》演绎的是禅宗祖庭少林寺的传奇故事，由“达摩面壁”开始，讲述千年古风的承传。而在嵩山实景间以全新方式演绎的少林武术，在禅与武之间行走，一动一静，亦文亦武，浑然天成，构成“万壑松风”的壮丽景象。

《光乐》是演出的华彩乐章，它以顿悟的形式直面生命本体。雪景寒林，佛光塔影，远逝高僧在幻境中出现，向我们讲述禅宗故事，引导我们参透生死，彻悟人生。而吉祥的灯佛与世俗生活的交叠场面，表达了禅宗对生命万物的肯定与礼赞。

《石乐》是演出的唱颂篇，它用36亿年的嵩山古石制成乐器，奏出了“嵩山修禅，顽石开言”的大境界，而石乐礼佛、天花乱坠的奇异景象，将音乐大典演出推向高潮。演出结束时，巨大的中岳佛山将现身云端，佛光普照，天地祥和。

（二）荡气回肠——《大宋·东京梦华》

《大宋·东京梦华》的演出选择在清明上河园皇家园林区的景龙湖上，充分利用了亭台楼榭、水系桥廊，构成了一个完整的古典实景剧场。整个演出运用大量的科技手段，制造出梦幻般的效果，把人们的记忆拉向1 000年前的那个辉煌的朝代。八阙经典宋词和一幅《清明上河图》串联的画面，将精心选择的北宋印象包含进去，以唤起一个民族对兴衰的思考和渴望崛起的激情。《大宋·东京梦华》演出包括六幕四场，分别为：

1. 《虞美人》

《虞美人》展现了一个旧王朝的衰落与宋王朝的兴起。

2. 《醉东风》

《醉东风》展现了北宋的繁荣与市井风情；重点还原东京市井车水马龙的景象，营造了灯海辉煌、既热闹又华美的场景，突出了北宋市井文化的繁荣。

3. 《蝶恋花》

《蝶恋花》铺排出如梦似幻的场景，表现了北宋东京的浪漫与活力；无数身着绿衣的少女在踏青、在舞蹈，漫天的绿色突出绿野芳菲的景象，富有大宋的质感。

图8－2 《大宋·东京梦华》剧照

4. 《齐天乐》

《齐天乐》表现了万国来朝的盛景和皇家的奢华；重点再现了北宋王朝盛世辉煌的画卷，突出君民同乐、万国来朝的辉煌场景，反映了北宋鼎盛时期的国泰民安。

5. 《满江红》

《满江红》把演出推向了高潮，炮火的轰鸣和满江的红色昭示着壮怀激烈的豪情。

6. 《水调歌头》

《水调歌头》表现了经历繁荣、浮华和战争之后，对如梦年代的思索与对美好未来的期盼与祝愿。通过上百盏灯笼、孔明灯、冷烟火，形成形式美感。

（三）怡情悦性——《大河秀典》

《大河秀典》是一部演绎5 000年华夏文明与中原文化的大型全景旅游演艺秀，72分钟的演出浓缩了华夏文明与中原文化经典篇章，汇聚了原旅游“古”“河”“拳”“佛”“花”“根”六大特色精华，被誉为“来河南必看的梦幻演出”，中原文化新名片。

1. 古——历史悠久

大河秀典演出以时间为主线，从“盘古开天地”—“轩辕皇帝肇人文”—“花木兰替父从军”—北宋“清明上河图”—“梁祝化蝶”—“少林古寺”到今日的“百家姓”。《大河秀典》以舞台艺术的手法全面、鲜活地展现了中原华夏5 000年的历史文化。

2. 河——黄河文化

黄河是中原华夏5 000年历史文明发展的摇篮。华夏子女在此衍生。周王伐纣，民心所向，天地万物，皆为生灵，《易经》醒世，通涵天地，殷商华梦，悄然催生典章制度的建立、指南针的发明、甲骨文的发现、姓氏起源等。

3. 拳——少林武术

达摩面壁九年，开创禅宗少林寺。因助唐开国建奇功，故天下皆知少林僧。

4. 根——寻根问祖

轩辕黄帝故里河南新郑，是拜祖大典的祭祀地；河南是姓氏起源的及发祥地。据《中华姓氏大典》记载，中国姓氏有4 000多个，其中85%出自河南。故有“问祖来中原，寻根河之南”的说法。

5. 花——牡丹盛世

“洛阳地脉花最宜，牡丹尤为天下奇。”牡丹花、洛阳花，国色天香兆新世。牡丹花产地河南洛阳，历来有“天香国色”的美誉。

6. 佛——禅宗佛祖

洛阳龙门石窟，因石窟而闻名，佛像十万尊、石窟逾千座，飞天沐浴、佛光生辉。始创道教、首传佛经、光大理学，儒、道、释三教皆有缘。洛阳白马寺，开辟释源第一寺；鹿邑老君台，道尊老子飞天处；淮阳弦歌台，儒家孔子游学处。

（四）魔幻刺激——《水秀》

濮阳为中国有记载以来最古来的杂技之乡。而《水秀》为濮阳耗资5 000万精心打造的大型国际杂技情景剧。该剧运用水幕作背景，融入黄河、龙等地域文化符号，创意突破常规思维，所有节目基本都在水底、水面和空中进行。剧目突破艺术的分界，行为艺术与水中芭蕾融合，经典与时尚交织，将体操、跳水、魔术、舞蹈等与杂技完美融合。

万物因为有水而存在，水是生命的摇篮。人类“逐水草而居”，世代相传，生生不息。龙，中华民族的象征，是开天辟地的创生神，是华夏民族文明和文化的肇端。整台晚会构思以“水舞台”与“空中舞台”结合为创意点，以“乾坤”“孕育”“爱河”“惊梦”“良缘”等内容为线索，逐层显现五彩斑斓的大千世界，营造出万事万物、周而复始、循环往复、美轮美奂的人间万象。

（五）梦回神都——《武皇十万宫廷乐舞》

中国唯一的女皇帝武则天，酷爱诗歌舞乐，一生长居洛阳，称帝后又定都于洛阳。她曾出资20万两脂粉钱，其中10万两雕刻了至今闻名世界的龙门石窟卢舍那大佛，10万两精心培育了因此而得名的专供皇族贵胄们欣赏的《武皇十万宫廷乐舞》。《武皇十万宫廷乐舞》每天都要在万象神宫进行演练，寓意武皇的10万江山稳如磐石。《武皇十万宫廷乐舞》以气势磅礴、雍容华贵构成了中国中典音乐舞蹈的灿烂和辉煌。

唐代乐舞，洛阳鼎盛，至今《武皇十万宫廷乐舞》仍活跃在洛阳隋唐古城的部分村庄中，多数乐师已年过花甲，年龄最大的已有90多岁。为挖掘和保护中华民族优秀文化遗产，数十年来，一批历史学家、学者、音乐家、舞蹈家等以严谨的科学态度对“十万宫廷乐舞”这块音乐活化石进行了认真的研讨和艰难的开发，终于使大唐余韵缠绕大梁，神州大地再现当年皇家乐舞的辉煌。这皇家绝响，在经历了上千年的历史尘封之后，如今经各界人士按古老的工尺曲谱挖掘、整理，又以其古朴、典雅的风姿展现在世人面前，再现了武皇时期的辉煌风采。

《武皇十万宫廷乐舞》的乐曲内容主要是歌颂太平盛世、赞美大好河山等，乐器主要有管子、笙、琵琶、琴、筝、编钟等数十种。《武皇十万宫廷乐舞》为宫廷乐舞，其特点是：讲威仪、图声势、尚奢华，保留皇家风范，仅在祭祀、庆典及重要活动中演出。

《朝天歌》——歌舞《朝天歌》是武则天升殿和接受外国使臣们朝贺时演奏的曲目，充分显示了武皇时期的大国风范。

《嵩岳调》——器乐合奏《嵩岳调》表现的是公元683年秋，女皇携大臣同游嵩山，随行乐队演奏大曲，女皇听后龙心大悦，钦定曲名为《嵩岳调》。

《媚游春》——乐舞《媚娘游春》表现了天真烂漫的武媚娘沐浴春光，赏花戏水，翩翩起舞时的欢乐心情。

《何满子》——何满子是唐朝的著名歌伎，可是却因唱歌而触怒了皇上，被判死罪，唐朝著名诗人白居易为了纪念她写出了《何满子》这支曲子。

《饮酒乐》——在宫廷御宴中演奏的唐代法典中唱道：“日月似有事，一夜行一周，草木尤需老，人生得无愁，一饮解百结，再饮破百忧，百发欺贫贱，不入醉人头，我愿东海水，尽向杯中流，安得阮步兵，同入醉乡游。”

《渭城曲》——《渭城曲》为唐朝著名诗人王维所作，描写送友人元二西出阳关，奔赴边疆的情景。

《苏武牧羊》——埙是已有 7 000 多年历史的吹奏乐器，声音幽深、哀婉，从原始的单孔发展到现在的多孔，《苏武牧羊》便是埙及乐队合奏。

《颂升平》——《颂升平》是武则天祭天时演奏的乐曲，期盼风调雨顺、五谷丰登，乐曲演奏中，伴着依据龙门石窟莲花洞中的造像编排而成的荷花灯舞，赏心悦目，煞是好看。

《如意娘》——“看朱成碧思纷纷，憔悴支离为忆君，不信比来常下泪，开箱验取石榴裙”，这首《如意娘》是武则天亲自谱曲填词的独唱歌曲，反映了她被贬入感业寺思念李治时的感伤情怀。

《唐韵》——音乐气派、严谨，舞蹈热烈欢快，展现了武皇时期政通人和、国泰民安的美丽画卷。

《观灯》——“元宵”是一年中第一个月圆之夜，从皇都到民间，这一天都要张灯、送灯、玩灯，乐曲《观灯》正是表现了女皇观灯时，大开宫门，与民同乐的空前盛况。

《天长久》——从 32 岁当上皇后，武则天就实际掌握了国家大权，她执政的 50 年，是中国历史上兴旺发达的时期，《天长久》是对她的颂歌，歌中唱道：“玉砌红花树，香风不敢吹，春光解人意，偏发殿南枝，天长地久万年枝。”祝愿《武皇十万宫廷乐舞》所演绎的唐朝盛世长青。

二、曲艺

河南戏剧历史悠久种类繁多，素有“戏剧之乡”之称。隋代洛阳端门外的百戏杂陈，北宋汴京的“勾栏”“瓦舍”等，像里程碑一样矗立在中国戏曲发展的长廊里，戏曲不仅是一种艺术形式，而且是一个重要的社会、人生舞台，它既能给人们带来精神娱乐、审美情趣的精神享受，又能戏剧式地反映地方民俗、人文风情。在河南专业剧团的地方戏曲剧中有豫剧、曲剧、蒲剧、越调、河南坠子等 20 多种。河南戏曲的主要剧种有：

（一）豫剧

豫剧是发源于中国河南省的一个戏曲剧种，中国五大剧种之一，居中国各地域戏曲之首。豫剧以唱腔铿锵大气、抑扬有度、行腔酣畅、吐字清晰、韵味醇美、生动活泼、善于表达人物内心情感著称，凭借其高度的艺术性而广受欢迎。其音乐伴奏用枣木梆子打拍，故早期得名河南梆子。豫剧是在继承河南梆子的基础上，通过不断改革和创新发展起来的。除河南省外，鄂、皖、苏、鲁、冀、晋、陕、甘、蜀以及新疆、台湾等省区都有专业豫剧团分布，豫剧在台湾舞台上与歌仔戏、京剧呈三足鼎立局面。豫剧在 2006 年被列入第一批国家级非物质文化遗产名录。

1. 豫剧

豫剧最早的称呼叫“河南讴”，清代中后期又有“高调”“靠山吼”等称呼；民国期间民间也称本地梆、土梆等，学者文人又以河南梆子称之。“河南梆子”“豫剧”之名最早也包括河南的其他剧种，直到 1947 年秋，洛阳、开封、兰州、西安四地报界方以此称谓专指现今的豫剧。

豫剧在清末民初已经形成五大流派，即祥符调（以开封为中心）、豫东调（以商丘为中心）、豫西调（以洛阳为中心）、沙河调（以沙河流域为中心，即河南东南部、安徽北部等地）、高调（以濮阳、菏泽为中心）。豫剧形成于民间，是通俗的人民大众的艺术，为大众所创作、所欣赏。总的来说，在清末以前，河南梆子还只是在民间演出，尚未进入剧院。

民国时期，对于河南来说，是个灾难深重的时期，同时又是一个风雷激荡的年代。新思想、新文化的传播，促进了河南梆子的发展、成熟与繁荣，演出活动更加活跃，进入城市演出的机会增多。开封建立的茶社、戏园争相邀请戏剧班子去演唱。抗日战争时期，全国掀起了抗战热潮，河南梆子剧团为宣传抗日，募集经费，进行了大范围的巡回演出。河南梆子在演出活动增多、演出范围扩大的情况下，进行了更为广泛的交流与艺术竞争，产生了常香玉、陈素真、马金凤等一批优秀的演员。

中华人民共和国成立后，对原有的豫班社进行了整顿与改革，一批新的文艺工作者加入艺术团体。在全省范围内对豫剧艺术遗产进行挖掘，保留了传统剧目，创作了现代戏。豫剧在“文化大革命”期间遭受到挫折，传统剧目被迫停演。但在1976年粉碎“四人帮”后，豫剧获得了更大的发展空间。20世纪90年代以后，在中央电视台《春节联欢晚会》等大型节目中，豫剧演员常登台演出。河南电视台1990年开办的《梨园春》栏目，使豫剧走进了千家万户，影响了大半个中国。

2. 豫剧的行当

清朝后期，豫剧多上演征战戏，袍带戏，形成了“四生、四旦、四花脸”为主体的角色行当，后来发展为生行、旦行、花脸、丑行四大行当。

（1）生行——是豫剧中重要的行当，主要包括大红脸、二红脸、小生、小生、武生、老生、娃娃生。现主要介绍大红脸、二红脸、小生、娃娃生。

大红脸：又叫红生、大生。指扮演中年以上挂髯口的男性净扮角色。一般面涂红色，如关羽、秦琼等。衡量一个戏班水平的高低，主要是看大红脸的水平如何。

二红脸：又叫马上靠脸，指扮演披盔带甲、扎靠骑马的将帅人物，持械舞蹈，文武兼重。一般为性格火暴的角色。

小生：扮演年青英俊、不挂须的男子，唱腔用本嗓或小嗓。

娃娃生：扮演剧中未成年的男童。唱念带童声，表演自然，亦有文武之分。

（2）旦行——分正旦、花旦、老旦、彩旦等。

正旦：多扮演贞烈的妇女、贤妻良母等中老年妇女，有贫富之分。表演端庄稳重，舒展大方，尤其重唱功；唱腔韵味纯正，清丽委婉，如《秦香莲》中的秦香莲。

花旦：多扮演热情活泼、明快泼辣的年轻女性。注重扇子功、手帕功，身姿灵活轻巧，道白明快甜脆，唱腔多用“花腔”。

老旦：也称婆旦。扮演老年妇女，以文戏为主。有将帅、官员、富婆、百姓之分。

彩旦：也称波旦。可演豪放泼辣、不拘小节的正面人物，又可演刁钻古怪、丑陋粗俗的否定性人物。

（3）花脸——以面部勾脸为主要标志，扮演性格、品质、相貌特异的男性人物。分黑脸、大花脸、二花脸、毛脸、白脸等。

黑脸：又称黑头。多扮演斌公执法、铁面无私的忠臣良将。

二花脸：扮演性格豪爽、勇猛、憨直、机趣、凶残的人物。表演矫健、敏捷、重跌打翻扑。

大花脸：又称架子花。多扮演性格豪放、雄浑粗狂的英雄豪杰。身法要求功架大，气势磅礴，重叫、跳、鸣、号。

毛脸：也称“狗头花”。身段复杂，动作多，毛手毛脚，善舞蹈，重特技。表演上粗犷火暴，又妩媚多姿，体态魁梧，腔大气足。

（4）丑行——分官丑、公子丑、老丑、小丑等。

官丑：扮演品级高低不等的官员，擅长扇子功、帽翅功。如《唐知县审诰命》中的唐成。

公子丑：扮演的大多数是着褶子、耍风流扇的纨绔子弟。唱念花俏，面部表情丰富，重水袖、折扇等功夫。

老丑：扮演带吊搭或白四喜的老年人物。不大重程式规范，自然生动，充满生活气息。

小丑：扮演贫民童仆、衙皂等身份比较低级的人物。动作灵巧自然，口齿伶俐，唱腔别致，富于变化。

3. 豫剧的音乐与戏装

豫剧的传统音乐，习惯上曾有两种分类方法：一种是按照其流行的地域分为豫东调、沙河调和豫西调；另一种是按唱腔音区方面的不同将前两种统称为豫东调，俗称“上五音”，与其相对应的是音区较低的豫西调。

豫剧的唱腔音乐结构属板式变化体。有慢拍、二八拍、流水板和散板四个板类。

戏装分帽箱、底箱、靴包。帽箱又分盔冠和巾帽两类，衣箱分文服和武服。

（二）曲剧

曲剧是河南第二大剧种。也称为“高台曲”“曲子戏”，20 世纪 50 年代改成“曲剧”。

曲剧是在河南民间说唱艺术——鼓子曲的基础上，吸收了其他剧种的艺术成果形成发展起来的。原是一种庭堂、地摊坐唱形式，多为业余演唱。明清时，常设性的曲子场躲在城镇茶馆内。演唱时不分行当，一边踩高跷，一边唱曲子，有三弦等乐器伴奏，观众听到需要帮强时就一起帮腔。唱腔以真嗓为主，假嗓为辅，真假桑结合，朴实自然，缠绵悠扬，灵活舒展，抒情性强，生活气息强，一搬上舞台就深受广大群众的欢迎。

曲剧的传统剧目，有 200 出左右，一般都是小生、小旦、小丑为主的“三小戏”。20 世纪三四十年代，开始移植豫剧、越调、京剧等剧种的一些历史故事戏，即袍带戏，另外还编演了一些连台本戏。中华人民共和国成立后，整理改编的传统曲目有《陈三两爬堂》《卷席筒》《风雪配》《寇准背靴》等，演出的现代戏有《翻身乐》《赶脚》《掩护》等。

（三）越调

越调流行于河南及湖北北部地区，为河南三大剧种之一。其演出形式有三种：一是皮影越调戏；二是木偶越调戏；三是越调大戏班。这三种演出形式迄今仍在湖北北部、安徽西部和河南的南阳一带农村流行。河南越调音乐由于历史悠久，既有较多的曲牌，又有较完整的板腔。唱腔主要为“越调”，有时也兼唱“吹腔”“昆腔”“七句半”等。伴奏乐器以四胡（俗名“上天梯”）为主（因而越调也有时称“四股弦”），卧笛、月琴为辅，后来逐渐增加了短杆坠胡、闷子、二胡、唢呐、三弦和琵琶。

越调因其也采用河南方言演唱，旋律与豫剧有相通之处，也是大小嗓结合。不过越调有自己的演唱风格，不仅有表现民间风情的外庄戏，还有表现帝王将相的袍带戏，又称正庄戏，例如《下南唐》《无佞府》《白奶奶醉酒》《李双喜借粮》等达500多出。由于周口地区的越调剧团出了一位德高艺重的表演艺术家申凤梅，其被当年前往河南演出的京剧表演艺术家袁世海、杜近芳发现并极力推荐，所以这一剧种由河南传到了北京，又走向了全国。为河南越调的历史留下了光辉的一页。

（四）河南坠子

河南坠子源于河南，由流行在河南和皖北的曲艺道情、莺歌柳、三弦书等结合形成，属于曲艺的一种，约有100多年的历史，流行于河南、山东、安徽、天津、北京等地。因主要伴奏乐器为“坠子弦”（今称坠胡），且用河南语音演唱，故称为河南坠子。演唱者一人，左手打檀木或枣木简板，边打边唱。也有两人对唱的，一人打简板，一人打单钹或书鼓。还有少数是自拉自唱的。唱词基本为七字句。伴奏者拉坠琴，有的并踩打脚梆子。初期大多演唱短篇，也有部分演员演唱长篇。现代题材曲目都是短篇。演出书目有《响马传》《河间府》《三打四劝》等。

第三节　民间习俗

河南人口以汉族为主，传统习俗主要以汉族源远流长的历史文化形成的节庆为主。“百里不同风，十里不同俗”，这句话精辟地概括了中原地区民间习俗的丰富多彩。从文化的视角去观赏，河南的民俗已经成为一道亮丽的人文旅游资源。

一、民间节庆

（一）龙抬头

农历二月初二是“龙抬头节”或“青龙节”。这天，河南农村的妇女一般都不动剪刀，不做针线活，怕动了刀剪伤龙体。在这个节日里，人们到田野里采野菜，包饺子，煎煎饼，炒黄豆，煎腊肉，蒸枣馍，改善生活成为节日的一项重要内容。二月二这一天摊煎饼和吃炒豆的人最多，民间认为，这天是东海龙王的生日，煎饼是龙王的胎衣。吃煎饼，是为龙王嚼灾；扔煎饼，是为了掩埋龙王的胎衣。

（二）小年

农历六月初一，是中原民间比较重视的节日。在豫东和豫南，都有六月初一过小年的说法。特别是农村，更为重视。人们把这天当作庆祝丰收、祀求丰年的节日。这时，麦子刚刚打下不久，丰收的喜悦洋溢在农民的心头和眉梢。人们在屋中、院内、麦场里摆上供桌，放上馍、枣山（馍的一种）和桃、李等五种瓜果，用斗盛满新收的小麦，斗上贴红色的“福”字，然后焚香燃炮，祈求秋季风调雨顺，五谷丰登。之后，人们高高兴兴地吃上一顿用肉、青菜、粉条、海带做成的“杂烩菜”。大人们在麦场里猜拳行令，孩子们边吃边耍，十分尽兴。

（三）闺女节

因为和六月初一离得近，有的人家干脆把六月初六的活动糅到六月初一来进行。六月初六，民间称“闺女节”等，往往是相隔十里八里，风俗就不大一样。不管怎样，节日就是吃、玩、走亲戚。而且这些节日都与出嫁的姑娘有关。农村的各家各户，在六月初一至初六期间，都要把出嫁的姑娘接回家，款待后再送回婆家。俗语有："六月六，请姑姑。""六月六，挂锄勾，叫了大姑叫小姑。"六月初一过小年的习俗，在中原地区相当普遍。从六月初一到初六，中原农村的"年"味是浓郁的，时间要持续一周左右。尽管有初一和初六的区别，但两个节日距离太近，节日活动自然而然就融合在一块儿了。

（四）乞巧节

河南新乡一带的乞巧风俗是在每年的农历七月初六晚上，当地未出嫁的姑娘七人凑成一组（以应"七夕"之数），每人兑面兑物，为织女准备供品。有的要买葡萄、石榴、西瓜、枣、桃等七样瓜果，烙七张油烙馍或糖烙馍，包七碗小饺子，做七碗面条汤。除此之外，还要单独包七个大饺子，饺子馅由七样蔬菜做成，内包用面做成的七样东西，像针、织布梭、弹花槌、纺花锭、剪刀、蒜瓣或算盘子等。这七样东西，要能代表七位姑娘的心愿。这天晚上，七位姑娘把供品摆在瓜棚下或清静的地方，焚香点纸，跪在月下向织女祈祷，念完祷语后，七个姑娘分吃水果和七碗小饺子。然后把七张油饼和七个大饺子放在竹篮内，挂在椿树上。这天晚上，七个姑娘一起守夜，看守竹篮子。这种举动称为"守巧"，目的是防止爱开玩笑的男孩子偷嘴吃，把"巧"（大饺子）偷去。七月七日清晨，天刚刚蒙蒙亮，七个姑娘闭着眼睛，在竹篮内各摸一个大饺子。谁摸出的饺子内包有针、剪刀等东西，谁就是未来的巧手。在豫北沁阳、孟县等地，现在还流传有"七夕"对歌的习俗。每到"七夕"这天，当地的少女们按村子或按乡、县组成小组，每组 7 人，也可为 9 人、11 人，以单为巧数。民间讲究对歌人的数量，俗语有"当单不当对，当对拙一辈"。人们把对歌小组分成单数，都是为了能够获"巧"，希望本村的对歌组能够取胜。

（五）中元节

农历七月十五，是中元节。中原农家也称这天为"牲口节"，此日有许多敬奉耕牛的活动。在豫北林县等地，七月十五这天，家家都要蒸羊羔形的白面馍，中午蒸熟后供奉在案桌上，然后燃放鞭炮，庆贺槽头兴旺。凡有大牲口的农家，这天都要停止使役一天，把供奉后的羊羔馍送给大牲口吃，也有给牲口喂豆等精饲料的，以显示牲口节与平时的不同。晚上，他们还要做一锅米汤给牲口喝。有民谣说："打一千，骂一万，七月十五喝顿小米饭。"

（六）祭灶节

农历腊月二十三，是"祭灶节"。河南腊月二十三祭灶的习俗，每到腊月二十三这天，中原城乡噼里啪啦燃放起新年的第一轮鞭炮。城镇居民忙于购买麻糖、火烧等祭灶食品。而在广大农村，祭灶的准备活动和隆重的祭灶仪式便在震耳欲聋的炮声中渐渐拉开了帷幕。祭灶仪式多在晚上进行。祭灶时，祭灶人跪在灶爷像前，怀抱公鸡。也有人让孩子抱鸡跪于大人之后。据说鸡是灶爷升天所骑之马，故鸡不称为鸡，而称为马。红公鸡俗称"红马"，白公鸡俗称"白马"。焚烧香表后，屋内香烟缭绕，充满神秘的色彩。男主人斟酒叩头，嘴里念念有词。念完后，祭灶人高喊一声"领"！然后执酒浇鸡头。若鸡头扑棱有声，说明灶爷已经领情。若鸡头纹丝不动，还需再浇。祭灶仪式结束后，人们开始食用灶糖和火烧等祭灶食品，有的地方还要吃糖糕、油饼，喝豆腐汤。

在河南，典型的祭灶食品要首推灶糖。灶糖是一种又粘嘴又粘牙的麦芽糖。祭灶供灶糖的原因，是为了粘住灶爷的嘴巴。传说灶爷是玉帝派往人间监督善恶之神，它有上通下达，联络天上人间感情，传递仙境与凡间信息的职责。祭灶这天除吃灶糖之外，火烧也是很有特色的节令食品。每到腊月二十三祭灶这天，城市中的烧饼摊点生意非常兴隆。在河南，人们把祭灶节看作仅次于中秋的团圆节。凡在外地工作、经商、上学的人，都争取在腊月二十三之前赶回家里。能吃到家里做的祭灶火烧，便会得到灶神的保护，来年家人就能平安无事。

二、民间演艺

（一）社火

社火是中国民间一种庆祝春节的传统庆典狂欢活动，也是高台、高跷、旱船、舞狮、舞龙，秧歌等的通称，具体形式随地域而有较大差异。它来源于古老的土地与火的崇拜。社，即土地神；火，即火祖，是传说中的火神。在以农业文化著称的中国，土地是人们立足之本，它为人类的生存发展奠定了物质基础。火，是人们的熟食和取暖之源，也是人类生存发展必不可少的条件，远古人们凭着原始思维认为火也有“灵”，并视之为具有特殊含义的神物，加以崇拜，于是形成了尚火观念。古老的土地与火的崇拜，产生了祭祀社与火的风俗，随着社会的发展，人们认识能力的提高，社火的仪式逐渐增加了娱人的成分，成为规模盛大、内容繁富的民间娱乐活动。

浚县民间社火有着深厚的历史渊源和文化底蕴，最初是人们用来祭祀神灵，祈求风调雨顺、人寿年丰的朝拜活动，随着时间的推移，人们将戏剧中的人物、音乐、舞蹈融于社火表演，逐渐成为当地民众自娱自乐的民间文化活动。浚县社火的传统形式主要有舞狮、高跷、秧歌、旱船、竹马、龙灯、台阁和背阁、抬老四、顶灯、大头舞、散河灯等。舞狮是传统项目之一，主要形式有狮子滚绣球、滚翻、扑食、抖鬃、梳毛、蹿火圈、追逐、爬行、双狮争球等。浚县舞狮同别的地方不同的是，表演时狮子在前，后跟武术队。武术队俗称“刀枪把子”，真刀、真枪，真拼实打的童子功，显示出瓦岗军驻扎大伾山时在浚县民间带出的习武雄风。高跷表演者边走边舞，扮演人物多取自民间故事或戏剧。民国初年，浚县高跷队把天津的高跷表演技巧和湖南的小曲调糅为一体，形成了独特的表演风格。当地民众农闲时排练，逢年过节或重大喜庆时演出。最热闹的是正月初九和十六的拜山，初九祭拜大伾山，十六祭拜浮丘山，祭拜那天，从早上四点开始，四邻八乡几十支社火队早早赶来，一一摆开了架势，各自拿出自己的看家本领，你要高跷，我扭秧歌，他练背阁，唢呐吹，锣鼓响，空气都是热闹的，一时间，锣鼓喧天，人声鼎沸，震耳欲聋。

（二）马街书会

马街村位于宝丰县城南杨庄镇，距宝丰县城 7 千米，号称八百里伏牛山东麓第一村落。马街书会，历史久远。据马街村火神庙及广严寺碑刻记载：书会最早起源于元延祐年间(1316 年前后)，至今已有七百余年。据传，670 年前，当时马街村有一位叫马德平的老艺人，桃李满天下，农历正月十三这天是马老先生的寿诞之日，他的弟子们从四面八方赶来，为其献艺祝寿。豫西群众亦有正月十五写书之习俗，年复一年相沿成习，就形成了传统的马街书会。

如今马街村已成为民间艺人心目中的曲艺圣地，说唱艺人的精神家园，中国曲艺界的行当盛会和传统节日，已被国务院正式公布为“第一批国家级非物质文化遗产”。

三、健身活动

河南地处中原，是中华民族文化的摇篮，也是少林拳、陈氏太极拳、苌家拳等大拳种的发源地，技冠天下。早就有武术之乡和功夫之乡的美誉。全国有120余种拳种，在河南流行的就有40多种，占全国的三分之一。有著名的太极拳、少林拳，还有查拳、形意拳、八极拳、八卦拳、梅花拳、关东拳、岳家拳等，这些都是河南武术文化的宝贵资源。

改革开放以来蓬勃向上的武术旅游，或者说功夫健身游，主要指研修少林武术和太极拳，这是河南独有的旅游产品。

（一）少林武术

“天下功夫出少林，少林功夫拳为先”。号称“天下武学正宗”的少林武术是中华武术的一个拳种，得名于少林寺。它是在北魏太和十九年少林寺创建后，寺僧在古代健身的基础上，吸收各种武术之长而形成的。

当跋陀禅师主持少林寺后，四方学者闻风皆至，徒众数百。这样，大量的民间武术者都充当了少林寺的杂役。在跋陀主持少林寺时，就已经有一些会武术或其他技能的青少年子弟被剃度为少林寺小和尚了。像惠光和尚，12岁时在洛阳城天街的井栏上反踢毽子，一口气能连续反踢500次。跋陀感到很惊奇，就把他剃度为小和尚，作为自己的弟子。跋陀的弟子僧稠当小和尚时，体质羸弱，常受一些会武术的小和尚的戏弄。后来他发奋练武，居然练得拳捷骁武，体健身灵。跋陀禅师为创建少林寺、翻译佛经、传授佛法做出了巨大贡献，少林拳谱中还有跋陀传授方便铲和一路大刀的记载。

少林武术的形成还有一个很重要的原因，就是适应自然环境的需要。地处深山深处的少林寺，山势险峻，自然条件恶劣，为了生存，僧人就必须有健康的体魄，因而习武健身就成为僧人生活中不可缺少的活动。传说北魏孝明帝孝昌三年（527年），印度高僧达摩来到嵩山少林寺传授佛教的禅宗，面壁九年，静坐修心，被尊为中国佛教禅宗的初祖。当年达摩终日静坐，不免筋骨疲倦，又加上在深山老林，要防野兽和严寒酷暑的侵袭，在传经时，他发现好些弟子禅坐时间久了，昏昏欲睡，精神不振。为了驱倦、防兽、健身、护寺，达摩等人仿效中国古代劳动人民锻炼身体的各种动作，编成健身活动的“活身法”，并传授僧人，此即为“少林拳”的雏形。此外，达摩在空暇时间还练了几手使用铲、棍、剑、杖等防盗护身的动作，后人称之为达摩铲、达摩杖、达摩剑。以后，他又吸取鸟、兽、虫、鱼飞翔、腾跃之姿，发展“活身法”，创造了一套动静结合的罗汉十八手。后来经过历代僧徒们长期演练、综合、充实、提高，逐步形成一套拳术，达百余种，武术上总称“少林拳”。其中起过重要作用的是元代少林派拳术大师白玉峰、觉远上人、李叟等人，他们精心研究少林拳法，注意拳法的整理和传授，将少林拳中的“罗汉十八手”发展为72手，以后又发展到173手，第一次系统地整理出一套少林拳法。

隋末唐初，少林寺方丈为了保护寺庙的安全，从寺僧中选出身强力壮、勇敢灵巧或善于拳击的人组织成一支专门队伍。最初，他们的任务是护寺，以后，寺僧参与了政治活动，寺养僧兵，形成武僧。客观形势要求武艺向精湛的技击方面发展，开始了有组织的、严格的僧兵训练，操练棍棒。每日晨光曦微，武僧们同起而习之，冬练三九，夏练三伏，长年不断，刻苦练习武艺，对少林武术的发展、提高起了很大的作用。

少林功夫内容丰富、套路繁多，按性质大致可分为内功、外功、硬功、轻功、气功等。内功以练精气为主；外功、硬功多指锻炼身体某一局部的猛力；轻功专练纵跳和超距；气功包括练气和养气。按技法又分拳术、棍术、枪术、刀术、剑术、技击散打、器械和器械对练等100多种。

（二）陈氏太极拳

明洪武五年（1372 年）朱元璋下令由山西省洪洞县向怀庆府属地移民。移民中有一青年名叫陈卜，祖籍本在山西泽州郡东土河村，时因家乡连年遭灾，逃荒到了洪洞，与妻儿一起被裹入移民队伍带入怀庆府境内，在温县城东北 10 千米处落了脚，后来人们便将此村取名陈卜庄。由于陈卜庄地势低洼，常受涝灾，明洪武七年，陈卜合家迁往常阳村。此村位于陈卜庄东南清风岭上，南临黄河，北负一岭，旱涝保收。因其西有柿沟，东有赵沟，北有正北沟，三面环沟，随着陈氏家族人丁繁衍，常阳村遂易名为陈家沟，直至中华人民共和国成立后陈家沟所用的婚丧嫁娶用具上还常有“古常阳”的字样。陈家沟距今温县县城正东约 5 千米，村中陈姓居多，居民现达 2 600 余人。

陈氏始祖陈卜全家定居清风岭上的常阳村后，勤劳耕作，兴家立业，为了保卫桑梓不受地方匪盗危害，精通拳械的陈卜在村中设立武学社，传授子孙乡民习拳练武。

陈卜及其后代六世同堂，有二世陈刚、三世陈琳、四世陈景元、五世陈堂、六世陈宗儒（独子思贵）等人。到七世开始分家立业。其中一支为七世陈思贵、八世陈抚民、九世陈王庭和陈王前兄弟。

陈王廷，又名陈奏庭，是明末文庠生、清初武痒生，文武双全，曾只身闯玉带山，劝阻登封武举李际遇叛乱，为清廷在山东平定盗匪立过战功，在河南、山东负有盛名却不被清廷重用。陈王庭报国无门，收心隐退，在耕作之余，依据自己祖传之一百单八式长拳，博采众家精华，结合易学上有关的阴阳五行之理，并参考传统中医学中有关经络学说及导引、吐纳之术，发明创造出了一套具有阴阳相合、刚柔相济的新型拳术，包括太极拳五路、炮捶一路、双人推手及刀、枪、棍、剑、锏、双人粘枪等器械套路。在刺枪术和八杆四杆术对练套路中还运用太极拳术的缠丝劲，开辟了长兵器阴阳变换、刚柔相济的先河。至于太极双人推手的开拓性创造，则早已成为闪耀中华武术史的综合性的技击实践方法，因为这种方法既不会伤人，又可以在实践中检验武功。

另外一位值得一提的是明朝嘉靖年间的抗倭名将戚继光，字元敬，号南塘，晚年号孟诸，系山东省蓬莱人。这位民族英雄的一部著作与太极拳的产生也有着千丝万缕的联系，而这部书就是《纪效新书》。据史书记载，戚继光为抗倭编制新军，并传以集百家拳术之长编制而成的 32 势，变幻无穷，微妙莫测，似有神意。陈王庭在创造太极拳时，就直接从戚继光这部书里《三十二势拳经捷要》中吸取精妙，采纳了 29 势，即懒扎衣、金鸡独立、采马拳、七星拳、雀地龙、悬脚虚、伏虎势、兽头势、朝天蹬、朝阳手、指裆势、跨虎势、当头炮等。根据这一点，有专家就推证太极拳的产生不会早于《纪效新书》的成书年代。

太极拳自陈王廷创立之后，就在陈家沟陈氏家族中世代传承，绵延数百年而不绝。随着陈氏家族人丁兴旺，家族中也涌现出了申如、恂如、敬伯、继夏、秉奇、秉壬、秉旺、公兆等多位高手，用现在已知最早记载太极拳的历史文献《太极拳小序》中李亦畬的话来说就是：“神而明者，代不数人。”在此之后数百年间，历经陈氏子孙及其门徒的不断丰富和发展，太极拳已经成为我国传统的优秀拳种之一，并衍生发展出了杨、吴、武、孙、和五大流派。以下简列数位陈式太极拳宗师。

陈氏十四世陈长兴，字云亭，著《太极拳十大要论》《太极拳用武要言》《太极拳战斗篇》等。他打破门规局限，将陈家累代家传之秘——陈式太极拳传于河北永年县的杨福魁（露禅）。至此，太极拳史上开始了第一次大发展、大普及时期。当今太极拳能有如此大范围的传播与陈长兴当年破除家传绝艺不传外姓的习俗有着直接关系，其功永不可没。

陈氏第十六世陈鑫，字品三，幼承父命，文武兼习。他晚年时深感陈式太极拳虽经历代口传亲授，然文字著作较少，不利于广泛传播。为阐发祖传太极拳学说，遂闭门著述，费时12年，完成《陈式太极拳图画讲义》4卷、《陈式太极拳易象数》6卷，全面整理陈氏世代积累的练拳经验。其著以易理说拳理，参以阴阳、经络学说，确立缠丝劲为核心，较为全面地阐述了陈式太极拳的理论体系，为陈式太极拳理论宝库树立起了一座引人瞩目的丰碑。他的作品还有《陈氏家乘》《三三六拳谱》等。

陈氏第十七世陈发科，字福生，是近代陈式太极拳的代表人物，对发展和传播陈式太极拳做出了杰出贡献。在北京授拳期间，陈发科以其高尚的武德、非凡的功力以及实战技击的精妙而著称于世，所以深受世人的敬仰，在武林中威信颇高。陈发科教授徒弟很多，有顾留馨、洪均生、田秀臣、雷慕尼、冯志强、李经梧、肖庆林以及其子照旭、照奎、女豫霞等。

陈氏第十八世陈照丕，字绩甫。1928年秋，应北平同仁堂东家乐佑申和乐善同兄弟二人之邀，在北平授拳。同乡李敬庄（字庆林）在《北平晚报》（1928年10月）刊发文章宣扬其拳艺，并设立擂台7天，未有匹者，获全胜。后应南京市市长之邀在南京授拳，拳踪广布。著有《陈式太极拳汇宗》《太极拳入门》《陈式太极拳图解》《陈式太极拳理论十三篇》等。所授弟子中王西安、朱天才、陈小旺、陈正雷功夫超群，被海内外赞誉为陈式太极拳“四大金刚”。照丕先生恩泽后人、诲人不倦、武德高尚，是陈氏太极承前启后、继往开来的一代宗师。

陈家沟现在传习的拳械套路有：老架一、二路（炮捶）；新架一、二路（炮捶）；小架一、二路以及五种推手法、太极单刀、双刀、单剑、双剑、双锏、梨花枪、白猿棍、春秋大刀、四杆、八杆、十三杆等。

太极拳的运动特点：中正安舒、轻灵圆活、松柔慢匀、开合有序、刚柔相济，动如“行云流水，连绵不断”。这种运动既自然又高雅，可体会到音乐的韵律、哲学的内涵、美的造型、诗的意境，在高级的享受中，使疾病消失，使身心健康。

第四节　现代节庆

人们对旅游活动的要求越来越高，同时可以发展旅游业的范围也越来越广，各地政府根据本地特产文化结合旅游者的喜好创造出了一批新节庆。

一、旅游节

（一）洛阳牡丹文化节

中国洛阳牡丹文化节前身为洛阳牡丹花会，已入选国家非物质文化遗产名录，作为全国四大名会之一，至2012年洛阳牡丹花会成功举办30届，并在2010年升级为国家级文化盛会。30多年来，市委、市政府坚持贯彻“以花为媒，广交朋友，宣传洛阳，扩大开放”的指导思想，“洛阳搭台，全省唱戏”，将牡丹花会办成一个融赏花观灯、旅游观光、经贸合作与交流为一体的大型综合性经济文化活动。洛阳牡丹文化节已经成为全市人民政治、经济、文化生活中的一件大事，已经成为洛阳人民不可或缺的盛大节日，已经成为洛阳发展经济的平台和展示城市形象的窗口，洛阳走向世界的桥梁和世界了解洛阳的名片；同时，也已成为企业展示实力、树立形象、宣传扬名的极佳平台和舞台。

花会期间，全城牡丹竞相怒放，整个洛阳市形成以王城公园为中心的特有的牡丹景观：牡丹观赏区内定植牡丹 30 余万株，汇集国内外牡丹品种 400 多个，姚黄、魏紫、洛阳红、火炼金丹、王红等传统名品，雍容华贵，尽显芬芳；日本品种有海黄、金阁、金帝、新七福神、白王狮子等；法国金色爱丽丝等海外奇葩争奇斗艳，各展英姿。新品有皇冠、雪迎桃花、玉面桃花、百园红霞、冠群芳等。精品牡丹有近百个品种，如花径 18 厘米的姚黄，还有豆绿、岛锦、日本花王、日本太阳等。此时，人如潮，花似锦，花事之盛，旷古未有，可谓“唯有牡丹真国色，花开时节动京城”，“花开花落二十日，一城之人皆若狂”。

（二）三门峡国际黄河旅游节

三门峡国际黄河旅游节又称为三门峡黄河旅游节。它主要是以黄河文化为主题，集旅游、文化、经贸为一体的大型节庆活动。主要内容包括黄河游、寻古朝敬游、黄河风情游、虢国文化游、豫西天井民居游等，同时还有三门峡出土文物精品展、名特物产展等活动。

从 1994 年开始举办首届三门峡国际黄河旅游节以来，到 2017 年一共举办了 23 届。旅游节坚持品牌化、精品化、群众化的原则，通过开展丰富多彩的综合、经贸、文体、旅游活动，全面展示三门峡市近年来取得的巨大成就和良好的投资环境，进一步扩大对外开放，加强经贸合作，促进旅游文化产业快速发展。

三门峡国际黄河旅游节基本上是在每月的 4 月份举行，随着 23 届活动的举办和三门峡经济水平的提高，该旅游节的影响力也逐年在加强，活动内容也在逐步丰富，显然已经成为三门峡市招商引资的一张文化好牌，在三门峡区域经济发展中，发挥着越来越重要的作用。其职能已由最初的观光旅游、文化交流转向宣扬黄河文化、构建投资软环境等方面。

该旅游节吉祥物为“根根”，是以豫西风土气息浓厚的农家小孩为形象，手拿如意，招手起舞，对旅游节的性质进行了形象的描述。

（三）淮阳荷花节

2007 年 7 月 22 日首届“中国 · 淮阳龙湖赏荷旅游活动月”正式启动。活动的目的是充分利用淮阳万亩龙湖的荷花景色优势，展示淮阳的美丽景色、和谐形象、经贸环境和发展潜力，隆重推出“淮阳风光秀神州，龙湖荷花甲中原”宣传主题。此后，每年的荷花节会在 7 月下旬开始，为期 1 个月。荷花节期间，每年会有不同的活动内容，例如荷花迎宾文艺晚会、舞狮大赛、龙舟大赛及水上自行车对抗赛、七夕相亲活动等。

淮阳龙湖荷花艳

荷花节活动的主要地点在龙湖风景区，由于该区良好的生态保护，至今仍保持着西周时期原始的自然风貌，在这里可以领略到3 000年前生态文化的绚丽多姿。景区水面7 000余亩，碧波荡漾，蒲苇婆娑，荷花飘香，鸟鸣鱼跃，水草千姿百态，水葫芦随风飘浮。荡舟湖中，可看到“小荷才露尖尖角，早有蜻蜓立上头”“两个黄鹂鸣翠柳，一行白鹭上青天”的动人画面，也可以看到“春水碧于天，画船听雨眠”“秋风吹拂龙湖面，化出白莲千万点”的美丽景观。

（四）开封菊花节

从1983年起定菊花为开封市花之后，开封菊花的数量、质量、品种、造型规模以及园丁对菊花花期的控制技术，均远远超过历史最高水平。每年的阳历10月18日—11月18日，开封市政府定期举办一年一度的“菊花花会”，是融旅游、观光赏菊和展示宋都民俗文化为一体的盛大旅游文化活动。菊花花会期间，以龙亭公园为中心会场，包括龙亭公园、铁塔公园、清明上河园、相国寺、包公祠和禹王台公园6大展区，共展出近50万盆菊花盆景。其他景点、大街小巷乃至整个古城，到处是菊的世界、花的海洋、香的环境，真不愧为“菊城”的誉称。菊花造型千姿百态，令人目不暇接，特别是由7株菊花经过多次嫁接而成的“菊龙”，竟长达50余米；人如磐石的大立菊的花径达4米多，开花达5 000余朵，令人叹为观止，充分表现出开封人民超拔的才能。除赏菊、评比之外，还举办大型歌舞表演、盘鼓、民间的游艺、风味小吃、旅游商品展销等丰富多彩的文化活动。中国开封菊花花会已成为开封乃至河南众多旅游资源中的一个独具特色的品牌。菊会时节，全市展菊多达300万盆、品种1 300个，形成了“满城尽菊黄”的壮观景象。由于历届菊会的推动，开封的养菊技艺也得到长足的发展。在历届全国菊花品种展赛中，开封参赛菊花艳压群芳，取得“四连冠”的好成绩。而1999年在昆明举办的世界园艺博览会菊花专项大赛中，开封参赛菊花更是一鸣惊人，夺得大奖总数第一、金奖总数第一、奖牌总数第一3项桂冠，“开封菊花甲天下”成为不争的事实。

（五）鄢陵花博会

2 000年，在政府发展经济作物政策的引导下，鄢陵人开始大胆地犁掉大片的麦田，栽下一棵棵幼小的树苗，迈出了发展花卉苗木生产的第一步。短短几年，鄢陵县就拥有了36万亩花卉苗木生产基地。2001年11月6—12日，首届中原花木交易博览会在许由故里陈化店镇举办，随之而来的是2. 9亿元的花木交易额以及难以估算的会展经济收入和效益。

以后每年在9月26日—10月5日举行。主要地点设在中原花木博览园。该园按照国家4A级风景旅游区标准建成。鄢陵借花博会这一平台，依托30多万亩的花卉苗木种植面积，打响生态旅游牌——鄢陵“花乡农家乐”“打枣赏荷游”“樱桃采摘游”等。

二、文化节

（一）郑州炎黄文化节

中华民族是一个历史悠久的民族，中国人根文化是中华文明的一部分。中国讲究始祖追源，以此来祭奠和瞻仰自己的祖先，作为中华文明的发祥地——中原腹地，是各姓氏中华儿女的始祖所在地。华人自称炎黄子孙，历史要追溯到黄帝时期。黄帝在涿鹿打败蚩尤之后，回到有熊国（今新郑）。为了建立一个统一的国家，制定一套法律、法规，他决定在西泰山（今新郑市西北）大会诸侯。三月三这一天，黄帝登上西泰山，先命祭祀天地山川，然后与各诸侯国君共同商量国家大事，各诸侯国君一致拥戴黄帝为天子，定国号为有熊，国都设在有熊，并融合各部落图腾组成新图腾——龙。黄帝又给各诸侯国划定了疆界，给群臣封了号。就这样，在古有熊国，中华民族的第一个王朝诞生了。

后人为纪念黄帝的功德，每年农历三月三这天都要举行各种拜祖活动。尤其到了春秋时期，郑国名相子产更是让这一民间活动发扬光大，兴起了三月三登具茨山（位于新郑，是黄帝活动遗迹）朝拜轩辕黄帝活动，并形成民俗，一直延续下来。1992 年，新郑市决定每年农历三月三举办寻根拜祖节，后演变为炎黄文化节，拜祖大典是其中的重要内容。黄帝拜祖大典是自春秋战国以来华夏炎黄子孙于黄帝故里轩辕之丘祭拜先祖黄帝的仪式。唐代后升格为官方祭典。大典现由国务院侨务办公室、国务院台湾事务办公室、河南省人民政府、中国人民政治协商会议河南省委、中华全国归国华侨联合会、中华全国台湾同胞联谊会、中华炎黄文化研究会、世界华侨华人社团联合总会、世界客属总会（香港）主办，郑州市人民政府、中国人民政治协商会议郑州市委、新郑市人民政府承办。中国国民党荣誉主席连战、吴伯雄，台湾新党主席郁慕明，中国亲民党主席宋楚瑜皆出席过大典。

2006 年以后，黄帝故里拜祖大典的议程固定为九项，分别是：盛世礼炮、敬献花篮、净手上香、行施拜礼、恭读拜文、高唱颂歌、乐舞敬拜、祈福中华、天地人和。

（二）安阳殷商文化节

每年 9 月至 10 月的中国安阳殷商文化旅游节，是安阳市人民政府组织举办的融文化、旅游、经贸等活动为一体的大型综合性地方节庆活动。安阳殷商文化旅游节的主要内容有殷商文化特色的专业群众文化活动、羑里文王朝圣活动、游览安阳名胜古迹、名优特土产品展和对外贸易科技信息发布会等，每年不尽相同。

1990 年 10 月，为了发挥古都安阳独特的文化优势，弘扬民族文化，促进改革开放，促进国民经济和社会事业的发展，安阳市人民政府举办了首届中国安阳国际殷商文化节。1991 年易名为中国安阳殷商文化节，于当年 10 月 22—25 日举行。节日期间 8 000 余名中外宾客汇聚安阳，其中有来自美国、英国、日本、澳大利亚以及我国香港、澳门和台湾地区的 130 余人，也有来自全国各省市的宾客和客商。

“洹水安阳名不虚，三千年前是帝都。”安阳是中国八大古都之一、国家级历史文化名城，是甲骨文的故乡、周易的发源地、红旗渠精神的发祥地，是世界文化遗产——殷墟、世界唯一的文字博物馆——中国文字博物馆和魏武王曹操高陵所在地，是早期华夏文明的中心之一，有着丰富而独特的历史文化资源和文化精神。2006 年，安阳殷墟成功申报了世界文化遗产。安阳殷商文化节正是在这样厚重的殷商文化氛围中举行的。节会期间，各种活动丰富多样，既可观看精彩纷呈的文艺演出，还可到殷墟博物馆品鉴神秘的甲骨文，到后母戊鼎故里感受青铜文化；文化交流、研讨会也会让游客更深地了解历史、了解祖国的灿烂文化。近年来，依托殷商文化的名片，中国安阳殷商文化旅游节越办越大、越办越活，不断扩大其外延，深化其内涵，真正成为安阳走向世界的一个窗口，吸引着众多中外游客，安阳的殷商文化正一步步迈向世界。

（三）洛阳河洛文化节

河洛文化，顾名思义，是指存在于黄河中游洛河流域，以伊洛盆地为中心的区域性古代文化。由于该地区在我国历史上作为十三朝古都的历史地位，所以自夏代开始，河洛文化长期是我国古代历史上久负盛名的京都文化，是我国 5 000 年文明的源泉与主脉。

在洛阳河洛文化节上，数节合一，主办方安排了多种游客可参与的活动，如关林国际朝圣大典、洛阳常袋红提葡萄采摘节、伏牛山红叶节及伏牛山登山大赛、汝阳炎黄文化节暨西泰山颂祖大典等。

（四）中华姓氏文化节

中华姓氏文化节，是由中国侨联、中国文联、中国全国工商联、中华炎黄文化研究会主办，周口市人民政府承办的，首届于2004年10月17—19日在河南省周口市举行。“追根溯源，万姓同根，根在周口”是大会的主口号，文化节是周口市文化联谊、经贸合作的一个窗口。

有着6 000年文明史的河南省，地处黄河中下游，是中华民族的重要发祥地，传说中华“三皇之首”的人祖太昊伏羲氏创阴阳八卦，在中原开始了人类的繁衍，至今在周口市淮阳县还保留着太昊伏羲氏的陵墓。

目前，中华姓氏达3 000多个，有105个姓氏的祖根源于河南；我国台湾人中，有48个姓氏的祖居地在河南；遍布海内外的“客家人”“闽南人”，其祖籍地也多数在河南。每年从祖国四面八方和世界各地来河南寻根拜祖的华夏儿女达数百万之众。

河南中华姓氏文化节每两年一届。活动期间有以寻根为主题的大型文艺演出、贸易洽谈会、世界陈氏恳亲联谊会筹备会议、中华姓氏族谱展、龙舟大赛、民间文艺表演、杂技艺术精品晚会等。

（五）黄河湿地文化节

湿地被誉为“地球之肾”，与森林、海洋并称为地球三大生态系统。湿地对维护地球的生态平衡具有十分重要的作用，湿地具有涵养水源、净化水质、调蓄洪水、控制土壤侵蚀、补充地下水、美化环境、调节气候、维持碳循环和保护海岸等生态功能，是生物多样性最丰富的地区之一，因此也被誉为“地球之肾”“天然水库”和“天然物种库”。

郑州黄河湿地自然保护区是郑州唯一的自然保护区。郑州黄河湿地是我国河流湿地最具代表性的地区之一，是我国中部地区生物多样性最为丰富的地区之一，也是我国三大候鸟迁徙通道的中线通道，是郑州重要的水源地和城市“后花园”，具有独特的自然、生态和文化保护价值。该保护区西起巩义市康店镇，东到中牟县东狼城岗镇，全长158.5千米，总面积36 574.1公顷，其中，核心区8 565.3公顷，缓冲区2 507.9公顷，实验区25 500.9公顷。

郑州首届黄河湿地文化节从2012年9月1日至10月8日举行，期间举行盛大的开幕式，以及“保护黄河湿地我们在行动”万人签名活动，特色游园活动，民俗文化展演活动，“走进湿地、亲近自然”湿地游览、体验活动，“大美黄河、和谐家园”黄河湿地书法、美术、摄影展启动仪式等，为游客奉献一道道黄河湿地文化“盛宴”。

三、体育节

（一）郑州国际少林武术节

中国郑州国际少林武术节是一项集武术、旅游、文化交流于一体的大型综合性节会。自1991年以来，中国郑州国际少林武术节遵循“以武会友，共同进步”的宗旨已走过20年辉煌的历程。来自世界五大洲60多个国家和地区的运动员参加了这一武术盛会。

郑州国际少林武术节活动内容丰富多彩，主要包括武术竞赛、国际武术段位考试、中华武术培训与提高交流活动、开幕式大型文体表演、登封武术迎宾活动、游览少林寺、观看《禅宗少林》音乐大典及闭幕式等内容。

（二）焦作国际太极拳年会

河南省焦作地区的温县是陈式太极拳的发源地，目前流传于国内外的杨式太极拳、吴式太极拳、武式太极拳、孙式太极拳等著名的太极拳流派，都是直接或间接从温县衍生出来的。作为太极拳故里，焦作地区目前有130万人练习太极拳，有太极拳武馆、学校50余家，基层太极拳协会200多个。焦作国际太极拳年会始于1992年举办的温县国际太极拳年会，在连续举办了五届以后，随着赛会规模的扩大，第六届年会在焦作举行，改名为焦作国际太极拳年会，以后每两年举办一次。后来名称改为焦作国际太极拳交流大赛。

由温县国际太极拳年会到焦作国际太极拳交流大赛，反映了改革开放以后太极拳在国内外发展普及的盛况。现在，太极拳已传播到150多个国家和地区，全世界练太极拳的人已达到1.5亿，80多个国家和地区建立了太极拳组织。

在太极拳广泛传播到世界各地的今天，河南温县陈家沟已经成为世界太极拳爱好者朝拜的圣地，焦作国际太极拳年会更是吸引着越来越多的国外太极拳爱好者的参与。开幕式之后，有大型文艺晚会。在随后的5天时间里，来自国内外的太极拳爱好者不仅在赛场上交流技艺，观摩名家表演，聆听名家老师的讲座，还游览云台山、青天河、神农山等风景胜地，到陈家沟问祖寻根。

小　结

本章以时间为主线记录了历史上著名人物和重大历史事件，详细介绍了各种艺术形式以及各种现代节日含义及内容等，有助于学习者更全面地掌握河南人文活动的内容。

训　练

一、填空题

1. ________代表作有上秦王政的________，据说中国文字的小篆为他所创，是中国最早的书法家。

2. ________所著________是我国第一部说文解字原始形体结构及考察字源的文字学专著，按通俗说法就是我国的第一部字典。

3. ________是发源于中国河南省的一个戏曲剧种，中国五大剧种之一。

二、简答

1. 简述陈桥兵变。
2. 河南古典实景剧有哪些？
3. 列举河南花会。

讲解示例

黄帝故里导游词

战国时期的庄子说：“世之所高，莫若黄帝。”这充分表明黄帝在中华大地上、在中国人心目中的地位。轩辕黄帝为中华民族始祖，人文初祖，中国远古时期部落联盟首领。本姓公孙，长居姬水，因改姓姬，居轩辕之丘（在今河南新郑西北），故号轩辕氏，出生、创业和建都于有熊（今河南新郑），故亦称有熊氏，因有土德之瑞，故号黄帝。他首先统一中华民族，播百谷草木，大力发展生产，创造文字，始制衣冠，建造舟车，发明指南车，定算数，制音律，创医学等，是中华文明的先祖。黄帝故里是中华民族的圣地、炎黄子孙共有的精神家园，是中华民族之根。景区面积达7万平方米。整体布局突出了“中华之根”主题，从北到南依次为轩辕丘拜祖区、故里遗祠区、中华姓氏广场区，构成了“天、地、人”三大部分。

黄帝故里的镇祠之兽是两个憨态可掬的石熊。我国大多庙宇和祠殿前一般都安放狮子，这里却把熊作为镇祠之兽，这是因为在5 000多年前，新郑一带的中原地区有很多熊。熊是一种很威武、强悍的动物，黄帝父亲少典氏领导的部落为了表示对它的崇拜，就把熊作为自己部落的图腾。后人为纪念黄帝的根基——有熊氏部落，特在黄帝故里祠前塑了这对石熊。

故里祠是黄帝故里景区的核心部分，始建于汉代，历代都有修复，明清时期多次被修复，大体保留明清时期的建制，至今大殿和东西配殿的山墙上仍保留着古人为修复黄帝故里所立的功德碑刻。乾隆二十九年八月《重修大殿碑刻》记述：“古传郑邑为轩辕氏旧墟，行在北有轩辕丘遗迹，乃当年故址。”

故里祠正殿供奉的是轩辕黄帝。这是故里祠第一尊黄帝像，是老年金身塑像。为了表示对始祖的尊崇和敬仰，请各位嘉宾肃立，站成一排，面向轩辕黄帝行施拜礼：“一鞠躬、再鞠躬、三鞠躬，礼毕。为了让大家更好地了解黄帝时期的生产生活状况，这里用了8幅壁画生动地展现了黄帝一生的丰功伟绩。据汉朝司马迁《史记五帝本纪》记载，“黄帝者，少典之子，姓公孙，名曰轩辕，生而神灵，弱而能言，幼而徇齐，长而敦敏”。成年后，宽厚仁慈，见识渊博，善恶分明，深得部族拥戴，继任有熊氏部落首领。黄帝在此演兵历练，屯兵驯兽，访贤问道，融炎帝，战蚩尤，而后务农桑，兴医学，制舟车，服衣裳，创文字，定历律，定都有熊，划野分州，封官司职，设三公（风后、天老、五圣）、六将（常先、大鸿、大隗、力牧、太山、应龙）、史官（仓颉、沮涌），设左右太监，监于万国。其疆域东至于海，西至甘肃，北达河北逐鹿，南抵长江，从此奠定了中华民族的基本版图。有熊国都新郑，是中国历史上的第一个国都，被史学家称为“中华第一古都”。轩辕黄帝统一天下后，将各部落的图腾组合成的龙图腾作为有熊国的族徽和旗帜。它由熊的头、马的嘴、蛇的体、鹿的角、鱼的鳞、虎的掌、鹰的爪、蚩的尾等组成，所以我们称自己为炎黄子孙、龙的传人。

黄帝一生共有三大功绩。第一，黄帝是中华民族的缔造者。5 000年前，黄帝征战天下，统一万国氏族部落，陶天下为一家，开创中华民族历史上的第一次大融合，组成了中华民族这个大家庭。第二，黄帝是中国的奠基者。国学大师钱穆在《黄帝的故事》中说：“传说中的黄帝，是中国历史上第一个伟人，是奠定中国文明的第一座基石。”黄帝时代，中华大地上有万国氏族部落，为了争夺土地、财物或人口等，他们经常发生摩擦，甚至战争，制约着生产力的发展和社会的进步，黄帝通过融炎帝战蚩尤，一统天下，在中国历史上首次建立起大一统的帝国，奠定了中国的基本版图。第三，黄帝是中华文明的肇启者。一是黄帝肇造物质文明。黄帝时代发明犁耕，凿井灌溉，种桑养蚕等，在农业生产工具和生产方式等方面有较大的改善，解决了族民的吃饭问题；发明丝绸、冠冕、衣裳，解决了穿衣问题；发明舟车、指南车，解决了交通问题；发明灶具、甑、盘、熟食等，其他日常用具应有尽有。黄帝时代的这些发明创造，虽经数千年的历史变迁，时至今日，我们仍在享用。二是黄帝肇造政治文明。包括黄帝的哲学思想、社会理想，建立国家体制、治国方略和构建大同和谐社会等。三是黄帝肇造精神文明。主要有文字、历数、天文、阴阳五行、十二生肖、甲子纪年、音乐、绘画、诗歌、医药、姓氏、铸鼎等。黄帝无论是肇造物质文明、政治文明，还是精神文明，其最终目标是在我国建立一个和谐的大同社会。所以，后人尊崇轩辕黄帝为中华人文始祖。

在东配殿供奉的是黄帝的元妃，也是他的第一夫人，她是我国古代最早养蚕织丝的人和中国古代杰出的女性代表。西配殿供奉的是黄帝的第四位夫人，这位娘娘发明了中国最早的织布工具“织机”，后人尊她为“先织嫫母”。

轩辕黄帝作为中华人文初祖，人们一直把他敬若神明，历代的贤达人士和平民百姓都来此寻根问祖，敬香还愿。孙中山先生亲撰“中华开国五千年，神州轩辕自古传”的诗句，更昭示了轩辕黄帝为中华民族所做出的历史贡献。

三月三，拜祖先。据《古本竹书纪年》记载：“其臣左彻者，削木为黄帝像，帅诸侯朝奉之。”可见拜祀始祖黄帝起源于黄帝时期。此后拜祀活动演变为盛世官拜、乱世民拜，并一直延续至今，已有5 000多年的历史。新郑从1992年开始举办炎黄文化旅游节，2005年拜祖大典升格为郑州市主办，2006年拜祖大典升格为省级主办，2008年黄帝故里拜祖大典被列入国家级非物质文化遗产。拜祖大典的成功举办，得到了世人的瞩目、社会的认同，成为传承中华文明、共建中华民族精神家园的重要平台，成为增强民族凝聚力、推进祖国和平统一的和谐工程。

正前方我们看到的是中华文明圣火台，其火种取自于5 000多年前黄帝经常活动的地方——具茨山，象征中华民族薪火相传，生生不息。

（资料来源：《河南旅游精品景点》，中国旅游出版社，2011。）

河南省“十三五”旅游产业发展规划

为科学指导全省旅游产业发展，根据《国务院关于印发“十三五”旅游业发展规划的通知》（国发〔2016〕70号）和《河南省人民政府关于印发河南省国民经济和社会发展第十三个五年规划纲要的通知》（豫政〔2016〕22号），制定本规划。

第一章　发展基础

第一节　“十二五”旅游产业发展成就

“十二五”期间，我省旅游产业持续加大投入，完善功能设施，注重市场营销，改善服务品质，旅游产品竞争力、市场影响力和综合带动力不断提升，已经成为国民经济战略性支柱产业，为全省扩内需、调结构、促转型、稳增长奠定了坚实基础。

产业规模日益壮大。2015年，全省接待海内外游客5.18亿人次，实现旅游总收入5 035亿元，年均增长14%和15.8%。旅游总收入相当于全省生产总值的比重由2010年的9.9%上升到2015年的13.3%。旅游产业成为社会投资热点，“十二五”期间全省旅游招商引资总额达7 200亿元。

发展合力日益凝聚。建立了河南省旅游工作联席会议制度，出台了《河南省人民政府关于加快旅游业转型升级的意见》（豫政〔2014〕44号）、《河南省人民政府办公厅关于进一步促进服务业发展若干政策的通知》（豫政办〔2014〕152号）等一系列政策文件，在土地、财政、税费、金融等方面对旅游产业给予了支持，进一步拓展了发展空间。

产品供给日益丰富。景区提质增效步伐不断加快，旅游产品体系更加完善。“十二五”期间，全省新增5A级景区5家、4A级景区53家。云台山等5家景区被评为国家生态旅游示范区，尧山温泉旅游度假区入选全国首批国家级旅游度假区。乡村旅游快速发展，栾川县重渡沟村、信阳市平桥区郝堂村成为全国乡村旅游发展的典范。红色旅游品牌建设稳步推进，新增6家全国红色旅游经典景区。

旅游形象日益靓丽。“老家河南”国内旅游形象和“河南·中国历史开始的地方”国际旅游形象得到普遍认可，品牌传播效应明显。通过开展回老家过大年、重走客家路、探访中原古都、老家河南·寻城记等旅游营销推广活动，进一步拓展了客源市场；开展中国（郑州）国际旅游城市市长论坛、黄帝故里拜祖大典、中国郑州国际少林武术节、中国开封菊花文化节、中国洛阳牡丹文化节、三门峡黄河文化旅游节等活动，进一步提升了我省旅游的影响力和美誉度。

带动功能日益凸显。旅游产业在促进就业、改善民生、脱贫致富等方面的作用进一步显现。2015 年，全省旅游从业人数达 200 万人。“十二五”期间，全省通过发展旅游产业实现 100 万贫困人口脱贫，占全省脱贫人数的 15%。旅游产业成为传播中华传统文化、弘扬社会主义核心价值观的重要渠道，成为生态文明建设的重要力量。

专栏1　“十二五”旅游产业主要指标完成情况

指标	单位	2015 年	年均增速/%
接待游客量	亿人次	5.18	14
旅游总收入	亿元	5 035	15.8
入境游客量	万人次	268	12.8
旅游创汇	亿美元	8.5	10.9
A 级景区数	个	364	11.3
5A 级景区数	个	11	12.9
星级酒店数	家	570	2.2
旅行社数	家	1 156	9.8
旅游招商引资	亿元	1 221.9	32.2
完成旅游投资	亿元	530.6	21.2
旅游直接就业	万人	200	—
五年累计脱贫	万人	>100	—

第二节　“十三五”旅游产业发展形势

“十三五”时期是我省全面建成小康社会、让中原更加出彩的关键时期，经济社会发展面临着新的形势和任务，我省旅游产业发展将迎来新一轮战略机遇期和发展黄金期。

全面建成小康社会有利于大众旅游消费持续快速增长。随着全面建成小康社会深入推进，城乡居民收入稳步增长，消费结构加速升级，人民群众健康水平大幅提升，带薪休假制度逐步落实，假日制度不断完善，基础设施条件不断改善，航空、高铁、高速公路等快速发展，旅游消费得到快速释放，为旅游产业发展奠定了良好基础。

推进供给侧结构性改革有利于促进旅游产业转型升级。供给侧结构性改革将通过市场配置资源和更为有利的产业政策，促进增加有效供给，促进中高端产品开发，优化旅游供给结构，推动旅游产业由低水平供需平衡向高水平供需平衡提升。

旅游产业被确立为幸福产业有利于优化旅游发展环境。旅游产业作为惠民生的重要领域，成为改善民生的重要内容，将推动各地政府更加重视旅游产业发展，促进更多城乡居民参与旅游，带动企业投资旅游，旅游产业发展环境将进一步优化。

国家战略的实施为旅游产业发展搭建了广阔平台。“一带一路”建设为跨区域、跨国界政策融合、设施互通、旅游合作带来难得机遇，郑州航空港经济综合实验区、郑洛新国家自主创新示范区、中国（河南）自由贸易试验区（以下简称自贸试验区）、中原城市群“三区一群”战略实施为我省旅游产业发展提供了新的发展空间。

“十三五”期间，我省旅游产业仍将处于结构调整期和矛盾凸显期，面临不少挑战：旅游开发整合提升不够，融合发展不够，有效供给不足，要素集中布局、产业集群培育、功能集合构建不够；旅游资源挖掘营销不够，国际旅游目的地竞争力不强，旅游品牌、龙头企业较少，入境游占比较低；旅游功能配套不够，公共服务体系不健全，旅游交通与公共交通衔接不够充分，旅游公共信息服务能力不强等。这些问题需要在“十三五”期间认真加以解决。

第三节　“十三五”旅游产业发展趋势

“十三五”期间，我省旅游产业将呈现以下发展趋势：

消费大众化。随着全面建成小康社会持续推进，旅游已经成为人民群众日常生活的重要组成部分。自助游、自驾游成为主要出游方式。

需求品质化。人民群众休闲度假需求快速增长，对基础设施、公共服务、生态环境的要求越来越高，对个性化、特色化旅游产品和服务的要求越来越高，旅游需求的品质化和中高端化趋势日益明显。

竞争国际化。各地普遍将发展旅游产业作为参与国际市场分工、提升国际竞争力的重要手段，纷纷出台促进旅游产业发展的政策措施，推动旅游市场全球化、旅游竞争国际化，竞争领域从争夺客源市场扩大到旅游产业发展的各个方面。

发展全域化。以抓点为特征的景点旅游发展模式向区域资源整合、产业融合、共建共享的全域旅游发展模式加速转变，旅游产业与农业、林业、水利、工业、科技、文化、体育、健康医疗等产业深度融合。

产业现代化。科学技术、文化创意、经营管理和高端人才对推动旅游产业发展的作用日益增大。云计算、物联网、大数据等现代信息技术在旅游产业的应用更加广泛。产业体系的现代化成为旅游产业发展的必然趋势。

第二章　总体要求

第一节　指导思想

按照党中央、国务院决策部署，围绕“五位一体”总体布局、“四个全面”战略布局，牢固树立创新、协调、绿色、开放、共享发展理念，以供给侧结构性改革为主线，以转型升级、提质增效为主题，以高端化、绿色化、智能化、融合化、标准化为方向，以发展全域旅游为抓手，加强基础设施建设，完善公共服务体系，创新旅游产品业态，强化旅游品牌塑造，实施旅游精准扶贫，优化旅游市场环境，促进全省旅游产业持续健康快速发展，努力打造全面小康型旅游大省。

第二节　基本原则

“十三五”旅游产业发展要遵循以下原则：

坚持市场主导。发挥市场在资源配置中的决定性作用，遵循旅游市场内在规律，尊重企业的市场主体地位。更好发挥政府作用，营造良好的基础环境、发展环境和公共服务环境。

坚持改革开放。改革体制机制，释放旅游产业发展活力，形成宏观调控有力、微观放宽搞活的发展局面。利用好国际、国内两个市场、两种资源，形成内外联动、相互促进的发展格局。

坚持创新驱动。以创新推动旅游产业转型升级，推动旅游产业从资源驱动和低水平要素驱动向创新驱动转变，使创新成为旅游产业发展的不竭动力。

坚持绿色发展。牢固树立“绿水青山就是金山银山”的理念，将绿色发展贯穿到旅游规划、开发、管理、服务全过程，形成人与自然和谐发展的现代旅游产业新格局。

坚持以人为本。把人民群众满意作为旅游产业发展的根本目的，通过旅游促进人的全面发展，使旅游产业成为提升人民群众品质生活的幸福产业。

第三节　发展目标

立足高成长服务业大省建设，推动产业融合，通过规划先行、项目带动，注重营销、品牌塑造，完善设施、改善环境，将旅游产业培育成我省经济转型升级的重要驱动、供给侧结构性改革的重要引擎、增进人民福祉的重要力量、生态文明建设的重要引领、展示我省综合实力的重要载体、打赢脱贫攻坚战的重要生力军，将我省建设成华夏历史文明旅游创新发展先行区、生态文明旅游发展示范区、旅游精准扶贫样板区和国内一流、国际知名的旅游目的地。到2020年，全省接待游客量达到8.8亿人次，其中，入境游客量达到326万人次；旅游总收入超过8 800亿元；旅游投资总额达到1 060亿元，形成一批吸引力大、竞争力强、影响面广的旅游产品。

专栏2　“十三五”旅游产业主要发展指标

指标	单位	2015年	2020年	年均增速/%
接待游客量	亿人次	5.2	8.8	11
旅游总收入	亿元	5 035	>8 800	12
入境游客量	万人次	268	326	4
旅游创汇	亿美元	8.5	10.8	5
旅游总收入占生产总值的比重	%	13.3	16.2	—
完成旅游投资	亿元	530.6	1 060	15

第四节　战略布局

以建设郑汴洛旅游产业发展核心区，沿黄旅游带、南水北调中线旅游带，南太行旅游区、伏牛山旅游区、桐柏—大别山旅游区、豫东平原旅游区为重点，积极构建“一核两带四区”旅游产业发展格局。

一、一核

依托自贸试验区建设，以发展全域旅游为抓手，整合郑州、开封、洛阳三市旅游资源，打造国际知名华夏文明旅游目的地、中国全域旅游示范区，成为带动全省旅游产业发展的核心区。

依托郑州国家中心城市建设，积极发展文化创意、时尚购物、商务会展、休闲度假等业态。推进自贸试验区郑州片区建设，引入国际知名的休闲娱乐、免税购物、商务会展、动漫游戏等品牌，发展现代时尚旅游。积极开发文化创意、休闲度假、现代娱乐等旅游产品，加快建设郑州国际文化创意产业园。以嵩山少林景区为依托，延伸功夫产业链，开发嵩山主题度假、文化创意旅游产品。以黄帝故里景区为引领，整合黄帝文化资源，加快建设根亲文化国际旅游目的地。以建设郑州古商都历史文化休闲区为抓手，创新大遗址保护开发模式，打造全景展现郑州历史、满足都市休闲娱乐需求的休闲街区。整合沿黄旅游资源和城郊乡村休闲旅游资源，推进环城游憩带建设，将郑州打造成国际商都城市、国内外知名旅游目的地、我国中部重要的旅游集散中心。

依托自贸试验区开封片区建设，发展创意设计、文化演艺、医疗旅游及旅游商品制造等，构建国际文化贸易和人文旅游合作平台，促进融合发展。深度挖掘开封宋文化，塑造大宋皇城、北方水城、汴京菊花、铁面包公、味道古都五大旅游品牌，实施文化旅游创新、重点景区提升、旅游产品优化、旅游产业融合、生态环境改善、旅游综合体建设六大工程。策划宋文化体验游、民俗风情游、遗迹奇观游、名街名巷游、黄河生态游、乡村休闲游、研学体验游等七大主题旅游线路。打造黄河生态文化旅游区、童世界文化旅游园区、银基文化产业园区、朱仙镇国家文化生态旅游示范区、尉氏休闲生态园区五大旅游增长极，将开封建设成全城一景、宋韵彰显的国际文化旅游名城。持续强化洛阳“华夏之源、丝路起点、千年帝都、牡丹花城”品牌打造和形象推广，加快建设洛阳都市文化旅游中心区和黄河文化旅游带、洛河文化旅游带、伊河生态休闲旅游带。在自贸试验区洛阳片区，加快建设一批国际文化旅游、文化创意、旅游商品研发设计、旅游装备制造等项目，推进华夏历史文明传承创新区建设。加强龙门石窟世界遗产文化园区、白马寺佛教文化园区、关圣文化园、国家考古遗址公园、老城历史文化街区、玄奘文化景区、二里头遗址博物馆等项目建设，推出丝绸之路游、国学研修游、河洛寻根游、黄河文化游、生态山水游、温泉养生游、博物馆游、工矿体验游、特色乡村游等精品旅游线路，将洛阳建设成具有古都特色、中原风格的国际文化旅游名城。

二、两带

沿黄旅游带。抓住“一带一路”建设国家战略机遇，深入挖掘和展现沿黄古都文化、丝路文化、黄河文化、根亲文化、佛教文化，突出峡谷奇观、黄河湿地、地上悬河等自然景观，加强黄河两岸生态建设，开发生态观光、休闲度假、文化体验等旅游产品。因地制宜开发黄河游轮、摩托艇、皮划艇、气垫船等水上观光、休闲娱乐产品，加快建设一批集餐饮、住宿、休闲等功能于一体的旅游码头。将我省沿黄旅游带打造成荟萃华夏文明、彰显中原丝路文化特色、凸显生态黄河风光的国际旅游精品带。

南水北调中线旅游带。整合南水北调中线沿线自然、人文旅游资源，加强南水北调中线渠首、沙河渡槽、穿黄工程等水利工程特色景观打造。加快沿线城市近郊游憩、休闲农业、康体养生产品开发和干渠两侧生态廊道建设，打造集自然观光、文化体验、休闲养生等功能于一体的生态文化旅游带。

三、四区

南太行旅游区。深入挖掘殷商文化、神农文化、周易文化、道教文化、红色文化，积极开发山岳观光、山地休闲、避暑度假、健康养生、猎奇探险、户外运动、低空旅游、研学旅游等产品，建设一批时尚康体运动旅游基地。将南太行旅游区打造成以山岳观光为基础、运动养生为特色的国际知名、国内一流旅游区。

伏牛山旅游区。突出生态系统完整性、生物多样性和地质构造独特性，在巩固山水观光、山地休闲等知名旅游产品的基础上，大力发展温泉养生、康体健身、休闲度假、漂流滑雪、野营探险等特色旅游产品。将伏牛山旅游区打造成以山水休闲、养生度假为特色的国际知名、国内一流旅游区。

桐柏—大别山旅游区。突出豫风楚韵、淮河文化、民俗文化、根亲文化、红色文化特色，积极开发生态观光、休闲度假、康体养生、红色教育、姓氏寻根等旅游产品。加强与安徽、湖北两省合作，面向闽台地区开拓客源市场，共同打造大别山无障碍旅游区。将桐柏—大别山旅游区打造成以红色教育、生态休闲为主的国内知名旅游区。

豫东平原旅游区。充分挖掘历史文化遗存，创新展示手段和形式，展现史前文化、姓氏文化、龙文化、道家文化、古城文化、汉梁文化、农耕文化、特色民俗文化、红色文化，大力发展休闲农业和乡村旅游。将豫东平原旅游区打造成以历史文化、农耕文化、姓氏文化为精髓的特色旅游区。

专栏3　“一核两带四区”建设重点单位

（一）郑汴洛旅游产业发展核心区：郑州嵩山少林、黄帝故里、方特欢乐世界、中国绿化博览园、伏羲大峡谷等景区，开封清明上河园、包公祠、大相国寺、开封府、铁塔公园、中国翰园碑林等景区，洛阳龙门石窟、白马寺、关林、中国国花园等景区。

（二）沿黄旅游带：黄河小浪底景区，郑州黄河生态旅游风景区，洛阳龙潭大峡谷景区、黛眉山景区，新乡黄河故道森林公园景区，焦作陈家沟景区、嘉应观景区，三门峡天鹅湖国家城市湿地公园、函谷关历史文化旅游区、黄河丹峡景区、陕州地坑院景区，济源黄河三峡景区，商丘黄河故道国家森林公园，巩义康百万庄园等。

（三）南水北调中线旅游带：郑州古柏渡飞黄旅游区，平顶山三苏园景区，安阳殷墟景区、岳飞纪念馆，鹤壁大伾山风景区，新乡比干庙景区、潞王陵景区、百泉景区，南阳香严寺景区等。

（四）南太行旅游区：安阳红旗渠·太行山大峡谷景区，新乡八里沟景区、万仙山景区、九莲山景区、宝泉旅游度假区，鹤壁云梦山景区，焦作云台山—神农山—青天河景区，济源王屋山风景名胜区、五龙口风景名胜区等。

（五）伏牛山旅游区：洛阳白云山景区、老君山—鸡冠洞旅游区、重渡沟景区、神灵寨景区、龙峪湾景区、养子沟景区、木札岭景区，天池山景区，平顶山尧山—中原大佛景区、画眉谷景区，三门峡豫西大峡谷景区、双龙湾景区、燕子山生态旅游区，南阳伏牛山老界岭·恐龙遗址园景区、宝天曼旅游区、内乡县衙博物馆、龙潭沟景区、五朵山景区、老君洞景区、七峰山生态旅游区，驻马店嵖岈山风景区、老乐山景区、金顶山景区等。

（六）桐柏—大别山旅游区：南阳桐柏山淮源风景区，信阳鸡公山风景区、南湾湖风景区、灵山风景名胜区、金刚台（西河）生态旅游区、红色首附景区、许世友将军故里景区、黄柏山国家森林公园，固始西九华山风景区等。

（七）豫东平原旅游区：濮阳戚城文物景区，许昌大鸿寨景区、中国钧瓷文化园、鄢陵花都温泉小镇、鄢陵国家花木博览园，漯河沙澧河景区、许慎文化园景区，商丘古文化旅游区，驻马店南海禅寺景区，周口太昊陵庙，水城芒砀山汉文化旅游景区，鹿邑老子故里旅游区等。

第三章　重点任务

第一节　发展全域旅游

以优化旅游空间为抓手、供给侧结构性改革为主线，创新旅游产品，加快产业融合，扩展服务要素，推动我省旅游产业由景点旅游模式向全域旅游模式转变。

围绕“全域统筹规划、全域资源整合、全要素综合调动、全社会共治共管、共建共享”的目标，实现产业发展模式七种转变，即从重点景点景区建设到综合目的地统筹发展转变，从门票经济向产业经济转变，从粗放低效旅游向精细高效旅游转变，从封闭的旅游自循环向开放的“旅游＋”融合发展方式转变，从旅游企业单打独享到社会共建共享转变，从景点景区内部“民团式”社会管理向全域旅游依法治旅转变，从旅游行政管理部门主管主抓向多部门齐抓共管、共同推动转变。

以自贸试验区为载体，通过创新旅游体制机制，推动现代旅游治理体系建设。创新规划理念，将全域旅游发展贯彻到城乡建设、土地利用、生态保护等各类规划中，在旅游引领“多规合一”方面取得新突破；补齐短板，加强旅游基础设施建设，在公共服务设施建设方面取得新突破；推进融合发展，丰富旅游供给，形成综合新动能，在推进“旅游＋”方面取得新突破；实施旅游扶贫，推进旅游增收富民，在旅游精准扶贫方面取得新突破；规范市场秩序，加强旅游综合执法，在文明旅游方面取得新突破；完善旅游产业发展评价考核体系，在健全旅游产业统计体系方面取得新突破；保护城乡风貌和自然生态环境，在优化城乡旅游环境方面取得新突破。努力推动郑州、开封、洛阳创建国家全域旅游示范区，在满足大众旅游时代旅游消费新需求和推进旅游产业转型升级方面先行先试。鼓励有条件的地方积极创建国家全域旅游示范区，“十三五”期间，力争建成30个国家全域旅游示范区。

专栏4 **国家全域旅游示范区创建重点单位**

郑州、开封、洛阳、焦作、济源，巩义、兰考、汝州、永城、洛阳市洛龙区、孟津、嵩县、栾川、舞钢、鲁山、林州、淇县、辉县、修武、博爱、许昌市魏都区、鄢陵、灵宝、卢氏、民权、南召、西峡、信阳市浉河区、新县、商城等。

第二节 提升旅游产品质量

适应大众旅游发展，优化旅游产品结构，推进中国功夫、古都文化、根亲文化国际旅游目的地和山地休闲、养生度假特色旅游目的地建设。

一、打造精品旅游线路

坚持景观延续性、文化完整性、产业集聚性原则，依托丰富的人文、自然资源和便利的交通运输体系，连接重要旅游城市和品牌景区，打造九大精品旅游线。

专栏5 **九大精品旅游线**

（一）黄河华夏文明旅游线。以郑州、开封、洛阳、新乡、焦作、濮阳、三门峡、商丘、济源等沿黄九市为主，依托黄河沿岸古都古城、祖根文化、名胜奇观、峡谷风光、生态湿地、特色美食等，打造集文化体验、生态休闲、水上娱乐等功能于一体的华夏文明旅游线。

（二）中国功夫体验旅游线。以郑州、焦作两市为主，以观赏、互动、体验、养生、修学、竞技为主要内容，持续推动登封“世界功夫之都”和温县“国际太极圣地”建设，充分展示“功夫河南”的魅力。

（三）中国古都文化旅游线。以郑州、开封、洛阳、安阳四市为主，挖掘古都文化内涵，丰富旅游要素，彰显古都风采。

（四）中华姓氏寻根旅游线。以郑州、平顶山、新乡、濮阳、信阳、周口、邓州、固始、鹿邑等市、县（市）为主，依托中华始祖文化、姓氏起源文化资源，打造中国根亲文化国际旅游线路。

（五）丝绸之路河南探访旅游线。以郑州、开封、洛阳、新乡、三门峡、商丘、南阳等市为主，依托汉魏洛阳城遗址、隋唐洛阳城定鼎门遗址、新安汉函谷关遗址、崤函古道石壕段遗址等，打造与国家丝绸之路旅游带紧密衔接的精品线路。

（六）游河南·知中国研学旅游线。依托河南博物院、黄河小浪底景区、洛阳龙门石窟景区、安阳红旗渠·太行大峡谷景区、殷墟景区、中国文字博物馆、漯河许慎文化园景区等，打造青少年游学旅游线路。

（七）中原山水生态休闲度假旅游线。以郑州、洛阳、平顶山、安阳、鹤壁、新乡、焦作、三门峡、南阳、信阳、驻马店、济源等市为主，依托黄河、太行山、伏牛山、大别山等生态山水旅游资源，打造以郑州嵩山少林景区、洛阳白云山景区、平顶山尧山—中原大佛景区、焦作云台山—神农山—青天河景区、新乡八里沟景区、黄河小浪底景区、信阳南湾湖风景区等为代表的山水休闲度假精品旅游路。

（八）薪火相传红色旅游线。以郑州、安阳、新乡、南阳、信阳、驻马店、兰考、永城等市、县（市）为主，依托安阳红旗渠·太行大峡谷景区、信阳红色首府景区、驻马店竹沟革命纪念馆、南阳桐柏革命纪念馆、兰考焦裕禄纪念园等红色旅游景区，打造以“追寻红色印迹、传承革命精神”为主题的红色旅游线路。

（九）老家记忆民俗旅游线。以开封小吃、洛阳水席、信阳炖菜等为代表的“老家味道”，以开封市祥符区朱仙镇、禹州市神垕镇、淅川县荆紫关镇、渑池县赵沟村、修武县一斗水村等为代表的“老家村镇”，以平顶山马街书会、鹤壁大伾山庙会、周口太昊陵庙会等为代表的“老家集市”，以信阳茶叶、新郑大枣、南阳玉器、中原名瓷等为代表的“老家礼物”，打造“忆乡愁、乐中原”的精品旅游线路。

二、开发休闲度假产品

大力开发山地、温泉、森林、滨水、养生等休闲度假旅游产品，发展特色鲜明的休闲度假项目，建设一批高标准的旅游度假区和满足多层次、多样化休闲度假需求的国民度假地。加快推进中心城市及周边区域的近郊休闲旅游产品开发，鼓励发展休闲街区、城市绿道、骑行公园等慢行系统，拓展城市休闲空间。努力打造黄河小浪底滨水度假旅游产业集群、南太行山地运动度假旅游产业集群、伏牛山山水养生度假旅游产业集群和大别山生态休闲度假旅游产业集群。“十三五”期间，全省争取创建 2～3 个国家级旅游度假区、15 个省级旅游度假区和 30～40 个国民度假地，培育 2～3 个国家旅游休闲区。

专栏 6　**旅游度假区建设重点单位**

黄河小浪底旅游度假区，郑州白沙湖休闲健康产业园，洛阳白云山旅游度假区、龙门旅游度假区、重渡沟旅游度假区、老君山旅游度假区、黛眉山旅游度假区、神灵寨旅游度假区，安阳万泉源旅游度假区、洹水湾温泉度假区，新乡南太行旅游度假区，焦作云台山旅游度假区，许昌鄢陵生态休闲旅游度假区，三门峡黄河天鹅湖湿地旅游度假区、高阳山温泉保健度假区、燕子山旅游度假区，南阳老界岭旅游度假区，宝天曼旅游度假区，商丘黄河故道旅游度假区，信阳鸡公山旅游度假区、南湾湖旅游度假区、汤泉池旅游度假区，黄柏山旅游度假区，驻马店嵖岈山温泉度假区、老乐山旅游度假区、白云山旅游度假区，巩义嵩顶文化旅游度假区，汝州温泉旅游度假区，永城日月湖旅游度假区、固始西九华山旅游度假区等。

三、建设精品景区

坚持 A 级景区创建与品质提升并举，完善 A 级景区复核和退出机制，实现高等级景区退出常态化。在全省资源特色突出、市场开发成熟、发展潜力大的旅游景区中遴选一批精品景区，进行重点打造，力争“十三五”期间全省新增 5 个 5A 级旅游景区。

专栏 7　**5A 级旅游景区创建重点单位**

郑州黄帝故里景区、伏羲大峡谷景区、方特—绿博园旅游区，洛阳重渡景区、黛眉山景区，新乡八里沟景区，三门峡黄河丹峡景区、函谷关历史文化旅游区，南阳宝天曼—内乡县衙旅游区，信阳鸡公山—灵山旅游区，周口太昊陵庙，济源王屋山风景名胜区等。

四、推进旅游产业集聚发展

培育旅游产业园区。推进体制改革，创新管理模式，积极培育产品业态丰富、产业要素集聚、产业功能配套、管理体制科学、综合效益突出、带动作用显著的旅游产业园区。“十三五”期间，全省基本建成10个投资100亿元以上的旅游产业园区。建设旅游综合体。以郑州、洛阳、开封等市为重点，加快推进融合观光、游乐、休闲、运动、商务、会展、度假、体验等多种功能于一体的旅游综合体建设。“十三五”期间，全省建成5个功能复合、业态丰富、要素完善的旅游综合体。

专栏8　旅游产业园区、旅游综合体建设重点单位

（一）旅游产业园区：郑州国际文化创意产业园、登封嵩山文化旅游产业园区，开封童世界文化旅游园区、朱仙镇国家文化生态旅游示范区，洛阳“天下龙门”文化旅游产业园区、万安山旅游产业园区，新乡南太行旅游产业园区，焦作云台山旅游产业园区、太极文化旅游产业园区，濮阳中华龙文化旅游产业园，许昌三国文化旅游产业园，南阳卧龙岗文化旅游产业集聚区，商丘古城文化旅游产业园区等。

（二）旅游综合体：郑州航空港新丝路旅游综合体、白沙时尚文化旅游综合体、“黄河风情·火车主题”文化旅游产业综合体，开封宋都古城旅游综合体，洛阳老城文化旅游综合体，安阳国旅安阳城旅游综合体，驻马店皇家驿站旅游综合体等。

第三节　丰富旅游供给

充分发挥旅游产业的拉动、融合、促进作用，实施“旅游+”战略，通过旅游与相关产业的融合，拓展旅游发展新领域。

一、创新发展文化旅游

促进文化旅游融合发展。挖掘古都文化、功夫文化、根亲文化、农耕文化、戏曲文化等，开发文化体验、根亲拜祖旅游产品。创新特色旅游体验方式，在景区、服务点、商业街区等地营造浓厚的文化旅游氛围。鼓励民俗技艺传承人在景区、旅游展销会和节庆活动中展示传统手工技艺、民俗文化，将文化资源转化为旅游产品。完善重点文物保护单位、历史文化街区、名人故居、博物馆、纪念馆等场所的旅游服务功能。

推出文化旅游创意产品。利用现代传媒技术，依托郑州航空港经济综合实验区、绿博文化创意产业园区等平台，研发推出一批中原文化特色衍生品。以文化创意、旅游休闲、商务会展为重点，在全省建设一批文化旅游创意产业园区、创意街区、创意旅游区、动漫研发中心等。

创建国家人文旅游示范基地。支持洛阳、开封、安阳、商丘、登封等市进一步挖掘人文旅游资源，加强非物质文化遗产保护、传承、利用，加强城市商业休闲空间建设，积极创建国家人文旅游示范基地。

二、突出发展乡村旅游

依托绿水青山、田园风光、传统村落、民俗文化等大力发展观光农业和休闲农业，积极培育创意农业、定制农业和会展农业等新型业态。建立乡村旅游重点村名录，开展乡村旅游环境整治，推进“厕所革命”向乡村旅游点延伸。创新乡村旅游组织管理方式，推广乡村旅游合作社模式。实施乡村旅游后备厢工程，带动农副土特产品销售，增加农民收入。创建一批乡村旅游创客示范基地和以乡情教育为特色的研学旅行示范基地。

加强以巩义市海上桥村、鹿邑县曲仁里村、汝阳县杜康村、孟津县卫坡村、宝丰县马街村、郏县临沣寨村、卫辉市小店河村、修武县一斗水村、博爱县寨卜昌村、三门峡市陕州区庙上村、渑池县赵沟村、内乡县吴垭村、罗山县何家冲村为代表的古村落保护开发，打造“老家河南”乡土文化的载体。推广栾川县重渡沟村、嵩县天桥沟村、修武县岸上村、信阳市平桥区郝堂村、商城县七里冲村、新县许家洼村等旅游特色村发展经验，将一批旅游资源独特、旅游产品特点突出、旅游开发基础较好的村庄打造成可憩可游的旅游特色村和乡村度假地。

到2020年，全省建成400个乡村旅游特色村，推出200个乡村旅游精品民宿，打造30个乡村旅游创客示范基地，乡村旅游年接待游客超过2.7亿人次，形成一批具有我省特色的乡村旅游品牌，打造全国知名的乡村旅游目的地。

三、持续发展红色旅游

整合我省红色旅游资源，打造爱国主义教育基地、研学基地。推进爱国主义和革命传统教育大众化、常态化。加强统筹规划，注重与脱贫攻坚、区域发展、城乡建设相衔接，促进融合发展。加强与周边省红色旅游区域协作，打造大别山红色圣地游、长征精神游、中原抗日故地游、中原解放战争战地游等红色旅游精品线路。加强红色旅游景区基础设施和服务设施建设，提升服务水平。整合红色旅游景区周边自然生态、传统文化、特色乡村等旅游资源，打造推出一批复合型旅游产品。以“三山一滩”区域为重点，拓展红色旅游扶贫富民功能，支持当地群众参与餐饮、住宿等经营服务，因地制宜发展适合革命老区的种养殖业和特色手工业，带动当地贫困人口脱贫致富。“十三五”期间，全省新增4～6家全国红色旅游经典景区。

四、加快发展健康养生旅游

促进旅游与健康医疗融合发展，鼓励汝州、辉县、修武、温县、禹州、三门峡市陕州区、西峡等地加快推进医药康疗、运动康体、道家养生等康养旅游业态与观光、度假、研修等旅游业态的产业联动，创建国家康养旅游示范基地。积极发展温泉养生度假旅游，加快温泉与中医药结合的温泉养生产品研发，完善以温泉为载体的度假、养生、娱乐、观光等复合型温泉旅游产品体系。推进旅游与中医药融合发展，推动中医药旅游产品创新、医疗资源开放共享，促进中医药健康旅游产品的国际交流合作。“十三五”期间，争取创建1～2个全国中医药健康旅游示范区、5～8个省级中医药健康旅游示范区和6～8家全国中医药健康旅游示范企业（基地）、15～20家省级中医药健康旅游示范企业（基地）。

五、鼓励发展研学旅游

推进研学旅游与国民教育结合，将研学旅行作为青少年接受爱国主义和革命传统教育、国情教育的重要形式，培养青少年的社会责任感、创新精神和实践能力。加强安阳研学旅游目的地和红旗渠景区研学旅游示范基地建设，加快济源市全国中小学研学旅行实验区建设。支持各地依托自然和文化遗产、古村落、博物馆、科技馆、知名院校、工矿企业、科研机构等，建设一批研学旅游目的地和研学旅游示范基地。

六、大力发展工业旅游

鼓励工业企业因地制宜发展工业旅游，促进转型升级。积极引导工业企业、产业园区依托工业生产过程、企业文化，发展工业观光旅游、工业体验旅游和商务考察旅游。利用废弃矿山开发矿山公园，利用废旧厂房及工业设施建设文化创意基地，利用废弃铁路机车、线路等打造铁路主题旅游产品。鼓励发展游艇、游船、旅游房车、旅游小型飞机、旅游小火车、景区索道、大型游乐设施等旅游装备制造业，大力发展具有自主品牌的休闲、登山、滑雪、潜水、露营、探险等户外用品制造业。

七、加快发展特色城镇旅游

支持郑州、开封、洛阳、安阳、焦作建设国际旅游城市，推动许昌、南阳、商丘建设文化旅游名城，加快以浚县、卫辉、内乡、鹿邑等为代表的古城建设。以特色商业区、商务中心区建设为载体，加强集休闲游憩、文化体验、文化娱乐、旅游购物、特色餐饮等功能于一体的城市休闲街区建设，提升城市的旅游服务功能。加快中心城市环城游憩带建设，为城市居民提供近郊休闲、文化体验、康体养生等休闲场地。重视开封市祥符区朱仙镇、禹州市神垕镇、淅川县荆紫关镇、社旗县赊店镇等名镇的历史文化传承和整体风貌保护，推动由食宿、观光旅游向休闲、体验、度假旅游转变，打造古镇旅游升级版。加快巩义市康店镇、汝州市温泉镇、永城市芒山镇、林州市石板岩镇、信阳市浉河区浉河港镇等旅游风情小镇建设。通过聚集创新创业要素、扩展旅游服务功能，在中心城市周边打造一批现代化特色旅游小镇。

专栏9　特色旅游名城名镇名村建设重点单位

中国国际旅游城市：郑州、开封、洛阳、安阳、焦作。

中国旅游休闲示范城市：南阳、信阳。

中国文化旅游名城：许昌、南阳、商丘。

特色古城：浚县、卫辉、内乡、鹿邑。

旅游名镇：开封市祥符区朱仙、栾川县潭头镇、林州市石板岩镇、温县赵堡镇、禹州市神垕镇、淅川县荆紫关镇、社旗县赊店镇、西峡县太平镇、信阳市浉河区浉河港镇、驻马店市驿城区蚁蜂镇、确山县竹沟镇、遂平县嵖岈山镇、巩义市康店镇、汝州市温泉镇、永城市芒山镇等。

旅游名村：郑州市二七区樱桃沟村，新郑市西泰山村，新密市神仙洞村、田种湾村，登封市刘沟村，荥阳市桃花峪村，中牟县官渡村，开封市金明区花生庄村，开封市祥区李寨村，洛阳市洛龙区田山村，孟津县卫坡村、南石山村、李庄村，偃阳县杜康村，嵩县天桥沟村、龙王村，新安县土古洞村，栾川县重渡沟村、养子沟村、杨树坪村，鲁山县张沟村、东竹园村，宝丰县马街村，郏县临沣寨村，淇县纣王殿村，卫辉市小店河村，辉县市回龙村、南坪村、段屯村，新乡县京华村，刘庄村，孟州市莫沟村，修武县岸上村，一斗水村，温县陈家沟村，博爱县寨卜昌村，濮阳市华龙区东北庄村，濮阳县西辛庄村，南乐县史官村，清丰县单拐村，禹州市孙庄村、大涧村，鄢陵县东陈村，漯河市源汇区干河陈村，临颍县南街村，三门峡市陕州区庙上村、位家沟村，义马市河沟村，渑县赵沟村，南阳市卧龙区古庄村，小王沟村，桐柏县徐宅村、陈庄村，淅川县丹阳村，南召县玉葬村，内乡县吴垭村，西峡县化山村、东坪村，民权县王公庄村，夏邑县龙河湾新村，信阳浉河区肖家河村，信阳市平桥区郝堂村、马营村、新集村，新县许家洼村、莲花村，商城县七里冲村、汤泉池村、里罗城村，罗山县何家冲村，光山县东岳村、胡楼村、晏岗村，帅洼村，西华县裴庄村，驻马店市驿城区庞阁村、橡林村，济源市东沟村、黄楝树村、源留庄村、五里桥村，巩义市海上桥村，汝州市安庄村，鹿邑县曲仁里村等。

八、支持发展体育旅游

加强旅游与健身休闲、竞赛表演的融合发展，鼓励特色体育场馆、设施和基地向旅游者开放。依托登封嵩皇体育小镇、中牟黄河湿地赛车公园、栾川伏牛山滑雪度假乐园、林州国际滑翔基地、辉县万仙山国家攀岩公园、焦作太极体育中心、睢县水上运动赛事基地等，大力发展运动体验、赛事观赏、户外运动、体育节庆等。依托郑开国际马拉松、强渡黄河极限挑战赛、太极拳交流赛、功夫擂台赛等打造体育旅游品牌。规范发展漂流、滑雪、滑草、攀岩、滑翔、登山、自行车、航空运动、水上运动等体育旅游项目。到2020年，全省打造1~2个具有国际影响力的体育旅游目的地，建设1~2个国家体育旅游示范基地。

九、积极发展商务会展旅游

发挥郑州、开封、洛阳、焦作等旅游城市的商旅会展功能，积极发展商贸会议、行业会展、区域年会、文化艺术交流会、产品发布会等商务旅游产品，支持郑州建设商务会展旅游目的地。争取更多有影响力的大型会议、赛事、博览会、交易会等在我省举办，促进旅游产业与会展业融合发展。

第四节　延伸产业链条

通过盘活存量、做优增量，优化传统旅游要素结构，实现旅游市场供给与需求动态平衡。

一、创新发展旅游购物业

依托老字号品牌，突出我省文化元素，推出“老家礼物”系列旅游商品。将少林功夫、开封菊花、汴绣、木版年画、洛阳牡丹、唐三彩、太极文化、钧瓷、汝瓷等特色文化元素融入日常消费品设计，开发实用、美观、便携的旅游商品。建设一批旅游商品研发中心、生产基地和创客基地。在中心城市和重要旅游目的地建设一批休闲购物街区和旅游商品集散市场，在机场、高铁站、旅游服务中心、重点旅游景区等地设置特色旅游商品购物区。“十三五”期间，重点培育20~30家大型旅游商品生产企业，建设3~5个大型旅游商品交易中心和旅游商品创意园区。

二、构建新型旅游住宿业

注重结构优化、品牌打造和服务提升，培育一批有竞争力的住宿品牌，推进住宿企业连锁化、网络化、集团化发展。引进国际知名品牌连锁酒店，加强度假酒店建设，加快传统酒店提升改造，提高管理服务水平。大力发展具有我省地方特色的主题酒店，积极发展特色乡村酒店、汽车旅馆、青年旅舍、主题风情客栈和文化民宿，鼓励发展自驾车旅居车营地、帐篷酒店、露营地等新型住宿业态。

三、丰富完善旅游娱乐业

推广“景区＋游乐”“景区＋剧场”“景区＋演艺”等景区娱乐模式，进一步优化《禅宗少林·音乐大典》《大宋·东京梦华》《功夫诗·九卷》等演艺项目，鼓励4A级以上旅游景区开发有本地特色的表演项目。结合古城、古镇、古村开发，加快发展以文艺表演、夜游等为主要内容的夜休闲活动。利用豫剧、曲剧、越调等地方戏曲及曲艺、杂技等特色资源，丰富旅游娱乐业内容。

四、优化提升旅游餐饮业

挖掘我省传统菜系和地方特色餐饮，弘扬豫菜文化，推出“老家味道”系列美食产品。支持我省餐饮知名企业规模化发展，打造特色餐饮品牌。支持在郑州、开封、洛阳、安阳、焦作、南阳、信阳等重点旅游城市打造一批特色美食街区。鼓励依托特色景区、古镇古村、旅游风情小镇建设美食小镇、美食乡村、美食农庄。

第五节　实施精准营销

建立立体化旅游宣传营销体系，实施旅游精准营销，充分释放旅游需求，拉动旅游新消费。

一、宣传旅游形象

在国内市场讲好“老家故事”，持续宣传“豫见中国·老家河南”品牌形象。在国际市场讲好“河南故事”，强化“河南·中国历史开始的地方”整体旅游形象。积极发挥各类平台作用，利用多种宣传手段，全方位推介我省旅游形象。发挥品牌引领功能，推出“老家美景”“老家印象”“老家味道”“老家礼物”“老家小镇”“老家乡村”“老家客栈”等系列“老家”品牌，形成支撑“老家河南”形象的旅游品牌体系。创新营销方式，强化线上线下结合、虚拟网络与实体服务对接。综合运用现代化传播手段，全方位宣传推介我省旅游产品和旅游目的地。

二、开拓旅游市场

大力提振入境旅游。优化入境旅游政策，推进入境旅游签证、通关便利化。提升入境旅游公共服务和商业接待水平，提高入境旅游服务品质。积极发挥联合国世界旅游组织旅游可持续发展河南省观测站的平台作用和国际民间交流团体、国际性行业协会的影响力，建设河南旅游海外营销推广中心。加强与境外知名旅行商合作，充分发挥自贸试验区在促进入境旅游发展方面先行先试的作用。

积极发展国内旅游。进一步加强长三角、京津冀、泛珠三角等客源市场开发，实施资源共享、客源互送的互游计划。发挥高铁旅游联盟平台作用，积极开展针对高速铁路、高速公路沿线客源城市的宣传促销活动。鼓励5A级景区在主要客源市场城市设立营销推广机构，实现市场营销常态化。

有序发展出境旅游。强化出境游业务旅行社资质的审核和监管，加强对出境旅游产品的引导和监控，倡导文明出游和文明消费，建立完善出境旅游目的地安全预警制度，不断提升出境旅游的服务质量，维护出境游客的合法权益。

三、打造节会品牌

积极打造以中国（郑州）国际旅游城市市长论坛、黄帝故里拜祖大典、中国开封菊花文化节、中国洛阳牡丹文化节、“中华源”国际文化旅游推广周等为代表的节会活动品牌。鼓励各地结合自身实际，组织策划形式多样、富有成效的旅游活动，提升我省旅游品牌的知名度和美誉度。

第六节　壮大旅游市场主体

引导旅游企业做优做强，推进大型旅游企业多元化扩张、中型旅游企业连锁化发展、小型旅游企业专业化拓展。积极引进国内外大型企业、旅游集团投资落户我省，实现与本省企业的融合发展。鼓励省内骨干旅游企业采取资本扩张、品牌输出、特许经营等方式进行连锁、联合发展。支持我省大型工业、房地产开发企业及其他企业集团跨界进入旅游产业，形成跨地区、跨行业、跨所有制的旅游企业。支持中小微旅游企业特色化、专业化发展，打造中小微旅游企业创新创业公共孵化平台。鼓励在线旅游企业进行全产业链运营，提高集团化、国际化发展水平。推动传统旅行社转型升级，鼓励有实力的旅行社跨区域设立分支机构，支持旅行社服务网络进社区、进农村。加强旅行社行业自律，打造诚信品牌旅行社。“十三五”期间，力争培育3~5家年综合收入超20亿元的旅游企业，打造2~3家全国百强旅行社。

第七节　推进智慧旅游

提升旅游信息化基础设施水平，加快机场、车站、宾馆饭店、景区景点、乡村旅游点等重点涉旅区域的无线网络建设，推动游客集中区、环境敏感区、高风险地区物联网设施建设。加快洛阳、郑州智慧旅游城市建设步伐，支持更多城市创建国家智慧旅游试点城市。加快智慧旅游企业、智慧旅游乡村建设，打造一批智慧旅游景区、酒店、旅行社，培育一批“互联网+旅游”创新示范基地，支持互联网旅游企业加快发展。至2020年，全省5A级景区及部分4A级景区建成智慧旅游景区，全省4A级以上旅游景区实现无线网络、智能导游、电子讲解、在线预订、信息推送、视频监控等功能全覆盖。建设旅游产业大数据平台和智慧旅游公共服务平台，推动旅游与交通运输、公安、工商、气象、国土资源、卫生计生、文化、航空、通信管理等部门、行业的数据共享，实现对旅游产业运行的有效监测。加强信息技术在旅游行业管理中的应用，推进以在线办事、行政审批、人才培训、行业监管、游客流量监测和风险隐患防控为主要内容的旅游产业运行管理系统建设。以行业大数据为基础，建立全省一体化旅游营销宣传体系。

第八节　完善旅游公共服务体系

全面提升旅游公共信息、交通集散、安全保障、便民惠民等服务水平，构建高效便捷的现代旅游公共服务体系。

一、完善旅游公共信息服务体系

构建以旅游公共信息服务平台为基础，高清实时视频观景平台、触摸终端、手机应用软件等为媒介的旅游公共信息服务体系。推动互动体验技术、移动信息技术、物联网技术等在旅游产业中应用。加快线上线下服务融合，为游客提供旅游资讯查询、产品推荐、行程规划、门票酒店预订、景区导游导览、虚拟旅游、旅游地图等旅游公共信息服务。加强旅游咨询中心、咨询服务点建设，完善覆盖城市主要旅游中心区、3A级以上景区、重点乡村旅游点以及机场、车站、高速公路服务区、商业步行街区等游客聚集区域的旅游咨询服务网络，为散客和自驾游客提供人工咨询、信息查询等服务。

二、完善旅游安全保障体系

加强对旅游道路特别是桥梁、隧道等的交通安全管理，对客运索道、大型游乐设施等特种旅游设备定期开展安全监测，对旅游用车、用船进行动态监测，开展景区景点最大承载量管控和专项检查。完善旅游市场综合监管机制，重点治理扰乱旅游市场秩序、侵害旅游者权益的突出问题，落实旅游市场监管责任，提高监管水平和保障能力，营造诚信经营、公平竞争、文明有序的旅游市场环境。深化旅游保险合作，完善旅游保险产品，提高保障额度，扩大覆盖范围，提升理赔服务水平。建立健全多部门协同合作的旅游应急处置机制，落实旅游企业安全责任制，推动旅游企业建立应急队伍，完善应急救援设备设施，开展应急培训演练，实现一线从业人员旅游安全培训全覆盖。

三、实施旅游交通通达工程

加快通达旅游景区的道路建设，积极构建航空、铁路、公路、城市公交、城市轨道交通等多种交通方式“零距离换乘、无缝化衔接”的旅游综合交通体系。强化郑州新郑国际机场旅游交通枢纽作用，构建连接全球重要枢纽机场和主要经济体的空中通道。完善国内航线网络，开通郑州至国内旅游热点城市的“空中快线”，提高郑州至重点客源城市的航线密度。加快支线机场建设，积极推进通用机场建设，将旅游交通设施建设和低空旅游产品开发相结合，发展空中观光、空中巴士、驾驶体验、航拍摄影等低空飞行旅游产品。依托米字形高速铁路网建设，加强我省与京津冀、长三角、珠三角、成渝、山东半岛等客源市场的互联互通。建设沿南太行、伏牛山旅游通道，研究规划沿大别山旅游通道。加强重点景区与高速公路连接通道建设，实现高速公路基本覆盖全省4A级以上旅游景区。加快黄河中下游两岸旅游通道、滨河绿道和自行车慢道系统建设，加强沿南水北调中线干渠两侧旅游通道建设。实施县乡道路提质工程，提升乡村旅游的通达性。加强省区协作，建设太行山旅游风景道、大别山旅游风景道、黄河中下游旅游风景道、南水北调中线旅游风景道四条跨区域旅游风景道，实施沿线立体景观营造工程，加强观景游憩设施建设。

完善旅游集散体系，加快省旅游服务中心建设，强化旅游指挥调度、信息咨询、应急救援等方面的引导、协调功能，构建覆盖全省的旅游集散指挥平台。依托郑州国家中心城市建设，打造中国中部旅游集散中心。加强洛阳、安阳、信阳、商丘、焦作、南阳、三门峡等市旅游目的地建设，提升综合旅游服务功能，建设全要素聚集、辐射周边的区域旅游集散中心。完善提升高速公路服务区旅游功能，融入旅游信息咨询、休闲、购物、美食、娱乐等元素，加强景观营造，将服务区打造成自驾游休闲驿站。提高乡村旅游道路等级，加强道路养护，推进乡村旅游公路旅游标识标牌建设。推广旅居生活方式，加快自驾车旅居车营地建设，完善自驾车旅游服务体系，形成一批自驾车旅居车旅游线路。大力发展自驾车旅居车租赁业务，支持汽车租赁企业做大做强。

四、加强旅游惠民便民服务

鼓励景区增加免费开放空间，推动博物馆、纪念馆、爱国主义教育示范基地等免费开放，落实残疾人、老年人、现役军人、未成年人、学生等景区门票减免政策。鼓励各地发行旅游一卡通、电子消费券、旅游年卡等，为游客、市民提供旅游便利服务。加强政策引导、标准规范、技术创新、典型示范，持续推进旅游“厕所革命”。重点抓好乡村旅游厕所改造，着力推进山区和平原缺水地区厕所技术革新，实现主要旅游景区、旅游场所、旅游线路和乡村旅游点的厕所全部达到 A 级标准。

第九节　优化旅游市场环境

规范旅游市场秩序，强化社会监督，创新监管机制，推进依法治旅、依法兴旅、依法强旅。健全旅游综合监管机制，构建属地管理、部门联动、行业自律、各司其职、齐抓共管的工作格局。持续开展旅游市场秩序整治行动，依法打击不合理低价游、强迫或变相强迫旅游消费、虚假广告宣传等行为，切实维护旅游者的合法权益。建立健全旅游信用信息公示制度，打击旅游失信行为。提升旅游服务质量，探索建立旅游市场秩序综合评价制度，建立旅游产品和服务标准公开承诺和监督制度。加强旅游法制建设，健全旅游综合监管和联合执法机制，支持有条件的地方设立旅游警察、旅游工商分局、旅游巡回法庭，逐步实现旅游综合执法。推进旅游标准化建设，构建旅游标准化信息公共服务平台，提升旅游标准化服务与管理水平。在全省推广洛阳、开封全国旅游标准化示范城市，淮阳、西峡、新县全国旅游标准化示范县和河南嵖岈山旅游实业发展有限公司、淮阳县太昊陵管理处、河南八里沟景区有限公司、修武县云台山风景名胜区管理局、洛阳龙门旅游集团有限公司全国旅游标准化示范单位的经验。加强宣传教育，建立文明旅游法规体系，落实旅游文明行为公约和行动指南。开展文明旅游主题活动，加强对出境旅游者的文明提示和团组管理，提高旅游者和旅游从业者、经营者的文明自觉。持续开展旅游志愿者服务活动，完善旅游志愿者管理激励制度。开展志愿服务公益行动，建立一批旅游志愿服务工作站。2020 年全省注册旅游志愿者超过 1

万人。

第十节 实施乡村旅游扶贫工程

以“三山一滩”地区为基础，以我省纳入国家乡村旅游扶贫重点的1 065个村为着力点，实施乡村旅游扶贫工程。“十三五”期间，力争通过发展乡村旅游带动80万人脱贫。实施乡村旅游扶贫重点村环境整治工程，全面改善通村公路、供水、供电、网络通信、垃圾污水处理等基础设施条件。到2020年实现全省乡村旅游扶贫重点村与交通干道全连接。强化“六小工程”建设，确保每个乡村旅游扶贫重点村建好一个停车场、一个旅游厕所、一个垃圾集中收集站、一个医疗急救站、一个农副土特产品商店和一批旅游标识标牌。加快推进贫困户“三改一整”（改厨、改厕、改客房、整理院落）工程。组织全省旅游规划、景观设计、咨询策划机构为乡村旅游扶贫重点村编制旅游规划。组织旅游企业和旅游规划设计单位、旅游院校与国家乡村旅游扶贫重点村结成帮扶对子，通过安置就业、项目开发、输送客源、定点采购、指导培训等方式帮助发展旅游产业。

第十一节 促进区域旅游一体化

加强与“一带一路”沿线国家和地区的旅游合作，以旅游带动开放，助推我省内陆开放高地建设。积极参与丝绸之路文化之旅，与沿线国家联合举办丝绸之路艺术节、河南文化年，推出一批丝路旅游精品线路。完善区域旅游合作机制，积极推动联盟城市之间资源共享、信息互送、人员培训、市场开拓等合作。到2020年，实现与“一带一路”沿线国家双向旅游人数超过1 000万人次。发挥中原经济区城市旅游联盟的作用，加快构建跨省的中原无障碍旅游区。建立区域旅游投诉受理处置机制，加强中原经济区各城市之间旅游互动和务实合作。联合沿黄九省（区），共同打造黄河文明之旅、古都之旅、寻根之旅、名胜之旅、风光之旅五大国际精品线路和黄河度假之旅、红色之旅、峡谷之旅、湿地之旅、美食之旅五大国内精品线路。加强南水北调中线工程沿线五省（市）旅游合作，对工程节点形成的大型水利景观、总干渠沿线丰富的生态旅游资源进行统筹规划，联合打造一条贯穿中国内陆腹地的精品生态文化旅游带。依托中国大运河世界文化遗产，以荥阳故城、道口运河古镇、浚县运河古镇、黎阳仓遗址等为重点，加强与京津冀、苏皖浙等省（市）合作，共同开发大运河精品旅游线路。

第十二节 建设旅游生态文明

实施绿色旅游开发。支持洛阳白云山景区，许昌鄢陵国家花木博览园，三门峡天鹅湖国家城市湿地公园，南阳宝天曼旅游区、老界岭景区，商丘黄河故道国家森林公园，信阳南湾湖风景区、黄柏山国家森林公园，驻马店老乐山景区，信阳固始西九华山风景区等创建国家生态旅游示范区。支持栾川、嵩县、鲁山、修武、西峡等申报国家绿色旅游示范基地。“十三五”期间，争取创建5～8个国家生态旅游示范区、2～3个国家绿色旅游示范基地。以沿黄河、太行山、伏牛山、大别山区为重点，建设3～5条国家级非机动车旅游风景道，培育

5～8条国内知名的徒步游览线路。拓展森林旅游发展空间，以森林公园、湿地公园、国有林场等为重点，完善森林旅游产品和设施，推出一批具备森林游憩、疗养等功能的森林体验基地和森林养生基地，积极创建国家生态公园。全省4A级以上旅游景区全部建成生态停车场，所有新修步道和80%以上的旅游厕所实现生态化。建立健全以绿色景区、绿色饭店、绿色建筑、绿色交通为核心的绿色旅游标准体系，推行绿色旅游产品、绿色旅游企业认证制度。建立旅游环境监测预警机制，对资源消耗和环境容量达到最大承载力的旅游景区，实行预警提醒和限制性措施。完善旅游预约制度，建立景区游客流量控制与环境容量联动机制。完善旅游开发利用规划与建设项目环境影响评价信息公开机制，严格执行环境保护制度。

倡导绿色旅游消费。践行绿色旅游消费观念，大力倡导绿色消费方式，发布绿色旅游消费指南。鼓励酒店实施客房价格与水电、低值易耗品消费量挂钩，逐步减少一次性用品使用。引导旅游者低碳出行，提高节能环保交通工具使用比例，大力推广公共交通、骑行或徒步等绿色生态出行方式。开展绿色旅游公益宣传，加强生态文明、绿色旅游教育和培训，引导全行业、全社会树立绿色旅游观念，形成绿色消费自觉。

第四章　保障措施

第一节　推进改革创新

完善旅游行政管理体制。充分发挥省旅游工作联席会议制度的综合协调作用，增强旅游部门综合协调和行业统筹能力。鼓励发展旅游中介组织，将旅游景区、旅游饭店、乡村旅游点的等级评定和行业培训、宣传促销等职能交由评定委员会或行业协会承担。推进以旅游管理体制机制、政策引导、联合执法等为重点的综合改革，优化旅游产业发展和行业管理方式。加快栾川县国家旅游业改革创新先行区建设，力争新设1～2个国家级旅游业改革创新先行区。

深化景区管理体制改革。以所有权、管理权、经营权“三权分离”为重点，构建产权关系明晰、责任主体明确、市场对接充分的景区经营管理体制。建立景区旅游开发备案制度、景区旅游建设与经营项目会商制度、景区建设经营负面清单制度等。推动景区旅游实现特许经营管理，推进经营决策、劳动用工、薪酬制度等去行政化改革。完善景区建设经营活动事中事后监管制度，建立健全景区安全风险评估制度、景区预约预报预订机制。

推进导游旅行社体制改革。以市场主导、执业灵活、服务规范、社会监督为目标，推进导游体制改革，建立适应市场需求的导游准入制度。改革导游注册制度，明确导游资格证终身有效。依法开展导游自由执业改革试点工作，完善旅行社委派执业制度和导游等级评定制度，建立导游社会化评价、监督体系和品牌制度，健全导游保险保障体系。优化完善旅行社分社网点设立、旅行社质量保证金、旅行社委托招徕、出境旅游保险等政策。完善旅游企业和从业人员违规退出机制，对管理不善、服务质量下降、投诉较多的旅行社和A级景区、星级饭店，给予警告、通报、降级、取消等处理，实现常态化、动态化管理。

建立健全旅游核算体系。按照国家旅游及相关产业统计分类有关要求，建立省、市、县三级旅游数据中心和旅游统计数据共建共享机制，提高旅游产业统计服务决策、引导产业发展的能力。积极构建包含接待游客人数、旅游综合收入、旅游者停留天数、人均出游次数、人均旅游消费、旅游增加值核算等内容的旅游统计调查监测系统。加强旅游产业统计和数据分析工作，确保旅游统计数据的准确性和规范性、分析结果的真实性和实效性。

第二节　加强政策扶持

一、落实职工带薪休假制度

将职工带薪休假制度落实情况作为劳动监察和职工权益保障的重要内容，加强监督检查。鼓励机关、社会团体、企事业单位引导职工灵活安排休假时间。各单位可根据自身实际情况，并考虑职工本人意愿，将带薪休假与本地传统节日、地方特色活动相结合，安排错峰休假。

二、完善土地供给政策

在土地利用总体规划和城乡规划中统筹考虑旅游产业发展需求，合理安排旅游用地布局。在年度土地供应中合理安排旅游产业发展用地。优先保障纳入国家规划和建设计划的重点旅游项目用地和旅游扶贫用地。对利用荒山、荒地、荒滩及石漠化土地建设的旅游项目，优先安排新增建设用地计划指标。农村集体经济组织可以依法使用建设用地自办或以土地使用权入股、联营等方式开办旅游企业。城乡居民可以利用自有住宅依法从事旅游经营，农村集体经济组织以外的单位和个人可依法通过承包经营流转的方式，使用农民集体所有的农用地、未利用地，从事与旅游相关的种植业、林业和养殖业。在全域旅游示范区，探索推出用地扶持政策，推动空心村旅游开发，支持工矿企业、农场、院校等利用闲置房产兴办旅游服务项目，盘活土地存量、释放土地活力。

三、创新金融支持政策

支持旅游资源丰富、管理体制清晰、符合国家旅游发展战略和发行上市条件的大型旅游企业上市融资。支持旅游消费信贷，探索开发满足旅游消费需要的金融产品。加强债券市场对旅游企业的支持力度，发展旅游项目资产证券化产品，加大对小微旅游企业和乡村旅游经营者的信贷支持力度。探索利用政府和社会资本合作模式，吸引更多金融资本、产业资本、民间资本参与旅游产业发展。加大招商引资力度，积极引进实力雄厚的知名旅游企业参与我省旅游投资建设。推出一批景区、宾馆、餐饮、交通等商业性旅游投资项目，吸引国内外大型旅行商、知名酒店管理集团等来我省投资。

四、完善旅游财税政策

乡村旅游企业在用水、用电、用气价格方面享受一般工业企业同等政策。全面落实结构性减税政策，乡村旅游经营户可以按规定享受小微企业增值税优惠政策，细化对经营入境游企业减免税等相关扶持政策，为旅游产业健康发展营造良好环境。

五、争取入境旅游优惠政策

全面提高签证签发、边防检查等出入境服务水平。依托郑州航空港经济综合实验区，实施离境退税政策，争取在72小时过境免签等方面取得突破。对旅行社组织的大型境外旅游团、系列团实施特殊优惠政策，加大对直达我省的国际航线包机特别是跨洲际直达航线包机的支持力度，积极争取国际游客落地签、免签等优惠政策。

第三节　强化人才支撑

实施人才兴旅工程，提升旅游人才总体素质，加快构建一支由旅游行政管理人才、旅游企业经营人才、旅游专业技术人才、乡村旅游实用人才构成的旅游人才队伍。加快建设立足我省、面向中部、辐射全国的国家中部旅游人才教育培训基地。加强与国内外高校的交流合作，利用郑州大学、河南大学、河南财经政法大学等省内高校旅游院（系）教育资源，高标准建设产、学、研相结合的实训基地。加强旅游高等职业院校建设，加快高技能旅游人才培养。强化对各级旅游部门领导干部和旅游企业高级管理人员的培训，提升旅游管理人员的综合能力。建立和完善旅游从业人员岗位培训、资格认证、技能考核、岗位考核、级别认证等制度，加强对一线旅游从业人员的技能培训。

结合国家“一带一路”国际旅游人才开发合作项目，实施我省青年旅游专家交流计划。健全旅游人才市场服务体系，定期举办全省旅游人才交流会，促进大学生就业和从业人员理性择业，实现全省旅游人才合理流动和有效配置。整合全省旅游规划、旅游策划、景区设计、市场营销、投资咨询等各方面智力资源，建立旅游智库，为全省旅游产业发展重大问题、重大战略和政策提供决策咨询。

第四节　推进创业创新

支持条件成熟的旅游名镇、名村、文化街区、文化创意园区和历史文化旅游区积极创建旅游创业创新基地，拓展创客实践空间，构建产业孵化器，打造旅游创业创新品牌。争取创建一批国家旅游文创示范园区、国家旅游科技示范园区、国家旅游创业示范园区和旅游创业创新示范企业、示范基地。鼓励旅游创业创新项目通过产权交易、股权融资、债权融资等多渠道筹措资金，进一步提高创业创新项目成果转化的效率。支持骨干旅游企业和有旅游专业的高校开展创业创新合作。

各地、各部门要把发展壮大旅游产业作为经济社会发展的重要任务，结合实际制定具体实施方案或者专项规划，落实责任分工，加强协调配合，确保工作实效。对规划确定的重大项目，要明确责任主体和实施进度，制定任务分解具体方案。省旅游局要加强对本规划执行情况的评估和监督检查并定期向社会公布。

附件：

1. 全省旅游产业空间布局图（略）。

2. 国家全域旅游示范区创建重点单位分布图（略）。
3. 全省旅游度假区创建重点单位分布图（略）。
4. 全省5A级景区创建重点单位分布图（略）。
5. 跨区域旅游风景道规划图（略）。

参 考 文 献

[1] 王玉宝. 河南旅游基础 [M]. 北京：中国旅游出版社，2011.

[2] 王照平. 河南古树名木 [M]. 郑州：河南科学技术出版社，2010.

[3] 河南省十二五旅游产业发展规划 [EB/OL]. http：//www. ha. xinhuanet. com/add/zfzx/2012 -02/20/content_24740908. htm.

[4] 嵩山运动 [EB/OL]. http：//baike. baidu. com/view/2673989. htm.

[5] 河南旅游资讯网 [EB/OL]. http：//www. hnta. cn/.

[6] 程遂营. 河南旅游历史文化 [M]. 北京：中国旅游出版社，2007.

[7] 段宝林，江蓉. 山水中国——河南卷 [M]. 北京：北京大学出版社，2005.

[8] 王玉宝. 河南旅游精品景点 [M]. 北京：中国旅游出版社，2011.

[9] 河南省自然保护区名录 [EB/OL]. http：//sts. mep. gov. cn/zrbhq/zrbhq/201208/t20120824_235183. htm.

[10] http：//www. kftrip. com/knoww. asp? id =158&classid =29.

[11] http：//baike. baidu. com/view/179036. htm.

[12] http：//www. tourunion. com/info/htm/6100. htm? MD = Over.